本书获得山东社会科学院出版资助项目支持

本书为国家社会科学基金青年项目"山东佛教碑刻收集、整理与研究"（21CZJ011）阶段性成果

齐鲁文化与宗教中国化研究丛书

山东社会科学院当代宗教研究所主办
张进 主编

# 山东灵岩寺史研究

5—14世纪

马丛丛 著

中国社会科学出版社

# 图书在版编目（CIP）数据

山东灵岩寺史研究：5-14 世纪／马丛丛著 . —北京：中国社会科学出版社，2024.1
ISBN 978 - 7 - 5227 - 2631 - 1

Ⅰ.①山… Ⅱ.①马… Ⅲ.①佛教—寺庙—历史—研究—济南— 5-14 世纪　Ⅳ.① B947.275.4

中国国家版本馆 CIP 数据核字（2023）第 241126 号

| | | |
|---|---|---|
| 出 版 人 | 赵剑英 | |
| 责任编辑 | 韩国茹 | |
| 责任校对 | 张爱华 | |
| 责任印制 | 张雪娇 | |

| | | |
|---|---|---|
| 出　　版 | 中国社会科学出版社 | |
| 社　　址 | 北京鼓楼西大街甲 158 号 | |
| 邮　　编 | 100720 | |
| 网　　址 | http://www.csspw.cn | |
| 发 行 部 | 010 - 84083685 | |
| 门 市 部 | 010 - 84029450 | |
| 经　　销 | 新华书店及其他书店 | |
| 印　　刷 | 北京君升印刷有限公司 | |
| 装　　订 | 廊坊市广阳区广增装订厂 | |
| 版　　次 | 2024 年 1 月第 1 版 | |
| 印　　次 | 2024 年 1 月第 1 次印刷 | |
| 开　　本 | 710×1000　1/16 | |
| 印　　张 | 26.75 | |
| 插　　页 | 2 | |
| 字　　数 | 422 千字 | |
| 定　　价 | 158.00 元 | |

凡购买中国社会科学出版社图书，如有质量问题请与本社营销中心联系调换
电话：010 - 84083683
版权所有　侵权必究

# 前　言

　　山东灵岩寺位于济南市长清区万德镇地界，与泰安市接壤。晋宋之际（约420），河北沧州法定祖师始建灵岩寺。寺院背靠方山，附近一带山脉因灵岩得名，故又名"灵岩山"，属于泰山山系的一部分。方山顶现有唐代遗迹证明（证盟）功德龛，也称"红门"，内塑佛、弟子、菩萨、神兽等共计七躯尊像。山下寺院内现存的主要建筑包括辟支塔、千佛殿、御书阁、方丈院、地藏殿、大雄宝殿、客堂、钟鼓楼、天王殿及山门等，另有墓塔林、般舟殿、五花殿、鲁班洞等文物遗址。相传在唐代李吉甫的《十道图》中，灵岩寺被誉为"天下四绝之首"，其余三所分别为荆州玉泉寺、南京栖霞寺与台州国清寺。宋人王逵进而又将其阐释为，灵岩寺集地望之绝、庄严之绝、供施之绝与精进之绝于一身。灵岩寺现存唐宋金元明清代的石刻史料价值，在目前国内寺院亦堪称一绝。因其丰厚的人文底蕴，灵岩寺被纳入第二批全国重点文物保护单位、联合国教科文组织世界遗产名录。

　　在佛教研究领域，对灵岩寺的研究程度却与它的名声并不完全匹配。已有的研究成果多集中于美术史、考古等领域，对于佛教史、佛教传承的研究相对稀少。传统的中国佛教史写作内容，主要是以正统皇室所在地为中心、撰写见于史传的佛教概况。对于地方佛教的记载及流传情况，则较少述及。在研究佛教发展的过程中，我们发现除了传世的纸质文献，现存的石刻文献、文物遗址从另一个侧面反映了地方佛教的发展情况。就灵岩寺及山东乃至华北地区的寺院文物来看，唐代的北宗禅法，以及后来兴起的云门宗、临济宗、曹洞宗，在各地流传甚广。尤其是金末元初逐渐壮大的曹洞宗，在少林寺、灵岩寺等寺院皆有迹可查，其法脉甚至一直延续至今。民国时期，常盘大定前来灵岩寺实地勘察，时值国家内忧外患之际，本寺僧人虽生活困顿、不通文字，却仍知晓自己是曹洞宗门人。可见，加强对灵岩寺法脉传承历史的研究亟待进行。

古代金石志曾对这批资料的个别碑刻进行刊目、抑或录文整理，但因各家著述所选篇目有限，导致对寺院碑刻的整体认识不足。近人桂华淳祥组织一批日本学者对灵岩寺的三十通碑刻进行整理研究，内容翔实、研究细致，然仅对部分拓片作录文、注释，实地考察则欠缺。《长清碑刻》编写组整理了灵岩寺绝大多数碑刻文献，但是在标点、研究等方面有待加强。笔者多次前往灵岩寺实地调研，结合国家图书馆及京都大学人文科学研究所收藏的拓片，对灵岩寺碑刻进行整理。最终以碑刻录文为一手材料，结合灵岩寺在历代典籍中的记载，系统梳理了灵岩寺的历史发展与传承脉络。

对灵岩寺历史脉络及宗教传承的研究，目前学术界的成果寥若晨星。部分著作由于对灵岩寺现存实物碑刻利用有限，仅参照《灵岩志》《灵岩寺》等纸质文献，导致叙述史实有值得商榷之处。本书建立在为外界认识灵岩寺提供可靠资料的基础上，对灵岩寺5—14世纪的兴起、发展、兴盛等各阶段进行分析，将实物、文本及田野调查相结合，深入探寻佛教史的演进过程。

当然，囿于时间与精力，寺院石刻整理工作可能存在疏漏；灵岩寺与其他寺院的联系，也有待进一步考察与展开。这些都是接下来需要进行的工作。谨以此书作为从石刻史料文献研究灵岩寺历史传承与发展的一部分，希望对山东佛教史乃至中国佛教史的认识略尽绵薄之力。

# 目　录

**绪　论** ……………………………………………………… 1
　　第一节　本书的研究背景 ……………………………… 1
　　第二节　研究方向及切入点 …………………………… 2
　　第三节　研究资料及其方法 …………………………… 6

**第一章　晋宋之际灵岩寺兴起** ………………………… 14
　　第一节　朗公传说的由来 ……………………………… 14
　　第二节　法定祖师 ……………………………………… 26

**第二章　隋唐灵岩寺的发展** …………………………… 34
　　第一节　隋代灵岩寺的复兴 …………………………… 34
　　第二节　唐代前期灵岩寺的兴盛 ……………………… 37
　　第三节　会昌灭佛 ……………………………………… 52

**第三章　宋金时期的十方灵岩寺** ……………………… 57
　　第一节　从甲乙制到十方制 …………………………… 58
　　第二节　代际传承的开创 ……………………………… 71

## 第四章　元代曹洞宗大盛 ·········································· 103
第一节　万松行秀 ················································ 103
第二节　雪庭福裕系 ·············································· 107
第三节　林泉从伦系 ·············································· 119

## 结　语 ······························································ 145

## 附　录 ······························································ 153
1. 灵岩山图 ························································ 153
2. 历代住持 ························································ 154
3. 寺院年表 ························································ 157
4. 碑刻录文 ························································ 171

## 参考文献 ···························································· 412

## 后　记 ······························································ 420

# 绪　论

## 第一节　本书的研究背景

宗教学研究的路径与方向有众多分支，无论何种研究角度，其出发点和落脚点首先是资料的收集与掌握。空中楼阁式的研究总是轻而易举地被人颠覆，于研究者而言，不免令人沮丧。因此，在研究初期，找到一个相对可靠的出发点，便显得尤为重要。单就佛教史的研究而论，以汤用彤的《汉魏两晋南北朝佛教史》最为人称道。该书便是以资料丰富、考证翔实著称。汤用彤、任继愈等前辈在隋唐佛教史的研究上也都有用力。方广锠先生在谈到佛教史写作时认为："现在的中国佛教史，从佛教初传到唐五代写得比较好，近现代部分写得也不错，宋元明清比较薄弱。"[①] 对于宋元明清佛教史书写薄弱的原因，方先生给出了他的解释，认为佛教在这一阶段的发展存在义理层面与信仰层面的转换。事实上，资料的搜集、整理与挖掘也远远不够。孔子说："夏礼，吾能言之，杞不足征也；殷礼，吾能言之，宋不足征也。文献不足，故也。足，则吾能征之矣。"[②] 这既是"文献"最早的出处，也可看作吾人治学之本。因此，资料的收集实际上就是文献的积累与掌握，当然不仅包括收集文字资料，还须求教熟悉典制、书籍的前辈学者。

佛教的基本构成包括佛、法、僧三宝。对三宝的研究往往贯穿于整个佛教研究的全部。佛祖说法教化众生，僧人闻法、参法、讲法，三者又是有机构

---

[①] 司聘：《"功成必不在我"——方广锠教授访谈录》，《文艺研究》2019年第5期。
[②] 朱熹：《四书章句集注·论语集注》卷2，文渊阁四库全书电子本，经部，四书类。

成的整体。回归现实，三宝的存在形式与依托场所，则是三宝殿。通俗地说，也就是寺院。历史资料的信息，是以文物、文献为载体。这其中包含可移动载体与不可移动载体。敦煌遗书属于可移动文物，自它从藏经洞被发现直至散佚世界各地，引起了各国学者持久的热情与关注。古代留存的寺院遗址，则属不可移动文物。对不可移动文物的研究，不身临其境难入其里。不可移动文物的存世，犹如宣称"只闻来学，未闻往教"。也正是寺院留存下来的不可移动文物，在一定程度上弥补了宋元明清以来佛教史研究资料的不足。这些不可移动文物包括佛塔、殿宇、碑刻、经幢等，一切包含文化信息的载体。

以往学人对这些文物的研究，多有支离。一般以单个塔铭或人物碑刻为中心，阐述背后的意义与价值。但这种支离，有时也会导致"只见树木、不见森林"的尴尬境地，进而使得所谓的"洞见"成为"偏见"，无法诠释整个佛教史发展的脉络，并发现其中的规律。佛教是一个整体，每一个僧人、每一通碑刻以致每一座寺院，都是佛教史链条上不可或缺的一节。只有将其连接起来，才能见微知著，以点带面。资料的系统性是其中的关键。因此，题材的选取与范围的掌控，成为考验学人见识与能力的试金石。拥有丰富且具系统性资料的一定区域，似乎成为上述的理想选择。区域佛教史的研究，在某种程度上可以弥补以上诸种研究的缺陷和短板。立足区域佛教史，也可以扩展到整个佛教史的研究。

## 第二节 研究方向及切入点

基于以上对佛教史书写的认识与看法，本书选定以山东省为佛教史研究的一定区域，并着手第一步的资料搜集工作。既然佛、法、僧"三宝"的历史遗迹主要在三宝殿，那从现存文物丰富的寺院入手，便是最佳选择。山东佛教史的开端是以东晋时僧朗入泰山为正式标志，故僧朗也被认为是"山东佛教的始祖"[①]。僧朗住泰山金舆谷，创建朗公寺。隋时改名神通寺。追溯历

---

① ［日］镰田茂雄：《中国佛教通史》第 1 卷，关世谦译，佛光文化事业有限公司 2010 年版，第 389 页。

史，这应该是山东省内最早具有影响力的寺院。神通寺现存文物若干，包括四门塔、千佛崖的雕像、墓塔林内种类丰富的塔、元明清的碑刻等。与灵岩寺相比，神通寺现存文物的文字信息较少，碑刻整体数量有限，系统性不足。

笔者实地调查山东省内其他寺院，包括济南兴国禅寺、崇明寺、灵岩寺、义净寺，淄博市淄川普照寺、文峰山寺、华严寺、博山正觉寺、金地寺、观音寺，泰安普照寺、玉泉寺，肥城幽栖寺，滨州醴泉寺，东营天宁寺，青岛湛山寺、华严寺，以及烟台、济宁、日照等地的寺院。又结合网络、地方志等的记载，综合比较后认为目前灵岩寺的历史资料最为丰富，兼具系统性与连贯性，以此贯穿佛教史的研究是可以实现的。将灵岩寺确定为主要研究对象，其研究优势有以下四点。

首先，灵岩寺碑刻资料众多。据不完全统计，有记文的墓塔、碑刻、摩崖等超过六百余项，其中包含从唐代到民国各个朝代的刻经、碑铭、公文、诗文、题记等种类繁多的文体。

其次，这些碑刻之间前后相续，同一时间段内的碑刻也互相联系、互为印证，如同一僧人在不同碑刻中皆有出现，使寺院内部的人物关系形成网络，因此也就具备了比较完整的系统性。另外，灵岩寺的碑刻与华北地区其他寺院的碑刻也可以互证，如少林寺的古岩碑与灵岩寺的古岩碑塔、法王寺的月庵福海碑与灵岩寺的碑塔、戒台寺的同新塔与灵岩寺的碑塔等，由此可以尝试建立起华北地区的佛教关系网。

再次，灵岩寺的碑刻质量保存上佳，其中尤以墓塔林的碑刻最为完好。墓塔林背靠青山，又有高大的林木为其遮风避雨，以致多数七八百年以来的碑刻宛如新硎。其余碑刻虽暴露于日光之下，有风蚀漫漶之处，但是因早年刻工技艺精湛、石质优良，在同类寺院碑刻中亦属佼佼者。

除了灵岩寺本身的石刻实物外，国家图书馆、日本京都大学人文科学研究所保存的早年拓片资料，皆有图书或高清影像可观，与石刻本身相互参照，大大提高了录文的准确度。因此，在众多一手材料的助力下，将灵岩寺作为考察和研究的对象，是比较理想的选择。

有关灵岩寺的史志资料，前辈学人已有部分整理与研究。但是也存在缺陷与不足，主要体现在以下几个方面。

## 一 史籍整理方面的缺漏

毕沅、阮元的《山左金石志》，金棨的《泰山志》，唐仲冕的《岱览》，王昶的《金石萃编》，陆增祥的《八琼室金石补正》以及陆继煇的《续编》等金石文献，都有对灵岩寺的碑刻史料做过整理。

其不足主要体现在：（一）各部金石志收录的数量不同，但总体篇目有限，如《金石萃编》仅收九篇灵岩寺碑文，其他金石志碑刻收录的数目亦是参差不一；（二）金石志的记载有详有略，体例不一。如《山左金石志》部分佛教碑刻有录文，仍有相当一部分仅存篇目及考证，未见正文；（三）内容不全，多有缺字。这是因为明清以来水土流失，灵岩寺墓塔林的碑刻下半截因土掩埋所致，《泰山志》《岱览》等的碑刻录文多数下半截缺失；（四）古代金石志一般不收录碑阴。因此即使录文详尽的碑刻，整通碑亦是仅见碑阳，以致许多珍贵信息被忽略；（五）录文格式的缺省，导致对碑刻认识不足。多数金石志对行款、平阙书仪等不作标识。除《八琼室金石补正》《长清碑刻》外，大部分金石志未见标注。

## 二 灵岩寺志等著作的不足

第一，灵岩寺志以清代康熙年间马大相的《灵岩志》为代表，该书是现存完整记录灵岩寺山川、景物、人文的志书。[①]《灵岩志》按照志书的体例，分列图引、封域、建置、人物、古迹、艺文、杂述等章节，品类虽盛，但是所收内容良莠不齐。首先，碑记、诗文归属艺文类，选录内容以诗文为主，多数史料价值有限。其所选碑记，数目亦非常有限，又多经马大相掐头去尾，丢失许多关键信息，如碑额、撰者、时间及立碑人等。

其次，马大相选录的诗文，与原碑相出入者甚多，误收、误录、误记、误改的情况大量存在。如《艺文志二》中第一首收杜甫的《题赞公房》，王春彦、仝晞纲考证其乃杜甫写给长安大云寺住持赞公的诗作。[②]张揆的《留题灵岩寺》，马大相作"张揆"，并更名"宿灵岩寺"，末句碑文本为"麀

---

[①] 另有明代曹一兰辑《灵岩图集》一卷，现存北京大学图书馆。
[②] 王春彦、仝晞纲：《清康熙〈灵岩志〉误收杜甫〈题赞公房〉考》，《济南大学学报》（社会科学版）2021年第2期。

苦奔走，一宿亦前缘"，马大相则改为"微官苦奔走，一宿亦前缘"。又如马大相在"辨疑"一节记述，长清尉张公亮的《灵岩记》有"神宗、章圣赏赐御书，今上复降御篆"之句，但是按照宋帝谱系，宋神宗并不在章圣皇帝真宗之前。依此将原碑中的"神宗"改为"太宗"。并作"注云：寺有太宗御制御书。以此证之，其为太宗也无疑矣，故特为改正之"[1]。他将"神宗"改为"太宗"，却不知宋太宗曾称"神宗"。[2] 此类误改之举，并非史家之所为。

最后，史实之误。马大相在根据相关材料进行撰文时，未能拣择、分析、判断，导致行文存在大量史实错误。如沿袭前人之误，称"方山"又名"玉符山"；将宋代的重净与琼环合并为一人，认为"重净号琼环"等。这些史实上的错误，对后来灵岩寺历史的书写产生了不良影响。

第二，20世纪90年代末，王荣玉、卞允斗、王长锐、王晶等主编的《灵岩寺》，图文并茂，后附碑记，按照现代撰写体例对灵岩寺的历史、地理、考古实物、人文风貌等进行了概述。其正文的历史内容，除了对部分碑刻的总结外，个别之处也沿袭了《灵岩志》的失误。另外，仍有相当一部分碑文的历史价值未能充分发掘，加以利用。文末附录的碑记，数量有限，部分元代白话碑文未加句读。在录文的准确性、文本整理等方面，有待加工处理。

第三，对灵岩寺历史整体研究的现代著作，还有张鹤云的《山东灵岩寺史迹研究》，马继业的《灵岩寺史略》，以及管萍、赵洪文的《灵岩寺史话》等。其余大部分灵岩寺读本以通俗性介绍为主，如王泽妍的《灵岩寺》[3]。

1. 张鹤云是一位著名的美术教育家，对灵岩寺的碑刻有过整理与研究。但是此举并未功成。他的《山东灵岩寺史迹研究》见于《美术教育家——张鹤云》一书。该文对宋代、元代的僧人事迹记载得比较详细，主要依据碑文进行分析，系统性欠缺。个别观点有待商议。

2. 马继业的《灵岩寺史略》完整记述了灵岩寺的历史。上迄东晋，下至近现代，对各个时代也作了较为清晰的划分。但是该书的材料来源，主要是1994年山东友谊出版社出版的马大相的《灵岩志》，以及王荣玉等人主编的

---

[1] （清）马大相：《灵岩志》卷6，山东人民出版社2019年标点本，第163页。
[2] 见下文"琼环"。
[3] 王泽妍：《灵岩寺》，吉林文史出版社2009年版。

《灵岩寺》，并未对碑刻实物进行系统地录文整理。《灵岩志》与《灵岩寺》二书的缺点前文已述，故这也从侧面降低了《灵岩寺史略》的参考价值。

3. 管萍、赵洪文的《灵岩寺史话》更倾向于一本通俗性的读物，分为史地备览篇、人文胜迹篇、名人游踪篇。[①] 该书非专业研究性著作，篇幅有限，主要记载了有关灵岩寺的名人轶事，在史实的论证上有差讹。

另外有两篇硕士论文，刘兰芬《灵岩寺石刻及其反映的历史》（2018）、姚娟娟《山东长清灵岩寺研究》（2012），也对灵岩寺的历史做了研究。刘兰芬的论文主要章节分作：灵岩寺碑铭概况、灵岩寺寺院管理制度、灵岩寺寺院经济、灵岩寺高僧大德，并在附录中选取了重要碑刻录文。由于灵岩寺碑刻资料太多，致使该文篇幅体量虽大，却未能很好地驾驭并利用这部分资料，"对灵岩寺进行整体、系统地研究"这一目的并未完全达到。文中部分史实有误，使得参考价值降低。姚娟娟的论文章节有：灵岩寺选址与建造，灵岩寺墓塔林时代艺术风格，墓塔林与宗派信仰、葬制及其他。其文虽名"灵岩寺研究"，实则主要是对灵岩寺墓塔林的研究，而且其着眼点侧重于艺术风格，未及碑刻。

基于以上诸种原因，本书以山东灵岩寺的佛教史脉为研究方向，运用灵岩寺现存的碑刻文物及史料文献，结合相关拓片与研究成果，对其发展历程进行详细梳理与研究。

## 第三节 研究资料及其方法

### 一 碑刻实物与田野调查

灵岩寺的碑刻实物，既是本书的基础材料，也是佛教史研究的新资料。通过田野调查搜集的碑文，既有历代金石志已经收录的石刻，也发现诸多未载入史册之碑。灵岩寺碑刻众多，从进入灵岩寺的牌坊[②]算起，便是灵岩地

---

① 管萍、赵洪文：《灵岩寺史话》，济南出版社2011年版。
② 今新建的灵岩寺牌坊位于104国道与义灵路交叉口，原牌坊现存通往灵岩寺的义灵路中途田地里。两牌坊上皆刻清乾隆题字"灵岩胜境"。

界，直至方山山顶，碑刻遍布山野。在田野调查中，主要通过拍照收集资料，然后录文。碑刻大小不一，对于体量较大的碑刻则需要分节拍摄，以确保文字的清晰度。碑阳与碑阴须相连拍摄，以免不同的碑刻之间相互混淆。此外，碑刻拍摄受光线影响较大，不同时间段拍摄的清晰度也有差异。有些碑刻直接拍摄，效果即可达到录文的要求，有些则须以喷壶略微喷洒水雾，在半干未干之际拍摄，效果最佳。

由灵岩胜境坊经义灵路至寺院及后山，目前灵岩寺的碑刻主要分布在通灵桥侧、山门广场、山下寺院及方山上。义灵路通灵桥为去灵岩寺的必经之路，宋时名崇兴桥，由仁钦长老主持兴建。桥侧有宋《崇兴桥记》碑及明《通灵桥记》碑。寺院正门前立元代《大灵岩寺》碑，东侧有乾隆御碑崖。以上为寺外的主要碑刻。

寺内的碑刻则布满角角落落。进入院门后，天王殿东侧是一处集中露天立碑的场所，又唤"碑林"。大雄宝殿四壁主要为明代中后期、清代初年的香社碑。千佛殿前及四壁外的甬道，亦有不少碑嵌入墙内，内容以斋供为主，间杂诗文、请疏、记文等。方丈院门内外四壁皆以碑刻示人，主要是经文、诗文碑。御书阁前壁、院落墙壁嵌入多通碑刻，内容包括法语、诗文、记文等。般舟殿遗址四围、院落中心的树坛四壁皆为石刻，诗文、记文、札记等多种文体皆存，其中立有小龙虎塔及唐代的石经幢。辟支塔基座四围有阿育王传说群雕，旁侧院落内立《龙藏殿记》碑及残石经幢等。墓塔林是历代高僧碑塔的聚集地。僧人圆寂后立石有三种形式：单独立塔、单立墓碑、碑塔成对。鲁班洞内壁嵌唐李邕碑，甬道上多有题记。其余五步三泉、孔雀明王殿遗址、袈裟泉侧等皆有石碑散置。至于院落内雕刻文字的残幢、柱子等，亦有若干。

方山山腰、山顶各处，有随山势地形而雕刻的摩崖，如榜书、记文等；也有嵌入的题刻，在甘露泉侧、白云洞、可公床等处。山顶的证明功德龛内外亦有不少雕刻文字，如佛座下唐代牟当的《证明功德记》碑，然而因间杂后人题记，多漫漶不清。

以上是目前在灵岩寺看到的主要碑刻实物。除了灵岩寺的石刻，笔者对与僧人生平传法相关的河南少林寺、法王寺以及北京戒台寺等寺院，也进行了实地勘察。尤其是少林寺，与灵岩寺相关的僧人较多，对少林寺的调研取证直接关系到结论的得出。少林寺的碑刻主要存于碑林，寺院内部及墓塔林也保存不少。

以上材料是通过田野调查得来的。

## 二 拓片资料与历史文献学

灵岩寺的碑刻，前贤多有采集拓印。本书依据国家图书馆藏的灵岩寺拓片，主要来自国图的网络资源及已经出版的《国家图书馆藏中国历代石刻拓本汇编》。以及日本京都大学人文科学研究所保存的拓片，网址为http://kanji.zinbun.kyoto-u.ac.jp/db-machine/imgsrv/takuhon/。这两所机构的拓片，为研究灵岩寺碑刻提供了巨大帮助。其他出版物如常盘大定的《中国文化史迹》等，也保存了部分拓片影像。

石刻随年代渐远而风化，文字漫灭不清，仅依据碑刻实物所能得到的信息毕竟有限，而早年存留的拓片则有助于辨别目前不易识读的文字。将石刻实物与拓片两相对照，可以提高录文的准确性。对这些拓片的识读，则属历史文献学的研究方法。

## 三 典籍校勘与二重证据法

本书使用的藏经材料主要来自CBETA电子佛典。同时，敦煌遗书，作为佛教文献的重要文物，本书在佛经对勘时也有用到。佛教典籍中保存了大量古代僧人的事迹，其中既有与碑文内容相互印照的，也存在相左之处。经考证后，发现碑刻文字的准确性往往要高于流传下来的纸质文献。

试举一例。僧人圆寂之后，须荼毗、得舍利而葬。门人在所葬之地，树碑立塔。由小师总结生平行实，即"行状"，持之向至交好友或者名人文士请文，写作碑铭（或塔铭）。碑铭中的僧人生平，多成为后世创作高僧传的材料来源。

笔者在比较月泉同新的灵岩寺碑铭、戒台寺塔铭，以及明代明河撰述的《补续高僧传》后，发现《补续高僧传》中的《同新传》，基本改自北京戒台寺碑铭。

表绪–1　　　　　　　　《补续高僧传》与戒台寺塔铭对照表

| 明代 明河《补续高僧传》[①] | 元代 林泉从伦 戒台寺塔铭 |
| --- | --- |
|  | 佛祖之道，历劫相承，非独于今燀赫于世。始自西乾四七，波及东震二三，曹溪之后，派而为五，源远流长浩浩不绝者，临济、曹洞、云门者焉。今洞山之下，万松一枝，布列诸方，荫覆天下，举世咸谓中兴祖道，法海之游龙也。松之法孙，月泉新公长老者，嗣续门风之一杰也。 |
| 同新，字仲益，别号月泉，燕都房山郭氏子。从鞍山坚公祝发，能以苦行事众。日执役，夜读经，聪慧顿发，欲寻诸方。向同行诉参访之意，同行杂笑之。师不胜愤，书偈于壁而去。曰："气宇冲霄大丈夫，寻常沟渎岂能拘？手提三尺吹毛剑，直取骊龙颔下珠。" | 公名同新，字仲益，号月泉，燕都房山神宁太平里双明居士郭君次子也，母延氏。儿时喜佛，凡见苾刍，必奉迎之。既长，读书过目成诵，其生知凤禀之质，拔萃出类，皆叹赏焉。年方一纪，偶辞亲曰："欲事于佛而福九族，其能允乎？"二亲设计欲沮其志，莫之可也。遂诣安山，依坚公山主祝发，年满受具。每临众执役，采汲炊舂，日加弥谨。侍师供众之余，涉猎杂花。不一二载，通五大经，乃师记曰："此子他日可兴吾此山矣。"一日辞师奔燕，投诸讲肆，研穷奥义，于悬谈中，六相十玄，颇获佳趣。屡对同袍诉参访之意，杂然剥之，愤悱而书偈曰："气宇冲霄大丈夫，流言俗虑岂能拘？手提三尺吹毛剑，直取骊龙颔下珠。" |
| 谒清安方公。公问："欲行千里，一步为初。如何是最初一步？"师叉手进前。公曰："果是脚根不点地。"师拂袖便出。复见大明暠公，杖拂之下，多所资发。终以碍膺未尽，思还清安。方公固无恙，示以恶辣钳槌。又三年，方始豁然。 | 径谒清安方禅师，一见心奇之。不数日，恳求入室，方乃问曰："欲行千里，一步为初。最初一步，汝作么生行？"公叉手进前，方曰："果是脚跟不点地。"公拂袖便出，自是师资缘会，机语相投，究妙穷玄，略无虚存。闻磁州大明暠禅师，学该内外，名播诸方，即徒步往谒，而亲依之于杖拂之下，多所发药而深肯焉，故淘汰最久。将成九仞，有一篑之碍，不幸而丁母忧，来燕致祭，恨针芥缘差，不尽其善。既还故里，复扣清安，亦犹善财参访南回，重见文殊之结果也。由是以西祖不传之传而悉受之。 |
| 晦迹未久，耆宿拥而归鞍山。海云简禅师实为之首，林泉伦公为引座度衣。一音才举，万众欢呼。大元皇帝御宇，帝师癹斯八命师主济南灵岩寺。时云水四集，师母德之，不无贤愚之别。谣是口语纷然，师引退归鞍山。众遮留不可。 | 晦迹未久，声名芳馨。癸丑（1253）春，安山耆宿具疏，坚请开堂演法而住持之，时海云宗师同伸劝请。是日，林泉亦为引座度衣而已，在会权豪仕庶翕然增敬。因兹山色改色，钟鼓新音，内外雍容，遐迩称善。未三五载，增修产业，开拓山林，破垣颓屋，无非济楚。乙卯（1255）秋，拂袖他之，便宜刘公相国具疏，同众复邀住持。至元六年（1269），大元帝师拔合斯八法旨，命主济南十方灵岩禅寺。公既至，晨香夕灯，升堂说法，备依古式，云水依栖，犹母德之厚矣。因蠹忌勇退，遮留不可，金谓贤愚安可并居者也。 |

---

① （明）明河：《补续高僧传》卷13，《卍新续藏》第77册，第466页。

| 明代 明河《补续高僧传》 | 元代 林泉从伦 戒台寺塔铭 |
| --- | --- |
| 师每念兵火荐经，藏教残阙，学士无从获睹其完。于是厚损衣钵，并倡慨同志，自走江南购求之。载罹寒暑，跋涉艰难，始获全文而归。远近奔赴，皆得见闻随喜，不翅白马西来也。 | 还安山故刹，甘韬晦焉。每忖如来藏教，未暇遍看，可购求之，令众普阅，亦山门千古之奇事尔。遂诉于皇太子府詹事院张公尚书子有相公，闻之加叹，欣慰叵量，议往江南而追究之。遂赉良驷及元宝数万贯文，公渡江亲干，一经寒暑而幸获焉。所据经营起发，涉险历艰，不弱白马之西来矣。 |
| 山东东西道提刑耶律公相访，以祖道迎往济南观音院结夏。师疾作矣，呼侍僧示以法要。说偈云："咄憨皮袋，兀底相殃，伎俩不解，思想全忘。来无所从，去亦无方，六凿空空，四达皇皇。且道这个还有质碍也无？"良久云："撒手便行，云天茫茫。"偈毕，俨然而逝。世寿六十有六，僧腊四十有五。 | 灵岩提点正广，慕公之道，特往江南，命公复住。若非学赡德丰，因缘会遇，何啻千里而同风邪？经之来燕，公之应命，不意老病相仍，抱疾日久。时山东东西道提刑按察使耶律九相访，以祖道邀往济南观音院结夏，拟欲咨询。未几疾甚，自忖难痊，呼侍僧略说无常生死之要，令代笔书偈曰："咄憨皮囊，兀底相殃，伎俩不解，思想全忘。来无所从，去亦无方，六凿空空，四达皇皇。且道这个还有窒碍也无？"良久云："摆手便行无挂碍，云归天际两茫茫。"至元二十二年（1285）五月初一日也。偈毕，俨然而逝。世寿六十有六，僧腊四十有五。 |
| 师性豪迈，道眼清明，接运有机变，长韵语，善谈论。麈尾一扬，倾座耸听，终日而无厌也。且滑稽辩给，人不敢以轻率触，有雪窦持之风。茶毗时，送者万人，香花彩幡塞路不可行，非道化入人之深，乌能至是？诚一代英杰衲子也。 | 殡殓之际，万指奉迎，彩舆旛花，蔽空塞路，见闻之者，莫不感慨嗟嘆。阇维毕，分灵骨建三塔焉，灵岩、安山、祖茔。嗣其法者二，曰珂、曰连，落发小师成璞等二百余员。忆公平昔性豪迈，质直无伪，倜傥无拘，道眼明白，机辩冠众。尤长于韵语，字清句健，体备意圆。及滑稽辩给，笑谈有味，倾座侧耳而听，终日而不厌也。实一代英杰之衲子尔。非林泉叔侄之私而臆评也，拾此绪余而为铭曰： |
|  | 正法眼藏，涅槃妙心，佛佛授手，自古及今。一华五叶，联芳不绝，独许万松，欺霜傲雪。子子孙孙，各闸玄门，月泉澄湛，影浸乾坤。森罗万象，是渠形状，应物无私，固多伎俩。主刺安山，大智闲闲，修完祖刹，人莫能攀。创安藏教，究圆明觉，其间具备，三无漏学。两住灵岩，不倦指南，翻然归去，踏碎澄潭。不忘之寿，几人能有，用勒燕珉，永传不朽。大元至元二十八年（1291）岁次辛卯月癸巳日乙未时庚申，住持山主成璞、成璋、思济等建。 |

上表左侧的《同新传》，与现存戒台寺塔铭正文大部分内容重合，但是删略了塔铭的开篇及末尾铭文。部分文字差异之处，多是对塔铭的改写。如明河《同新传》中对同新的评价："师性豪迈，道眼清明，接运有机变，

长韵语,善谈论。麈尾一扬,倾座耸听,终日而无厌也。"而戒台寺塔铭的原文则是:"公平昔性豪迈,质直无伪,倜傥无拘,道眼明白,机辩冠众。尤长于韵语,字清句健,体备意圆。及滑稽辩给,笑谈有味,倾座侧耳而听,终日而不厌也。"《补续高僧传》的内容,事实上是在原文基础上的概括表述。

当然这仅是其中一例,并不代表所有《高僧传》中的传记都是源自塔铭。但是,这至少给出了僧传成型的一种方式。僧传是佛教典籍的一大构成部分,在佛教史的撰写中占据重要地位。将实物塔铭与僧传相比照,可以更好地理清佛教史实。就月泉同新现存的两通塔铭而言,戒台寺塔铭多有语焉不详之处,需要与较早立碑的灵岩寺同新塔铭相结合来分析。至于后世续出文献《五灯全书》《续灯正统》《续指月录》等,更是出现了将本嗣法清安的同新误归入林泉法脉、更改同新所作诗文、混淆安山寺与鞍山寺等问题。①

以上采用的研究方法则是二重证据法,将碑刻实物与传世古籍文本对比分析,进而得出相对可靠的结论。

## 四 其他研究者整理的资料及研究成果

金石志为古代文人对金石文献的整理录文,一般对其形制的记载比较详细。前文已有介绍。现代研究者对灵岩寺的碑刻也进行过整理,已见诸世面的正式出版物中,《泰山石刻》《长清碑刻》是其代表。日本学者桂华淳祥主编的《金元代石刻史料集——灵岩寺碑刻》,有多名学者参与注释碑文。虽然这本集子收录的碑刻数目有限,但是在校勘质量上总体优于国内同时期的著作。

由于占据地缘优势,目前国内研究灵岩寺的学者多集中在山东地区,主要包括山东大学、山东师范大学、曲阜师范大学、灵岩寺管理委员会及当地文保部门。综上学者的研究路径中,从美术史角度研究灵岩寺的文章比较多,主要研究对象有罗汉像、铁袈裟、辟支塔、慧崇塔、墓塔林;也

---

① (清)超永:《五灯全书》卷61,《卍新续藏》第82册,第259—260页;(清)别庵性统:《续灯正统》卷36,《卍新续藏》第84册,第613页;(清)聂先:《续指月录》卷9,《卍新续藏》第84册,第94页。

有从考古的角度对灵岩寺出土文物进行介绍；还有从石刻碑文的角度研究灵岩寺的诗文、制度、社会经济、历史演变等。此外，灵岩寺的始建问题也是近些年讨论的热点，如李晓红《竺僧朗与神通、灵岩二寺关系考》，刘丽丽、郝素梅《山东长清神宝寺考及其相关研究》，杨阳、王晶《唐〈灵岩寺碑颂并序〉碑考》等。

周福森《山东长清灵岩寺罗汉像的塑制年代及有关问题》、胡新华《长清灵岩寺宋代彩塑罗汉像研究》、李仲如《山东灵岩寺宋代罗汉像艺术形式研究》、王传昌《山东长清灵岩寺宋代罗汉像彩绘分析研究》、闫双《从长清灵岩寺罗汉像谈世俗化的宋代佛教雕塑》、黄恋茹《山东长清灵岩寺彩塑罗汉像身份问题初探》，胡新华、胡建华《灵岩寺彩塑罗汉服饰：佛教雕塑世俗化的美丽表达》、郑岩《"铁袈裟"与碎片的气象》和《铁袈裟：艺术中的毁灭与重生》等文章主要针对灵岩寺的罗汉像和铁袈裟进行分析。

黄国康与周福森《灵岩寺辟支塔》、叶涛《灵岩寺辟支塔塔基浮雕与阿育王传说》、王兴蓉《长清灵岩寺辟支塔塔基浮雕中的建筑图像解读》集中对辟支塔的形制作了相关研究。谢燕《山东长清灵岩寺慧崇塔调查与研究》、郑岩《论〈半启门〉》针对慧崇塔的建造、设计、艺术等方面作了分析。姚娟娟《山东长清灵岩寺研究》则对灵岩寺墓塔林的艺术作了重点分析。

李裕群《灵岩寺石刻造像考》、王晶《山东长清灵岩寺地界石碑考略》、刘丽丽《〈大元泰山灵岩禅寺创建龙藏之记〉碑考》主要从考古的角度介绍灵岩寺出土文物。

马银华《文化视野中的北宋齐鲁诗坛研究》《北宋文人笔下的齐鲁佛寺景观及其文化意蕴——浅议北宋文人游灵岩寺诗》，张珂《北宋泰山灵岩寺诗文研究》、钟篷子《金元时期泰山灵岩寺诗歌研究》侧重于对灵岩寺的文人诗文进行介绍。

胡孝忠《北宋山东〈敕赐十方灵岩寺碑〉研究》与《北宋前期京外敕差住持制度研究》、刘长东《论宋代的甲乙与十方寺制》、王杨梅《山东灵岩寺宋熙宁三年敕牒碑考释》主要是对北宋灵岩寺的十方体制进行研究。

针对灵岩寺碑刻中反映的社会经济问题等，张良《元延祐二年灵岩寺执照碑再研究》，徐萌《从石刻资料探析宋元时期泰山灵岩寺土地经济》，刘文青《新见〈两院抚按明文〉考》，郑好《碑刻中的法律与历史——从执照碑看元代寺观不动产管理制度》，王春彦、仝晰纲《宋元时期灵岩寺田产问题研究——以灵岩寺宋元碑刻资料为中心》等文章皆有讨论。

谭景玉、韩红梅《宋元时期泰山灵岩寺佛教发展状况初探》对灵岩寺在宋元时的发展作了总体介绍。刘兰芬《灵岩寺石刻及其反映的历史》《山东灵岩寺石刻反映若干历史问题考辨》在搜集碑文的基础上，对灵岩寺的几个历史问题进行分析。近年来，王春彦在灵岩寺的研究方面有所突破，发表了《清康熙〈灵岩志〉误收杜甫〈题赞公房〉考》《元明时期山东灵岩寺曹洞宗宗统字辈及法统之关系》《山东灵岩寺"唐开元碑"考》等文章。高强《金元时期曹洞宗在泰山灵岩寺的传承发展》对灵岩寺曹洞宗的发展作了研究。释弘恩《帝王与灵岩寺——论灵岩寺佛教中国化进程中的推动力》从灵岩寺的整体发展历程，讨论帝王在推动灵岩寺佛教中国化进程中的作用。

以上学者整理的资料及研究成果，对本书的写作有重要帮助。结合他们的经验积累，综合分析现有资料，可以展开下一步的研究。

# 第一章　晋宋之际灵岩寺兴起

灵岩寺的兴起由来已久，但是始终绕不开的却是朗公传说。僧朗是否来过灵岩寺或在其附近开辟寺院，一直以来成为备受争议的话题。法定实际开创灵岩寺，这无可非议。但是僧朗入泰山、住金舆谷传播佛法，却关系到两家寺院——神通寺与灵岩寺的起源。为弄清山东佛教的兴起之源，有必要考证僧朗本人以及他所创建的寺院位置，方可进行下一步的研究工作。

南北朝时期诸政权混战，佛教传入中国后不仅要面对佛经翻译、教义阐释、佛法传播的问题，还要处理与统治者合作、谋求当下生存的局面。佛图澄以神通术赢得了石氏政权的青睐，并且培养了一大批佛法高僧。道安、竺法和、竺法汰、僧朗等皆是其门下弟子，后来为佛教在中国的发展开辟了广大空间。僧朗入泰山便发生在这样的背景下。

## 第一节　朗公传说的由来

### 一　僧朗入泰山

**（一）僧朗生平**

前秦皇始元年（351），僧朗入泰山修行。这一直被视作山东佛教史的开端。

竺僧朗，生卒年不详，京兆（今陕西西安）人[1]。年少时四处游方问道，

---

[1] 唐代道宣在《集神州三宝感通录》里称僧朗俗姓李，冀人，也就是河北人。《大正藏》第52册，第414页。

后来回到关中专事讲说。有关僧朗的师承,在慧皎的《高僧传》中并未言及。目前佛教史的书写,以汤用彤的《汉魏两晋南北朝佛教史》为代表,皆采用郦道元《水经注》的说法。郦道元(?—527)在北魏服官多年,与梁代慧皎(497—554)约同时人,其说大抵可信。"有沙门竺僧朗,少事佛图澄,硕学渊通,尤明气纬,隐于此谷,因谓之朗公谷。"① 佛图澄,又名竺佛图澄,据方广锠先生考证为印度罽宾人。② 印度地区古称天竺,佛图澄姓"竺",乃古代对来自天竺的僧侣所冠的通姓。按照佛教的规矩,僧人出家后须舍弃俗家姓名,由皈依师赐法名,以示在宗教上开始了新的生命历程。在道安始创出家众统一姓"释"前,僧人习惯上都冠用师傅的姓氏。③《高僧传》中僧朗亦姓"竺",也从旁证明了二人大概存在师承关系。道安师事佛图澄,与竺法和、竺法汰等皆为同学。因此,僧朗与道安等人为同门。

后赵时,佛图澄善神通,为石氏政权所重,往参求学者不可胜数。道安等人是其门下佼佼者。建武元年(335)后,大致石虎当权时,道安至邺都拜佛图澄为师。建武十四年(348),佛图澄逝于邺宫寺。次年,石虎去世,传位给不满十岁的石世。不久,彭城王石遵发兵邺都,杀石世自立。半年后,石遵又为石鉴所杀。石氏政权本为羯人所建立,后被汉人冉闵取而代之。冉闵当政后,挑起民族仇杀,羯人一度西逃。这便是史上所谓的"冉闵之乱"。羯人在西逃时多归附苻洪,苻洪被石虎旧将毒死后,苻健率众西归,建立前秦,年号皇始。僧朗为佛图澄弟子,佛图澄去世后,石氏政权动荡。原本与众师兄弟居邺都的僧朗,值此动乱年代,为求保身,皇始元年(351)东往泰山修行。

僧朗入泰山的年代,与道安带领师兄弟四处流亡的年代恰好同时。道安西迁至邺都西北牵口山。冉闵之乱后,道安应僧先之邀,与竺法汰一起赴河北飞龙山(今封龙山)勘译经典,讲经说法。僧朗在泰山地区与隐士张忠常有往来,并结为"林下之契"④。"林下"是指远离闹市的山林田野,多用

---

① (北魏)郦道元:《水经注》卷8,文渊阁四库全书电子版,史部,地理类。
② 方广锠:《道安评传》,昆仑出版社2004年版,第25页。
③ 方广锠:《道安评传》,第216页。
④ (梁)慧皎:《高僧传》卷5,中华书局1992年标点本,第190页。

以比喻退隐之处。僧朗拒绝六任帝王的招请,无意卷入政权之中。然而张忠却葆有入世之志,为苻坚所征,遗憾的是未至都城长安,行至华阴山[①]而卒。僧朗移居昆仑山金舆谷中,别立精舍,为众讲说。

据道宣《广弘明集》记载,僧朗居泰山金舆谷时,前秦苻坚、东晋孝武帝司马昌明、后燕慕容垂、北魏拓跋珪、南燕慕容德、后秦姚兴均先后写信给朗公,并有礼物相赠。从这些书信中可以发现,不管统治者使用何种手段,目的基本一致,希望僧朗能够助其稳定朝纲、匡扶社稷。书信具体写作年代未知,现大致按照以上君主在位时间列表如下。[②]

表1-1 统治者与朗公往返书信表

| 君主 | 目的 | 封赏 | 回复 |
| --- | --- | --- | --- |
| 前秦苻坚（357—385） | 皇帝敬问太山朗和上。大圣膺期,灵权超逸,荫盖十方,化融无外。若山海之养群生,等天地之育万物,养存生死,澄神寂妙,朕以虚薄,生与圣会,而隔万机,不获辇驾。今遣使人安车相请,庶冀灵光,回盖京邑。 | 今并送紫金数斤,供镀形像,绨绫三十匹。奴子三人,可备洒扫。至人无违,幸望纳受,想必玄鉴,见朕意焉。 | 僧朗顿首顿首。如来永世,道风潜沦。忝在出家,栖心山岭,精诚微薄,未能弘匠。不悟陛下,远问山川,诏命殷勤,实感恩旨。气力虚微,未堪跋涉,愿广开法轮,显保天祚。僧朗顿首顿首。蒙重惠赐,即为施设,福力之功,无不蒙赖,贫道才劣,不胜所重。 |
| 东晋司马昌明（373—396） | 皇帝敬问太山朗和上。承叡德光时,飞声东岳,灵海广淹,有生蒙润。大人起世,善翼匡时,辄申经略,悬禀妙算。昔刘曜创荒,戎狄继业,元皇龙飞,遂息江表。旧京沦没,神州倾荡,苍生荼蓼,寄在左衽,每一念至嗟悼。朕心长驱魏赵,扫平燕伐,今龙旗方兴,克复洢洛。思与和上同养群生,至人通微,想明朕意。 | 今遣使者,送五色珠像一驱,明光锦五十匹,象牙簟五领,金钵五枚,到愿纳受。 | 僧朗顿首顿首。夫至人无隐,德生为圣,非德非圣,何敢有喻？夫曰出家,栖息尘表,慕静山林,心希玄寂,灵迹难逮,形累而已。奉被诏命,慰及应否,大晋重基,先承孝治,惠同天地,覆养无边,愿开大乘,伸扬道味。僧朗顿首顿首。 |

---

[①] "华阴山"当指华山之阴,据汤用彤校注,《晋书·张忠传》记载其卒于西岳华山。慧皎《高僧传》卷5,第191页。

[②] (唐)道宣:《广弘明集》卷28,《大正藏》第52册,第322页。

续表

| 君主 | 目的 | 封赏 | 回复 |
|---|---|---|---|
| 后燕慕容垂（384—396） | 皇帝敬问太山朗和上。澄神灵绪，慈荫百国，凡在含生，孰不蒙润？朕承藉纂统，方夏事膺，昔蜀不恭，魏武含慨，今二贼不平，朕岂获安？又元戎克兴，征扫暴乱，至人通灵，随权指化。愿兵不血刃，四海混伏，委心归诚，久敬何已。 | 今遣使者，送官绢百匹，袈裟三领，绵五十斤，幸为咒愿。 | 僧朗顿首顿首。能人御世，英规遐邈，光敷道化，融济四海。贫道忝服道味，习教山林，岂惟诏旨，谘及国难。王者膺期，统有六合，大能并小，自是常伦。若葵藿之倾太阳，飞步之宗麟凤，皇泽载融，群生系仰。陛下高明，何思不服，贫道穷林，蒙赐过分。僧朗顿首。 |
| 北魏拓跋珪（386—409） | 皇帝敬问太山朗和上。承妙圣灵，要须经略，已命元戎。上人德同海岳，神算遐长，冀助威谋，克宁荒服。 | 今遣使者，送素二十端，白毡五十领，银钵二枚，到愿纳受。 | 无 |
| 南燕慕容德（400—405） | 皇帝敬问太山朗和上。遭家多难，灾祸屡臻。昔在建熙，王室西越，赖武王中兴，神武御世，大启东夏，拯拔区域，遐迩蒙苏，天下幸甚。天未忘灾，武王即晏，永康之始，西倾东荡。京华主上播越，每思灵阙，屏营饮泪。朕以无德，生在乱兵，遗民未几，继承天禄。幸和上大恩，神祇盖护。 | 使者送绢百匹，并假东齐王奉高、山茌二县封给。书不尽意，称朕心焉。 | 僧朗顿首。陛下龙飞，统御百国，天地融溢，皇泽载赖，善达高鉴，惠济黔首，荡平之期，何忧不一？陛下信向三宝，恩旨殊隆，贫道习定，味静深山，岂临此位？且领民户，兴造灵刹，所崇像福，冥报有归。僧朗顿首顿首。 |
| 后秦姚兴（394—416） | 皇帝敬问太山朗和上。勤神履道，飞声映世，休闻远振，常无已已。朕京西夏，思济大猷，今关未平，事唯左右。已命元戎，克宁伊洛。冀因斯会，东封巡省，凭灵仗威，须见指授。 | 今遣使者，送金浮图三级，经一部，宝台一区，庶望玄鉴，照朕意焉。 | 无 |

以上六位君主，对僧朗的笼络与招揽之心可谓溢于言表。苻坚可能是较早礼请僧朗至长安的。他在信中表达了对僧朗的仰慕之情，将僧朗视作圣人一般。或因僧朗本为京兆人，故安排车辆、使者，请僧朗返回长安。僧朗的回复比较明确，表示自己既已出家，意在"栖心山岭"，感念陛下相请，远

问山川，只是长途跋涉，自己身体也吃不消，最后以"才劣不胜所重"拒绝邀约。虽然僧朗希望与苻坚保持一定距离，但是苻坚本人对僧朗的德行还是比较佩服的。因此，他沙汰众僧时，曾下诏"朗法师戒德冰霜，学徒清秀，昆仑一山，不在搜例"①。隐士张忠应诏，应该也是在此时。

其余五位君主，在信中表达的巩固或扩张政权意图比较明确，尤其是"克复洴洛""元戎克兴""克宁荒服""已命元戎""克宁伊洛"等表述在东晋孝武帝、后燕慕容垂、北魏拓跋珪、后秦姚兴的信中广泛存在。

东晋司马昌明在给僧朗的信中，追述了早年京城沦没，以及栖息江表、偏安一隅的现状，希望能够"长驱魏赵，扫平燕伐……克复洴洛"，盼僧朗能够归顺他，以期"与和上同养群生"。北魏拓跋珪的信函内容简单，赞叹僧朗"德同海岳，神算遐长"后，直接表明"冀助威谋，克宁荒服"之意。后燕慕容垂以三国时蜀国与魏国的关系作比，以魏国自居。欲平二贼，扫暴乱，希望僧朗助自己一臂之力，以期达到"兵不血刃，四海混伏，委心归诚"的局面。南燕统辖山东一带，僧朗所处的泰山在自己管辖范围内，因此慕容德直接以东齐王奉高、山茌两县的赋税封赐僧朗。后秦姚兴亦是虽"京西夏，思济大猷"，希望能够成就大业。虽然目前关内未平，政务繁多，暂时分身乏术，但是已命军队准备好，希望能够早日收复中原，东封巡省。

司马昌明赞颂僧朗为"至人"，奉送的礼物也比较丰厚。僧朗婉谢，谦称自己不胜"至人"之喻。僧朗称赞晋朝以孝治天下，惠同天地，覆养无边，希望孝武帝能广开大乘法门。慕容垂枕戈待旦，称欲征扫暴乱，僧朗对慕容垂的招揽，以习教山林、忝服道味婉拒。慕容德对身处自己领地的僧朗，赐以封赏，僧朗的回复则是希望他们能统御百国，臣服四海。拓跋珪与姚兴二人，信中皆言及"已命元戎"，表明自己的军队已做好收复中原的准备，目前尚未见到僧朗对二人的回复。

慧皎的《高僧传》从僧人的角度出发，以赞颂僧朗的神通、德行为主，认为诸位君主的封赏是因僧朗具高尚品行之故。将僧朗所居之处无虎兽出没，也作为灵异来宣传，"猛兽归伏"，"百姓咨嗟，称善无极"。②这种观点

---

① （梁）慧皎：《高僧传》卷5，第190页。
② （梁）慧皎：《高僧传》卷5，第190页。

有一定的历史局限性。方广锠先生认为，各国统治者如此重视竺僧朗，既与他个人修持与约束教团有关，也与他居住在泰山有关。泰山自古以来是帝王封禅、与上帝交通的地方。僧朗在泰山修行，自然增强了其在统治者心目中的地位。[①]这种说法有一定道理，但是基于当时的现实局面，统治者从政治角度出发、招揽僧朗的可能性比较大。僧朗作为泰山佛教势力的代表人物，争取到僧朗对自己政权的支持，从某种精神层面上也意味着对该地区的控制与统辖。因此，各方对僧朗的致敬与礼赠，可以看作僧朗品行的影响，更多还是政权统治的现实需求。因僧朗的影响巨大，金舆谷后来被称作"朗公谷"。僧朗最后卒于山中，世寿八十五。

**（二）泰山金舆谷**

1. 金舆谷之争

据慧皎《高僧传》记载，金舆谷所在的昆仑山乃"泰山西北之一岩也"。但是这个说法给后世带来无数争端。围绕金舆谷是指灵岩寺所在地，还是神通寺？双方各执一词。

支持灵岩寺的论据如下。

灵岩寺所处的方位，恰在泰山西北方向。金舆谷所在的昆仑山应该是灵岩寺所依之山，因此灵岩寺山谷自然为金舆谷。如明代傅光宅在《重修千佛殿记并词》中称："灵岩禅寺者，峰连岱岳，谷号金舆。"[②]清代王纪的《游灵岩寺次宋转运鲜于公韵》："千崖万壑果奇绝，无怪名称金舆谷。"[③]以上说法在早年出版的灵岩寺宣传手册中更是随处可见。"灵岩胜境坊 金舆谷西口有一石坊，上书'灵岩胜境'四个大字，建于清代乾隆二十六年，为灵岩寺的第一道山门。"[④]同样的表述还见于郭章衡《灵岩寺游览》[⑤]、李庶生主编《灵岩胜境》[⑥]等。而神通寺在泰山正北，方位上不合。

就灵岩寺而言，此处民间有朗公石的传说，"朗公说法、顽石点头"，寺

---

[①] 方广锠：《道安评传》，第219页。
[②] 转引自（清）马大相《灵岩志》卷3，第47页。
[③] 转引自（清）马大相《灵岩志》卷5，第144页。
[④] 山东友谊书社编：《灵岩寺——千年古刹》，山东人民出版社1985年版，第3页。
[⑤] 郭章衡：《灵岩寺游览》，山东人民出版社1985年版，第4页。
[⑥] 李庶生主编：《灵岩胜境》，山东友谊出版社1992年版，第1页。

院后山有朗公石奇景。

支持金舆谷在神通寺的论据如下。

首先，郦道元在《水经注》中称："济水又东北，右会玉水。水导源太山朗公谷，旧名琨瑞溪。有沙门竺僧朗，少事佛图澄，硕学渊通，尤明气纬，隐于此谷，因谓之朗公谷。故车频《秦书》云：苻坚时，沙门竺僧朗，尝从隐士张巨和游，巨和常穴居，而朗居琨瑞山，大起殿舍，连楼累阁，虽素饰不同，并以静外致称。即此谷也。水亦谓之琨瑞水也。其水西北流迳玉符山，又曰玉水。"① 玉水发源于朗公谷，原名琨瑞溪。琨瑞溪得名琨瑞山，即上文所述昆仑山。郦道元在此处并未提及"金舆谷"一名，但是《高僧传·竺僧朗传》已表明金舆谷就是朗公谷。因此，玉水的发源地也就是金舆谷的所在地。

其次，刘敦愿等在《齐乘校释》中考证："琨瑞水实即今锦阳川，西北流，与锦绣川、锦云川在今仲宫镇西汇合后名玉符河（玉水）。"② 结合上文郦道元所说琨瑞水西北流的走向，可知刘敦愿等所言不虚。锦阳川即在今日神通寺西南方向，河流整体西北走向，下游注入卧龙山水库。因此，玉水的发源地在神通寺附近。

最后，隋代道宣在多处均称神通寺是由朗公寺更名而来。如道宣《续高僧传·释法瓒传》："仁寿置塔，敕令送舍利于齐州泰山神通寺，即南燕主慕容德为僧朗禅师之所立也……寺立以来四百余载，佛像鲜莹，色如新造，众禽不践，于今俨然。古号为朗公寺，以其感灵即目故，天下崇焉。开皇三年（583），文帝以通征屡感故，改曰神通也。"③ 同时《释昙迁传》也称，开皇十四年（594），隋文帝祭祀泰山后"敕河南王为泰岳神通道场檀越，即旧朗公寺也"④。既涉及神通寺的方位，又提到改名一事的是道宣《集神州三宝感通录》：

---

① （北魏）郦道元：《水经注》卷8，文渊阁四库全书电子版，史部，地理类。"玉苻山"今多作"玉符山"。
② （元）于钦撰，刘敦愿、宋百川、刘伯勤校释：《齐乘校释》，中华书局2012年版，第83页。
③ （唐）道宣：《续高僧传》上册，中华书局2014年标点本，第361页。
④ （唐）道宣：《续高僧传》中册，第665页。

四，西晋泰山金舆谷朗公寺者。昔中原值乱，永嘉失驭。有沙门释僧朗者，姓李，冀人。西游东返，与湛、意两僧俱入东岳。卜西北岩以为终焉之地。常有云荫，士俗咸异。其祯感声振殊国，端居卒业。于时天下无主，英雄负图。秦、宋、燕、赵莫不致书崇敬，割县租税，以崇福焉。故有高丽、相国、胡国、女国、吴国、昆仑、北代七国所送金铜像。朗供事尽礼，每陈祥瑞。今居一堂，门牖常开，鸟雀莫践，咸敬而异之。其寺至今三百五十许岁，寺塔基构，如其本焉。隋改为神通道场，今仍立寺。①

道宣以为，金舆谷的朗公寺正是在泰山西北岩，而且在隋代改名神通寺。由是便与泰山西北方位的灵岩寺没有关系了。换句话说，按照现在精确的地理方位而论，神通寺所在的琨瑞山虽然在泰山的正北方，但是古人可能认为那就是西北方。也就是慧皎在为僧朗立传的时候也许出现了方位偏差。当然，道宣的记载是否可信，这就是另一个层面的问题了。道宣在对僧朗的介绍中，称他是"冀人"，也就是河北一带人。这与慧皎在《高僧传》中的记述"京兆人"相矛盾，孰是孰非较难断定。但是僧朗师承佛图澄，与道安等同门，应该在河北待过。

通过对比灵岩寺与神通寺各自的依据，这场金舆谷之争的胜方偏向神通寺。金舆谷在神通寺一带，事实上早先在佛教界没有太大争议。如唐代神清撰写的《北山录》便采用了道宣的说法。②义净在《南海寄归内法传》介绍抚养教育自己的两位恩师时，称俱为"太山金舆谷圣人朗禅师所造神通寺之大德也"③。元代神通寺《敕赐神通寺祖师兴公菩萨道德碑》中，也称朗公菩萨于皇始年间在泰山北金舆谷中薙茅而居。因此，神通寺是隋文帝时由朗公寺更名而来，即最初僧朗所创建的寺院，金舆谷为神通寺所在的山谷。

2. 玉符山之辨

玉符山的地理位置，也与这场"金舆谷之争"密切相关。前文讲到玉水

---

① （唐）道宣：《集神州三宝感通录》卷中，《大正藏》第52册，第414页。
② （唐）神清：《北山录》，《大正藏》第52册，第590页。
③ （唐）义净著，王邦维校注：《南海寄归内法传校注》卷4，中华书局2000年版，第227页。

之源在金舆谷，西北流，径过玉符山。元代于钦在《齐乘》中怀疑玉符山是灵岩寺所依的方山。有的解释甚至以它为方形，似一方官印，所以命名玉符山。但是玉符是指玉制的信物，也特指玉制的鱼形佩饰。与官印的关系并不大。马继业说方山"形似'印符'，又称'玉符山'"①。

"今有朗公寺，亦三齐名刹，历代有碑。谷有琨瑞溪水，过玉符山，又名玉水，至祝阿入济。……龙洞西南有方山，疑即《水经》之玉符山。"②于钦未详细考证，只是在《齐乘》中表示怀疑。这是最早将方山与玉符山并论的说法。但是于钦的怀疑被后人当作一个事实来接受。如明代王在晋在《游灵岩记》中言，带他游览的人告诉他，《水经注》中的玉符山说的就是灵岩。③故清代马大相称："灵岩寺在方山下，即《水经》玉符山。"④聂鈫在《泰山道里记》中言："泰山西北四十余里为灵岩，古称方山，或曰玉符山，多松柏，《齐乘》谓之十里松。"⑤王荣玉等主编的《灵岩寺》也认为："灵岩山是泰山十二支脉之一，主峰为海拔668米的方山，又名玉符山。"⑥其他转引之说不胜枚举。那么方山果真是《水经注》中所说的玉符山吗？

就《水经注》本身来看，朗公谷在琨瑞山，发源于此的河流为"琨瑞水"，也就是现在的锦阳川。"其水西北流迳玉苻山，又曰玉水。"⑦可见玉水是西北流向的，而玉符山也应该在金舆谷的西北方向。但是从目前的地理方位看，方山恰在金舆谷神通寺的西南方向，与此大相径庭。况且灵岩山附近的水流与神通寺附近的并无交涉。近人刘敦愿等在《齐乘校释》中也持此观点。

> 于氏疑方山为《水经注》之玉符山，误。方山与灵岩山连属，在今济南市长清区万德镇灵岩寺北，地当神通寺西偏南。于氏谓"西南有

---

① 马继业：《灵岩寺史略》，山东人民出版社2014年版，第4页。
② （元）于钦撰，刘敦愿、宋百川、刘伯勤校释：《齐乘校释》，第82页。
③ （清）马大相：《灵岩志》卷3，第40页。
④ （清）马大相：《灵岩志》卷2，第13页。
⑤ （清）聂鈫：《泰山道里记》，《泰山文献集成》第9卷，泰山出版社2005年标点本，第68页。
⑥ 王荣玉等主编：《灵岩寺》，文物出版社1999年版，第1页。
⑦ （北魏）郦道元：《水经注》卷8，文渊阁四库全书电子版，史部，地理类。

方山",甚是。……琨瑞水实即今锦阳川,西北流,与锦绣川、锦云川在今仲宫镇西汇合后名玉符河(玉水)。方山与玉符山一在此所谓西龙洞山(琨瑞山)西南,一在其西北,南北相距约二十千米。[①]

由此可见,方山与玉符山方位并不一致,二者实不相干涉。源于元代于钦的一个怀疑,导致后人在这个问题上以讹传讹,无疑令考证金舆谷的详细地理位置蒙上一层面纱,以致真假难辨。综上,灵岩寺所依之山为方山,以造型方正得名。方山山顶实则为崮,这在山东的地貌特征中比较常见。与其相连属者,又称灵岩山。方山并非传闻中的玉符山。至于真正的玉符山,有人以为在今长清杨家峪一带,具体待考证。

3. 金舆谷之会

金舆谷之会此前被佛教学术史关注过,因为材料有限,进一步展开研究的可操作性不大。但是当时参与金舆谷之会的僧人,如竺法和、释道安等,皆是对佛教史影响深远的人物。金舆谷之会,在僧朗住持的场所举行,僧朗作为参与人和召集人应该是没有问题的。

汤用彤认为金舆谷之会应该发生在道安、法和长安弘化时期内。二人东下是应朗公之请。[②] 方广锠《道安评传》指出,建元十八年(382),道安与法和到邺都,扫省佛图澄的寺庙,而在扫祭之后,来到金舆谷与僧朗会面。[③] 若金舆谷之会在382年前后举行,那后燕、北魏、南燕、姚秦皆未立国。东晋孝武帝致书封赏的可能性也不大,因其信中提及欲"长驱魏赵,扫平燕伐",可见魏、燕彼时已立。因此,此时僧朗可能尚未得到诸国君主致书。南燕慕容德自建平元年(400)方登位,此时亦未封僧朗为"东齐王"并赐以二县赋税。因此,《道安评传》中列举诸方封赏后,认为"道安与竺僧朗是师兄弟,竺僧朗又是备受诸方重视的一方佛教领袖,所以道安特意来到金舆谷与僧朗见面",前后史实有颠倒。不过苻坚曾力邀僧朗入长安,可见举行金舆谷之会时,僧朗在山东应该是有一定地位和影响力的。《高僧传》仅

---

[①] (元)于钦撰,刘敦愿、宋百川、刘伯勤校释:《齐乘校释》,第83页。
[②] 汤用彤:《汉魏两晋南北朝佛教史》,北京大学出版社1997年版,第144页。
[③] 方广锠:《道安评传》,第218页。

在释法和的传记里,对这场会面作过侧面描述:

> 闻襄阳陷没,自蜀入关,住阳平寺。后于金舆谷设会,与安公共登山岭,极目周睇,既而悲曰:"此山高耸,游望者多。一从此化,竟测何之。"安曰:"法师持心有在,何惧后生?若慧心不萌,斯可悲矣。"后与安公详定新经,参正文义。顷之,伪晋王姚绪请住蒲坂讲说。①

襄阳陷没,苻坚得"一人半","一人"为释道安,"半"乃习凿齿。道安至长安后,法和也从蜀地入关,住在阳平寺。后来与道安一起赴金舆谷之约,登山远眺,悲从中来。"一从此化,竟测何之",若从此坐化,不知日后会有何种景象。这种对前途莫测的伤感,应与当时所处的社会环境有关。道安安慰法和,只需秉持慧心,便无惧将来的人或事;若是不能长养慧心,这才是真正可悲之处。道安作为虔诚的佛弟子,常与弟子在弥勒前立誓,愿生兜率净土。②这大概也可能是他所说的"慧心"的一个方面。此后释法和应该不再对这个问题感到忧心,专心与道安一起勘定新经,参正文义。

金舆谷之会未在僧朗的传记中提及,有关具体内容及僧朗的观点不得而知。

## 二 灵岩寺与朗公石

既然从北魏、隋、唐以来的文献上,看不出灵岩寺与金舆谷、僧朗有实际的关系,为何人们依然愿意相信灵岩寺是僧朗创建的呢?这存在一个主观上真实却与客观相悖离的情况。也就是说,无论客观事实存在与否,人们愿意相信这是真的,那这便成了主观真实的事件。这类主观真实的意念,往往可以改变或者支配人们做出某种行为。但这种行为的产生,也可能是有起因的。灵岩寺东北山脊上的朗公石,恰恰给人们提供了这样一个契机,让人们愿意相信灵岩寺是朗公建造的,此山之石是有灵性的。

"朗公说法、顽石点头",这一直以来是灵岩寺得名的官方说法。现在

---

① (梁)慧皎:《高僧传》卷5,第189页。
② (梁)慧皎:《高僧传》卷5,第183页。

灵岩寺东北方向的群山上，依然矗立着貌似老和尚的巨石。"老和尚"手持"锡杖"，沿山脊踽踽而行，身后的群松又似皈依弟子追随左右。实则巨大的锡杖也是树木化成，此乃建立在人们想象之上的一处天然绝景。

马大相在介绍"朗公石"时称："石类老僧伛立之状，在昔朗公石畔说法，听者千有余人。共见石为点头。惊以告公，公曰：'山灵也，无足怪。'灵岩之名盖始于此。"① 而在"人物志·高僧"中称："按《神僧传》：朗公和尚说法泰山北岩，下听者千人，石为之点头。众以告，公曰：此山灵也，为我解化，他时涅槃，当埋于此。传衣钵者记取。"② 但是马大相的此段引文并未见于《神僧传》，藏经文献亦未见到朗公与点头石的关联材料。后人对马大相的说法未加详辨，在一定程度上助长了此类传说的传播。灵岩寺之名究竟因何而来，这个传说也许功不可没。根据前文推断，僧朗事实上创建的朗公寺并不在此处，但是灵岩之名又是如何起源的呢？唐代李邕在《灵岩寺碑颂并序》中称晋宋之际（约420）法定禅师来此建造兰若，残碑未见彼时提及"灵岩"。不过至少在隋文帝敕华阳王为宝山道场檀越前，灵岩之名便已产生。

佛教高僧讲法，与顽石有点头默契的典故，是有关竺法汰的弟子竺道生（355—434）的传说。竺道生游长安时曾随鸠摩罗什译经，提出"善不受报""顿悟成佛""一阐提人皆得成佛"等观点，起初不被人接受，后佛经传来果得印证。"生公说法、顽石点头"的故事，则在《神僧传》中记载过。《神僧传》为明永乐年间所辑，著者失载，其中多记述僧人的神异事迹。

> 时《涅槃》后品未至。生曰："阐提皆当成佛，此经来未尽耳。"于是文字之师诬生为邪，摈而遣之。生白众誓曰："若我所说不合经义，请于见身即见恶报；若实契佛心，愿舍寿时据师子座。"竟拂衣入吴之虎丘山。竖石为徒，讲《涅槃经》。至"阐提有佛性处"曰："如我所说，契佛心否？"群石皆首肯之。……后《涅槃》大本至于南京，果称阐提悉有佛性，与生所说若合符契。③

---

① （清）马大相：《灵岩志》卷1，第4页。
② （清）马大相：《灵岩志》卷2，第22页。
③ 《神僧传》卷3，《大正藏》第50册，第964页。

竺道生幼时在竺法汰门下皈依,问辩无碍。后又跟随鸠摩罗什受业,受帝王钦重,在佛经的领悟与解读上也胜人一等。但是当时《涅槃经》后品还没有传进来,因此竺道生提出的"一阐提人皆能成佛",为当时固着文本的经师所诟病,并遭到排挤。竺道生因此入虎丘山讲《涅槃经》,竟得到群石的首肯。现虎丘山立点头石,意亦在此。竺道生"竖石为徒"的神奇经历,应该是"朗公说法、顽石点头"的原型。慧皎《高僧传·竺道生传》中不见此说,其余生平经历之记载则大致相同。

灵岩寺朗公石的传说,大概是在南北朝时兴起的,与竺道生的传说年代接近。朗公石的天然奇景确实吸引了不少人为之流连忘返,但是传说与史实毕竟不能等同。山东地区为丘陵地带,山区多怪石,灵岩寺的朗公石是一例。青州驼山横躺的山体巨佛亦是如此。各地因群山环绕似莲花,而以莲花山命名的也常见。这从侧面也反映了当地民众的佛教信仰。

## 第二节 法定祖师

### 一 李邕与《灵岩寺碑颂并序》碑

法定是灵岩寺的创寺祖师,这一说法最早见于唐代天宝元年(742)李邕撰书的《灵岩寺碑颂并序》。李邕(678—747),字泰和,鄂州江夏(《新唐书》作扬州江都)人。父亲李善,有《文选注》。李邕年少出名,才高性直,宦途多舛,曾任侍御史、括州司马、陈州刺史、括州刺史,淄州、滑州刺史,汲郡、北海太守等职。天宝五年(746),因曹柳绩一案获罪,次年正月被杖杀,时年七十。李邕擅长写碑颂,人多奉金帛请其文,名闻天下,时称李北海。新旧唐书皆有传。李邕撰文时署"灵昌郡太守",灵昌郡后改为滑州(今河南滑县),应该在其任滑州刺史时所为。他为灵岩寺写的这通碑,自宋代金石学盛行后便广见于各家著作。赵明诚《金石录》,陈思《宝刻丛编》,《宝刻类编》,孙星衍、邢澍《寰宇访碑录》,毕沅、阮元《山左金石志》,金棨《泰山志》,陆增祥《八琼室金石补正》等皆有收录。其中后三本著述有录文,但因碑刻本身残缺,多有缺省。

近人王荣玉等主编的《灵岩寺》收其拓本并录文。温玉成结合《八琼室金石补正》及《灵岩寺》录文,在实地调查的基础上,有《李邕"灵岩寺颂碑"研究》一文。① 该文将原碑名"灵岩寺碑颂并序"改为"灵岩寺颂碑",文末录文亦将二字对调,可能是录文失误。亓鹤童《李邕〈灵岩寺碑〉研究》从拓本、书法、价值、影响等方面对碑刻的相关问题进行了研究。②

碑颂是刻在墓碑上颂扬死者的文辞。如《后汉书·崔骃列传》:"初,寔父卒,剽卖田宅,起冢茔,立碑颂。……家徒四壁立,无以殡敛,光禄勋杨赐、太仆袁逢、少府段颎为备棺椁葬具,大鸿胪袁隗树碑颂德。"可见碑颂本起源于立碑颂德之说,后来逐渐发展为一种文体。

> 富嘉谟,雍州武功人也。……先是,文士撰碑颂,皆以徐、庾为宗,气调渐劣。嘉谟与少微属词,皆以经典为本,时人钦慕之,文体一变,称为富吴体。③

> 初,邕早擅才名,尤长碑颂。虽贬职在外,中朝衣冠及天下寺观,多赍持金帛,往求其文。前后所制,凡数百首,受纳馈遗,亦至巨万。④

根据以上文献,可以看出"碑颂"作为一种文体,在社会上广为流传。马大相在编纂《灵岩志》时,称"唐开元碑 在寺西北五里许,神宝废寺右侧荆棘中,沙淤过半矣。乃北海太守李邕之文,但磨灭不能读耳。"⑤ 但是马大相说的这通碑,是李邕天宝年间为灵岩寺撰的这通碑,还是开元时另为神宝寺撰写的碑刻,尚未可知。据王春彦《山东灵岩寺"唐开元碑"考》,此乃马大相将李邕《灵岩寺碑颂并序》和开元二十四年(736)《大唐齐州神宝寺记》相混淆,而灵岩寺另有所存"唐开元碑"为开元十三年(725)《梁升

---

① 温玉成:《李邕"灵岩寺颂碑"研究》,《中国佛教与考古》,宗教文化出版社2009年版,第512—522页。
② 亓鹤童:《李邕〈灵岩寺碑〉研究》,硕士学位论文,山东工艺美术学院,2022年。
③ (后晋)刘昫等:《旧唐书·富嘉谟传》卷190中,国学备要电子版。
④ (后晋)刘昫等:《旧唐书·李邕传》卷190中,国学备要电子版。
⑤ (清)马大相:《灵岩志》卷2,第24页。

卿碑》。① 其依据主要源自康熙十一年（1672）岳之岭《长清县志》，以及袁中道、王在晋等人的记载。

李邕撰写的《灵岩寺碑颂并序》碑刻，曾有一段时期不为人所察。孙星衍、邢澍《寰宇访碑录》（1802）称"石在山东长清，今佚"，仅存"黄氏拓本"。②而成书于嘉庆戊辰（1808）年间的《泰山志》，也是根据黄易的拓本进行录文。③

清人何绍基多次寻访后，该碑再次重现于世。他专门作诗《访得李北海书灵岩寺碑残石》：

> 灵岩一片石，卅年觅无缝。今秋名山游，风雨行倥偬。方值蝗旱余，饿尽天人众。一二破衲僧，哀仰维摩瓮。叩以金石文，渺莽坠云雾。导观神宝石，不与鄙怀中。冬初再寻访，始识鲁班洞。草间就沿缘，石蟛竞摩控。几曲方造深，忽破滕公瓮。光出千载前，寒销万冰冻。拓出宛新硎，字字堪洛诵。略言定法师，得地矗云栋。惜仅半段存，莫睹全形砻。创获壬午年（1822），足补赵阮空。书势果雄伟，仪征非谀颂。缅维开宝间，斯文有纪统。御书翔如龙，颜李蔚双凤。④

以上是何绍基诗文的节录，从内容可以看出他对这通李邕碑的寻访过程及他对此碑的评价。何绍基秋天去灵岩寺游览，恰值蝗灾、旱灾，饿殍遍野，僧人乞食为生。他表明来意，是为探寻金石文字，没想到僧人引导他看神宝寺碑。初冬再去寻访，才在鲁班洞内发现了它。

何绍基称碑文提到法定法师建造寺院的事迹，可惜只存半段，未能一窥全貌。陆增祥根据其碑末的铭词，认为原碑应该是裂为三截。现仅存上截与中截的左半，中截的右半及下截无存。何绍基言"创获壬午年（1822）"，但是《东洲草堂诗集》将此诗编于丙辰年（1856），是三十余年后才作诗，还

---

① 王春彦：《山东灵岩寺"唐开元碑"考》，《泰山学院学报》2022年第1期。
② （清）孙星衍、邢澍：《寰宇访碑录》卷3，《石刻史料新编》第1辑第26册，第19895页。
③ （清）金棨：《泰山志》卷15，第453页。
④ （清）何绍基：《东洲草堂诗集》卷17，上海古籍出版社2012年标点本，第467—468页。

是另有其他缘由未知。赵明诚《金石录》存"唐灵岩寺颂、李邕撰并行书"①碑目,未收全文;阮元主修的《山左金石志》根据赵魏的拓片录文,有相当程度缺省。因此,何绍基认为这通碑的发现,"可补赵阮空"。

何绍基在黄易等人之后再次访得原石,其喜悦之情溢于言表。李邕此碑以行书作,书势雄伟,御书如龙。阮元称该碑"魄力雄伟,为北海得意书",何绍基对李邕的书法也是赞不绝口,故言"仪征非谀颂"。

至今,李邕的这通《灵岩寺碑颂并序》碑仍存灵岩寺鲁班洞内,嵌于西侧墙壁内。鲁班洞,为一条南北向甬洞,其上为废弃殿宇的遗址。马大相在《灵岩志》中称其为"开山僧朗公墓"②,据近年考古发现,它实际上是"一座石砌拱券式门洞,当为早年进入寺院的山门"③。

## 二 法定建寺

### (一)法定其人

关于法定祖师本人的具体材料,在碑刻及相关文献中见到的并不多。但是这仅有的材料,经后世众多文献演绎,也产生了诸多问题。故在此有必要单独列出,加以澄清。

首先,最基本的材料是唐代的李邕碑。碑文称法定禅师为景城郡人,尝行兰若。景城郡,在今河北沧州一带。因此,法定的家乡距灵岩寺不甚远。北宋前期,文献中对法定的称谓有"僧法定""法定师"等。政和年间,县令赵子明在法定圣像前祈雨灵验,并刻石留记。后来,法定禅师逐渐被认为是观音化身。金代陈寿恺《灵岩寺观音圣迹相并序》认为,法定不仅是观音托相,还是梵僧。今据《佛光大辞典》,梵僧有两层含义:一指由西域或印度东来的异国僧侣,一指持戒清净(即修梵行)之修行僧。从李邕碑文的内容本身来看,法定被认为是持戒清净的修行僧。但是陈寿恺在使用"梵僧"这一概念时,是否仅表明法定是一名修行僧呢?"我祖师其始西来,欲兴道场于兹也。"显然,此处的法定祖师已被认为是由西域或印度东来的僧人。

---

① (宋)赵明诚:《金石录》卷7,《石刻史料新编》第1辑第12册,第8840页。
② (清)马大相:《灵岩志》卷2,第16页。
③ 王荣玉等主编:《灵岩寺》,第24页。

与李邕碑中的"景城郡人"相差已远。

梵僧这一身份被后人继续沿用。金代党怀英的《十方灵岩寺记》称"有梵僧曰法定"。元代的《舍财记》认为"法定禅师东游选方山"。明代《灵岩寺重建五花殿记》亦称"有梵僧法定乐其形胜"。可见，自金代以后，法定与"梵僧""西来""东游"等词语已紧密结合，而非一般意义上的修行僧人。

通过以上分析，法定本为河北沧州一带的僧人，来至灵岩寺处修行。唐代李邕碑中描述法定的事迹有神异之处，但因碑文残缺，未能详解。宋人张公亮称法定建寺时有"青蛇白兔、双鹤二虎之异"。北宋后期法定则被认为是观音菩萨的化身，金代更被赋以西来梵僧的身份。法定祖师的身份不断被演绎，并加以神化的过程，充分体现了信众对祖师崇拜的信仰成分增大。

**（二）建寺年代**

前文提到李邕碑是最早提出法定创建灵岩寺的。那法定于何年建寺呢？

事实上，仔细分析《灵岩寺碑颂并序》碑文即可知晓。"邕以法有因，福有□，故得真僧庋止，神人告祥。"[①]开篇从佛法的角度，说明真僧、神人皆来灵岩寺的缘起。"晋宋之际，有法定禅师者，景城郡人也，尝行兰若……"因此，法定禅师在晋宋之际（约420）来此建寺应无异议。这一点在温玉成的文章中也有提及。兰若，本为比丘洁身修行之处，后也指规模较小的寺院或精舍。由此可知法定最早应该是在这里修行的，或至少建了一个小的安身之所。"禅师以劳主人，逝将辞去"，又有二居士不知何故，建立僧坊，宣传佛法，"识者以为山神耳"。此处中间碑文断缺，未能卒读。这便是灵岩寺最初建寺的过程。

"晋宋之际"建寺之说，至早在宋人张公亮《齐州景德灵岩寺记》后，便被易为北魏正光元年（520）。"按《图经》，本希有佛出现之地。后魏正光元年（520），法定师始置寺，有青蛇白兔、双鹤二虎之异。"[②]灵岩寺历代记文对此事的说法，除了元代泰定三年（1326）的《舍财记》外，基本都是对张公亮一说的改写与演绎。具体如下：

---

① 见附录《灵岩寺碑颂并序》，下同。
② （清）马大相：《灵岩志》卷3，第31页。

第一章　晋宋之际灵岩寺兴起　/　31

《千佛殿记》（1061）：按地志，后魏正光中（520—525）有僧法定者，唱有拨土以兴焉。

《崇兴桥记》（1108）：自后魏正光中（520—525），法定师复兴是寺，迄今已六百年。

《海会塔记》（1123）：有魏正光（520—525）迄今圣宋，绵历年余八百，寺号之更迁，人物之臧否，以致隆窳，不可悉数。

《朱济道偈书呈如公妙空禅师》（1123）：魏法定禅师乃观音化身，初居灵岩□□神宝峰，作释迦石像，良有深旨。

《灵岩寺祖师观音菩萨托相圣迹序》（1147）：夫灵岩大刹，昔自祖师观音菩萨托相梵僧曰法定禅师。于后魏正光元年（520）始建道场，兴梵宫，居天下四绝，境中称最，而世鲜知其由。我祖师其始西来，欲兴道场于兹也。

《十方灵岩寺记》（1196）：昔人相传以为希有如来于此成道，今灵岩是其处也。后魏正光初，有梵僧曰法定，杖锡而至，经营基构，始建道场。定之至也，盖有青蛇前导，两虎负经，四众惊异，檀施云集，于是穷崖绝谷化为宝坊。

《舍财记》（1326）：及其盛也，灵岩乃晋法定禅师东游选方山。咸康年（335—342），成帝兴之初也。至后魏正光元年（520）建殿，经今千余载，光明广大，遍照十方，有大利益绵绵者欤。

《龙藏殿记》（1341）：元魏正光间（520—525），法定禅师驻锡于此，睹其形胜，兀坐独处，德风所扇，慧照所加，灵怪敛避，虎兽驯伏。复有泉涌于窦，泓而为池，土俗目其神异，为构丈室，延居其中，演教授徒，是为开山初祖。

《灵岩寺重建五花殿记》（1440）：后魏正光初，有梵僧法定乐其形胜，遂驻锡于此，乃有蛇导、虎驯、鹤止、泉涌之异。土俗目其神，构丈室以居之。演教授徒，日滋月盛，遂为开山初祖。

《重修般舟殿记》（1659）：宋张公亮碑则谓，始置寺者，魏正光年法定师也。

《灵岩志》（1696）：元魏孝明帝正光初，法定禅师先建寺于方山之阴，曰神宝。后建寺于方山之阳，曰灵岩。①

《灵岩寺》（1999）：至北魏正光（520—525年）初，法定禅师由西方来到灵岩寺，开辟山场，纠工举材，大规模营造寺院。②

《灵岩寺史略》（2014）：寺院为景城郡人（今河北沧州西）法定禅师于北魏正光元年（520年）创建。③

以上便是历代有关法定建寺年代的主要说法。张公亮《齐州景德灵岩寺记》碑刻实物不存，马大相《灵岩志》收录其文。清代施闰章在《重修般舟殿记》中称，宋张公亮碑谓始置寺者为魏正光年法定师也。由此可以推断，这个说法最早源于张公亮碑文的可能性比较大。张公亮所说的"按《图经》，本希有佛出现之地"，此《图经》不知为何书。

在众多说法中，元代古渊智久住持时、恒勇书写的《舍财记》与众不同。此文称"灵岩乃晋法定禅师东游选方山"，咸康年间（335—342），东晋成帝时为兴起之初。直至后魏正光元年（520）才建造殿宇。这一说法显然有将晋代法定祖师与正光元年建寺相调和的趋向，但是前后时间跨度太大。因此，根据李邕碑确认法定来方山修行、建造兰若的时间，应该是较为可靠的。

为何后人对北魏正光元年（520）一直屡传不绝呢？张公亮等人是否有其他的依据？

灵岩寺背靠方山，早先南北各有一座寺院。方山之阳为灵岩寺，其阴为神宝寺。根据李邕碑可知灵岩寺由法定始建于晋宋之际（约420），神宝寺碑则记载其由明法师创于北魏正光元年（520）。神宝寺遗址位于长清区张夏镇小寺村，尚有四方佛存世，记载创寺缘起的《大唐齐州神宝寺之碣》现存岱庙历代碑刻陈列馆。该碑文作于唐开元二十四年（736），早天宝元年（742）李邕《灵岩寺碑颂并序》碑六年。神宝寺碑碑首篆额，正文八分书。

---

① （清）马大相：《灵岩志》卷2，第13页。
② 王荣玉等主编：《灵岩寺》，第5页。
③ 马继业：《灵岩寺史略》，第23—24页。

神宝寺者，宝山南面，岱宗北阴，冈峦隐辚，而石壁万寻；林薮蒙茏，而洞壑千仞。貔豹踯躅，人绝登临，虺蟒纵横，鸟通飞路。粤有沙门讳明，不知何许人也，禅师德隆四辈，名优六通，僧徒具归，群生宗仰。晨游棘园，四念经行，夜宿榛檀，六时礼敬。貔豹枕膝，禅心寂而不惊；虺蟒萦身，戒定澄而不乱。水瓶朝满，羽仗夜来，事迹非凡，故非凡测，亲题节记，自叙因由。曰：明以正光元年（520），象运仲秋，于时振锡登临。思同鹫岭，徘徊引望，想若鸡□，欻弹指发声，此为福地。遂表请国主，驱策人神，立此伽蓝，以静默为号。自梁齐已来，不易题牓。①

　　碑文明确记载明法师在正光元年（520）八月建立神宝寺，又号静默，因此后世也称静默神宝寺。明法师的生平未详，碑末颂有"雁门惠远，罽宾罗什，明公继兹，伽蓝此立"，用以表明明法师建寺的功德。

　　神宝寺与灵岩寺地理位置接近，隋初由齐王重建，元代为灵岩寺下院。后世可能将明法师建神宝寺的时间与法定建灵岩寺相混淆，导致出现了移花接木的情形。温玉成认为："人们把僧明于正光元年（520）创建静默寺混同为灵岩寺的开创年代。"②后世部分论述甚至努力在各种说法之间寻求调和折中之道，如《舍财记》。清代马大相则更是如此："元魏孝明帝正光初，法定禅师先建寺于方山之阴，曰神宝。后建寺于方山之阳，曰灵岩。"③此说将前人认为的"法定正光元年（520）建灵岩寺"与神宝寺碑记载的"正光元年（520）建神宝寺"杂糅，只是未提及明法师。无论如何，诸种混乱的说法皆与未能仔细解读两通碑文有关。

　　通过分析《灵岩寺碑颂并序》与《大唐齐州神宝寺之碣》两通碑，可以明确灵岩寺是景城郡人法定于晋宋之际（约420）来至灵岩地界，建造修行道场。方山之阴的神宝寺则是明法师在北魏孝明帝正光元年（520）所建，后者晚灵岩寺一百年左右。

---

① 见附录《大唐齐州神宝寺之碣》。
② 温玉成：《李邕"灵岩寺颂碑"研究》，第514页。
③ （清）马大相：《灵岩志》卷2，第13页。

# 第二章　隋唐灵岩寺的发展

## 第一节　隋代灵岩寺的复兴

北齐时，佛法比较兴盛，"宫观法祀，皆锋芒驰骛"①。北周平齐之后，武帝宇文邕建德年间（572—578），施行灭佛政策，导致佛法颓毁，许多北方僧人南逃至金陵等地。隋文帝登基之后，着手复兴佛教，部分僧人逐渐北归。开皇七年（587），山东、河南、河北等地的高僧，被宣入京，刊定经典，弘扬正法。徐州昙迁便是其中重要的一位。

开皇十三年（593），隋文帝至岐州行猎，因见故窑中有破落佛像，问及昙迁。昙迁遂奏北周毁佛之事，于是隋文帝下诏将残损佛像就近安置在寺院，并加以装饰。"十四年（594）柴燎岱宗，迁又上'诸废山寺并无贯逃僧，请并安堵。'帝又许焉。因敕率土之内，但有山寺一僧已上，皆听给额，私度附贯，迁又其功焉。又敕河南王为泰岳神通道场檀越，即旧朗公寺也；齐王为神宝檀越，旧静默寺也；华阳王为宝山檀越，旧灵岩寺也。又委迁简齐鲁名僧来住京辇。"②由此可见，山东一带佛教的复兴，与昙迁在隋文帝前的谏言密切相关。朗公寺、静默寺与灵岩寺三大寺院皆易名。朗公寺改作神通寺，沿用至今。主持修复朗公寺的施主为河南王。静默寺改作神宝寺，施主为齐王，今已不存。灵岩寺改为宝山寺，宋代、明代曾几易其名。当时负责灵岩寺重建的施主为华阳王。据《隋书·帝纪第二》，开皇十年（590）春

---

① （唐）道宣：《续高僧传（中）》卷18，第660页。
② （唐）道宣：《续高僧传（中）》卷18，第665页。

正月，隋文帝以皇孙杨昭为河南王，杨楷为华阳王。后来宇文化及谋反，华阳王被幽废。妃子元氏也被赐予宇文化及的同党元武达，不幸惨死。

隋朝前后，文献记载有不少僧人在灵岩寺修行参学。但是未见相关的碑刻实物留存。

释法侃（551—623），俗姓郑，荥阳（今河南郑州）人，幼年从道，闻泰山灵岩行徒清肃，瑞迹屡陈，远至荥水一带皆知晓。年未及冠，便往参灵岩，受具足戒。[1]

释僧生，卫州人，开皇六年（586）至齐州界。室无定所，但有伽蓝之地，不问有僧无僧，便于中住，乞食诵经。诵满千遍，方才移居。至灵岩宝山道场，仍旧诵经不断，竟引得北山神亲带数十人前来听经。[2]

释灵润，俗姓梁，河东虞乡（今山西永济）人。仁寿年间（601—604），隋文帝感瑞相，命其往怀州（今河南沁阳）造塔。又闻泰山灵岩寺僧德肃清，为四方典范，前来寻访。后依灵岩寺副师问询，修般舟行定之法，昼夜不休。打禅三七，略有疲倦。此后更加身心精勤，忘却眠倦，直至结夏安居结束。时有五百人修行定，灵润为佼佼者。灵润出身官宦人家，修行佛法，意志坚定。其父当时担任青州益都县令、外祖父吴超任怀州令、堂祖父吴同任齐州山茌县令、姨夫侯援任曹州金乡县令，皆在距离灵岩寺不远的地方担任地方官职。然而灵润外出讲法经过其管辖之地，并未叨扰亲族，"割爱从道"。[3]今灵岩寺存般舟殿遗址，应该为当时修行之所。

慧晓，俗姓傅，擅长习禅，在灵岩居数十年，默默无闻。有同乡人任山茌县令，欲往问询家中亲人。于门外久等而未得见县令，悟得"非令之为进退，乃吾之爱憎耳，岂乡壤之可怀耶？"作《释子赋》离去。后来县令追至灵岩，也不再相见，惟以赋示之。众人方知慧晓之才。[4]

释慧斌（574—645），俗姓和，山东兖州人。博览经艺，文义洞达，十九岁即为州助教。二十三岁出家，先至五台山修八年静虑观法。后又至

---

[1] （唐）道宣：《续高僧传（上）》卷11，第389页。
[2] （唐）慧详：《弘赞法华传》，《大正藏》第51册，第32页。
[3] （唐）道宣：《续高僧传（中）》卷15，第536—537页。
[4] （唐）道宣：《续高僧传》中册，第616页。

泰山灵岩寺，以行道为先。慧斌在甑山存道寺研精律部，后奉诏命担任长安弘福寺主。①

释慧萧，俗姓刘，彭城人，后迁至许州长葛（今河南许昌）。累世簪缨，年少善诗礼。入嵩山出家，以戒行见称，人比之"持律第一"的优波离。开皇年间（581—600）至邺城游学，偏宗四分律。听闻泰山灵岩寺乃幽栖洁行之所，遂前往修行。后因师父年长力衰，又返归嵩山侍候。②

释道辩③，齐人，住泰山灵岩寺。洞达经史之学，尤其偏好数术，经常出外游学。大业年间（605—618），游襄部（可能为今湖北襄阳一带），彼时年过七十。④

释道因（587—658），俗姓侯，河南濮阳人。七岁丧母，至灵岩寺出家求道。不满十日，便通《涅槃经》两帙，众人都以为是神童。后开讲《涅槃经》，为众信服。往彭城嵩法师处，学习《摄大乘论》。虽僧腊小，但修行出众，嵩法师命作覆讲师。后归隐泰山四年。道因后来至京城大慈恩寺玄奘译场，校定梵本，担任证义。⑤

道宣《广弘明集》还保存了隋炀帝至方山灵岩寺游览的诗文。"梵宫既隐隐，灵岫亦沉沉。平郊送晚日，高峰落远阴。回镳飞曙岭，疏钟响昼林。蝉鸣秋气近，泉吐石溪深。抗迹禅枝地，发念菩提心。"⑥"禅枝"即禅的智慧之意，也指辅助坐禅的助力或助缘。隋炀帝从赞美灵岩寺的秋景入手，落脚于修禅可以开发禅定智慧，长养菩提心。将景色之美与佛教修行结合起来，表现了对灵岩寺的留恋与赞美之情。道宣在诗末还附有诸葛颖的和诗，末句"一陪香作食，长用福为田"，似乎与香食供养、培植福田相关。

通过以上分析可知，隋代灵岩寺在经历了此前的灭佛打击后，以皇家势力为依托，开始迅速复兴。灵岩寺因戒德清肃，吸引了许多参学僧前来修行

---

① （唐）道宣：《续高僧传》中册，第751页。
② （唐）道宣：《续高僧传》中册，第867—868页。
③ 一作"慧辩"。
④ （唐）道宣：《续高僧传》下册，第1069页。
⑤ （宋）赞宁：《宋高僧传》卷2，《大正藏》第50册，第716—717页。
⑥ （唐）道宣：《广弘明集》卷30，《大正藏》第52册，第360页。

学法。法侃、灵润、慧萧、道因等皆为一时名僧。灵润在灵岩寺结夏期间修行般舟行定期间，僧众一度达到五百人，可见规模之大。早年在灵岩寺出家的道因，也为译经传法事业做出了重要贡献。

## 第二节　唐代前期灵岩寺的兴盛

自唐代起，灵岩寺的文物遗存开始明显增多。现今寺内般舟殿遗址、鲁班洞、墓塔林，山顶证明功德殿等地皆有唐代古迹。

般舟殿现存有永徽年间（650—655）石灯台残柱、开元年间（713—741）的小龙虎塔及天宝年间（742—756）陀罗尼经幢等重要文物。般舟殿是唐代灵岩寺的一处重要遗址。济南龙洞《大唐故金刚邑会碑》（837），记载了大和六年（832）南灵台山方禅师受灵岩寺请、赴京城接圣旨，再置镇国般舟道场之事。辟支塔、库房等有小龙虎塔散石，御书阁内尚存《慧赜塔记》碑，鲁班洞甬道石壁镶嵌了李邕的《灵岩寺碑颂并序》，墓塔林里矗立着慧崇塔，方山证明功德殿题记等，皆是灵岩寺现存的唐代文物。另据相关文献记载，唐代密宗祖师善无畏三传弟子顺晓，乃泰岳灵岩寺镇国道场大德阿阇梨。贞元二十一年（805），顺晓于越州龙兴寺及峰山道场（今绍兴上虞），付法日本天台宗僧人最澄。最澄跟随顺晓治道场，引入五部灌顶曼陀罗坛场，并受真言法等，后来返归日本，成为日本天台宗的开山祖师。目前，灵岩寺的碑刻实物尚未发现有关顺晓的记载。

灵岩寺大沙门灵智、清信士刘善行永徽元年（650）建造长明灯石台一座，是目前已知最早的石灯台。[①]该石灯台目前仅存柱身，共八面，五面刻字。正文交代了建造长明灯的原因，希望信众能"妙测空有，体会真原"，领悟佛法真谛。借助长明灯，使慈光照耀群迷，慧日再开。文末现存二十二佛名，其余模糊不可辨。据罗炤、魏广平等先生提供的线索，该佛名经最早出自元魏菩提流支翻译的《佛说佛名经》，原有二十五佛。

---

① 陈怀宇：《唐代石灯名义考》，《唐宋历史评论》2015年第1辑，第62页。

般舟殿唐天宝十二年（753）的佛顶尊胜陀罗尼经幢，是灵岩寺目前所见年代最早的经幢。然而除经文与刊刻年代外，未见寺院的其他信息。此外，灵岩寺在五代后唐、后晋、北宋、元代皆建有陀罗尼经幢，或刻陀罗尼经的墓塔，散存在鲁班洞、般舟殿、大雄宝殿前、墓塔林等地。

从石刻记载来看，唐代灵岩寺住持僧人慧赜、慧崇、净觉等，多未见诸历代《高僧传》。将茶叶传至北方的禅宗北宗僧人降魔藏，《宋高僧传》有记载，其他事迹散见于封演的《封氏闻见记》。

## 一 住持僧人

### （一）慧赜

唐代前期的灵岩寺延续了隋代的复兴局面，并有一定数量的石刻实物流存，如塔、碑及经幢等。王荣玉等主编的《灵岩寺》称，武则天垂拱四年（688）《慧赜塔记》是现存年代最早的碑刻。[①]据目前来看，般舟殿的石灯台残件尚有"永徽元年（650）"的字样，早于《慧赜塔记》碑。

慧赜禅师在灵岩寺住持五十余载。如此推算，他在唐太宗贞观年间（627—649）便已在灵岩寺。若宋代仁钦所立"御书阁"三个字确实为唐太宗所写，那此时住持灵岩的僧人是慧赜的可能性比较大。鉴于现存"御书阁"大字碑是明代重立宋碑，未见唐代史料，因此缺乏更为可靠的证据。据《慧赜塔记》碑文，慧赜修行精勤勇猛，志操严凝，感应灵奇，道行远闻。"禅定与七觉俱清，戒品共六根清净。"觉法分七种，故名七觉，分别为择法、精进、喜、轻安、念、定、行舍。塔记称慧赜精研真俗二谛，参究一乘，为世作福田，是值得信靠依怙的。塔记对慧赜的品行进行了高度赞颂，童子顺贞、普超、智昙等人为其建塔。但是尚未见到塔在何处，或已毁。

唐高宗麟德二年（665）冬十月，与皇后武则天一起封禅泰山。十二月丙辰，驻跸灵岩。[②]王春彦认为"唐开元碑"，即梁升卿碑记载了当时的情景。[③]

---

[①] 见附录《慧赜塔记》。
[②]（后晋）刘昫等：《旧唐书》卷4，本纪第四，国学备要电子版。
[③] 王春彦：《山东灵岩寺"唐开元碑"考》，《泰山学院学报》2022年第1期。

此时慧赜应该住持灵岩。塔记末尾有"奉为皇帝陛下，师僧父母，普及含灵，存亡眷属，尽愿超逾，俱登觉道"，马继业在《灵岩寺史略》中认为在刻写铭文时，"都不忘顺便为武则天祈福，可见武则天与灵岩寺之间的特殊关系"[①]。事实上，在抄写佛经、石刻造像等题记中，为皇帝陛下、师僧父母等祈福，发愿回向，是比较常见的。这也是佛教能够得以立足汉地、完成佛教中国化的根本途径之一。

自东晋释道安以来，"不依国主则法事难立"[②]在佛教界流传开来。如不空翻译的《金刚顶瑜伽三十七尊礼》："普为梵释四王、天龙八部、帝主人王、师僧父母及善知识、道场众等法界有情，并愿断除诸障，归命忏悔。"[③]"师僧父母"前便是"帝主人王"，此处塔记作"皇帝陛下"。开元十三年（725）灵岩寺石灯台基座上，题"比丘僧灵范敬造石灯台一所，上为皇帝皇后、下为师僧父母，法界苍生，咸成佛道"[④]，也是先为皇帝皇后，再及师僧父母。又如天宝二年（743）灵岩寺小龙虎塔东壁的题记："上为圣文神武皇帝圣化无穷，下为郡守宰□恒□禄位，师僧父母常保安乐，十方施主，法界苍生，同霑斯福。"[⑤]此为天宝年间的题记，而"圣文神武皇帝"正是唐玄宗的尊号。同样，这也不能说明唐玄宗跟灵岩寺之间有特殊关系。因此，这层"武则天与灵岩寺之间的特殊关系"，实际上是佛教与统治者之间普遍关系的体现。

不仅是皇帝陛下，"师僧父母"皆是祈福的对象，乃至普及一切含灵。僧人即便出家，仍有依止师、亲教师，乃至在家父母，皆是需要照拂的。在家出家、世出世间不二，在遵循佛教教义的前提下，融入中国本土文化，遵照统治秩序，加以寻常伦理，是佛教中国化成功的方便法门。

**（二）降魔藏**

藏禅师，俗姓王，赵郡（今河北邯郸）人。父亲在安徽亳州做官，此地又称"谯城"，传说多厉鬼，持魅于人。藏禅师七岁时，即使一人独处，亦不害怕，人皆称"降魔藏"。长大后，身姿益加挺拔。藏禅师随广福院明赞

---

① 马继业：《灵岩寺史略》，第 55 页。
② （梁）慧皎：《高僧传》卷 5，《大正藏》第 50 册，第 352 页。
③ （唐）不空译：《金刚顶瑜伽三十七尊礼》，《大正藏》第 18 册，第 338 页。
④ 见附录《唐石灯台题记》。
⑤ 见附录《小龙虎塔题记》。

禅师学法，明赞禅师认为藏禅师乃法器，故特意留心对其启发教导。藏禅师能言善辩，对答如流，一个多月便能记诵整部《法华经》。受具足戒后，开始习律，讲《南宗论》。印顺认为，《南宗论》即金刚智在印度所学的《南宗》三论，即般若学。从神秀学习禅法的巨方与藏禅师均讲此论。①

后来北游，投神秀门下。神秀问他："你既名降魔，我这里又没有山精木怪，你怎么看待魔呢？""有佛便有魔。"神秀说："你若是魔，一定住不思议境界。"降魔藏回答："即便是佛，也是空，又何来不思议之说呢？"众人莫不惊叹钦佩藏禅师。神秀便指引他说，"你与少暭之墟有缘"，不久降魔藏便至泰山弘法。少暭是黄帝的长子，被奉为东夷族的祖先和首领，其孙帝喾，曾定都莒县，后迁至曲阜。因此"少暭之墟"指的就是山东一带。藏禅师到泰山数年后，学者云集，各类供施齐全，传记中称他的弘法声势仅次于当年金舆谷朗公和尚。他临终时嘱咐门人："吾今老朽，物极有归，正是其时。"世寿九十一。②从《宋高僧传》对降魔藏的生平记载看，其为禅宗北宗神秀的受法门人，了悟佛法真谛，看破世间生死，是一位得道高僧。

唐玄宗开元年间（713—741），降魔藏禅师在灵岩寺弘扬北宗禅法。佛教修行坐禅，心要沉寂，但是意念又须保持清楚，对于生起的每一个念头都要历历观照，进而参悟佛法。因此头脑不能昏沉，僧人须"务于不寐"③。玄觉在《禅宗永嘉集》中曰："忘缘之后寂寂，灵知之性历历。无记昏昧昭昭，契真本空的的。惺惺寂寂是，无记寂寂非。寂寂惺惺是，乱想惺惺非。"④按照禅法的指导，坐禅看似寂寂，但是灵明清醒。正所谓"惺惺寂寂是，无记寂寂非"，"惺惺"意为清醒，照见自性清净，昏昧无记则悖离修禅的本意，达不到修行的目的。饮茶有助于僧人警醒，头脑保持历历清晰的状态。因此，降魔藏将学禅与饮茶结合起来，又有"禅茶一味"之说。由此，南方人好饮茶的习惯开始在北方盛行起来。引茶入禅修，将禅意再融入饮茶之中，也对后世日本茶道的形成有影响。

---

① 印顺：《中国禅宗史》，《印顺法师佛学著作集》第40册，2023版电子佛典，第87页。
② （宋）赞宁：《宋高僧传》卷8，《大正藏》第50册，第760页。
③ （唐）封演：《封氏闻见记校注》卷6，中华书局2012年标点本，第51页。
④ （唐）玄觉：《禅宗永嘉集》，《大正藏》第48册，第389页。

### (三) 慧崇

有关慧崇的资料，目前最详细的是马大相在《灵岩志》中的介绍。"慧崇，贞观中高僧也。灵岩寺旧在甘露泉西，崇移置于御书阁处，规模宏壮，与定公功相侔矣。经营于贞观中，涅槃于天宝初，寿近百岁。葬于寺西高原，墓塔尚在，乃西序僧之第一祖也。"[①] 慧崇是贞观时的高僧，将灵岩寺从甘露泉西移至御书阁处，增扩规模。马大相认为，慧崇与初创灵岩寺的法定祖师功劳不相上下。若慧崇在天宝初年涅槃，世寿则近百岁。灵岩寺开元十三年（725）的石灯台题记中，有"慧崇"其名，郑岩认为其"位次并不显著，不知与传说中的慧崇是否为同一人"。[②]

今灵岩寺仍存慧崇塔。单层石质方形塔，叠涩出檐，南开一门，东西两侧为假门，上饰妇人半启门图样。整体形制与神通寺四门塔、人头山衔草寺塔样式相类。正门东侧刻有明代万历十六年（1588）紫柏真可的七言绝句《礼慧崇禅师塔》："龙盂盛得玉泉流，法雨慈云处处周。崖树犹含天宝色，西风落叶不胜秋。"龙盂，又名"降龙钵"，即僧人乞食之钵。"崖树犹含天宝色"，可见慧崇塔的建造可能在天宝年间。马大相其他论述，目前未见相关资料。

前文提及《慧赜塔记》为垂拱四年（688）所作，而慧赜在灵岩寺住持五十余年，贞观时便已开始任主僧之职。若是如此，慧赜与慧崇岂非同时主事？但二人字辈相同，或为同门亦未可知。

## 二 小龙虎塔及其散石

灵岩寺般舟殿现存密檐式小龙虎塔一座，朱己祥称其为"佛堂形组合式造像塔"。该塔自下而上由基座、塔身、塔檐构成。基座为两层须弥座，塔檐存六级，塔刹缺损。塔身南面开门，门楣上雕双龙、铺首，两侧饰飞天，云纹作底。门框两旁各立金刚力士。塔心室内置一佛二弟子二菩萨像，实则一佛龛。塔阴及东西两壁刻两则唐代题记铭文，一则宋代题记。题记最早为开

---

[①] （清）马大相：《灵岩志》卷2，第23页。
[②] 郑岩：《铁袈裟：艺术史中的毁灭与重生》，生活·读书·新知三联书店2023年版，第57页。

元二十三年（735）[①]，另有天宝二年（743）祈愿文、北宋天禧元年（1017）的再修建题记。

济南历城神通寺有大型龙虎塔，坐落于金舆谷西侧白虎山腰部。龙虎塔之名，明代正德年间神通寺碑文便有此称谓，研究者一般认为是因塔身刻龙、虎兽面图像而得。[②]也有另一种说法，认为源自神通寺东西的青龙山、白虎山。灵岩寺龙虎塔体型较小，与神通寺龙虎塔相比，二者形制相近，故将其称作"小龙虎塔"。[③]现存神通寺内的皇姑庵开元五年（717）樗贯王造小唐塔、山东省博物馆天宝二年（743）杨瓒造塔，与之大体相似。山东、河南、河北一带，及美国、日本等地博物馆也有收藏此类龙虎塔塔身散石。

此前有关小龙虎塔的研究成果，主要收录于郑岩、刘善沂编著的《山东佛教史迹——神通寺、龙虎塔与小龙虎塔》。近年朱己祥《中原东部唐代佛堂形组合式造像塔调查》对这一类型的塔作过综合性研究。中央美术学院张柏寒的硕士论文《杨瓒造塔研究》从美术史角度，以杨瓒所造的小龙虎塔为核心，分析了它的塔铭、建筑造型以及历史背景，将建筑艺术与佛教信仰相融合，认为它是盛唐生死文化的典型之作。[④]灵岩寺般舟殿的小龙虎塔，刘善沂、王晶专门著文《山东长清灵岩寺开元二十三年王处造塔》，此文从般舟殿遗址的发掘清理、小龙虎塔的形制及碑刻文字入手，附图版加以介绍。该文对我们了解考古的具体过程非常有帮助。只是录文方面未予以句读，缺乏深入的解读分析。

从题名来看，刘善沂、王晶将之命名为"王处造塔"。小龙虎塔最初是由开元二十三年（735）临淄郡王处简等人所造。刘善沂将"王處簡等"录作"王處簡寸"，又言"寸"右上角多加一点。然而此"寸"实则为"等"的草字。见下图：

---

[①] 见附录《小龙虎塔题记》。
[②] 郑岩、刘善沂：《龙虎塔的勘测与描述》，《山东佛教史迹——神通寺、龙虎塔与小龙虎塔》，台北：法鼓文化2007年版，第110页。
[③] 郑岩、刘善沂编著：《山东佛教史迹——神通寺、龙虎塔与小龙虎塔·前言》，第6页。
[④] 张柏寒：《杨瓒造塔研究》，硕士学位论文，中央美术学院，2017年。

原碑　　拓片　　　　"等"的草字写法

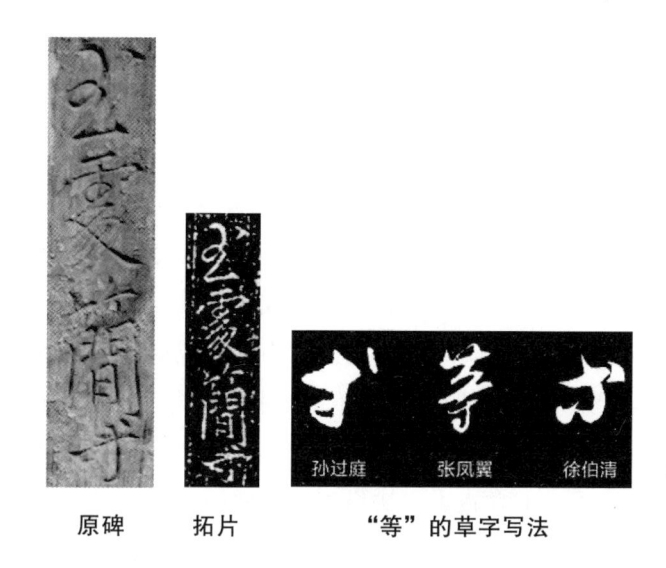

另外，此文联系后面录文"唯　王简于玄旦保兹□乃相舆"，认为王、简乃是两个人，而"王處、简寸"是这两个人的姓名。刘善沂的文章将"兹"录作"竝"，原图为 。因石刻缺损，与后文连接起来，无论哪一种录文都不易解读。"王處簡"的"王"右上一点，一般是书者用以平衡字的结构，而加上去的。这种情况在古代书法作品中经常可以见到。但是"寸"上的这一点，笔者更倾向于它是"等"的草字。后文"有此郡数人，昔俱邑吏"①，也可表明建塔之人应当至少在两人以上。因此，将此小龙虎塔命名"王处造塔"略显不妥，应为"王处简造塔"。刘善沂先生在文中注言"暂具此说，以备后证"②。

开元二十三年（735）的题记，记述了临淄郡王处简等人造塔一事，后附《石浮图铭并序》。

序文开篇赞颂观自在菩萨乃不可思议之士。举称有人说观音可以救灾，还可以救人于苦海，随病施法，依念设缘。若是能专精此道，则皆得偿所愿。有临淄郡数人，曾为官一方，为乡党中的英秀之才，共建此塔。文中

---

① 见附录《小龙虎塔题记》。
② 刘善沂、王晶：《山东长清灵岩寺开元二十三年王处造塔》，《山东佛教史迹——神通寺、龙虎塔与小龙虎塔》，第234页。

提及"骨肉成天地之遥,妻子类参商之隔",似乎是要出门远行、与亲人分别,因此才焚香,发愿求菩萨,希望能够生还本土,故在灵岩寺造塔刻石。"果沐神恩,悉谐旋止","旋止"为归来之意。若是真的可以得到庇佑,顺利归来就好了。然而碑文又言,修福报也是有尽头的,阴阳之道是不会变更的,万物都会有代谢,谁也逃脱不了这个循环。就近采石作塔,希望能"满具足于将来,继无穷之常住",愿此塔成为寺院永恒的财产。丁丁琢石,雕成龛塔,亭亭建立在寺院之北、方山之南。建成这座娑罗塔,"娑罗"为坚固之意,与天地齐,证悟生死之道,修成"那含"不来人间。天宝二年（743）,张凤敫书祈愿文,愿圣文神武皇帝圣化无穷,郡守宰官恒得禄位,师僧父母常保安乐,十方施主、法界苍生,同霑斯福。二者前后相差八年,不知为何。

小龙虎塔坐北朝南,塔身东西壁均裂为前后两段。南侧为前石,北侧为后石。东壁前石为张凤敫愿文,后石接续北壁《石浮图铭并序》。西壁后石有众多像主题名。从字体大小及风格看,应当也是接续上述铭文所刻。文末有"日照像主孟惠超、崔子峻庄塔供养"之词,可见有多名造像主共同参与修造该塔。西壁前石刻大宋天禧元年（1017）五月重修小龙虎塔的题记。此时琼环担任灵岩寺主僧一职,主持再修建者为琼环的师弟惠旦。以琼环为代表的琼字辈,以及同辈分的惠字辈,皆为当时灵岩寺的中坚力量。惠旦任灵岩寺的典座僧。此塔是惠旦为亡父闫义、母亲李氏而再次修建。由此可知,从唐代开元二十三年（735）到北宋天禧元年（1017）,经历了这近三百年,小龙虎塔已有相当程度的损坏。

除了这座已修复的小龙虎塔外,灵岩寺尚存几块小龙虎塔塔身散石。郑岩、刘善沂著《山东长清灵岩寺所藏唐塔散石》一文,收入《山东佛教史迹》。文中提到一块嵌于辟支塔内,另一块藏于灵岩寺文物管理所库房中,皆为塔身前石,分属两座小龙虎塔,并绘制雕像图样、制作石刻拓片及录文,进行介绍。辟支塔内的小龙虎塔散石因嵌入塔壁墙内,仅见塔身正面的门楣图样。文管所库房保存的散石,两壁刻有《佛说观无量寿经》[1]残篇。

---

[1] 经版本对校后发现,此经与敦煌本、流布本最为接近。后二者皆题《佛说观无量寿经》,而非《大正藏》的《佛说观无量寿佛经》,故采纳敦煌本题名。

今存御书阁。结合石刻实物、拓片及前人录文，核校藏经，存字如下：

□……□菩萨。[此菩萨]身长八十万□……□牟尼，一一化佛有五□……□举身光中，五道众生，[一切]色[相]皆于中现□……□摩尼宝，以为天[冠]，其天冠[中有]一立化佛，高二十五[由旬]。观世音菩萨面如阎浮檀金色，眉间毫相[备]七宝色，流出八万四千种光明。一一光明，有无量[无]数百千化佛；一一化佛，无数菩萨以为侍者，变现自在满十方界。譬如红莲华色，有八十[亿]光明以为璎珞；其璎珞中，普现一切诸庄严事。手掌作五百亿杂莲华色；手十指端，一一指端有八万四千画，犹如印文。一一画有八万四千色，一一色有八万四千光。其光柔[软]普照一切，以此宝手[接引]众生。举足时，足下有千辐轮相，自[然]化成百亿光明台。下足时，有金刚摩尼华，布散一切，莫不弥满。[其余]身相，[众]好具足，如佛无异，唯顶上肉髻及无[见]顶相，不及世尊。是[为观]观世音菩萨真实色身想，名第十观。

佛告阿难，若欲观观世[音]菩萨，当作是观。作是观者，不遇诸祸，净除业障，除却无数劫生死之罪。[如]此菩萨，但闻其名，[获无量]福，何况谛观！若有欲观观世音菩萨者，[当先观]顶上[肉髻]，次观天[冠]。其余众相，亦次第观之，悉令明了，如观掌中。作是观[者]，[名为正]观。若他观者，名为邪观。

次观大势至菩萨。此菩萨身量大小，亦如观世音。圆光面各百[①]二十五由旬，照二百五十由旬。举身[光]明，照十方国，作紫金色。有缘众生，皆悉得见。

上文为该石右侧面刻经，是第十观与第十一观的部分经文。对比大藏经收录的《佛说观无量寿佛经》诸本，发现此刻经与敦煌本BD01276版本更

---

① 郑岩、刘善沂文中将"百"录作"有"。《大正藏》为"二百"，宋、元、明及流布本皆无"二"。查敦煌本BD01276作"百廿五由旬"。故此处应为"百"。

为接近。而敦煌本 BD01276 正是 7—8 世纪唐代写本。[①] 如第十观中"是为观观世音菩萨真实色身想",《大正藏》将"想"改作"相",而敦煌本则作"想"。《高丽藏》也是"想＞相",即更接近"想"而不是"相"。

石刻左侧刻经为《佛说观无量寿经》第十六观及结尾部分。原文如下:

□……□即得往生［极］乐世界,于莲华中满十二大劫,莲华方开。观世音、大势至以大悲音声,为其广□……□应时即发菩提之心,是名下品下生者,是名下品生相,名第十六观。

尔时世尊说是语时,韦□……□所说,应时即见极乐世界广长之相,得见佛身及二菩萨。心生欢喜,叹未曾有,豁然大悟,得无生忍,五百□……□三藐三菩提心,愿生彼国。世尊悉记,皆当往生,生彼国［已］,得诸佛现前三昧。无量诸天,发无上道心。□……□起,前白佛言:"世尊,当何名此经?此法之要,当云何受持?"佛告阿难:"此经名《观极乐国土无量寿佛观世音□……□至菩萨》,亦名《净除业障生诸佛前》。汝当受持,无令忘失。行此三昧者,现身得见无量寿佛及二大士。若善男子善女人□……□菩萨名,除无量劫生死之罪,何况忆念。若念佛者,当知此人是人中分陀利华,观世音菩萨、大势至菩萨为其胜友,□……□诸佛家。"佛告阿难:"汝好持是语。持是语者,即是持无量寿佛名。"佛说此语时,尊者目犍连、阿难及韦提希等,闻佛□……□时世尊,足步虚空,还耆阇崛山。尔时,阿难广为大众说如上事。无量诸天龙夜叉,闻佛所说,皆大欢喜,礼佛而退。维开元廿三年(735)岁次乙亥七月甲寅朔日月一日镌了记之。

第二段经文在大藏经各个版本的校记中,同样与敦煌本最接近。如刻文"尊者目犍连、阿难及韦提希等",仅有敦煌本和流布本在"阿难"之前不

---

[①] 方广锠、李际宁、黄霞:《中国国家图书馆藏敦煌遗书总目录·馆藏目录卷》第1册,中国人民大学出版社2015年版,第799页。图版见黄永武主编《敦煌宝藏》第57册,台北:新文丰出版公司1986年版,第105页;任继愈主编《国家图书馆藏敦煌遗书》第19册,北京图书馆出版社2006年版,第149页。

加"尊者",其余版本皆作"尊者目犍连、尊者阿难及韦提希等"。灵岩寺刻经最具价值之处,是第十六观的"是名下品生相"与目前所见到的版本皆不相同。包括大藏经校记收录的宋、元、明、敦及流布本,皆作"是名下辈生想"①。如此类推,那第十五观的"是名中辈生想"、第十四观的"是名上辈生想",则皆应作"是名中品生相"与"是名上品生相"。不知是译法不同,还是传写原因,相较而言,《佛说观无量寿经》石刻的行文,更加晓畅易懂。

## 三 李邕碑中的唐代灵岩寺

李邕《灵岩寺碑颂并序》碑已残,因此多处内容缺乏连贯性。这也导致之前对它的分析,部分字句存在过度解读。如第十行"□□解脱禅师以杖叩力士胫,曰:令尔守护□……□","解脱"前有多字残缺,文意未知。后文"禅师以杖叩力士胫"较为易解,禅师用锡杖叩击力士的小腿。因此,"解脱"与"禅师"是合并,还是分开断句,便不好直接下结论。此外,李邕在碑文中第一次称"法定禅师"后,主语便换成"禅师","禅师以劳主人",从侧面也可推知此句的主语很有可能是"禅师"。如此便与前文"解脱"不相连属。前文有"辟支佛牙,灰骨起塔",这应该是描述灵岩寺辟支塔的最早起源。温玉成在《李邕"灵岩寺颂碑"研究》中认为:"那枚'辟支佛牙',则可能是由解脱禅师从山西五台山提供。"并进一步考证,"解脱禅师"为《续高僧传》卷二十六中的代州照果寺释解脱。②这种说法与碑文本身所能提供的信息量相差较大,在前后文意未明的情况下,考证"解脱禅师"及其行历的做法不可取。

《灵岩寺碑颂并序》碑中明确记载的僧人,有大德僧净觉、上座僧玄景、都维那僧克祥、寺主安禅、僧崇宪、僧罗睺、僧零范、僧月光、僧智海等。大德僧净觉,温玉成认为是王维《大唐大安国寺故大德净觉禅师碑铭》所记之人。净觉禅师为北宗神秀之弟子,曾撰写《楞伽师资记》。但是王维的碑铭中并未见提及灵岩寺,③而李邕残碑也未提供更多有关净觉的信息。因此,

---

① 任继愈主编:《国家图书馆藏敦煌遗书》第19册,第153页上。
② 温玉成:《李邕"灵岩寺颂碑"研究》,第516页。
③ (唐)王维:《王右丞集笺注》卷24,文渊阁四库全书电子版,集部,别集类。

此净觉是否为彼净觉,需进一步的资料考证。灵岩寺大雄宝殿东北侧广场现存石灯台基座一所,为唐代开元十三年(725)比丘僧灵范所造。该"灵范"与李邕碑文中的"零范"不知是否为同一人,但是石灯台基座中出现的僧人法名"玄景、净觉、月光、克祥"等,均在李邕碑文中再现,其中部分僧人已经担任寺院僧职。该石灯台基座中年代部分文字已损漶,然而与《灵岩寺碑颂并序》相较,则可断定其具体年代。

李邕碑作于天宝元年(742),根据文末残留的颂词来看,当时灵岩寺的地位是"四大名寺"之一。但是这"四大名寺"却与后人转述李吉甫《十道图》中的说法不同。该碑第十九行末尾残缺,第二十行开首为"岳寺",应该是某个寺院的名称,其余三个则分别为"台之国清、岱之北阜、蒲之西陉"。"岱之北阜"指的应该是位于泰山西北方向的灵岩寺。相传《十道图》中的"四大名寺"则是泰山灵岩寺、台州国清寺、荆州玉泉寺与润州栖霞寺。两种说法只有灵岩寺与国清寺都在其列。李吉甫(758—814),为唐宪宗时宰相,《十道图》署"李吉甫"名,其最终形成应该晚于李邕碑。可见这"四大名寺"的说法前后也是有变化的。

在李邕作《灵岩寺碑颂并序》后,唐德宗贞元年间(785—805),马祖道一的弟子释怀晖寓居灵岩寺,禅子多有问难者。[①]

## 四　义净与灵岩寺

义净(635—713),俗姓张,字文明,唐代齐州山茌人,《宋高僧传》称其"范阳人也"。据王邦维等专家考证,义净乃齐州人无异议。义净早年随济南神通寺善遇、慧智两位高僧出家,受教颇深。唐高宗咸亨二年(671),义净由广府附舶出海,沿途经苏门答腊岛等东南亚各地,最终至五天竺求法。前后历时二十余年,直至证圣元年(695)方返,由武则天亲自出迎于洛阳上东门。此后备受器重。

西行求法,是古代僧人为研寻佛教经典奥义而前往五天竺等地修学的重要手段。晋代法显、唐代玄奘与义净,被认为是"西行求法运动中最为著

---

① (宋)赞宁:《宋高僧传》卷10,《大正藏》第50册,第767页。

名、最有成就、影响最大的三位僧人"①。其中，玄奘与义净不仅是求法运动中的代表，也被列入"四大翻译家"，学界常将其与鸠摩罗什、真谛并称。②玄奘与义净西行求法，都带回来数量庞大的梵文经本，笔耕不辍、身体力行将它们译为汉文。除了译经之外，义净还留下了《南海寄归内法传》《大唐西域求法高僧传》等著作。前者主要记述了义净附舶西行二十余年中的见闻，尤其是古印度僧人如何践行律仪、修行学法的日常。后者则广叙不辞辛苦、历经万难前往西域求法的各国各地高僧生平，包括来自新罗、睹货罗、康国，以及交州、京师、高昌、太州、齐州、并州、益州等地的僧人。

义净在《南海寄归内法传》中共提及灵岩寺三次，分别在卷一"食坐小床"、卷二"便利之事"、卷四"亡则僧现"，皆旨在表明灵岩寺传承法度合规、戒律谨严。本书第一章论证了神通寺与灵岩寺的历史，曾提到义净两位师父"并太山金舆谷圣人朗禅师所造神通寺之大德也"，后来两位高僧至齐州城西四十里许的土窟寺静居。神通寺住持明德禅师及义净的两位师父，皆"善闲律意，妙体经心"③。现济南柳埠神通寺千佛崖造像，仍存明德禅师修建的贞观十八年（644）与显庆三年（658）石造像。④也有的学者认为义净书中的"明德"与千佛崖造像的"明德"是否一人，还须慎重。通过义净的转述，可以看出唐时齐州一带佛教兴盛，寺院僧人戒律严明。

### （一）食坐小床

义净在《南海寄归内法传》中主要描述了古印度僧人的律仪轨范以及依律而行的起居日常等。义净将古印度一带称作"西方"，因此对他们的称谓多是"西方僧人"。

西方僧人在吃饭之前，首先要洗干净手足，然后踞坐在"小床"上。这种小床高大约七寸，方一尺。正常唐尺一般在30厘米上下，故七寸大致相当于21厘米。⑤因此小床高约21厘米，30厘米见方。其上用藤绳编织。小

---

① （唐）义净著，王邦维校注：《南海寄归内法传校注》，第1页。
② 也有将鸠摩罗什、真谛、玄奘、不空并称"四大翻译家"的说法。
③ （唐）义净著，王邦维校注：《南海寄归内法传校注》卷4，第235页。
④ 郑岩、刘善沂：《神通寺史迹综述》，《山东佛教史迹——神通寺、龙虎塔与小龙虎塔》，第77、79页。
⑤ 丘光明编著：《中国历代度量衡考》，科学出版社1992年版，第70—84页。

床"脚圆且轻,卑幼之流,小拈随事"①,用起来比较方便。僧人吃饭的时候,双脚踏地,身前摆放盘盂,地面以牛粪净涂,上面盖上新鲜的叶子,座位之间相隔一肘,避免相互碰撞。显然这样做是合乎律仪的。

但是义净所见到的许多中土僧人却坐高床,皆在二尺以上,也就是在60多厘米。他认为这样不合律法,有坐高床之过。八关斋戒其中之一便是"不坐高广大床"②。即使按照圣制,佛指长于人三倍,食坐小床也只有笏尺尺半,所以还是不合制。然而齐州当地的灵岩寺、四禅寺,床皆高一尺,与各地坐二尺以上高床的寺院僧人相比,是比较符合佛教律仪的。此法乃古德所制,灵岩寺僧依制而行,是有渊源的。

义净赞扬了灵岩寺与四禅寺的小床高度符合律制,认为这是古代僧人制定并传承下来的,僧人传统保留得很好。四禅寺今仅存遗址,原四禅寺小学附近存佛顶尊胜陀罗尼经幢,后山上有单层义净真身塔。据苏辙《游太山四首·四禅寺》记载:"樵苏草木尽,佛事亦萧瑟。居僧麋鹿人,对客但羞涩。双碑立风雨,八分存法则。云昔义靖师,万里穷西域。《华严》贝多纸,归来手亲译。蜕骨俨未移,至今存石室。遗文尽法界,广大包万亿。"③诗中"义靖"即义净。义净归国后,与实叉难陀合译《华严经》,诗称其遗骨仍存石室。赞宁《宋高僧传》记载义净圆寂后,于洛阳龙门北之高岗起塔。此处四禅寺的真身塔,可能是其舍利分藏之处。

**(二)便利之事**

义净在《南海寄归内法传》中不厌其详地介绍了僧人该如何体面、守戒地如厕程序。首先下身应该穿洗浴之裙,上身披僧脚崎服。然后把触瓶——污水瓶装满水,在厕所外面准备一些土块,将水瓶带入厕所内,方便如厕后擦拭洗净。若是有厕筹则更佳。厕所是污秽之处,如厕后要进行洗手、漱口等清洁程序,否则不得坐僧床,亦不得礼敬三宝。义净感叹这些程序在中土却已不传,若是立下戒令,又会被人揶揄"大乘虚通,何净何秽,腹中恒

---

① (唐)义净著,王邦维校注:《南海寄归内法传校注》卷1,第31页。
② (唐)义净著,王邦维校注:《南海寄归内法传校注》卷4,第214页。
③ (宋)苏辙:《栾城集》卷5,上海古籍出版社2009年标点本,第118页。

满,外洗宁益?"①但是在古印度,僧人如厕后若不洗净,则会招致"天神共嫌",所到之处都会受人讥讽。两相对比之下,义净还是认为古印度僧人律仪更为殊胜。因此,但凡僧人聚集居住的地方,厕所一定要打扫好,周边的如厕清洁用具须准备妥帖,如此才不至于违背戒律。

义净认为汾州抱腹寺、岱岳灵岩寺、荆州玉泉寺、扬州白塔寺,在这一方面做得比较好,可以说是寺院中的典范。"圊厕之所,颇传其法。"②

那么僧坊应该怎样净治厕处呢?首先需要一个大槽,里面能装一两石土,将它放在厕所外边。然后准备一些灌满水的瓶子或者瓷瓦钵,放在一边,以备洗手用。中土江淮地区以地下瓮厕居多,僧人不可以在此洗净,要到别处洗,并设法使水流通出去。综上可见,厕所附近安放好用于清洁的水与土,是非常重要的。灵岩寺僧人的如厕之法,应该也是如此安置,因此义净才会称其"颇传其法"。

**(三)避其酒过**

义净在《南海寄归内法传》"亡则僧现"中主要介绍了古印度僧人去世后,生前财产该如何分配的问题。首先要看僧人是否有债务、是否有专门遗嘱、生病花费等,处理完这些事务后,再将剩余财物进行处置。僧人的遗产有可分、不可分两种情况。田宅、邸店、卧具、毡褥、铜铁器等不应分;对于铁钵、小钵、盛水器等可以分。不可移动、不可分的,归四方僧,也就是归寺院常住。对于可分的法衣、浴衣、皮油瓶、鞋屦等,当场分了便是。若是有铠甲、象、马、驼、骡、驴等,应归入国家,牛羊归四方僧。小兵刃、针锥、刀子、锡杖头等可以分给在场的僧人。对于用于窗子等的彩色罥网,如黄、朱、碧、青、绿等,应入佛堂供奉,而白土、赤土及下青色的,可以分掉。

义净特地强调遗物中若是有酒,应该怎样分。对于快要酸掉的酒,可以埋在地里,等它发酵成醋,僧人们就可以吃了。若酒还是好的,应该倒掉,不能拿去卖。义净引述佛祖的话:"汝诸苾刍,若有依我出家,不得将酒与他,及以自饮,乃至不合茅尖滴酒,沥置口中。若将酒及糟起面并糟羹之类

---

① (唐)义净著,王邦维校注:《南海寄归内法传校注》卷2,第120页。
② (唐)义净著,王邦维校注:《南海寄归内法传校注》卷2,第121页。

食者，咸招越法之罪。"① 无论佛教的五戒，还是八戒，皆明确规定不得饮酒。《摩诃僧祇律》《四分律》《十诵律》《根本说一切有部毗奈耶》等，都有明文记载饮酒犯戒之事。义净转述的这段话原文，未见诸相关戒律。

灵岩道场在起面时，即发酵面粉，是用"麸浆"，并不是用酒糟。麸浆，是指用小麦麸皮中洗出的粉调成的浆，可以使面粉发酵。这种用麸浆起面而不是用酒糟起面的方式，可以使僧人免于触犯不得饮酒的戒律。义净赞扬了灵岩寺僧人严守酒戒的做法，指出这种制度是先辈僧人为遵守戒律而制定的，"先人诚有意焉"②。

从以上义净在《南海寄归内法传》中提到的灵岩寺情况，不难发现，泰山灵岩寺不仅是当时名震一时的大寺院，寺院僧人在守戒、传戒方面，亦是堪称一代典范。灵岩僧人食坐小床，而非高广床，是循古制而来；在如厕等便利之事方面，寺院提供的条件也是一流的，各种清洁用具齐全；在日常做饭起面时，以麸浆发酵而非酒糟，更是遵循教制，避免僧人犯酒戒。可以说，从各方面来讲，寺院都为僧人提供了适于修行的便利条件。义净年少时跟随神通寺的善遇、慧智法师出家，神通寺距灵岩寺大约四十公里，按照义净对灵岩寺僧人日常生活的熟悉程度，他应该去过灵岩寺。

## 第三节 会昌灭佛

灵岩寺背靠方山，上有证明功德龛。龛门上题"积翠证盟"，俗称红门。③ 龛内现存一佛、二弟子、二胁侍菩萨，以及两只蹲狮，并刻有唐大中八年（854）《修方山证明功德记》。国家图书馆现存该石刻拓片，编号各地4900-5。记文为小字正书，由牟尚撰写，鹿继宗书。其上又覆刻宋代等后世的游记、题名，导致石刻及其拓片均漫漶不清。《山左金石志》④、王昶《金石

---

① （唐）义净著，王邦维校注：《南海寄归内法传校注》卷2，第218—219页。
② （唐）义净著，王邦维校注：《南海寄归内法传校注》卷2，第219页。
③ 唐时称"证明"，明代重修作"证盟"。证明，同"证盟"。
④ （清）毕沅、阮元：《山左金石志》卷13，《石刻史料新编》第1辑第19册，台北：新文丰出版公司1982年影印本，第14547—14548页。

萃编》①、金棨《泰山志》②、董诰《全唐文》③、《泰山石刻》④等皆有残缺的唐代录文,其中《全唐文》卷七百九十一仅收录石刻第一段文字。今核校诸本后,录文整理如下。

修方山证明功德记
乡贡进士牟珰撰

　　此山前面有石龛,龛有石像,从弥勒佛并侍卫菩萨、至神兽等计九躯。案⑤《寺记》云,唐初有一童儿,名善子,十岁已下。自相魏间,来于此山,舍身决求无上正真⑥之理。□启首□四礼⑦遂堕。未及半虚,五云封之西去。其音乐□□,天风错□,毕寺缁白,无不瞻听。乃凿此山,成龛立像,旌之曰"证明功德"。暨乎会昌五年(845),毁去佛□,天下大同,凡有额寺五千余所,兰若三万余所,丽名僧尼廿⑧六万七百余人,所奉驱除,略无遗子。惟此龛佛像俨□,微有薰⑨残。

　　大中五年(851),奉旨许于旧踪,再起精舍。寺主僧从[惠]⑩闻于州县,起立此寺。有杭州盐官县人僧子儒,俗姓董氏,不远江湖,访寻名迹,至六年(852)五月七日得度。既果前言,□□恳诚,金采装饰方山证明功德,兼□□□神,及师子各二只。□金彩⑪色,手功价□□□五十贯文,施主二百余人。□□一镌姓名□□左,其山龛在寺之

---

① (清)王昶:《金石萃编》,《石刻史料新编》第1辑第3册,台北:新文丰出版公司1982年影印本,第2065页。
② (清)金棨:《泰山志》卷15,第456—457页。
③ (清)董诰等编:《全唐文》卷791,上海古籍出版社2018年版,第3675页。
④ 袁明英主编:《泰山石刻》第8卷有照片、录文及介绍,中华书局2007年版,第2526页。
⑤ 《泰山志》作"按"。
⑥ 《山左金石志》《全唐文》作"真正"。
⑦ 《全唐文》作"体"。
⑧ 《全唐文》作"二十"。
⑨ 《山左金石志》《泰山志》作"董"。
⑩ 金棨《泰山志》作"从心",王昶《金石萃编》作"从惠",《山左金石志》《全唐文》缺字不录。据第二段录文,寺主僧从惠大中五年(851)奉皇恩来此重建灵岩寺。第一段录文亦是寺主僧"从□"奉旨于旧踪再启精舍。因此该僧应仍为"从惠",故补。金棨之所以录作"从心",可能"惠"上部缺损所致。
⑪ 《金石萃编》作"采"。

艮，直上可四里，下思人□，并以□处星端旁，际□沧溟有同蓬岛。□龛石□，有泉不□来源，从细窦泄□石盆，□□□□□□而已。玉液金浆，莫得□其甘美，□□香山□□质乎香，为子儒[①]公明山峦之□□□固敬石之像长牢，冀贤劫尽而同尽。自□□外，胡可倾移哉？

大唐大中八年（854）四月八日镌记。

寺主从惠大中五年（851）奉皇恩远降，许令添[②]饰旧基。先度僧考□主持，□月廿八日，经长清县陈状，四月十三日门□□□□来□，六月廿日□□度独□□□□□祝□心□后□□北临圣堂□是此等□□□□□一景界。夜至三更，先见二僧，一僧面西而立，一僧面东而□□□□亡姓人身著□□□□□□□□□先□□集随月而□□□□□去来□□有五□四□□赤□大袖□衣，头上冠笄，□执笏。中有一女，身□□□□□□头□双鬟，手中执□□老□去□□□□□余□忽然不见，明□□至齐州□□□此□祥瑞□□七月廿八日呈上。

刺史刘将军遂唤入见，问其由。八月一日得度，九月一日入□□□□尚住会州□节度使□□□□侍□官□□□□□□□□□□□上闻□明敕所□□宜依□。

大中八年（854）四月廿日记。[③]

唐武宗会昌灭佛，对灵岩寺的打击不小，山下寺院破坏殆尽。随后继位的唐宣宗取消灭佛政策，大中年间（847—860），灵岩寺的佛事活动又逐渐恢复正常。《修方山证明功德记》石刻正是在恢复期所作。记文分两次书写，其一为大中八年（854）四月八日，另一则是同年四月二十日。

---

① 《全唐文》作"如"。
② 原石添＞漆。《泰山志》作"漆"，《山左金石志》不录。
③ 后世题名覆刻其上，共五则。自右至左依次如下："长清王揆登证明，上宝珠。元祐三年（1088）戊辰孟夏初八日。""苏永叔、李行父游，庚祐之同游。""永叔曾游。""丁巳三月十日，庐山李宪秉、颍水李颜子。""齐幕仲绩臣、邑尉韩清彦同登，焦伯祥后至。丙子仲春十四日记。"

第一段记文缺字较少，文意可大致了解。开篇首句称"此山前面有石龛，龛有石像，从弥勒佛并侍卫菩萨、至神兽等计九躯"。牟珙所记与今日所见不同。今佛龛正中塑释迦牟尼佛，两侧分别为其弟子。佛祖左手边为大迦叶，年长，额头及两颊有明显皱纹。其右手边为阿难，作年轻比丘貌。两弟子之外则是胁侍菩萨。另加两只神兽狮子，一共七躯造像。牟珙称中间佛祖为"弥勒佛"，神像又"计九躯"，不知何故。功德龛在明朝天顺五年（1461）重修，住持至瑄立"积翠证盟"石额。嘉靖三十八年（1559）冬又再次进行修缮，题作"重修证盟古佛正殿"。目前看到的状况与唐时记文不符，而从唐代大中年间（847—860）至今已逾一千多年，龛内佛像也可能又经重塑。牟珙所记唐时雕造的是弥勒佛，应该与当时弥勒信仰比较兴盛有关。另外也或许是牟珙记文有误，不得而知。

第一段文中牟珙记载一灵异事迹，直接解释了"证明功德龛"得名的来源。按照《寺记》所载，唐初有一童子名善子，不足十岁，从相魏（今河北临漳一带）来到灵岩寺，希望能于此处求得无上正真之理。诚心稽首礼拜后，从山顶跳下。彼时虚空中竟有五色祥云载之西去，仙乐回荡。全寺僧众信士无不驻足听闻。寺院上下为使世间众生生起正信，凿山成龛，立像旌表，故名"证明功德龛"。

会昌五年（845），唐武宗实施灭佛政策。据介绍，当时毁去有题额的寺院五千余所，兰若三万余所，涉及此事的僧尼二十六万七百余人，皆遭驱除。清代朱文藻指出，此段记载可补史实之缺。灵岩寺山下的院落损毁严重，但是山上功德龛内的佛像"微有薰残"，受影响不大。大中五年（851），寺主从惠奉旨在寺院旧基上重新起立宫殿。杭州盐官县（今属海宁）人子儒，俗姓董，前来灵岩寻访名迹，并于次年五月得度。子儒等率领施主二百余人，重新装饰证明功德龛。此后灵岩寺的面貌也焕然一新了。

第二段缺字较多，前后文难以卒读。但是从残留的文字看，似乎也是记述了一则神异事迹。《泰山志》载，朱文藻根据段赤亭与陆古愚所拓的两方拓片，发现记文描述的是主僧从惠见到去世的母亲，头饰冠笄，手执笏降临之事。

唐武宗会昌灭佛，灵岩寺主体院落虽然受到巨大破坏，但是不久即得以恢复重建。寺主从惠在大中五年（851）至大中八年（854），奉圣旨重启旧基，并与僧人子儒等，整修方山证明功德龛。记文中宣扬的祥瑞与灵异事迹，是宗教传播过程中经常采用的手段，对于灭佛后重新聚集当时的普通信众起到一定作用。

# 第三章　宋金时期的十方灵岩寺

宋代初年的灵岩寺，目前已知较早的住持僧人为志雅。从五代后晋时期行諲的残幢看，志雅应该是出自其门下。行諲其人生平不详，俗姓贾氏，后晋开运二年（945）殁故，由门人寺主志雅为其建幢。马继业在论述此段时期时，称灵岩此时为"衰落"阶段，并结合唐末山东地区黄巢等人领导的农民大起义，以及五代的战乱、周世宗抑佛政策等来论证。[①] 从目前保留的五代时期经幢来看，当时灵岩寺的传承还是有迹可循的。从大背景出发进行总体概括，是以往历史研究的基本思路，具体落实到灵岩寺本身，还可以根据史料进一步考证。本章主要利用已发现的材料，在相对有限的范围内讨论。行諲、志雅、延达、延珣等先后住持灵岩，也为开启宋金时期灵岩寺的繁荣奠定了基础。

寺院住持在示寂或引退之际，推选年高德劭的僧人继承其职，一般采取师徒相传或同门相承的任命体制，称作"甲乙制"。采用这种体制传承的寺院，也叫甲乙徒弟院、子孙丛林等。宋代初年灵岩寺住持的承继制度，实行相对保守的甲乙制传承，外系僧人一般不可能住持本寺。

宋神宗熙宁年间（1068—1077），灵岩寺甲乙传承体制被打破，朝廷先后敕命僧人永义、行详前来住持。"行详窃闻灵岩寺旧是甲乙住持，昨虽改为十方，缘未曾有十方敕旨。"[②] 这是新上任住持行详请求皇帝降旨，方便管理灵岩寺的敕牒文。从张掞《送灵岩寺主义公详公诗刻》可知，永义、行详皆是从当时都城开封被选任而来。因此，至少在永义时或永义之前，灵岩寺

---

[①] 马继业：《灵岩寺史略》，第 74—78 页。
[②] 见附录《敕赐十方灵岩寺碑》。

便开始实行十方体制。相对甲乙制，十方寺院选拔住持僧人的范围更为广泛，也更加开放。首先由各地选拔推荐有德行的僧人，然后经朝廷任命，方能到寺院上任，但是寺主的任命权也随之被收归中央。由于十方寺院不拘一宗一派，各个宗派传承如云门宗、临济宗黄龙派、曹洞宗，先后在灵岩寺登场。尤其是宋金时期临济宗、曹洞宗各有门人交替住持，互相吸收。即便在曹洞宗内部，以字辈传承为标志的宗统派系僧众，与以师僧印可、法脉传递为特征的法统派系传承，也相互融合，续写着灵岩寺的辉煌。

除了僧人、宗派相继更替的历史演变，北宋时期的经幢、碑刻也从侧面透露了僧人讲经说法、施主斋僧等社会活动情况。据《佛说尊胜陀罗尼真言启请并序》经幢（985）、寺主琼环塔幢（1024）、琼信塔幢（1037）、惠鉴塔幢（1051）、宋陀罗尼经断幢等实物或文献，可以发现僧人讲授经论的情况，不同的僧人亦各有所长。最受欢迎、讲解僧人最多的两部经典是《上生经》与《法华经》。

《上生经》是弥勒信仰的主要经典之一；《法华经》则是法华信仰的根本经典，被天台宗视作宗经。《唯识论》《因明论》《百法论》也有相当数量的僧人擅长讲解，这些是唯识宗的重要经典，大部分为唐代著名译经师玄奘所翻。寺院改为十方制后，从开封来的僧人行详善讲《圆觉经》。崇宁元年（1102），住持仁钦命人将《楞严经偈》刊刻上石，可见此时僧人对于《楞严经》也非常重视。时代不同，僧人构成不同，会对不同的经典有所偏重。从经幢上可以看到，即使同一时期，灵岩寺的各个僧人也发挥自己所长，而在寺院宣说不同的经典，各种理论彼此交锋。综上来看，寺院的弘法活动还是比较丰富的。

## 第一节 从甲乙制到十方制

### 一 北宋初期的甲乙制

#### （一）延达

延达的事迹，主要见于般舟殿现存的《佛说尊胜陀罗尼真言启请并序》

经幢（985）。石幢保存较完整。根据经幢的修建年代以及幢末题名来看，延达住持灵岩的年代应当在志雅之后。经幢全文由启请文、佛顶尊胜陀罗尼真言、延达建幢记文、僧人题名四部分构成。启请文如下：

> 启请莲花三昧海，金刚座上尊胜王，为灭七返傍生罪，愿舒金臂摩我顶。佛敕帝释憍尸迦，善住天子当持念，能灭七返傍生趣，不作猪狗蟒蛇身。种影过者生天路，咒土霑骨往西方，当来成佛足无疑，超入莲花三昧海。

该启请文主要是对《佛顶尊胜陀罗尼经》正文内容的概括，同时期的敦煌遗书里也保留了不少《尊胜经》的启请文。[1]善住天子在与诸天游园时，忽闻声音，言其七日后命数将终，并将堕入恶道，七返傍生。帝释为救其子，向佛祖求得此经，希望能免除其子罪业，令其生往西方。佛祖为使众生破除一切恶道苦，从苦海中得到解脱，故说此经。经幢的陀罗尼真言部分，除去缺字外，大部分与佛陀波利译本相同，个别咒语加入了《加句灵验佛顶尊胜陀罗尼记》本中的翻译。真言以小字形式标注发音、音节数等，甚为详尽。但是音节数目与《大正藏》本相差较大。经幢真言标有62个音节，《大正藏》中则有85个以上。由于部分刻字难以辨认，具体差异缘由未知。

延达在记文中称，遇"明朝圣代，国富民安，八方无事，四塞休征"。时值宋代初年太宗赵匡义当政，各地逐渐停止征战，纳土归附，结束了五代十国纷争的局面，整个社会和平安定。于是延达以十五贯钱造此经幢，希望上报四恩，下及三有。延达幼年出家，至建幢时的雍熙二年（985），在寺院已有五十五年，住持寺院二十余年，广张常住，为寺院做出了巨大贡献。延达在文末留一绝句："处世人无弟一切，有相皆言总是空。尽道莲花不着水，根茎元在淤泥中。"这首禅诗以佛法入诗，将佛教的相、空、不二等义理融于其中。《金刚经》讲有我相、人相、众生相、寿者相，相从缘起，缘起性空，故有相皆空。莲花是佛教中的圣洁之花，常用以比喻自性清净，周敦颐

---

[1] 李小荣：《敦煌密教文献论稿》，人民文学出版社2003年版，第59页。

有"出淤泥而不染"之说。此处延达反其意而行，以理取胜，"尽道莲花不着水，根茎元在淤泥中"，体现了禅宗思想中的大乘教义，佛法在世间，不离世间觉，佛法与世间，二者相融相即，是为真入不二法门。

延达作为延字辈僧人的代表，与讲《上生经》的僧延义、尚座僧延珣，讲《上生经》《百法论》的延嵩、大云寺主延徽、延胐、延章等为师兄弟。琼字辈琼辩、琼轧、琼珪、琼环等，皆是延字辈的下一辈僧人。在幢末的僧人题名中，我们看到，琼字辈僧人已经是灵岩寺的主要生力军。延达的师侄守志，系出何人，尚未知晓，但是师侄琼因出自延珣门下则无疑。延珣的墓塔正是琼因等弟子为其建立的。

## （二）延珣

延珣墓塔现存灵岩寺慧崇塔西南侧，塔身正面开两扇假门，其上兽面衔环，塔阴刻记文，模糊不堪，未见拓片。金棨《泰山志》保存了《灵岩寺禅师珣公塔铭》全文，部分有缺字。陆继煇《八琼室金石补正续编》收录的《故禅师珣公卯塔记》[①]，较前者更为准确。《新续高僧传》有延珣传记，是由该塔记改写而来。[②] 延珣与第九代住持定光道询，第二个字发音相同。道询去世后，友人孙力智梦到他自称"两来灵岩"，前一世便是延珣。延珣的墓塔是咸平二年（999）九月建立的。录文如下：

> 夫日中则昃，月满乃亏。喻生灭之不停，等轮回之无定。是知数有寒，天无皂白。一真之境未臻，四大之躯何息，即有殁而不朽者，其兹谓欤？上人俗姓张氏，法讳延珣，家自全齐，生于历下。幼而迥异，长而复英，意舍［浮华，情耽空[③]］慧。依灵岩山寺主僧志雅以为亲教，方袍圆顶，禀戒持心。而后迁入郡城，别居莲宇，为佛地之栋梁，作金田之纲纪。缁徒仰德，士庶钦风，转《法华经》一藏，诵《维摩经》一千部，课《金刚经》五万卷。犹是广伸庆赞，大集人天，胜善克敷，良缘是植，享年六十六，非处寝疾而奋终矣。门人琼因等师资义重，法

---

[①] 《续修四库全书》第900册，史部，金石类，上海古籍出版社2002年版，第335页。
[②] 喻谦：《新续高僧传》卷41，《大藏经补编》第27册，第314页。
[③] 一作"定"。

乳情深，念训诲以有成，在孝思之无替。建兹卯塔，使灵骨以有归；述彼嘉猷，表华门之不坠。刊此贞珉之石，抑不昧于千龄，旌其咸德之名，冀扬芳于万祀。

时大宋咸平贰年（999）岁次己亥九月庚辰朔十八日建。

寺主讲《上生经》僧延义，本寺、大云寺主僧延徽，开元□□主僧延□。小师念《法华经》僧□□。

延珣的塔记对生平介绍得相对简略，末尾无铭文。《泰山志》将刻文称为"灵岩寺禅师珣公塔铭"。陆继煇在编目中将其称作"灵岩寺禅师珣公塔记"，在正文题作"故禅师珣公卯塔记"。

延珣（934—999），俗姓张，山东济南历下人。幼时便异于常童，出类拔萃，不事浮华，专以勤修空慧为务。后来依灵岩寺主僧志雅为师，落发出家，谨守戒律。其后入郡城，别居莲宇，传播佛法。主要习诵《法华经》《维摩经》及《金刚经》。信徒多仰重。既然别居莲宇，那么延珣在灵岩寺什么地位？据前述延达所立经幢，延珣在灵岩寺曾担任"尚座僧"，仅次于寺主延义。也有学者认为延珣并未做过灵岩寺主僧，因为其曾"迁入郡城，别居莲宇"。[①]记文中虽未明确提及延珣住持灵岩，但延珣幼时出家灵岩，琼因等人又为其弟子，并在灵岩寺建立墓塔，可见与灵岩关系殊浅。故将其暂列于此。

从塔记末尾落款人名看，延字辈僧人已在不同的寺院担任寺主之职。弟子琼因等人为延珣立卯塔，感师教诲，法乳情深。"卯塔"，即"卵塔"，古人对二字有混用。卵塔用于僧人亡故后安置灵骨。"盖佛之示现，咸以三乘正法而利群机；涅槃之后，皆以宝塔而藏舍利。凡一瞻一礼，亟成佛道，故象教之设，讵可少哉？曰佛塔，菩萨塔，罗汉塔，声闻塔，祖师塔，各有层级等差。惟海会、耆宿诸塔，垒石而成，则曰卵塔。"[②]因此，卯塔应当是垒石而成的耆宿之塔，有别于佛塔、菩萨塔、罗汉塔等。

---

① 王杨梅：《山东灵岩寺宋熙宁三年敕牒碑考释》，《唐宋历史评论》2021年第9辑。
② （明）隆琦隐元：《黄檗山寺志》卷5，《中国佛寺史志汇刊》第3辑第4册，台北：丹青图书公司1985年影印版，第227页。

禅门语录中多见卵塔，又称"无缝塔"。今《汉语大词典》解作"状如大鸟卵，故称"。无著道忠在《禅林象器笺》中记载：

> 梅峰信和尚曰："凡安舍利，用铜瓶金坛，藏之于塔中。今函骨身于镴瓶，庀镴瓶于铜瓷，盖拟金棺银椁之制乎？卵形，盖瓶瓷之遗形也。"（止此）若依忠所见，亦不然。昔南阳国师对代宗曰："与老僧作个无缝塔。"后之禅者，托斯语乃窆亡僧。削坚石，团圞无缝棱、无层级者，呼为无缝塔矣。无缝塔之形，适如卵，因名卵塔耳。①

道忠在文中推测卵塔的成因，认为并非如梅峰信和尚所说，是拟金棺银椁之制的"瓶瓷之遗形"，乃是由无缝塔而来。无缝塔是将坚石削去棱角，不留缝隙，不设层级，最终恰似形成一卵形。道珣的塔身部分，上覆塔帽，正面虽有装饰性浮雕，塔阴亦刻字，但并不影响其为卵形的整体特征。因此，道珣墓塔记文刻作"卵塔"，乃为卵塔，亦即无缝塔。

### （三）琼环

琼字辈的法师，除了上文提及的琼因外，尚有琼环、琼信、琼惠、琼深等人。琼字辈僧人继承延字辈，在灵岩寺辛勤耕耘，修整寺院，传播佛法。琼环是其中最广为人知的一位。目前灵岩寺并未发现琼环的塔幢实物，国家图书馆、京都人文拓皆存其拓片，共八面。《八琼室金石补正续编》有录文，其后附琼信塔幢。二幢除了记载琼环、琼信的生平，还分别刻真言启请。

琼环的生平记文如下：

> 今有殁故寺主，法讳琼环者，丘驻曼倩，郡处彭城，俗寿六十四年，僧腊五旬三载。昼燃檀篆，夜柄玉炉，心镜净而日月潜晖，道树坚而松筠让操。比为常光精宇，永壮灵峰，其奈浊世无缘，真界有托。于是上足重才等，观炉中烟灭，睹桉上尘生，榇全体以荼毗，收舍利而安厝。遂乃同鸠道眷，共建兹幢，略伸有限之勋，用报无涯之德。伹小

---

① ［日］无著道忠：《禅林象器笺》卷2，《大藏经补编》第19册，第65页。

师重皓，情非动石，智昧投针，耻乏聚萤之能，惭无剪蒲之业，以编实录，用纪岁月矣。

时圣宋天圣二年（1024）岁次甲子十月乙卯朔十八日建。吴兴郡沈陞刻石。景祐丁丑（1037）岁再换。①

根据以上记文，琼环（961—1024），"丘驻曼倩，郡处彭城"。曼倩是东方朔的字，东方朔乃平原郡厌次县人，也就是山东惠民县人。彭城郡，今属徐州一带。此处交代琼环身世的互文不易解。琼环亡故时世寿六十四岁，僧腊五十三，可见琼环十一岁便剃度出家。记文称其勤奋修行，德行高洁，"心镜净而日月潜晖，道树坚而松筠让操"，在世时为灵岩寺的建设做出诸多贡献。琼环圆寂后，其弟子重才携众人为其荼毗，安置舍利。于是建造了这座塔幢，由小师重皓撰写记文。据此可知琼环于天圣二年（1024）去世。但是"再换"一词语意不明，京都人文拓将其解作"再刻"。"再"的异体字也有作"禹"。

记文后刻《佛顶尊胜陀罗尼真言启请》及众僧题名。有师弟29人、小师95人列名。小龙虎塔塔身东侧题记中提到的"惠且"，作为"庄典座僧"、琼环的师弟，也在题名中出现。寺院典座僧主要负责僧众食宿，管理斋堂，此处"庄典座僧"未见于史籍。

张公亮《齐州景德灵岩寺记》言："景祐中（1034—1038），主僧琼环者，即众堂东架殿两层，龟首四出。南向安观音像，文楣藻拱，颇极精丽。设簴刻鲸，以警昏晓。"② 马大相在《灵岩志》中则称：

五花殿　殿为宋嘉佑中（1056—1063）琼环长老所建，架阁两层，龟首四出，俱极精工。前人称为天下第一。但岁月既深，风雨摧残，不无今昔之感。因绘图以志古意，使异日有所考据云。③

五花殿　在弥勒殿南，摩顶松左。宋嘉佑中（1056—1063），琼环

---

① 见附录《寺主琼环塔幢》。
② （清）马大相：《灵岩志》卷3，第31页。
③ （清）马大相：《灵岩志》卷1，第11页。刻本作"嘉祐"。

长老创建,架阁两层,龟首四出,备极壮丽,亦名灵岩阁。明正统五年(1440),至珍长老重修。①

结合张公亮的记文与五花殿形制,可知《齐州景德灵岩寺记》中琼环创建的,应该是马大相所说的"五花殿"。但是按照张公亮的说法,五花殿建造年代应在景祐年间(1034—1038),马大相《灵岩志》虽收录该文,却称其乃嘉祐中(1056—1063)建造,前后互相龃龉。

按照琼环的塔幢记文,琼环俗寿六十四,寂灭后建造墓幢,时在天圣二年(1024)。无论张公亮的"景祐"说,还是马大相的"嘉祐"说,皆与碑文相左。琼环景祐年间已不在人世,遑论嘉祐。至于有的学者认为,重净既在琼环塔幢的僧人题名中,又是请张公亮作记文的主导者,"没有道理会留下误解"②,属于主观推测,并无实证。因此,张公亮、马大相此处所言不确。

嘉祐六年(1061),灵岩寺住持、赐紫僧重净请王逵撰《灵岩千佛殿记》。有关琼环在灵岩寺的功绩,王逵在记文中有提到。

> 神宗皇帝、章圣皇帝,悉以御书为锡命焉。皇帝陛下,降以御篆飞白以嗣之。厥后有僧琼环者,次第以轮奂焉。其如土木之华,绘塑之美,泉石之丽,草木之秀,森森然棋布前后,远者咸以耳闻之,近者咸以目击之。③

宋太宗、真宗、仁宗曾对灵岩寺分别赐御书。今灵岩寺尚存御书阁,御书已毁于历代火焚。

"章圣皇帝"乃宋真宗无疑,但"神宗皇帝"指谁,此处易招人误解。李裕民《宋太宗曾尊称神宗考》④,通过史料分析,指出宋太宗曾被尊称"神

---

① (清)马大相:《灵岩志》卷2,第18页。
② 王杨梅:《山东灵岩寺宋熙宁三年敕牒碑考释》,《唐宋历史评论》2021年第9辑。
③ 见附录《灵岩千佛殿记》。
④ 李裕民:《宋太宗曾尊称神宗考》,《晋阳学刊》1997年第4期。

宗",自元丰八年（1085）九月八日,赵顼获得神宗庙号以后,太宗这一尊称便不再沿用。因此此处"神宗皇帝"与后世宋神宗有别。《灵岩千佛殿记》中说的"神宗皇帝"实为宋太宗,故将其置于"章圣皇帝"前。后文的"皇帝陛下"则指宋仁宗。马大相在《灵岩志》"辨疑"中认为:"按宋帝系:太祖、太宗、真宗、仁宗、英宗、神宗、哲宗、徽宗、钦宗。是为北宋嘉佑时,所谓'今上'者,仁宗也。章圣者,乃真宗章圣皇帝也,神宗在英宗之后,安得居真宗之上乎？必传写之讹也。景祐中,曾有祖无择诗石见在。注云:寺有太宗御制御书。以此证之,其为太宗也无疑矣,故特为改正之。"[1] 马大相推理无误,但他并不知宋太宗曾称"神宗",故将《齐州景德灵岩寺记》中的"神宗"改为"太宗"。

重净请张公亮作《齐州景德灵岩寺记》,那么琼环跟重净是什么关系呢？马大相《灵岩志》"高僧"中介绍:"宋重净,号琼环。景祐中,重建五花殿,颇极精丽。嘉祐中,复修千佛殿,极其庄严。前后功程费逾万金,皆公卿士庶所乐施者,泛常僧能如是乎？"[2] 按照马大相的说法,重净跟琼环为一人,重净是其法名,琼环为法号。这一说法为后人所沿袭。如王荣玉等主编的《灵岩寺》:"重净,北宋僧,号琼环长老,景祐（1034—1038年）中,创建灵岩寺五花殿,嘉祐六年（1061年）,重修千佛殿。"[3] 基本沿用马大相的原文,马继业《灵岩寺史略》亦是如此。"重净,号琼环长老。在他住持之下,灵岩寺不仅从后周的灭佛打击中恢复了元气,而且声誉日隆,盛名远播。……琼环长老在住持灵岩寺期间,最突出的功绩表现在修造方面。"[4]

张公亮的《齐州景德灵岩寺记》提到,景祐年间琼环修建殿阁,庆历三年（1043）张公亮为长清县尉,曾来过灵岩寺。十二年后,大概至和年间（1054—1056）,重净请张公亮作记文。嘉祐六年（1061）,王逵撰写的《灵岩千佛殿记》碑,也是重净立石,并提及琼环翻修千佛殿之事。根据琼环塔

---

[1] （清）马大相:《灵岩志》卷6,第163页。刻本作"嘉祐"。
[2] （清）马大相:《灵岩志》卷2,第23页。
[3] 王荣玉等主编:《灵岩寺》,第14页。
[4] 马继业:《灵岩寺史略》,第81—82页。

幢，我们发现并非如马大相所说"重净，号琼环"。

> 师弟：新寺主讲《上生经》僧琼惠。师弟等：功德主赐紫僧琼深，僧琼恩，赐紫僧琼信。维那僧惠爽，僧惠明，典座僧惠用。讲《法花》《上生经》僧惠洪，庄典座僧惠且，僧惠芳、僧惠远，……讲《上生经》赐紫僧惠鉴。
>
> 小师等：重才、重律、重雨，赐紫重净，重行、重滋、重澄，知库重振，重念、重依、重月，知山场重象，……讲《因明论》重皓。①

琼字辈、惠字辈、重字辈，共同构成了当时灵岩寺僧人的主体。塔幢列名的琼惠、琼深、琼信等，皆为琼环的师弟。琼惠应该也做过灵岩寺住持。惠字辈僧人也是他的师弟。但是重字辈，重才、重律、重雨等人，则为其弟子辈。琼字辈僧人的弟子为重字辈，琼环与重净为叔侄关系。塔幢刻有"赐紫重净"的人名，更加否定了马大相"重净，号琼环"的说法。因此，重净与琼环，二者并非一人。

**（四）琼信**

从琼环的塔幢题名，还可以发现另一位赐紫僧人琼信。陆继辉的《八琼室金石补正续编》在琼环之后，附录了琼信塔幢的记文。

> 景德灵岩寺新建尊胜幢子并序
>
> 观夫尊胜陀罗尼者，如来密付，波离秘传，堪拔苦以生天，可建幢而灭罪。于日，奉为殁故大师，俗姓许氏，法讳琼信，本贯兖州人也。在生之日，遗留下衣钵之资，山门法眷特为竖立幢子一座，用追生界。大师爱挂缁袍，洎披紫绶，行僻则稽松让操，心清则谢月澄辉。古殿凌晨供养，而白檀轻褭，寒窗深夜诵持，而红烬常燃。本望永壮禅林，长光祖寺，倏尔逐逝波而不返，俄然思极乐以长归。□□□庶望仗此勋修，速悟无生之理。承斯追悼，早抛有漏之因，恐以谷变陵迁，故

---

① 见附录《寺主琼环塔幢》。

刊瑰珉以为标记。

时圣宋景祐四祀（1037）岁次丁［丑］仲春月有二十九日建。

佛顶尊胜陀罗尼真言并启请（经不录）[①]

若琼环塔幢是景祐四年（1037）重刻，那两通塔幢便是同年刻。琼信，俗姓许，兖州人，序文称其平生高风亮节，正信佛法，虔心修行，得赐紫绶。琼信是琼环的师弟。文中认为《佛顶尊胜陀罗尼经》是由如来密付、波离秘传，能够拔苦生天，消泯罪业，因此山门僧人为其修建佛顶尊胜陀罗尼幢。

陆继煇称该塔幢拓工只拓印了六面，不知是否拓工有所遗漏，抑或经幢只刻六面。跟琼环塔幢相比，琼信塔幢未见详细的僧人题名。

### （五）惠鉴

惠鉴住持灵岩寺的具体年代不详，大致在琼环、琼信之后。在琼环塔幢佛顶尊胜陀罗尼后，有众师弟题名，其中"讲《上生经》赐紫僧惠鉴"赫然在列。可见惠鉴无论在朝廷恩宠，还是讲经方面，都是一名举足轻重的僧人。《上生经》，全称《佛说观弥勒菩萨上生兜率天经》，被后世佛教净土信仰者奉为经典。相传该经是由刘宋时沮渠京声翻译，篇幅不长，主要讲述了弥勒菩萨于阎浮提没后上生兜率陀天，以及兜率天内众多妙景，劝诫众人发愿往生弥勒净土。

惠鉴塔幢现存灵岩寺大雄宝殿前，保存完整，包括塔幢基座、塔身及塔刹三部分。幢身八面，其中序文两面，真言四面，僧人题名两面，包括《佛顶尊胜陀罗尼真言幢子并序》与《佛顶尊胜陀罗尼启请》等。序文介绍了惠鉴的生平，济南历下人，祖籍陇西。塔幢部分文字残缺，大致推断惠鉴曾主持修缮过灵岩寺五花殿，门人文滕等为他建立塔幢。重、法、德、广、文等字辈的小师均列在题名，分别担任知客、讲经师、知库、供养主、典座、鞠苗税、书状等。上文指出重字辈僧人是琼字辈弟子，此处可知文字辈嗣法惠字辈。重字辈应与文字辈平辈。而文字辈僧人文祖等善讲《上

---

[①] 见附录《琼信塔幢》。

生经》,应该是惠鉴的得法弟子。其余僧人还讲授《法华经》《唯识论》等佛教重要经典。

**(六)重净**

重净在宋仁宗至和、嘉祐年间任灵岩寺住持,具体任期及生平皆未见更详细的材料。最早出现赐紫僧人重净的名号,是在天圣二年(1024)琼环的塔幢题名。重净担任住持期间,先后请张公亮、王逵为灵岩寺作记文。

嘉祐六年(1061)七月,重净还将张掞的《留题灵岩寺》上石。该碑与《灵岩千佛殿记》皆是由京兆府普净禅院赐紫沙门神俊书。张掞(995—1074),字文裕,济南历城人。其父张蕴、兄张揆。《宋史》有传。张掞《留题灵岩寺》诗,官衔署"龙图阁直学士、尚书兵部郎中、充真定府路都部署、兼安抚使、知成德军府事"。据《宋史·张掞传》,张掞曾在明道年间(1032—1033)知莱州掖县,后来"四迁为龙图阁直学士、知成德军"。诗曰:"再见祇园树,流光二十年。依然山水地,况是雪霜天。"可见,张掞二十年前曾经来过灵岩寺,是年冬天再次来游。金棨在《泰山志》中推论,应该是重净等人挑选以前的诗上石。

北宋初期灵岩寺的传承次序有:后晋行諲传法志雅,开启了延达、延珣等延字辈弟子掌寺。延珣有弟子琼因等,琼环、琼信等琼字辈逐渐登上舞台。惠鉴、惠且、惠洪等惠字辈,与琼字辈弟子平辈,但是未知系出何源。重净、重皓、重才等为琼字辈的下一辈,惠字传法文字辈,以上皆是师徒相传或同门相递。这种师徒或同门前后相继主持同一寺院的体制,即为甲乙制。甲乙制下的寺院,传承相对保守,产生了一定弊端。后世碑文有"浮浪聚集"之说,王杨梅认为,灵岩寺"浮浪"意涉禅宗,属禅教之争,本书认为应更多地从寺院管理方面来理解。在行详请敕牒来灵岩寺之前,即至少熙宁三年(1070)以前,灵岩寺已改为敕差住持制十方寺院。

## 二 十方体制的确立

灵岩寺由甲乙制改为十方寺院,前人在这一方面研究颇多。谭景玉、韩红梅的《宋元时期泰山灵岩寺佛教发展情况初探》从总体上论述了灵岩寺住持承嗣方式的转变对宋金元时期佛教宗派发展的影响,使灵岩寺在佛教界的地位有提升。①胡孝忠则以灵岩寺的敕牒碑为中心，分别对北宋前期的京外敕差住持制度、寺院管理等方面进行研究，认为这反映了教团内部矛盾重重，部分僧人试图改革创新、朝廷管理佛教开始制度化与官僚化的倾向。②

灵岩寺改制的材料，主要有《敕赐十方灵岩寺碑》，以及张揆、王安石等朝贤送别永义与行详的诗文。敕牒碑是据行详熙宁三年（1070）向朝廷请的敕牒原文而立，内容包括各级机构的奏文、札子及状文。张揆分别有熙宁二年（1069）七月送别永义、熙宁三年（1070）九月送别行详的诗。王安石、俞充、蔡延庆、蔡冠卿等朝堂官员，于熙宁三年（1070）八月送别行详、赴任灵岩，各有诗作传世。除了俞充的诗有十句外，其余皆为七言律诗。金代党怀英的《十方灵岩寺记》也述及这段历史。

朝廷明令改制十方的条文，尚未见到。所谓敕牒，是行详用以傍身、希望达到有效治理灵岩寺的官府文书。碑文中对改制一事有侧面记述。综合张揆等人的送别诗，可以看出灵岩寺推行十方体制经历了种种波折。

张揆于熙宁七年（1074）去世，时年八十。送别永义时，年届七十五岁高龄。"峨峨日观出云层，西麓灵庵寄佛乘。金地阙人安大众，玉京选士得高僧。"首句交代了灵岩寺的环境与地理位置，位于泰山西麓。其次指出住持人选的产生方式，即通过选士而得。金地又名金田，本指舍卫国金地，取自给孤独长者布金买祇园的典故，后来成为佛寺的别称。③作为朝廷挑选的高僧，永义被寄予厚望。"霜刀断腕群魔伏，钿轴存心奥义增。顾我旧山泉石美，涮除诸恶赖贤能。"④希望永义能够像锋刃降服群魔一样，整顿灵岩寺，不姑息纵容，进而在一方胜地弘扬正法。很遗憾，不到一年，这一厚望便宣告破产。"据僧永义状，经府披诉，情愿吐退灵岩寺主。……今访闻得

---

① 谭景玉、韩红梅：《宋元时期泰山灵岩寺佛教发展情况初探》，《山东农业大学学报》（社会科学版）2010年第1期。
② 胡孝忠：《北宋前期京外敕差住持制度研究》，《宗教学研究》2010年第4期；以及《北宋山东〈敕赐十方灵岩寺碑〉研究》，《北京理工大学学报》（社会科学版）2011年第2期。
③ （北魏）慧觉等译：《贤愚经·须达起精舍品》，《大正藏》第4册，第418—421页。须达长者，又称"给孤独"。
④ 见附录《送灵岩寺主义公详公诗刻》。

僧永义只是一向修行诚行，经开封府有状，吐退难为住持山门。"本是从京城选的高僧，前来治理灵岩寺诸种弊端，若"只是一向修行诚行"，实是于理不合。那么永义为何要"情愿吐退灵岩寺主"呢？

根据敕牒中行详的状文，可知灵岩寺当时的实际情况。首先，"僻在山谷，从众颇盛"，而且"废隳纲纪"；其次，本寺受业徒弟担任知事；最后，"素来最是凶恶浮浪聚集"。显然，永义在灵岩寺住持得不顺利，作为一名敕差选派僧人，可能与原在本寺受业的僧众知事有冲突，难以驾驭复杂的寺务。因此牒文以"专意修行"为托词，实为尊者讳故。金人党怀英还有"主僧永义律行孤介，以接物应务为劳，力辞寺事"以及"禅律之改革"等说法，因此我们应更加全面地看待这一问题。若依党怀英"禅律之改革"说，永义"律行孤介"，后至的行详则是指禅宗或专意修禅之人，王杨梅此前在《山东灵岩寺宋熙宁三年敕牒碑考释》中力证行详为讲僧则不合适。

当然，行详接到任命之初是知晓灵岩寺这些复杂状况的，不然牒文中也不会有"累因住持人不振""废隳纲纪"之说。故他最初以"衰老多病、已废心力"为由，请求免差。但是开封府、僧录司已定差，并且指派掌事僧五至七人同去，行详不得已而赴任。鉴于灵岩寺存在的几个问题，他希望能够请求敕旨以傍身，以"为国焚修、传教住持"为名，"弹服远人"，振兴寺院，积累功德。同时，明令本寺受业徒弟不得担任寺内知事，借以打击本地保守势力。敕牒中一再提及的"凶恶浮浪"之徒，应该与此相关。另外，除了被派遣的掌事僧，行详请求再度十名童行傍身。除了剃度童行未被许可，赐敕牒、本寺受业弟子不得作知事等请求皆被允可。

行详本是开封府左街定力禅院赐紫僧人，传大乘戒，擅讲《圆觉经》。与朝中官员多有往来，故临行前张掞、王安石、俞充、蔡延庆、蔡冠卿等人来饯行。从金棨《泰山志》收录的以上五人诗歌可知，行详又号"道光"，精通佛学与儒学。蔡冠卿《诗送灵岩道光大师》称行详"僧读儒书举世稀，惟师精学出尘机"。俞充说他"清风一振海潮音，旷劫曾蒙祖师印"，可见行详受祖师印记。[1]

---

[1] （清）金棨：《泰山志》卷16，第515页。

王安石《诗送灵岩法师》不仅被《泰山志》收录，《临川文集》亦有留存。《王荆公诗注》《临川文集》还保存了王安石与道光法师往来的其他诗歌。如《和平甫招道光法师》，赞颂行详"于总持门通一路，以光明藏续千灯。从容发口酬摩诘，邂逅持心契慧能"[1]。行详所长的《圆觉经》是由唐代佛陀多罗翻译的，开篇便有"入于神通大光明藏"[2]。鸠摩罗什译《维摩诘所说经》，其中有维摩诘与二千魔女说法："诸姊！有法门名无尽灯，汝等当学。无尽灯者，譬如一灯，燃百千灯，冥者皆明，明终不尽。"[3]王安石化用这两部经文掌故，认为行详佛法造诣高深。从"邂逅持心契慧能"看，行详可能是禅宗僧人。然而，王杨梅在《山东灵岩寺宋熙宁三年敕牒碑考释》中，认为行详是讲僧，又据"有经论，每以善辩为名，毁訾禅宗"，认为行详不应当是禅宗僧人，姑作一说。

　　但是行详在灵岩寺住持的时间最长不超过三年。熙宁六年（1073），云门宗下第六世文慧重元受曾巩之请住持灵岩，由此开启了灵岩寺代际传承的体制。代际传承最明显的标志便是按照住持任职先后，标明第一代、第二代、第三代等直至后世。代际传承的运作，宋金元时期基本也是在十方体制之下进行的，即由当地官员疏请、选任各地佛法造诣高深的僧人任职。

## 第二节　代际传承的开创

　　灵岩寺自从确立为十方寺院之后，便不拘一宗，广延天下名僧前来住持。熙宁三年（1070），行详代替永义住持灵岩。但行详在灵岩寺待的时间不长，不久后文慧重元来灵岩寺，成为本寺代际传承的第一代祖师。

---

[1]（宋）李壁：《王荆公诗注》卷30，文渊阁四库全书电子版，集部，别集类。除此诗外，《临川文集》还收录《送道光法师住持灵岩》《寄碧岩道光法师》《和平父寄道光法师》。
[2]（唐）佛陀多罗译：《大方广圆觉修多罗了义经》卷1，《大正藏》第17册，第913页。
[3]（后秦）鸠摩罗什译：《维摩诘所说经》卷1，《大正藏》第14册，第543页。

## 一 灵岩初祖——云门宗文慧重元

### （一）文慧重元的生平

党怀英《十方灵岩寺记》记载："越三年癸丑（1073），仰天元公禅师以云门之宗始来唱道，自是禅学兴行，丛林改观，是为灵岩初祖。"[①]王杨梅在《山东灵岩寺宋熙宁三年敕牒碑考释》一文对"仰天元公"作了考证，指出仰天元公即文慧重元，从学于天衣义怀，受曾巩之请住持灵岩。[②]

熙宁六年（1073），文慧重元至灵岩寺，开创了灵岩寺代际传承体系。就目前所了解的寺院，灵岩寺和少林寺住持所留存的代际传承资料最为系统。程钜夫《大元赠大司空开府仪同三司追封晋国公少林开山光宗正法大禅师裕公之碑》表明，少林寺经元初战乱后重建，自雪庭福裕起，始称开山第一代祖。此前少林寺遭破坏严重，雪庭福裕自乃马真后二年（1243），暂憩緱山（今河南偃师）永庆寺。乃马真后四年（1245），雪庭方住持少林。[③]若由此算起，少林寺代际传承体系的开创晚于灵岩寺一百七十余年。

文慧重元是云门宗僧人。云门宗由五代时期韶州云门寺文偃（864—949）创立，作为禅宗五家之一，在宋代非常兴盛。据北宋契嵩的《传法正宗记》，嗣法文偃的有88人。[④]主要分布在南方地区。《五灯会元》对云门宗法子进行了统计，山东地区有云门僧人五位。北京（今河北邯郸）天钵寺文慧重元禅师即其中之一。[⑤]云门宗后来在元代与曹洞宗、临济宗形成三足鼎立的局面，并建立"大都三禅会"[⑥]，但是载于史籍者则不多见。前人曾发此感慨："云门宗自宋迄元，代不乏人。如圆通善、王山济，俱明眼宗哲，法席甚盛，但嗣法莫可考。岂深藏其德而不求著耶？抑末流闻见之不广也？阙

---

① 见附录《十方灵岩寺记》。
② 王杨梅：《山东灵岩寺宋熙宁三年敕牒碑考释》，《唐宋历史评论》2021年第9辑。
③ 叶德荣：《宗统与法统——以嵩山少林寺为中心》，广东人民出版社2010年版，第304页。
④ 杨曾文：《宋元禅宗史》，中国社会科学出版社2006年版，第86—87页。
⑤ 普济《五灯会元》卷16，有齐州兴化延庆禅师、北京天钵寺重元文慧禅师、青州定慧院法本禅师、沂州马鞍山福圣院仲易禅师、密州崌山宁禅师。见《卍新续藏》第80册。
⑥ 见附录"少林寺古岩普就请疏"。

所不知。"①

除了党怀英的《十方灵岩寺记》外，有关重元在灵岩寺的碑刻资料并不多。重元的生平语录在惟白《建中靖国续灯录》、正受《嘉泰普灯录》、普济《五灯会元》、志磐《佛祖统纪》、念常《佛祖历代通载》、觉岸《释氏稽古略》、居顶《续传灯录》、通容《五灯严统》、超永《五灯全书》中皆有或长或短的记载。其中以惟白的《建中靖国续灯录》对重元及其法嗣的记载最早，内容也较诸本翔实。"北京天钵寺文慧禅师"重元，俗姓孙氏，青州千乘县人，今山东淄博高青县唐坊镇。

> 讳重元，姓孙氏，青州千乘人。母梦于像前吞一金果，后乃诞。师相仪殊特，迥异群童。十七出家，冠岁圆具，初游讲肆，颇达教宗。尝宴坐于古窑，忽闻空中有告："师学上乘者。"惊骇出视，杳无人迹。翌日，客至，出《寒山集》。师一览之，即慕参玄。至天衣怀禅师法席，遇众请益，豁然大悟。怀为升堂，举扬印可，叹曰："此吾家千里驹也。"②

文慧重元十七岁出家，最初在讲肆游学，学习教宗佛法，对于教宗理论颇为娴熟，被称为"元华严"。后来在古窑坐禅时，听到空中有声音说："师是学上乘禅法的。"惊骇之余，四顾无人。此处《建中靖国续灯录》的记述似乎不够完整，在《五灯会元》《续传灯录》《五灯严统》《五灯全书》等书中皆为"学上乘者，无滞于此"。这应当是重元从修行教宗到转为禅宗的重要机缘。重元览《寒山集》后，生参访之意，后在天衣义怀门下受印可，义怀称他为"吾家千里驹"。天衣义怀，温州乐清人，于雪窦重显门下得法，受到重显的高度赞赏。

重元作为义怀法子、雪窦嫡孙，"清献公赵抃参师，闻雷悟道。谏议刘公请主仰天，紫微曾公巩命徙灵岩，资政陈公升之移之广济，太师文公彦博

---

① （明）净柱：《〈五灯会元续略〉序》，《卍新续藏》第80册，第444页。
② （宋）惟白：《建中靖国续灯录》卷10，《卍新续藏》第78册，第702页。

召居天钵。凡四住名蓝,十方仰重,河朔宗乘,由斯再振"①。重元与达官士人交游甚好,赵抃、谏议刘公、曾巩、陈升之、文彦博等均有往来。党怀英《十方灵岩寺记》中言"仰天元公禅师以云门之宗始来唱道",应即重元受谏议刘公所请住持青州仰天寺。赵抃有《赠灵岩元长老》一诗:"教被山东十稔余,人人师为指迷途。仰天峭绝灵岩峻,万里闲云一点无。"②诗中以仰天山与灵岩山的峻峭,称赞元公佛法凌厉,教化山东僧俗十年有余。

熙宁六年(1073),重元受紫微曾公巩之请前来灵岩寺住持。曾巩于熙宁四年(1071)六月至熙宁六年(1073)九月任齐州军州事,主掌齐州军队及民政事务。③《曾巩集》中收录了曾巩请重元住持灵岩并开堂的两篇疏文,以及他写给重元的一首诗。

> 《请文慧和尚住灵岩疏》:伏以道本无言,理惟尽性,非得圆通之士,孰开方便之门?长老夙悟宗乘,深明行相,家唱天衣之曲,印传达磨之心,自建法幢,久□□价。今览阖郡之请,延居古佛之场,幸结众缘,时垂重诺。谨疏。
>
> 《请文慧和尚开堂疏》:窃以心虽离相,因相始可明心;道固无言,藉言所以显道。若投声于空谷,求应系于洪钟,感而遂通。欲其自得此者,三学并凑,四众齐臻,咸伸半偈之咨,共望一言之益。幸提海印,直示真诠,开悟迷徒,光扬佛事。谨疏。④

两篇疏文,一则为请重元住持灵岩寺的疏文,另一则为请其开堂而作。曾巩在第一篇疏文中,赞叹了重元精通禅宗心法,深明义理,又得天衣义怀真传,传承达磨心印,因此应全郡百姓的要求,请重元住持灵岩寺古佛道场。开堂是禅门中的重要仪式程序,即住持僧人于任职寺院第一次正式上堂

---

① (宋)惟白:《建中靖国续灯录》卷10,第702页。
② (清)马大相:《灵岩志》卷3,第217页。《灵岩志》刻本作"抃",点校本误为"忭"。马大相称赵抃为济南人,与史实有出入。赵抃(1008—1084),字阅道,号知非子,谥号"清献",浙江衢州人。
③ 李震:《曾巩年谱》,江西人民出版社2019年版,第194—216页。
④ (宋)曾巩:《曾巩集》,中华书局2021年点校本,第784—785页。

说法、开悟群迷的仪式程序,这类仪式多有官员在场。[①] 曾巩在开堂疏中,首先言明心与相、道与言的关系,借以阐明请重元开堂演法的重要意义,希望重元直出佛法大义,使三学四众得以有所进益。

除了这类官方延请之外,曾巩与重元私下也有交往,有《灵岩寺兼简重元长老、二刘居士》诗:"法定禅房临峭谷,辟支灵塔冠层峦。轩窗势耸云林合,钟磬声高鸟道盘。白鹤已飞泉自涌,青龙无迹洞常寒。更闻雷远相从乐,世道嚣尘岂可干?"[②]

**(二)重元的禅法思想**

重元传承云门家风,其禅法思想多体现在与弟子的问答语录中。惟白《建中靖国续灯录》基本完整保留了重元的语录,除了《嘉泰普灯录》新增两则语录之外,其他后世续出文献多是对《建中靖国续灯录》及《嘉泰普灯录》的截取。

云门宗最广为世人知晓的特征便是"云门三句",由云门文偃及弟子德山圆明等总结而来。起初文偃作"函盖乾坤、目机铢两、不涉万缘",后德山进一步概述为"函盖乾坤、截断众流、随波逐浪"。[③] 云门宗禅师往往以此来接引学人,传承佛法。同样,重元也被弟子问及"云门三句"当作何解:

> 问:"如何是函盖乾坤句?"师云:"一沤虚后众沤虚。"僧曰:"如何是截断众流句?"师云:"金粟对文殊。"僧曰:"如何是随波逐浪句?"师云:"昨夜打出三门去。"[④]

云门宗教法中,函盖乾坤主要是对法身佛性的概象描述;截断众流是借此方式破除文字、语言、名相等烦恼妄执;随波逐浪则指应随顺自然、随顺世间修行,证悟真谛。重元的解读,似乎是问东答西,文不对题,但是这种禅宗特有的方式,在当时比较普遍。沤,水泡义,一个水泡如虚空,所有的

---

① 侯冲:《禅门的"开堂"——以其仪式程序为中心》,《汉传佛教、宗教仪式与经典文献之研究——侯冲自选集》,台北:博扬文化2016年版。
② (宋)曾巩:《曾巩集》,第115页。
③ (宋)智昭:《人天眼目》卷2,《大正藏》第48册,第312页。
④ (宋)惟白:《建中靖国续灯录》卷10,第702页。

水泡亦是虚空。《金刚经》讲："一切有为法，如梦幻泡影，如露亦如电，应作如是观。"[①] 水泡乃有为法，最终要证悟的还是真如实相。

"金粟对文殊"，回答简单明了，指向明确。金粟如来指维摩诘居士。维摩诘居士与文殊菩萨在《维摩诘经·入不二法门品》中有佛法问答的经典场面。众菩萨各自说罢何为不二法门时，文殊师利问维摩诘："我等各自说已，仁者当说何等是菩萨入不二法门？"维摩诘静默无言，时文殊师利赞叹："善哉！善哉！乃至无有文字、语言，是真入不二法门。"[②] 维摩诘对入不二法门的诠释是"静默无言"，正是言语道断，方证菩提，斩断葛藤，是为真入不二法门，此正是"截断众流"的真正含义。

重元将"随波逐浪"解释为"昨夜打出三门去"。三门又指寺院的山门，打出三门，看起来像是将僧人逐出寺院之意。世间法亦是佛法，修行世间法，随顺自然，做到世出世间不二，也是修习佛法的重要方式。当然，禅僧机锋的解释空间巨大，至于此处解释是否符合重元本意亦未可知。

以上是重元对于"云门三句"的解读。除了具有明显身份特征的"云门三句"，重元还对僧人的其他提问做了回应，其问答在禅林中亦广泛传播。

> 问："如何是佛？"师云："迦叶擎拳。"僧曰："如何是法？"师云："唵嚼啉嚽。"僧曰："如何是僧？"师云："口念弥陀。"僧曰："谢师答话。"师云："不天堂，入地狱。"[③]

佛法僧是佛教的三宝，对于僧人的提问，重元分别以"迦叶擎拳""唵嚼啉嚽""口念弥陀"回应。迦叶擎拳，未晓何意。咒语"唵嚼啉嚽"[④]，赵州真际禅师也曾以此回答弟子的提问。"问：'真如凡圣皆是梦言，如何是真言？'师云：'更不道者两个。'学云：'两个且置，如何是真言？'师云：'唵

---

① （后秦）鸠摩罗什译：《金刚般若波罗蜜经》卷 1，《大正藏》第 8 册，第 752 页。

② （后秦）鸠摩罗什译：《维摩诘所说经》卷中，《大正藏》第 14 册，第 551 页。

③ （宋）惟白：《建中靖国续灯录》卷 10，第 702 页。

④ 与该咒语最接近的为"一字转轮王咒"，又名"大转轮王一字心咒"，"部林 bhrūṃ"。见《大陀罗尼末法中一字心咒经》，《大正藏》第 19 册，第 316 页。

嘟啉𠵢。'"① 赵州首先在此否认了梦言和真言的说法，弟子继续追问何为真言，赵州说此咒语。

《大智度论》中须菩提解般若波罗蜜："毕竟空义，无有定相，不可取，不可传译得悟。不得言有，不得言无，不得言有无，不得言非有非无，非非有非非无亦无，一切心行处灭、言语道断故。……是法无所说，乃至不说一字可著可取；无字无语，是诸佛道。"② 由此可见，无论是重元的回复，还是赵州拒答梦言与真言的提问，都是以实际行为诠释佛法空性的真实义，以及大乘空宗的实相般若。

此外，重元回答僧人提问"如何是禅"，他自己则称"入笼入槛"，又云"跳得出是好手"。重元反对僧人撷拾名相的修行方式，执著于"禅"这个名相之中，便如同陷入牢笼，只有觉悟才能跳得出，故云"跳得出是好手"。重元其他上堂语录，须结合当时情境才能解读。不过重元对弘扬正法信心十足，"若据宗乘正令，莫不动用全威。如圣王轮宝剑飞空，谁是不宾之者。是以王道平平，和风扇物，使群邦贡献，万里梯航，六合澄清，狼烟永息。于是四魔绝迹，九类亡机"。当然，从缘起性空的角度讲，重元后来也消解了禅宗"动用全威"的想法，言"且作么生说个'动用全威'底道理"，"休、休，动不如静"。③

重元法嗣现存名目者六人，分别为卫州元丰清满禅师、西京善胜真悟禅师、恩州祖印善丕禅师、齐州仙洞山仙禅师、青州定慧法本禅师、青州义安惠深禅师。其中前三人今存传记语录，后三人未详。元丰清满下传雪峰宗演、长兴宗朴、卫州王大夫等。由此可见，重元法嗣在其后绵延传承不绝，多分布在河南、河北、山东等华北地区。

文慧重元之后，先后住持灵岩寺的有鉴和尚、确公长老、净照仁钦，但皆不明任次。宋敏求有诗称鉴和尚为"禅公"，其他信息则无从得知。④ 确公

---

① （宋）赜藏主：《古尊宿语录》卷13，《卍新续藏》第68册，第79页。
② （后秦）鸠摩罗什译：《大智度论》卷54，《大正藏》第25册，第448页。
③ （宋）惟白：《建中靖国续灯录》卷10，第702页。
④ "暂脱朝衣暂得闲，幽寻深入乱山前。非关尘俗都无事，自是登临合有缘。身健喜行新道路，眼明重见旧风烟。禅公着意留归客，更许扪萝到梵天。"诗见马大相《灵岩志》卷3，第56页。

为临济宗黄龙派,为方便表述,暂置于后。仁钦的宗派不明。

## 二 净照仁钦

仁钦在灵岩寺住持十年有余,有关碑刻资料留存不少。但是墓塔林里并没有仁钦的墓塔碑铭,因此仁钦的生平只能综合诸通碑刻来考察。此前有学者依据郭思的《游灵岩记》"见钦禅师,闻大法眼秘密印",认为仁钦是法眼宗的传人。五代时期,清凉文益(885—958)创立法眼宗,周世宗赐谥号"大法眼禅师"。但是"大法眼"一词的用法,广见于各类禅宗文献,"如来以大法眼密付大迦叶"[①]、"如来大法眼藏今付于汝"[②]。因此,仅依郭思的这个说法断定仁钦的宗派,证据略显不足。

仁钦主持灵岩的始末,以《崇兴桥记》记载得最为详细。"今上嗣位,齐州众求海内高德,得建州净照大师仁钦,以闻之朝。即有诏,以仁钦为灵岩住持主。"[③]宋徽宗于建中靖国元年(1101)即位,次年改元崇宁。碑文称"今上嗣位",大致在此期间。十方灵岩寺选任住持,海内有德行者居之。故下圣旨由建州(今福建建瓯)净照仁钦住持,并赐紫衣袈裟。

仁钦在灵岩寺立的碑刻,以蔡卞书的《楞严经偈》为最早。崇宁元年(1102)十一月,由鄱阳齐迅施刻,"住持传法净照大师赐紫仁钦立石"。蔡卞(1048—1117),字元度,福建仙游人。与世人所称的奸相蔡京为兄弟,是王安石的女婿。《楞严经偈》分刻于方丈院前壁四通石碑。自东向西,各作一、二、三、四。[④]《楞严经》全称《大佛顶如来密因修证了义诸菩萨万行首楞严经》,由唐代般剌蜜帝翻译。蔡卞所书的《楞严经偈》,仅摘取其中卷六与卷三的偈文。金棨《泰山志》将《楞严经》卷六的偈文称作《圆通经》。蔡卞分两次书此经偈。第一次是元符二年(1099)十二月,书《楞严经》卷六的偈文,因天气太冷,称"凝寒笔冻、殊不能工"。第二次是建中靖国元年(1101)十一月,在池阳慧日院南轩续书《楞严经》卷三的偈文。此时蔡

---

[①] (元)觉岸:《释氏稽古略》卷1,《大正藏》第49册,第757页。
[②] (宋)道原:《景德传灯录》卷1,《大正藏》第51册,第209页。
[③] 见附录《崇兴桥记》。
[④] 见附录《楞严经偈》。

卞已被贬至池州（今安徽贵池）。仁钦与蔡卞皆为福建人，不知是否也促成了立碑之事。

崇宁五年（1106）四月，建安（今福建建瓯）吴拭治济南历下，赴灵岩寺烧香，并供佛斋僧。仁钦最初没有与吴拭接洽，后来询问才知二人是同乡，因此吴拭留诗三首。吴拭认为灵岩山与家乡的武夷山相若，尤其"主人仍是故乡人"，勾起思乡之情，"若有金龙随玉简，武夷溪上幔亭峰"，金龙载玉简上达天庭，希望自己的愿望实现，回到家乡武夷山上的幔亭峰再次相聚，实现自己的"乡关梦"。[①]

大观二年（1108）八月，郭思游灵岩寺，作《游灵岩记》。仁钦请郭思为新落成的崇兴桥作记文，立碑《崇兴桥记》。碑文首先历数仁钦至灵岩寺后做出的贡献。其一，自从仁钦主持灵岩寺，寺境清、学人来、佛法明，吸引了广大信众慕名而来。仁钦认为："灵门宗旨，虽以寂灭为究，而象教住世，亦必以庄严为助。"其二，在施主的布施襄助之下，建造献堂、后阁、项泉轩、绝景亭，重修证明功德殿。碑文最后详细记述了修建崇兴桥的缘由。山门外的大路有十六七里，直接通往寺院，是朝山进香的必经之路。可是中间有条大溪，一遇暴雨便无法通行。此处虽名石桥峪，但是石桥已毁。于是仁钦合众人之力，利用施主建造献殿的余资以及新募集的善款，以旁边山崖的石头为原料，最终建成崇兴桥。"国家设道场，广利益，一以增阐善因，二以资祐国福。方今钦崇祖宗，以本仁孝。"故以"崇兴"为名。崇兴桥从大观元年（1107）十月动工，直至次年九月完成，前后修建了近一年。

灵岩寺"御书阁"大字碑刻，最初也是仁钦所立。据称是唐太宗李世民亲笔，原碑立于大观三年（1109）。现存碑刻是明代万历戊子（1588）秋九月重立。至于仁钦立此碑石的原因，有学者认为与政治有关，可以彰显灵岩寺的地位。

仁钦在大观四年（1110）述五种苦，分别为生、老、病、死、苦。但是这五种苦不同于以往佛教中"五苦"的说法。苦是佛教对人生存于世间的基本观点，有逼恼身心之意。四苦、八苦是佛教最通行的说法。四苦是生、

---

[①] 见附录《吴拭诗三首》。

老、病、死，八苦则是在四苦的基础上再加爱别离、求不得、怨憎会、五阴炽盛。一般经典会将前四苦合为一苦，再加后面的四苦，合称"五苦"。另外，《五苦章句经》言"五苦"为"五趣苦"，即诸天苦、人道苦、畜生苦、饿鬼苦、地狱苦。① 虽然不同的经典对"五苦"说法不同，但是仁钦的"五苦"，又不同于传统经典。他将五苦中的最后一苦，定为"苦苦"。颂曰："杳杳随长夜，悽悽实可伤。平生冤枉事，酬对直须偿。唯有修心好，前程果自昌。劝君早回首，免此五般殃。"应该是对所有苦的总结。

政和元年（1111），仁钦从灵岩寺退。至此共住持十年。卸任前告诫小师勤修佛法，有《住灵岩净照和尚诫小师》碑："汝等诸人，各自努力进修，切莫虚度时光。一刹那间，便是它生异世，勤持行业，慕道为心，报答四恩三有。出家之子，义聚沙门，但且上和下穆，兄恭弟顺。一师之下，百岁同条，若以逆净相违，自然不能安处。"

从仁钦对弟子的诫喻来看，僧团内部可能存在违逆相争的情况。仁钦作为十方住持，秉持道心，劝诫弟子努力修行，上下和睦，勿执逆净，报答四恩三有。四恩三有，分别指父母恩、众生恩、国王恩、三宝恩，以及欲有、色有和无色有。仁钦的小师多为道字辈，如道厚、道如等，惟有海润不用"道"辈。

## 三　临济宗黄龙派

### （一）重确正觉

宋神宗熙宁年间（1068—1077），灵岩寺废除甲乙制，实行皇帝敕旨或地方官员疏请的十方体制。继云门宗仰天元公之后，最早可知宗派的住持有临济宗黄龙派的确公长老。元丰三年（1080）十月，盛陶有寄给确公长老的诗。② 王临也有诗，《送确公长老住持灵岩》：

瓶钵飘然别帝乡，法音从此振东方。黄龙山下传心印，白鹤泉边起道场。甘露无时皆一味，旃檀何处不清香。烦师更唱宗门曲，兔角龟

---

① （晋）竺昙无兰译：《五苦章句经》，《大正藏》第17册，第543页。
② 见附录《盛陶诗刻》。

毛任展张。①

盛陶诗称确公旧住随州仙城山善光寺。随州，今湖北随州市，有炎帝神农故里之称。而王临的诗称"瓶钵飘然别帝乡"，"帝乡"指的应该也是随州。《苏轼文集》里保存了齐州请确长老住持灵岩的疏文：

> 盖闻为一大事因缘，优昙时现；传吾正法眼藏，达麽西来。直指心源，不立文字。悟道虽由于自得，投机必赖于明师。齐有灵岩，世称王刹。实先圣启封之国，乃至人建化之方。图志具存，丛林为盛。久虚法席，学者何依。旁采舆言，守臣有请。特降睿旨，慎择主僧。询于众中，无如师者。宜念传衣之嘱，敬仰佛恩；勿忘利物之心，上资圣化。不烦固避，以称宠休。谨疏。②

疏文称灵岩寺法席久虚，经众人推举、守臣有请、皇帝下旨，确公长老前来住持灵岩。惟白的《建中靖国续灯录》有"齐州灵岩山重确正觉禅师"，"先住善光，次住黄檗，后住灵岩"③。《续灯录》保留了重确奉圣旨住持十方净因院的开堂语录，并附有三段简短的上堂语录。普济的《五灯会元》则将三段中的前两段置于"齐州灵岩山重确正觉禅师"下。

> 上堂。祖师心印，状似铁牛之机。针挑不出，匙挑不上。过在阿谁？绿虽千种草，香只一株兰。
> 上堂。不方不圆，不上不下，驴鸣狗吠，十方无价。拍禅床。下座。④

"祖师心印，状似铁牛之机"这一公案，早在临济宗风穴延沼（897—973）上堂时就曾使用。下文还有"去即印住，住即印破。只如不去不住，

---

① （清）马大相：《灵岩志》卷3，第58页。
② （宋）苏轼：《苏轼文集》第5册，中华书局1986年版，第1906页。
③ （宋）惟白：《建中靖国续灯录》卷13，第723页。
④ （宋）普济：《五灯会元》卷17，《卍新续藏》第80册，第359页。

印即是，不印即是"。用铁牛之机来比喻祖师心印，意在指其无孔可入、难以捉摸。这一机窍正在"不去不住"之间。黄龙慧南后来也有引用。① 重确正觉以"绿虽千种草，香只一株兰"来表述自己对这个问题的看法。"不方不圆"，湛然在解释《法华玄义》时曾提到："方故住，圆故动。今合意者，不住如不方，不动如不圆，是则不住生死、不动生死，不住故不灭、不动故不生。"② 不方不圆，也就是不住不动。与上文所说的"铁牛之机"语意相通。王临诗中"黄龙山下传心印"，可见重确为临济宗黄龙派无疑。

元丰年间（1078—1085），重确正觉奉圣旨，应开封府请，移锡十方净因院。有蔡卞行书《开封府请灵岩确公主净因院疏》。③ 可见确公在灵岩寺住持的时间也不长，大概三五年时间。

临济宗最初由唐代临济义玄（？—866）创立，义玄主要在今河北正定临济院传法。义玄传法兴化存奖（830—888），存奖传法慧颙，慧颙传法风穴延沼，延沼传法首山省念（926—994），省念传法汾阳善昭（947—1024），善昭传法石霜楚圆（986—1039）。至此，临济宗共六传，楚圆为第七世。而黄龙派的创始人慧南（1002—1069）即出自石霜楚圆门下。④ 灵岩寺住持的法脉传承图如下⑤：

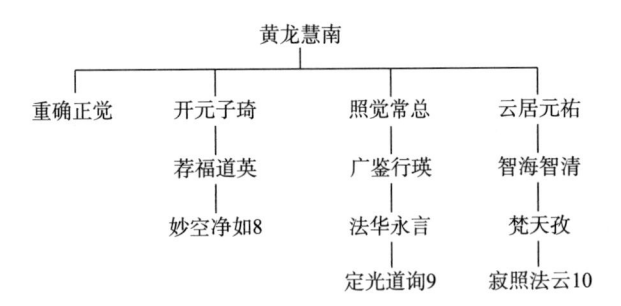

```
                    黄龙慧南
        ┌──────┬──────┬──────┐
      重确正觉  开元子琦  照觉常总  云居元祐
                 │         │         │
               荐福道英   广鉴行瑛   智海智清
                 │         │         │
               妙空净如8  法华永言   梵天孜
                           │         │
                         定光道询9  寂照法云10
```

**图 3-1 临济宗黄龙派传法谱系**⑥

---

① （宋）惠泉：《黄龙慧南禅师语录》，《大正藏》第 47 册，第 633 页。
② （唐）湛然：《法华玄义释签》卷 16，《大正藏》第 33 册，第 928 页。
③ （清）孙星衍、邢澍：《寰宇访碑录》卷 7，第 19952 页。
④ 参见杨曾文《宋元禅宗史》第 4 章，中国社会科学出版社 2006 年版。
⑤ 图中阿拉伯数字代表灵岩寺住持任次。永井政之《曹洞禅者和泰山灵岩寺》对该谱系有过研究，见《印度学佛教学研究》第 25 卷第 1 号，日本印度学佛教学会，昭和 51 年（1976），第 248—250 页。
⑥ 图中阿拉伯数字代表灵岩寺住持任次，下同。

黄龙慧南的嗣法弟子有重确正觉、开元子琦、照觉常总、云居元祐等人。① 子琦传法荐福道英，妙空则嗣法饶州（今江西鄱阳）荐福寺道英门下。因此，灵岩寺第八代住持妙空净如是临济宗黄龙派嫡系三传弟子。第九代住持定光道询、第十代住持寂照法云则分别是黄龙派四传弟子。

### （二）妙空净如

妙空是代际传承体系开创后、在墓塔林最早立碑的僧人，住持时间较长。妙空塔铭立于金代皇统二年（1142），距今已有八百七十余年。碑身保存完好，有裂纹，字迹模糊，部分文字可以根据《金文最》和早年拓片补录。金棨在《泰山志》中称碑额所用的篆书为"蝌蚪文"，但是仔细观察后发现它更接近悬针

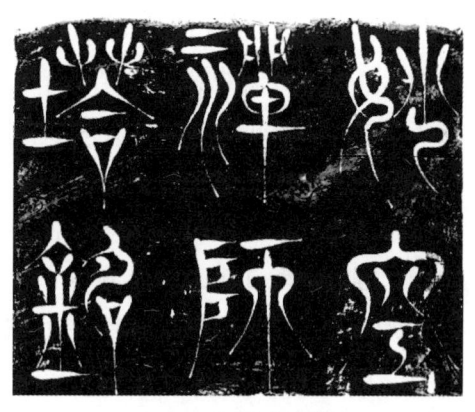

图 3-2　妙空碑额

篆。当然，悬针篆也是蝌蚪篆的一个变体。妙空的塔铭是由继任者道询请济南府书记张岩老撰写的。

净如（1073—1141），号妙空，又号方山老拙，俗姓陈，福建侯官人。自幼不喜茹荤，十七岁礼积善寺长老落发，后于福州开元寺受具足戒。听闻饶州荐福寺道英弘法传道，前往依之，得受道英法印。荐福道英得法开元子琦，是黄龙慧南的再传弟子。妙空传临济宗法门，"贵机用，唯棒喝可语言"②。崇宁初，至京师（开封）拜谒净因惟岳。惟岳当时在京城影响很大，宋哲宗赐号"佛日"，并于建中靖国元年（1101）奉圣旨至慈德殿升座。惟岳是云门宗僧人③，俗姓陈，福州长溪（今属宁德）人。因参圆照禅师有省，住常州承天、东京华严及净因禅院，故称净因惟岳。惟岳对净如非常欣赏，命他任侍者。后来净如又住持汝州南禅寺，即风穴寺的南院。临济宗的祖师风穴延沼曾住持风穴寺。净如在南禅寺住持十年，修葺殿宇，奖掖后学，卓有功绩。

---

① 黄龙慧南的法嗣，可参见（明）居顶《续传灯录》卷15，《大正藏》第51册，第570页。
② 见附录《妙空禅师自题像赞》。
③ （宋）普济：《五灯会元目录》卷下，《卍新续藏》第80册，第20页。

政和四年（1114），灵岩寺住持缺人，由当地官员劝请，两街僧录司认为净如堪当此任，于是由净如住持灵岩，赐紫衣。净如是一位比较有为的僧人，为灵岩寺建设做出了很大贡献。彼时社会上观音信仰盛行，灵岩寺亦成为远近闻名的"观音道场"。

政和五年（1115），县令赵子明在法定圣像前祈雨，"诚心一启，甘泽随降"。这类祈求祖师灵验的碑刻，与观音信仰"千处祈求千处应"的特征不谋而合。灵岩寺塑观音像、辟观音洞、立观音道场。政和六年（1116），李尧文从汶县到东武（今山东诸城），朝拜过泰山后，游览灵岩，瞻礼观音像。七年（1117），张劢至灵岩观音道场，称"灵岩山观音菩萨昔所化现"，留题以彰其实。[1] 博州崔大防、周君度、杨昇、杨善，清平李唐臣，汶阳梁西均全家等人，皆在观音洞有题名。政和八年（1118），王暎到济南为亡母安置下葬，诣灵岩道场礼观世音，设斋供僧，请净如升座讲法。在佛教看来，"斋僧有福德，是修功德，种福田"。信众为了多修功德，多种福德，会采取各种方式斋僧。佛教的观念中功德可以转让，以满足各种需求。[2]

宣和五年（1123），朱济道作诗两首呈给妙空，跋语中有"法定禅师乃观音化身"，《泰山志》称这一说法最早见于此跋。法定乃创建灵岩寺的祖师，于此祖师崇拜与观音信仰逐渐融为一体。信众前来寻访观音洞、礼观音像者，不绝如缕，留存题记甚多。朱济道诗刻嵌在般舟殿院落中央树坛，以小篆写就，颇具观赏性，艺术效果甚佳。"会有定师能指示，直须行到宝峰头"，"定师"即灵岩寺开山祖师法定禅师。诗末认为法定祖师为观音化身，他初居灵岩神宝峰，作释迦石像。这一说法基本混淆了明法师正光元年（520）创立静默神宝寺与法定祖师创建灵岩寺的史实，前文已述。阜昌二年（1131）的公据碑中，净如状文首先强调灵岩寺乃"观音菩萨道场，祈福之地"。[3] 可见妙空住持灵岩期间，无论是寺院内部，还是在社会上，对法定祖师及观音信仰的崇拜达到高峰。

---

[1] 见附录《灵岩观音道场摩崖》。
[2] 侯冲：《中国佛教仪式研究——以斋供仪式为中心》，上海古籍出版社2018年版，第24—25页。
[3] 见附录《囗建常住地界公据碑》。

妙空对墓塔林的修建完善亦不遗余力。宣和五年（1123），妙空主持修建海会塔，为无力埋葬遗骸者建造，寺人称善。《海会塔记》"有魏正光迄今圣宋，绵历年余八百"，前人皆以法定在魏正光年间创建灵岩寺，若由北魏起至北宋，实则仅六百余年。《泰山志》认为这是"记忆之讹"。

晋宋之际（约420），法定初建灵岩寺，至妙空约七百年。海会塔建于祖师塔的东边，坐北朝南，由众人筹资而起。"基土为穴，甃穴作圹，圹分为三：中安住持，东安僧徒，西安童行。"[①]目前看到的海会塔，地表上方为正方形石质基座，分三层依次向上收束。塔身中部有三个方形洞口，中间洞口可投置住持遗骨，东侧则投僧众骨骸，西侧投放童行骨骸，塔尖呈葫芦状。塔记刻于塔阴。海会塔起于寒食，七月十五落成，前后历时四月余。建成后，寺院上下营办供食，持香烛作佛事葬往者。《泰山志》称南方佛寺又将海会塔称作"普同塔"，实则不仅南方佛寺，北方如济南历城神通寺亦立"灌师辈普同塔"。普同塔除了存放亡僧的灰骨，还可作为放置僧众衣发之处。

宣和六年（1124），宋齐古自福建造五百罗汉，运至灵岩。政和初年，宋齐古在闽中做官，因见该处工匠手艺巧妙，造像精致，故精简开支求购。塑像完成后，从福建运至灵岩，水陆近"五千里"。这批罗汉，内由木制构成，外饰以明金，"端严妙丽，奇庬古怪，颦笑观听，俯仰动静，无一不尽其态"。灵岩寺千佛殿的泥塑罗汉像，现余四十尊，个头比真人略大。其中二十七尊可以确定是宋代塑造的，十三尊可能为明代后补。[②]根据放射性碳元素断代法测定，部分罗汉像胎木距今（1020—1135）±70年。[③]与宋齐古施罗汉的年代接近。那这些宋塑罗汉像是宋齐古捐赠的吗？前人曾有争议。曾招喜认为，若是当年宋齐古真的捐造了如此大小的五百个罗汉，又是从福建运至济南，必是工程量浩大，且在灵岩寺占地面积不小。宋齐古所施的五百罗汉与今宋塑罗汉，"材质和体量大相径庭"，因此并非今存千佛殿的宋塑泥罗汉。[④]

---

① 见附录《海会塔记》。
② 周福森：《长清灵岩寺彩塑罗汉像的塑制年代及有关问题》，《文物》1984年第3期。
③ 济南市对外文化交流协会编：《海内第一名塑》，济南出版社1991年版，第4页。
④ 曾招喜：《长清灵岩寺四十罗汉像与五百罗汉像关联性新证》，《济南职业学院学报》2015年第2期。

妙空竭力守护寺院财产。绍圣年间（1094—1098），掌事者稍息，左右遂伺隙而取灵岩寺土地。靖康元年（1126），王冲贤等十一户侵冒典卖灵岩寺土地。妙空以天圣二年（1024）碑文标明的寺院四至为依据，状告上述乡民，要求归还所占土地。阜昌二年（1131），长清县巡检亲自到现场查看，将乡户侵占的土地归还寺院，并再次勘定四至。[1] 同年四月，发给灵岩寺公据文书。在妙空的塔铭中，有"师不与之争，而谕之以理，乃尽归所□田"。根据状文来看，并非不与之争，而是诉于官府。据明昌六年（1195）《灵岩寺田园记》："时长老妙空者，虽讼于有司，其地未之能归也。至废齐时，始征天圣石记，悉归所侵地。"此处又言其时并未尽数归还，应该是归还土地的过程较长。即使废齐时，妙空仍住持灵岩。故妙空的贡献不可磨灭。

宋金易代之际，山东兵乱。妙空带领僧众及富家大族入山避难，期间坚持讲经演法，"盗贼无有犯者"。其晚年辟谷，食果蔬十余年。妙空住世六十九年，在南禅、灵岩度弟子百余人。

除观音信仰外，妙空对于儒家思想亦颇为精通。儒家思想作为统治阶层的主要意识形态，是文人士大夫经世治学的必修课。妙空与士大夫交往，善取佛教与儒家思想相合者言之，这既是他交游的必要手段，也体现了佛家圆融无碍的处世哲学。

### （三）定光道询

定光道询是灵岩寺第九代住持，也是妙空净如的法侄，同出临济宗黄龙派。皇统二年（1142）六月初一，以道询为首的寺院僧众为妙空建塔立碑。同月二十四日，道询圆寂。自皇统元年（1141）九月五日开堂演法以来，道询住持时长尚不足一年。道询是黄龙慧南的四传弟子，得法法华永言。

道询（1086—1142），号定光，俗姓周，扬州天长义城（今安徽合肥）人。幼年丧父，出身世家大族，产业雄厚，因极孝敬祖母闻名乡里。性情豪迈，喜施舍，好任侠，驰骋田猎，乡人畏爱。一日过故人家，见正读书，本想夺来一看，竟被揶揄"这岂是你能懂的"。友人所读正是智望禅师《十二

---

[1] 见附录《□建常住地界公据碑》。王晶、刘丽丽：《山东长清灵岩寺地界石碑考略》，《东方考古》2015 年第 12 集。两位学者指出《常住地界公据碑》与《灵岩寺田园记》标示的四至基本一致，并实地考察了现在的地理范围。

时歌》，道询看后知报应不爽之理，为此前所为感到羞愧。友人劝他，早知此理，还是要为日后打算一下。道询回到家后，抛弃先前猎鹰犬的器具，粗食布衣，起出家之念。家人以为他疯了，严厉禁止，最终还是随本县兴教寺德安剃度。政和改元（1111），道询至扬州开元寺受具足戒。道询坚持头陀行，严守斋戒，德安认为他是可造之才，劝其游方参学。先依本州建隆寺因禅师，担任侍者。后赴龟山慈禅师处，闻静板有所省悟，以颂相投，得蒙印可。又至舒州（今安徽潜山）参见甘露卓禅师，卓禅师建议他去拜谒法华永言。道询在法华座下参学四年，任首座，承永言家法。后因二祖慧可"觅心了不可得"与马祖道一"即心是佛"法句机缘，彻证了悟传心之旨。

当地县令持牒劝请道询住持太湖（今安徽安庆）真乘寺，道询坚辞不肯。县令强为之，道询将牒文撕碎，投诸地上。县令以其犯法，欲追究道询的罪行。众人劝解后方才得免。道询返归扬州天长义城，构建精舍，号"定光庵"，乡里五十余人愿为弟子。建炎二年（1128），金军渡过淮河，攻陷天长，即使在战乱中道询亦未露惊扰色，因此受到薛太尉礼请。道询后来随大军北上，与雅士刘郊相交，住泗水灵光山。

阜昌六年（1135），府帅刘公疏请道询住持济南普照寺。道询上堂，为法华永言和尚拈香，出衣盂饭堂众，不事横费。首请惟素为座元，效仿百丈立下清规，晨昏参请。闲暇时修整寺宇，俭而中礼，信众乐施。皇统元年（1141）六月，灵岩寺住持妙空净如圆寂。府帅刘公以"一时尊宿，德行纯备，无如师者"，率领士夫、纲维等，请道询迁住灵岩。道询以灵岩乃大寺，不易遽治，在刘公极力劝说下，方才允纳。

九月五日，道询至灵岩开堂演法，请求免除灵岩寺科役，用以饭僧种福田，上报国恩。道询主灵岩，律身洁己，锱铢不欺，所得尽付常住。皇统二年（1142）春，道询请求退任，并引黄龙祖心（1025—1100）之说："马祖、百丈已前无住持事，道人相求于空闲寂寞之滨，其后虽有住持，皆王臣尊礼为人天师。今则不然，挂名官府，遂同编氓，是岂久寓之地耶？"[①]表明自己不愿久居官府编制下的住持之位。府帅劝慰道询，且即将进入结夏安居的时

---

① 见附录《定光塔铭》。与黄龙祖心的原话有个别文字差异。参见（宋）惠洪《禅林僧宝传》卷23，《卍新续藏》第79册，第537页。

节,仍希望他主持灵岩道场。

道询回寺后告知大众,自己将不久于人世。果于夏六月二十三日示疾,次日右胁而化,享年五十七岁,僧腊三十二,门下弟子百余人,闻于世者十余人。有示众广语、游方勘辩、颂古偈赞流通于世。目前这些著作都未见到,或已失传。

道询去世后,好友孙力智前往灵岩寺,在路上梦到道询像平日一样,称"山僧两来灵岩矣",并指示藏骨所在。至灵岩后,寺僧告诉孙力智,有延珣祖师塔铭,上存"意舍浮华,情耽定慧"之语,恰与孙力智梦境相符。按佛教转世之说,道询的前世为延珣,故已经第二次来灵岩了。今灵岩寺《延珣塔记》已模糊,《泰山志》的塔铭录文有"意舍□□□□空慧",两相对照,应当指此。道询塔铭作"芝","空"与"芝(定)",二字字形相近,可能是录文差异。

皇统二年(1142)中秋,侍者智月持道询的行状,请李鲁撰写塔铭。道询在淮甸时曾受"椹服",赐名"禅定"。北上之后,对受赐一事绝口不提,唯号"定光庵主"。赐紫之事,可能是在金军渡淮之前。道询不言,一是不事炫耀,二也许有政治上的考量。

(四)寂照法云

与道询一样,法云也是黄龙慧南的四传弟子。但是二人法系不同。法云上承梵天孜禅师,孜承智海智清,智清师承云居元祐,元祐为慧南的嫡传弟子。

法云(1103—1148),字巨济,泉州同安(今福建厦门)人,俗姓林。祖父名益,天子赐谏议大夫,在谏垣任职。据碑文记载,法云在襁褓中即与佛有缘,听闻钟磬声便合掌抵额。十六岁在本县化度禅院出家,礼德新为师。因不喜与他人同住,别立庵舍"寂照",修习禅定。德璘禅师对他非常欣赏。法云后至同安大轮山梵天禅寺孜禅师处,入室参扣,得孜禅师印可。梵天孜嗣法开封大相国寺智海禅院智清禅师,智清在宋哲宗去世后百日,入宫主持法会,赐号"佛印禅师"。

法云受印可后,四处游方参学。由海路北上,至山东密州(今潍坊诸城)。守城谢盩公,请法云主持兖州普照寺。后来谢盩公移守济南,又请法云住持灵岩寺。法云在灵岩寺共四年,为寺院房舍修缮一新。与其他住持不同,法云偏爱画像石,一般上刻画像,下题诗文。

皇统六年（1146），法云立《婺州双林傅大士十劝并梵相》碑，上绘傅大士并侍者画像，下刻十劝词。傅大士（497—569），原名傅翕，又号善慧大士，与达磨、志公并称梁代三大士，极大地推动了佛教在民间的流传。唐代楼颖《善慧大士录》，介绍了傅大士生平及所作偈颂，内收《十劝》。[①]灵岩寺十劝词与楼颖所录并不一致。该碑"劝君一"，"识取心王万事毕，六尘堆里拾得来，历劫元来未曾失"，似乎源自宋代守卓禅师诗偈。不过守卓在下文也提及"大小傅大士，失却了也"，与傅大士相关，或许此处"劝君一"是十劝词的另一版本。[②]"劝君五""劝君六"与"劝君九"与《善慧大士录》有相似之处，余则不同。《泰山志》对碑上的画像及傅大士有介绍。[③]

灵岩寺作为观音道场，妙空住持时观音信仰非常盛行。法定为观音化身之说，也广为流传。法云继续弘扬观音信仰，并进一步推动了化身说法的传播。皇统七年（1147），陈寿恺《济南府灵岩寺祖师观音菩萨托相圣迹序》，认为法定祖师乃观音托相，进而叙述了法定建寺时的众多神迹。

  云公禅师住持灵岩寺，未越三岁，宗风大振，响风而远近归之。一日，谓济滨老人陈寿恺曰："夫灵岩大刹，昔自祖师观音菩萨托相梵僧曰法定祖师，于后魏正光元年（520）始建道场。"[④]

这也是一通画像、序文相结合的碑刻。画像上有双鹤飞鸣，中为法定禅师持杖梵相，下有青蛇白兔在前，二虎驮鞯以及信众拜服状。画像基本反映了张公亮《齐州景德灵岩寺记》中的"法定师始置寺，有青蛇白兔、双鹤二虎之异"。

此外，还有同年所立的《灵岩寺云公禅师像刻》和《灵岩寺面壁像记》。[⑤]《灵岩寺云公禅师像刻》其名见于顾炎武《金石文字记》及《泰山志》等。今未知其详。灵岩寺《面壁像记》，其文原为建中靖国元年（1101）陈

---

① （唐）楼颖：《善慧大士录》卷3，《卍新续藏》第69册，第116页。
② （宋）介谌：《长灵守卓禅师语录》，《卍新续藏》第69册，第259页。
③ 见附录《婺州双林傅大士十劝并梵相》。
④ 见附录《济南府灵岩寺祖师观音菩萨托相圣迹序》。
⑤ （清）金棨：《泰山志》卷17，第569—570页。

师道所撰《面壁像庵记》，后由法云募工重刻达磨像并附文。陈师道为苏门六君子之一，记文主要叙述了达磨自西土来到东方，在少林寺建立道场、弘扬佛法之事。陈师道重点提出儒释道三教的差别，他认为"三圣之道非异"，却有"传与不传"之别。孔门之后，颜、闵、冉皆无传，仲弓后有荀子[1]，曾子后有孟子，子贡后有庄子，荀子、孟子、庄子后多无传。老子传关尹，关尹之后也无传。而佛教的传法谱系则秩序井然，至今仍盛。文章由此认为，佛教的传承体系有其优越性。但是禅宗的这套传法谱系在史上多遭质疑，天台宗僧人从义就曾以西天"无二十八祖"[2]，对禅宗进行批驳。故陈师道的说法仅作一家之言。

皇统九年（1149），法云派人持状至官府求退任，被寺院知事僧劝止。不久告疾，于闰八月八日圆寂。临别留颂："秋八月兮船回波头，日卓午兮雷兴云坞。横牵玉象兮何有何无，倒骑铁马兮何宾何主。撒手清风满四维，凝眸皓月超千古。"颂里描绘了一幅优美的秋景图，"横牵玉象""倒骑铁马"在语录中常见。鼓山珪禅师有颂："主宾都落第三机，阵阵开旗不展旗。石火光中分胜负，倒骑铁马上须弥。"[3]非主非宾，倒骑铁马，逆上须弥，踏破虚空。"倒骑铁马"一语也常被禅宗和尚用作临终偈文。

法云与官员公卿有交往。时任山东东路转运使康渊精通佛法，与灵岩僧人多有往来，对法云尤为知遇。他写给西堂坚公的诗，"谁似西堂知解脱，不教忧色到朱颜"，法云将其上石。皇统七年（1147），济南府推任瀛有诗，"五花殿里师因果，百法堂中问指南"[4]，显然就因果等佛法大义向法云当面请教过。

法云的同参好友祖习，持行状请正观为他撰写铭文。皇统九年（1149）五月，转运使康渊为法云立碑。临济宗黄龙派在灵岩寺的传承，到法云为止暂告一段落。其后虽仍有个别临济宗的传人，但因为缺乏相关资料，考察他们的生平及师承关系有一定难度。法云去世的同年，康渊又礼请了一位新的住持来灵岩，这便是曹洞宗大明法宝。

---

[1] 有说法认为荀子的老师是子弓，非仲弓，或二者为一人。
[2] （宋）志磐：《佛祖统纪》卷21，《大正藏》第49册，第242页。
[3] （宋）法应集，（元）普会续集：《禅宗颂古联珠通集》卷21，《卍新续藏》第65册，第605页。
[4] 见附录《济南府推作瀛诗呈堂头云禅师》。

## 四　曹洞宗的开启

继临济宗黄龙派之后，灵岩寺迎来了曹洞宗的时代。

曹洞宗是由唐代洞山良价（807—869）和他的弟子曹山本寂（840—901）开创的。大部分弟子在南方地区传法。至投子义青（1032-1083）传法芙蓉道楷（1013—1118），北方也开始兴盛起来。自义青始，思想上有接受华严的成分，又融合曹洞宗自身正偏五位的传法特征。[①]芙蓉道楷的弟子有净因自觉。政和元年（1111），襄州鹿门律寺被革为禅寺，诏自觉任开山第一代师，故又称鹿门自觉。青州希辩于政和五年（1115）在襄州鹿门寺，受自觉印可。希辩后住泗水龙门、青州天宁、燕京万寿等大寺院。[②]大明法宝正是在燕京万寿寺受青州印可。具体传法谱系如下：[③]

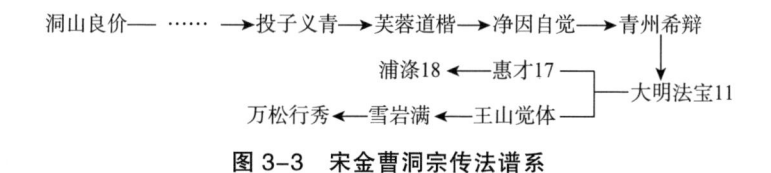

洞山良价——……→投子义青→芙蓉道楷→净因自觉→青州希辩

浦涤18←惠才17←┐

万松行秀←雪岩满←王山觉体　├─大明法宝11

图3-3　宋金曹洞宗传法谱系

### （一）大明法宝

法宝为灵岩寺第十一代住持。他在灵岩寺住持的时间不长，前后约一年，但是对后世灵岩寺曹洞宗的发展非常重要。嗣法弟子王山觉体，初参法宝便是在灵岩寺，此后跟随法宝十年。另一位嗣法弟子惠才，日后成为灵岩寺第十七代住持。法宝离开灵岩，是因青州希辩在燕京仰山栖隐禅寺示寂，仰山乏人住持，遂请法宝北上任职。后来法宝卸任，回到磁州住持大明寺，因此后世多称为大明法宝。

法宝住持灵岩，是由山东东路转运司与济南府分别礼请，寺内现存两通开堂疏碑刻。

法宝（1114—1173），磁州（今河北磁县）人，俗姓武。据碑文记载，

---

[①] 杨曾文：《宋元禅宗史》，第467—475页。
[②] （清）智楷：《正名录》卷5，《大藏经补编》第24册，第458页中。
[③] 此前学者对这一谱系已多有研究，内容翔实。参见李辉、冯国栋《曹洞宗史上阙失的一环——以金朝石刻史料为中心的探讨》，《佛学研究》2008年。

法宝幼年学习儒典，八岁告父有出家之意，十二岁能讲授庄老之说。后四处游方。回到家乡滏阳，随首座问道。十九岁时，正式礼磁州寂照庵祖荣长老落发，颇受赏识。天眷三年（1140），他试经受具足戒。祖荣一日问道："能够领会纸衣和尚'四料拣'的旨趣吗？"法宝陈机应答，祖荣首肯。纸衣和尚是临济义玄的嗣法弟子。临济宗以"四料拣"作为接引学人的法门，分别是"夺人不夺境""夺境不夺人""人境俱夺"与"人境俱不夺"。① 法宝参究临济，但是一直都没有得到祖荣的正式认可。

法宝又赴燕京万寿寺参谒曹洞宗僧人青州希辩，希辩对他很是器重，命任知藏。希辩问法宝如何是"父母未生前事"，正思忖间，结果被喝出。法宝顿然大悟。法宝在希辩门下三年，深得洞下宗旨，受以衣颂。由此可知，法宝初参临济，后来改学曹洞。学成后，法宝归隐山东泗水灵光山。皇统九年（1149），山东东路转运使康渊、济南府韩为股分别疏请法宝住持灵岩。②

两篇疏文应该是同时发出。济南府的疏文碑刻现完整保存在千佛殿东侧的墙上。落款时间为皇统九年（1149）八月。山东东路转运司的疏文碑刻在千佛殿东侧的石堰内，嵌入墙体，损泐较严重，时间仅"八月"可识。济南府疏请碑由监寺僧宗安立石，1147年他还是维那时，书灵岩寺《面壁像记》。两通疏文碑的格式和内容基本相同。首述请宝公住持的目的，"为国焚修，祝延圣寿"。其次追述禅宗起源，赞叹宝公修行。最后展望宝公住持灵岩的愿景，"永洪睿算，广震潮音"。睿算专指皇帝的年龄，即希望皇帝延年益寿，佛法广播。

李辉、冯国栋的文章指出："据《塔铭》及《开堂疏》，请法宝开堂者有韩为股、康渊、李德恭、完颜没良虎、完颜笃化叔等人，而实际行者当为康渊。"③ 法宝在灵岩住持的时间不长，藏经中保存的上堂语录很多，遗憾的是未标明在何处上堂。不过，王山觉体首次参谒法宝是在灵岩寺，"先参宝和尚于齐之灵岩"。④

---

① （宋）普济：《五灯会元》卷11，第225页。
② 见附录《济南府请宝公开堂疏》《山东东路转运司请宝公开堂疏》。
③ 李辉、冯国栋：《曹洞宗史上阙失的一环——以金朝石刻史料为中心的探讨》，《佛学研究》2008年。
④ （清）智楷：《正名录》卷5，第458页。

> 初参大明宝为侍者。偶于出生台见雀舍食，雀见手飞去。宝在师背上打一掌，师惊顾。宝曰："还是雀子孤负你，你孤负我。"师罔措。宝曰："自可怜生，却乃互相孤负去。"师豁然有省。从此执侍十年。①

文内言"从此执侍十年"，王山觉体后来随法宝迁燕之仰山、磁之大明。正隆五年（1160），觉体辞别大明法宝，隐太原西山，后住王山。

天德二年（1150），青州希辩在燕京仰山栖隐禅寺圆寂。②太师尚书令张浩请法宝住持仰山。贞元三年（1155），塔铭称法宝因祖荣长老年迈，回乡奉养。李辉、冯国栋引述《金史》对这一事件背景进行介绍，"三月壬子，（海陵王）以左丞相张浩、平章政事张晖每见僧法宝必坐其下，失大臣体，各杖二十。僧法宝妄自尊大，杖二百。"③而在《张通古传》中，更有详细记载海陵王对法宝正坐、官员坐其侧的不满。

> 会磁州僧法宝欲去，张浩、张晖欲留之不可得，朝官又有欲留之者。海陵闻其事，诏三品以上官上殿，责之曰："闻卿等每到寺，僧法宝正坐，卿等皆坐其侧，朕甚不取。佛者本一小国王子，能轻舍富贵，自苦修行，由是成佛，今人崇敬。以希福利，皆妄也。况僧者，往往不第秀才，市井游食，生计不足，乃去为僧，较其贵贱，未可与簿尉抗礼。闾阎老妇，迫于死期，多归信之。卿等位为宰辅，乃复效此，失大臣体。张司徒老成旧人，三教该通，足为仪表，何不师之？"召法宝谓之曰："汝既为僧，去住在己，何乃使人知之？"法宝战惧，不知所为。海陵曰："汝为长老，当有定力，今乃畏死耶？"遂于朝堂杖之二百，张浩、张晖杖二十。④

从正史看，法宝返乡侍养祖荣也是事出有因。

---

① （清）聂先：《续指月录》卷5，《卍新续藏》第84册，第64页。
② 见灵岩寺《宝公禅师塔铭》。智楷《正名录》作"（皇统）九年（1149）己巳示寂"。《大藏经补编》第24册，第458页。
③ （元）脱脱等：《金史》卷5，本纪第五。
④ （元）脱脱等：《金史》卷83，列传第二十一。

《宝公禅师塔铭》记载，大定二年（1162），张浩又以自己的官俸三千万买大明寺额，请法宝住持。这里有个现象特别值得注意。一，寺院的寺额是需要买的，这笔钱要交到哪里不得而知，上缴国库还是地方官府？二，法宝的弟子性圆塔记则记载："寺成，朝廷赐以大明禅额，雄压诸方。遂令天下衲子闻风而辐凑，会食者日有千众。"① 此处大明寺额是朝廷赐予的。既然是赐予的，那究竟需不需要花钱讨买？性圆的塔记作于大定二十二年（1182），法宝的塔铭作于大定十四年（1174），前后相差八年。孰是孰非不易断定，但是显然法宝的塔铭细节更具体。

至此，法宝分别在山东灵岩寺、燕京仰山栖隐禅寺及磁州大明寺担任过住持。后来退隐邯郸紫山与林州黉峪。法宝示寂于大定十三年（1173）十月七日，与《圆公马山主塔记》中记载的时间相一致，"宝公留师而独往紫山，九月复还，十月示寂"②。李辉、冯国栋称："然宝公示寂之具体时间，《塔铭》记作七月七日，而《圆公马山主塔记》则记作十月，其间相差三月，不知孰是，阙疑待考。"③ 两位学者引用的录文有误，原碑确是十月无疑。

法宝的嗣法弟子有灵岩惠才、仁山善恒④、王山觉体、万寿圆俊、仰山性璘、大明圆智，以上诸人皆住持一方大刹。落发门人有宗明等五十三人，俗家弟子有宗定等多人。由此可知，法宝其下的字辈为宗字辈。灵岩寺此后多见宗字辈的执事僧人，想必是法宝或至少与法宝平辈传下来的谱系。而惠才得法宝的法统之后，名义上自然也属宗字辈。⑤ 宗字辈下一辈的落发小师为广字辈，具体可见《才公禅师塔铭》。

法宝圆寂后，灵骨分别于四处建塔：灵岩、大明、黉峪、紫山。法宝弟子性圆的墓塔，也在河南林县黉峪千佛洞被发现，载于民国《林县志》。法宝示寂时，惠才已为灵岩寺住持，于是遣侍者广证，持孙居士记录的行实，

---

① 王泽溥：《林县志》卷14，金石上，民国21年（1932）刻本，第26页。张天佑《圆公马山主塔记》。

② 王泽溥：《林县志》卷14，第26页。

③ 李辉、冯国栋：《曹洞宗史上阙失的一环——以金朝石刻史料为中心的探讨》，《佛学研究》2008年。

④ 灵岩寺《宝公禅师塔铭》作"人山"，佛教史一般作"仁山"。

⑤ 有关宗统与法统，可见第三章详述。

请翟炳为其师撰写灵岩寺塔铭。大定十四年（1174）七月，灵岩寺宝公禅师塔由当山住持惠才建，济南府尹完颜卞、泰宁军节度使察鼎寿及济南府判完颜□□同立石。

**（二）惠才**

法宝其后数代，住持灵岩者不详。第十七代住持惠才前，有法琛曾在正隆元年（1156）前后住持灵岩。寺内存法琛立石的碑刻，有《李山登证明殿诗》与《释迦宗派图》。山东胶西人李山呈给方丈法琛的两首诗，是次任瀛诗韵。前述任瀛诗呈第十代住持法云。两个人的诗皆在颈联阐述跟佛法相关的内容。任瀛诗的颈联是讲问法之事。李山的两首则分别有"曹溪演秘君应会，岳麓题诗我谩惭"，"祖佛旧传遗迹在，家风今见宿师存"。法琛应该也是禅宗的传人，但是具体是何派则不知。《释迦宗派图》为图表兼画像碑，表格中的文字部分主要祖述释迦族谱系，今存《佛本行集经·贤劫王种品》与之内容相近。

法琛之后，事迹最为翔实的就是惠才。惠才在灵岩共住持六年，大致在1173—1178年前后。《才公禅师塔铭》现存灵岩寺墓塔林。

惠才（1120—1186），号方山野人，俗姓韩，睢阳（今河南商丘）人。十岁时遭遇兵难，父母兄弟皆罹难，只剩祖母与叔父存世。十五岁，有志于出家求道，请求祖母、叔父许可，未能允。祖母去世后，叔父同意他出家。惠才随开元寺经藏院主僧智昭，学习《上生经》《肇论》及《法界观》等经论。皇统二年（1142），金熙宗恩赐普度，惠才便依智昭落发、受具足戒。后外出游方。先后参访开封的法云和禅师、单父（今山东单县）的普照通禅师，听闻大明法宝在灵岩寺开堂讲法，前来拜谒。法宝对惠才非常赏识，留他在身旁。天德二年（1150），法宝北上仰山，惠才随侍左右。一日，惠才听闻开禅的钟声，忽然醒悟，默有所得。至丈室见法宝。法宝问他："你看起来行色匆匆，是有什么事吗？"惠才答："心中所体会到的，不是语言可以形容的。"法宝进一步问："洞山说'切忌从他觅'，还有马祖的'如如'，已经是变了。若如此，什么是不变呢？"话还未完，惠才便掩耳而出。法宝言"汝入吾室矣"，印可惠才。惠才所得是曹洞宗的看家本领"默照禅"。默而静照，照彻心源，兀兀坐定，非言可诠。贞元三年（1155），法宝从仰山卸任后，惠才又赴诸方参谒，并受印可。后听闻法宝归滏阳，惠才前去侍候。

大定初年，长兴寺请惠才住持，惠才认为与己求道志向相悖，未遂。久之，法宝劝他出世，传播佛法，方辞别。起初，惠才隐居东平灵泉庵。后来相州节度使三次相请，惠才遂广为人知。一年后，因倦于应酬，隐居西山白岩、潞州（今山西长治）天宁寺，又住大舟延庆寺、沂州普照寺。后来方住持灵岩。惠才至灵岩后，修缮寺院的山门、御书阁及罗汉阁，还有献殿，立有《唐国公主祈嗣施资颂》与《山居吟诗》碑。

大定十五年（1175），长安的唐国公主与驸马，至灵岩寺祈求子嗣，礼拜观音、后土娘娘。灵岩寺是观音道场，有送子观音化身说。后土娘娘是大地之母，起源于对土地的崇拜，也被认为有掌管生育的职责。其本是道教神祇，此时灵岩寺已将其移入寺内建殿供奉。公主及驸马施金饭僧后，请惠才升座说法，又求诗颂。"九重才出动春风，宝马香车谒圣容。祈祷殷勤朝寺岳，必应贤化感儿童。回途妙达长安道，始信无私用不穷。永泰悟明成证果，而今消息类还同。"诗以叙事为主，希望公主驸马能早日得偿所愿。五月十五日，由监寺宗旨立石。

惠才的《山居吟诗》较为随意自在，不像上一首诗，"悚息"而上。惠才自号方山野人，乐道自兴，尽享自然风光，不为功名所累。

> 山僧乐道无拘束，破衣坏衲临溪谷。或歌或咏任情足，僻爱林泉伴麋鹿。水泠泠兮寒漱玉，风清清兮动疏竹。闲身悦唱无生曲，石鼎微烟香馥郁。幽居免被繁华逐，赢得萧条兴林麓。大道无涯光溢目，大用无私鬼神伏。知音与我同相续，免落尘寰受荣辱。浮生梦觉黄粮熟，何得驱驱重名禄。

这首诗写得自由自在，无拘无束。恣意欣赏美景，泉水清澈，风声清爽，免于尘世繁华的负累。既然浮生有若黄粱一梦，又何必汲汲于富贵？表现了惠才对山间生活的满足。

东平兴化禅院主僧明超，请惠才前往住持。惠才居兴化四年，跏趺而逝。故碑阴也称他为"兴化和尚"。惠才的嗣法弟子有东平兴化宗源、中都万安浦涤、益都普照宗如、义州大明善住、单州普照道明及大舟延庆圆明。惠才示寂后，监寺宗旨请他的弟子广方将行状写好，然后再由徐铎撰文。大定二十七年（1187）十一月，广方、宗旨以及都监寺广琛同立石，由第十九代住持法仁劝缘。惠才的弟子取广字辈，不著姓氏。俗家弟子题名皆有姓氏，有的标注了具体地点。陈高华指出，元代僧人出家之后的法名，再冠以本来的姓，多见于法律文书。[1] 如灵岩寺执照碑中记载的"陈思让"等。惠才之前的灵岩寺住持，塔铭碑阴未专列弟子姓名。惠才之后，灵岩寺碑刻碑阴题名大多刻有嗣法长老（或庵主、弟子、门人）、落发小师（或门人）、法孙、受戒门人（或徒弟）、法侄以及本寺（或山门）知事等。明代部分碑刻还将重孙、玄孙、施主也列入，碑阴的标题则示以"家谱"。有些碑阴刻的名目比较齐全，也有的仅挑选部分来刻。

法宝的弟子，辈分作宗字辈，惠才的弟子则为广字辈。此时曹洞宗的辈分有"宗、广"相连。广琛此时为灵岩寺的都监寺，后担任寺院第二十代住持。党怀英《十方灵岩寺记》，称其为"临济裔"。大概广琛虽出家受曹洞辈分，嗣法则是临济宗。正如法宝出家时拜祖荣为师，祖荣为临济宗，后来却受青州希辩印可，故传法是曹洞宗。目前为止，未知广琛师承临济宗何人。

### （三）浦涤

大定二十六年（1186），惠才在东平兴化禅院住持四年后示寂，故离开灵岩寺的时间当在1182年前后。从碑刻立石时间看，大定二十三年（1183）九月，浦涤于灵岩寺开堂，并立《涤公开堂疏》。同年七月，住持浦涤立《宿灵岩寺诗并记》碑。因此，浦涤可能是灵岩寺第十八代住持。墓塔林未见浦涤的塔铭，他的生平以及在灵岩寺的事迹，只能结合相关碑刻来讨论。

浦涤是惠才的嗣法弟子，曾住持中都万安寺。浦涤住持灵岩的疏请碑，碑首称"左平章政事"蒲察通疏请，"为国焚修、开堂演法、祝延圣寿"。蒲察通，据《金史·本纪第八》"世宗下"，大定二十一年（1181）闰三月癸卯，以尚书左丞蒲察通为平章政事。二十三年（1183）十一月丙寅，平章政事蒲察通被罢免。立《涤公开堂疏》的时间，恰好在蒲察通担任平章政事期

---

[1] 陈高华：《论元代的称谓习俗》，《浙江学刊》2000年第5期。

间，故碑末落款题"金紫光禄大夫平章政事宗国公蒲察通"。[①]

据《金史·蒲察通传》，蒲察通在大定十七年（1177）由尚书右丞转左丞，"阅三岁，进平章政事，封任国公"。未见蒲察通担任《开堂疏》首行所提及的"左平章政事"一职。《山左金石志》引用武虚谷的说法，认为"左平章政事"是左丞的异名。但是在大定二十一年（1181），蒲察通便已由左丞改任平章政事。按照武虚谷的说法，请涤公开堂时蒲察通任职左丞，也就是在1181年之前，而疏文立石是在1183年九月，前后时间跨度略大，未知确否。况且大定二十一年（1181），惠才应该仍在灵岩任上。

另一处碑刻与史传相矛盾的地方是，《蒲察通传》称其封"任国公"，而碑刻却作"宗国公"。《金史》中被封宗国公的有三人，分别是隈可、张中彦、良弼，未见蒲察通。武虚谷对这件事情的推论含糊不清，较为费解。

相较于对蒲察通官职的考证，疏文本身的内容不难理解。首先祖述禅宗祖师西来传法，卢公慧能又向南弘法，禅法遍行天下。其次表明灵岩寺作为一方名刹，请涤公弘扬佛法，希望能继承祖上的基业，发扬曹洞宗禅法。"青社余光，不镜而绵绵照世"，"青社"即青州，可能指青州希辩。最终使皇运永固，国家长治久安，佛法兴盛。

《涤公开堂疏》碑立于金代大定年间（1161—1189），清代阮元携父亲赴灵岩寺游览，于该碑留题。后毕沅、阮元修《山左金石志》，派段松苓前往拓印。嘉庆二年（1797）正月，黄易及江凤彝、李大峻同游灵岩，亦留题记。惜目前未在灵岩寺见到原碑，可能已损毁或遗失。

## 五 其后的住持

### （一）法仁

法仁是灵岩寺第十九代住持，未有塔铭传世。有关法仁的记载，仅见于大定二十七年（1187）《才公禅师塔铭》碑末题款"当山第十九代住持传法嗣祖沙门法仁劝缘"。

---

① 见附录《涤公开堂疏》。

## （二）广琛

广琛是灵岩寺第二十代住持，临济宗法裔。综合各碑来看，广琛上任前后为灵岩寺做出很大贡献。广琛参与立石的碑刻分别有《才公禅师塔铭》（1187）、《和琛公超然亭颂》（1194）、《灵岩寺田园记》（1195）、《十方灵岩寺记》（1196）。立《才公禅师塔铭》时，广琛尚为都监寺比丘，其后碑刻皆已为住持。广琛在灵岩寺住持任上的作为，主要体现在三个方面。

1. 结交达官仕宦、文人墨客

明昌五年（1194），王珩、路伯达分别和琛公超然亭颂，次其韵。前者为山东路提刑，后者为冀州安武军节度使。两人皆为显官，又长于文采。结合当时灵岩寺所处的社会环境，寺僧与官员交游、唱和，对于提高灵岩寺的社会地位、保护寺产，可能起到一定作用。

王珩诗交代其巡按灵岩名刹、来寺院礼佛烧香之事，因欣赏广琛诗作，故次其韵。广琛原诗不存。根据两首和诗来看，原诗应该也是七言绝句，韵脚有灵、清、亭、成等。"闻道谋身宜勇退，得闲何必待功成"，王珩虽日常公务繁忙，但在诗中反驳了"功成后才能得闲"的观点，忙中有闲，不必非得功成身退。

路伯达诗未交代写作背景，只说次韵。"六合空明现此亭，本来无垢物华清"，与慧能呈给弘忍的偈子有相近之处，"本来无一物，何处惹尘埃"。"客来便与团栾坐，万偈何妨信手成"，这种不事雕琢、随遇而安的心境，也是诗中的精华所在。

2. 守护常住寺产、图画四至

明昌六年（1195）立的《灵岩寺田园记》碑是广为人熟知的一通碑，其艺术价值、史料价值备受关注。[①] 此碑正是广琛住持灵岩时所立，主要记载广琛如何努力保护灵岩寺产，并将勘定好的灵岩地界四至图刻于碑阴，附以说明文字。

首先，这通碑的艺术性主要体现在它的行文、书丹与篆额。以上分别由三个人完成，乡贡进士周驰撰文，承务郎守秘书丞、兼尚书礼部员外

---

[①] 王晶、刘丽丽：《山东长清灵岩寺地界石碑考略》，《东方考古》2015 年第 12 集。

郎、骁骑尉、赐绯鱼袋赵沨书丹，翰林学士、朝散大夫、知制诰、兼同修国史、护军冯翊郡、开国侯、食邑一千户、实封一百户、赐紫金鱼袋党怀英篆额。

周驰，字仲才，号迂斋先生，济南人。元好问《中州集》录其诗二首[1]，并附小传。"经学出于醇德先生王广道，赋学出于泰山李时亨。至于党赵，又其忘年友也。资性古雅，而以襟量见称。大定中，住太学，屡以策论魁天下，私试亦频中监元。"[2]"党赵"，即下文所说的党怀英、赵沨，三人为忘年友。

赵沨、党怀英，《金史》均有传：

> 赵沨，字文儒，东平人。大定二十二年（1182）进士，仕至礼部郎中。性冲淡，学道有所得。尤工书，自号"黄山"。赵秉文云："沨之正书体兼颜、苏，行草备诸家体，其超放又似杨凝式，当处苏、黄伯仲间。"党怀英小篆，李阳冰以来鲜有及者，时人以沨配之，号曰"党赵"。有《黄山集》行于世。[3]

党怀英（1134—1211），字世杰，谥文献，祖籍冯翊，奉符（今山东泰安）人。早年应举不得意，遂脱略世务，放浪山水间。大定十年（1170），中进士第。其人"能属文，工篆籀，当时称为第一，学者宗之"[4]。

此碑由周驰撰文、赵沨书丹、党怀英篆额，集三家之长于一体，《泰山志》称皆"一时巨手"。

其次，《灵岩寺田园记》碑具有极高的史料价值。碑文从建寺历史讲起，讲述灵岩寺田园地产的由来，与民众争端的起因、经过、结果，以及站在佛法的角度为何要坚决护卫寺产。灵岩寺僧众的生活来源，除了仰赖信众布施外，其中三分之二出于寺之田园地产。寺院田产最初是宋真宗景德年间（1004—1007）所赐。天圣年间（1023—1032）为人侵冒，因主事僧未

---

[1] 元好问称第二首作者仍待考。
[2] 元好问：《中州集》卷7，文渊阁四库全书电子版，集部，总集类。
[3] （元）脱脱等：《金史》卷126，列传第六十四。
[4] （元）脱脱等：《金史》卷125，列传第六十三。

能申理明辨，只能将本该归属寺院的土地范围刻石以记之，此即天圣二年（1024）碑刻。宋哲宗绍圣年间（1094—1098），有周边民众前来相争。阜昌二年（1131），住持妙空将此事讼之官府，明确了灵岩寺地界范围，并立公据碑。《灵岩寺田园记》始称妙空"虽讼于有司，其地未之能归也"，后来又称"至废齐时，始征天圣石记，悉归所侵地"。

海陵王天德年间（1149—1153），府司根据阜昌碑文给付印署文帖。大定六年（1166），朝廷施天下山泽赐以贫民，仅灵岩寺山场因有文帖未遭到砍伐。明昌三年（1192），提刑司又依据他山惯例，允许民众采伐，即使广琛诉于部省，也只得回十之一二。明昌五年（1194），广琛又持阜昌碑文与天德文帖，赴京师登闻院陈词，才得回旧地。又经执事僧悟宝至省府陈词，方给以公帖。广琛等将明昌五年（1194）勘定好的寺院四至，以图画与文字双重形式，刻于田园记碑碑阴。

广琛辛勤维护寺产的行为，有好事者称其是"贪爱"外物，不似出家人所为，有悖佛理。周驰文末回应：寺产乃常住所有，并非私有。僧人看顾好寺院田园，正是为了守护大众日用之资，无"刲割众生支体以啖众生"之理。因此不违佛陀教化。

3. 厘定灵岩寺史、刊之有据

从法定建寺至广琛住持，灵岩寺已有七百余年历史。但是对于寺院历史，以及许多重要事件，尚未有专述。于是广琛请党怀英为之撰文。

党怀英为文甚佳，早年与辛弃疾同学，时人并称"辛党"。大定二十九年（1189），党怀英任《辽史》刊修官，应奉翰林文字移剌益、赵沨等七人为编修官。凡民间碑铭墓志、诸家文集，或辽旧事，悉上送。金章宗称"近日制诏惟党怀英最善"。可见，不论是社会地位，还是文章文采，党怀英都是撰写记文的上佳人选。

明昌七年（1196）九月，党怀英作《十方灵岩寺记》。十月，广琛立石。文章开篇首述灵岩寺的地理位置与佛教渊源，从希有如来至法定，包括法定建寺时的神迹。由隋至宋，灵岩寺佛事一直都非常兴旺，屡有兴修，分作三十六院。宋神宗熙宁年间（1068—1077），灵岩寺由原来的甲乙制改为十方寺院。京城敕命永义前来管理寺院。主僧永义戒律谨严，以应务为劳辞寺事。后来行详接替永义之职，讲授圆觉密理。熙宁六年（1073），云门宗仰天元公住持灵岩寺，开启了灵岩寺的代际传承体制。此后便不专一宗，临济、曹洞皆有传人。《十方灵岩寺记》也是最早整体记载灵岩寺代际传承的文本。第二十代住持广琛为临济宗。广琛护持常住寺产，为争取权益，四处奔波，并请党怀英作记文立石。

　　法仁与广琛之后，金代灵岩寺的住持未再见他人，有待挖掘更多资料进一步深入研究。

# 第四章　元代曹洞宗大盛

元朝在学术界是一个有争议的朝代，如何时开始算元朝、元统治疆域的界定应当如何称谓等。以日本学者杉山正明为代表，通常将大元治下的广大地域称为"大元兀鲁思"。兀鲁思，也就是土地、人众的意思。蒙古人治下的大元兀鲁思，地域广阔，各类宗教杂然相间，统治者并未对其严加管制。蒙古族是草原上的民族，其原生信仰为长生天，元代皇帝所颁圣旨开头亦是"长生天气力里，大福荫护助里"。然而贵族首领的信仰不同，基督教、伊斯兰教、藏传佛教、道教等皆有涉猎。

自丘处机远赴漠北拜见成吉思汗后，道教在社会上的地位迅速上升。蒙哥统治时期，与吐蕃藏传佛教往来增加。后发生了数次佛教与道教的大论辩，总体上佛教占据上风，道教徒归还改建寺院为宫观的场所。忽必烈登帝位，尊上师八思巴为国师，创制文字，藏传佛教在朝廷话语权扩大。金元时期，北方汉传佛教曹洞宗以万松行秀（1166—1246）为代表，影响颇大。

## 第一节　万松行秀

元代灵岩寺的僧人皆出自万松行秀及其弟子门下，故从万松行秀开始讲起。

有关万松行秀，目前保存下来的实物只有北京西城区的万松老人塔。行秀示寂后，其真身舍利分两处建塔，分别为北京与河北邢台。邢台万松舍利塔已在"文化大革命"期间遭到拆除，其《塔铭节略》在道光《邢台县志》

卷七、光绪《邢台县志》卷七均有收录。具体内容如下：

> 行秀，号万松，姓蔡氏，河内解人也。父真，落魄俊爽，多艺能，好佛法。皇统初（1141），游四方，盘桓洺水，喜永年风物，因家焉。师生十有五年，恳求出家，父母不能夺，礼邢州净土赟公，业五大部。试于有司，在选者二百人，考官孙椿年置第七。老僧靖恩，忧不能出其右，师让之，独献律赋而归。椿年叹服，请冠之，而妻以子，师不从。明年，受具足戒，挑囊抵燕，历潭柘、庆寿，谒万寿，参胜默老人。复出，见雪岩满公于磁州大明。公知法器，留之二年，言相契，径付衣钵，送之颂。师印可，开户读书。
>
> 净土尊宿闻之欣然，与众具疏敦请，师亦知缘至，遂就之。泰和六年（1206），复受中都仰山栖隐禅寺请。是岁，道陵①秋狝山下，驻跸东庄，师以诗进，上喜。翌日，临幸方丈，改将军埚为独秀峰，盖取师名，留题而去。十月，雪岩凶闻至，师将命驾，执事僧阻之，以大义必不可已。完颜文卿时在座，再拜叹服。八年（1208），驻锡古冀。迨天兵南下，燕都不守，诸僧请师渡河，师曰："北方人独不知佛法乎？"众竟遁去。师处围城，白刃及门，立率大众，诵《楞严咒》，遇善知识，持杖卫护，咒毕而入，扶师登舆，得还祖刹。燕有豪族挟势，异端并起，师数面折之，杨墨气夺，然终为不喜者所挤。至于坐狱，色笑如故，与众讲《金刚经》凡七日。俄风沙蔽天，大木斯拔，主者察狱得雪，避仇海上。无何，复主万寿。②
>
> 庚寅（1230），御赐佛牙一，仍敕万松老人焚香祝寿，重之不名也。后二年，六师振旅，师率僧道朝行宫，奉旨蠲徭免役，天下赖之。束发执弟子礼者，不可胜纪。编《祖灯录》六十二卷，又《净土》《仰山》《洪济》《万寿》《从容》《请益》等录，及文集偈颂，《释氏新闻》《药师金轮》《观音道场》三本，《鸣道集》《辩说心经》《凤鸣》《禅悦法喜集》并行于世。丙午（1246）四月五日，示疾。七日，书偈曰：

---

① "道陵"乃金章宗墓陵，以其代指章宗。
② 光绪本作"无可复主万寿"，道光七年（1827）刻本作"无何，复主万寿"。

"八十一年，更无一语，珍重诸人，不须我举。"侍者惊报大众，足甫及门而寂。①

塔铭署"屏山李仝撰"，立塔时间当万松寂后不久。李仝为李纯甫（1177—1223）之子，李纯甫乃万松弟子。

行秀在十五岁时请求出家，礼邢台净土寺赟公为师，《五灯全书》《续灯正统》误作"赟允"。随师读书，研习五大部经典。在选拔僧人的考试中，行秀主动让给老僧靖恩，试官孙椿年叹服，并且希望他还俗，把自己的女儿嫁给他，行秀不从。受具足戒后，赴燕京潭柘寺、庆寿寺、万寿寺游历，参胜默老人。回来后在磁州大明寺得受雪岩满印可，付以衣钵。

净土寺尊宿请行秀前往住持，因赴请。泰和六年（1206），行秀又受请住持金中都（今北京）仰山栖隐禅寺。适逢金章宗出猎，因献诗受赏识，并将"将军埚"改作"独秀峰"，塔铭称其源于行秀之名。恩师雪岩满去世，行秀欲前往吊唁却无奈受阻。元兵破金，众人请行秀南逃，行秀以"北方人独不知佛法乎"严词拒绝。元军兵临城下，行秀率领大众诵《楞严咒》。幸遇善知识保护，得还祖刹。对于为何受排挤而坐狱一事，塔铭未详述。刘晓据耶律楚材《湛然居士文集》，认为"杨墨"指代当时"燕京地区盛行一时的大头陀教"。即使在狱中，行秀仍坚持讲解《金刚经》，谈笑如旧。后沉冤得雪，避仇海上。庚寅年（1230），也就是窝阔台二年，受御赐佛牙。两年后，率全体僧道入朝，奉旨蠲免徭役，天下僧人仰之者众，"束发执弟子礼者，不可胜纪"。

据刘晓考证，行秀得法雪岩满，此雪岩满当作雪岩善满，而非此前所认为的如满或慧满。因为是塔铭节略，原塔已毁，所以单从这篇节略中无法得知嗣法弟子的情况。从各地所保存的僧人塔铭来看，大略可以还原嗣法行秀之人，如灵岩寺、少林寺、法王寺、戒台寺等寺院留存的塔及碑。

---

① （清）戚朝卿等纂修：《邢台县志》卷七"古迹·寺观"，据光绪三十一年（1905）刊本影印，成文出版社1969年版，第762—763页。参见刘晓《万松行秀新考——以〈万松舍利塔铭〉为中心》，《中国史研究》2009年第1期。

以灵岩寺墓塔林的碑刻为中心，万松行秀的嗣法弟子如下[①]：

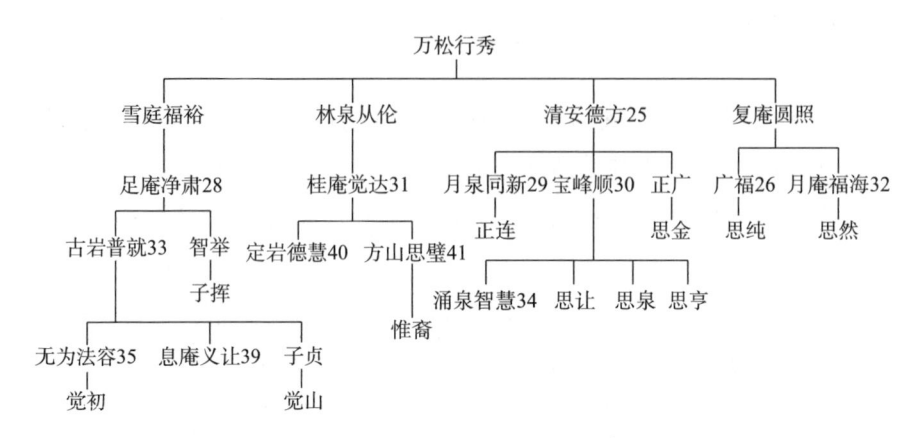

```
                            万松行秀
        ┌──────────┬──────────────┬──────────┐
    雪庭福裕     林泉从伦        清安德方25      复庵圆照
        │           │          ┌────┬────┐    ┌────┬────┐
    足庵净肃28   桂庵觉达31   月泉同新29 宝峰顺30 正广  广福26 月庵福海32
     ┌────┬───┐    ┌────┬────┐    │        │      │       │
  古岩普就33 智举 定岩德慧40 方山思璧41 正连    思金   思纯    思然
        │     │             │
        │    子挥          惟裔
     ┌──┴──┐
  无为法容35 息庵义让39 子贞       涌泉智慧34 思让 思泉 思亨
     │          │
    觉初       觉山
```

**图 4-1　万松行秀嗣法弟子谱系**

元代灵岩寺弟子众多，出自不同的法系传承，受各法系师父印可，但其祖上大多可追溯至万松行秀。行秀第一代嗣法弟子有雪庭福裕、林泉从伦、清安德方、复庵圆照等。就具体的字辈传承来看，实际上分成两个体系：一是雪庭福裕系，即雪庭定下的七十字辈排序，"福慧智子觉"等；二是林泉从伦、清安德方与复庵圆照系，字辈传承有"正思惟妙"等。

为了表述上的便利，本章借用叶德荣在其书中提出的"宗统"与"法统"两个概念。宗统是指僧人出家剃度时的师徒关系，而法统是指僧人学习佛法过程中建立起来的师徒传承关系。[②] 僧人出家，按字辈排行赐以法名，是为宗统。"法统"所指代的，更多倾向于传法授记、付以衣颂的师徒，而非一般意义的参学。而受印可的意义，不仅意味着佛法上的开悟，同时还具备了住持一方寺院的资格。因此，法统关系一旦建立，受法之徒便具备传法资格。其人早年出家法名不变，依其落发的弟子皆采用法统字辈。

---

[①] 住持嗣法谱系以授记印可为准，列出法统。小师谱系以落发师为准，列出宗统。唯有方山思璧的落发师为觉达，受印可则是报恩寺无为。

[②] 叶德荣：《〈宗统与法统——以嵩山少林寺为中心〉自序》，广东人民出版社 2010 年版，第 4 页。

## 第二节　雪庭福裕系

### 一　足庵净肃

灵岩寺住持足庵净肃为雪庭直接嗣法弟子，随侍雪庭多年，但是碑文未言及净肃是灵岩寺多少代住持。[①] 从他为第二十五、第二十六代住持立碑，以及与第二十九代月泉同新住持灵岩的衔接上，可以大致推测净肃应为第二十八代住持。灵岩寺足庵道行碑由林泉从伦撰写，林泉称是出于"叔侄之义"而为之。林泉与雪庭同为万松嗣法弟子，因此是足庵净肃的师叔。足庵碑塔为至元三十年（1293）立，此时林泉正担任大都报恩禅寺住持。少林寺亦建有足庵净肃的碑塔，分别名为《宣授河南西路释教都提领前少林寺住持肃公禅师□□》与《宣授河南西路十州提领足庵长老塔》。

灵岩寺足庵塔铭开篇记述曹洞宗派源流：

> 青州法祖渡江已来，至朔方、居万寿，立曹洞一宗。与圣安、竹林、晦堂、佛日而鼎峙焉，故三派渊源，于今愈盛。

"青州法祖"即青州希辩，又称一辩，至北方燕京万寿寺，创立曹洞宗大本营。与圣安寺、竹林寺三足鼎立，传法至今，愈加繁盛。圣安寺以传承云门宗为主，佛觉、晦堂、圆通广善皆为其代表人物。[②] 佛日尧禅师传法临济宗[③]，为圆悟克勤门下[④]。据上文推知，大抵竹林寺为临济寺院。此三派鼎峙的局面一直延续到皇庆二年（1313）古岩普就任少林寺住持时，共同构成"大都三禅会"。

> 青州之下四传而得万松，光映丛林，声传四海，天下指为祖道中兴。复嗣雪庭裕，裕嗣足庵肃。其余龙象，硕大光明，表表可纪。

---

① 见附录《肃公禅师道行之碑》。
② 刘晓：《金元北方云门宗初探——以大圣安寺为中心》，《历史研究》2010年第6期。
③ （元）林泉从伦：《林泉老人评唱投子青和尚颂古空谷集》，《卍新续藏》第67册，第311页。
④ （清）智楷：《正名录》卷7，第468页。

"青州之下四传",此处未详明四传之具体过程。据前人的研究成果,皆指作:青州希辩——大明法宝——王山觉体——雪岩满——万松行秀。曹洞宗传至行秀,"天下指为祖道中兴"。据行秀塔铭记述,行秀住持金代中都仰山栖隐禅寺,因进诗得金章宗赏识,虽经历种种波折,后来"天下赖之",正是中兴祖道的体现。行秀传法福裕,福裕传法净肃,一脉相承。

净肃(1234—1289),号足庵,俗姓孙,河北保定人。幼时父亲见他异于常儿,便带至唐县香山寿圣寺礼明公落发,学习佛经。后随临济宗云峰亨公参法,得密授。又谒三阳广、仰山通、报恩资禅师,皆蒙印可。后来雪庭福裕掌管天下僧权,主持京城曹洞宗万寿寺,门下弟子众多,净肃前来参学,得其真传,授以衣法。净肃又赴乳峰禅伯处,学习教外典籍。后参访东山微、九峰信禅师,遁居燕京万安寺。此时,"嵩少缺人,就命开法于万寿之堂"。为何嵩山少林寺缺人,却让净肃于万寿寺开堂?结合《宣授河南西路释教都提领前少林寺住持肃公禅师□□》,"再入燕城,受少林之命,开堂于万寿"[1],应该是祖庭少林寺缺人住持,彼时足庵在燕京万寿寺,便在该寺开堂了。次年,足庵便受"河南府僧尼都提领",住持少林寺并掌管河南府僧尼一众事务,任职九年。

净肃从少林寺卸任后,又住持灵岩八年。居灵岩期间,"广阁大厦,椽梠差脱,人不堪其忧,公为之一新。其余僧舍增新者,百有余间,自来修营缔构,无出其右"。可见净肃对寺院建设做出了重要贡献。此外,净肃还述作第二十五代住持《清安方公禅师塔铭》(1282)与第二十六代《福公禅师塔铭》(1282)。灵岩寺住持任命在净肃前后略复杂。至元六年(1269),国师八思巴法旨疏请月泉同新担任灵岩寺住持。虽然同新积极寺务,辛勤酬酢,仍因忤逆当途权势而受排挤,最终离开。之后便由净肃接任,直到至元十八年(1281)由灵岩退职[2],移居万寿寺。此后正广再次请同新住持灵岩。

---

[1] 叶德荣:《宗统与法统——以嵩山少林寺为中心》,第324页。
[2] 参见《宣授河南西路释教都提领前少林寺住持肃公禅师□□》:"至元十九年(1282),燕京万寿寺专使赍省疏,就灵岩敦请,师欣然应之。"据灵岩寺《就公禅师道行之碑》与少林寺《古岩就公禅师道行之碑》,净肃乃是至元十八年(1281)自灵岩移住万寿。少林寺《宣授少林住持达公禅师塔铭》亦称辛巳年(1281)足庵移住万寿寺。灵岩寺《慧公禅师塔铭》称,足庵退席后,至元二十年(1283)月泉续任住持。几处时间相龃龉,未得其详。叶德荣认为,足庵应于至元十九年(1282)住持燕京万寿寺。

净肃回燕京住持万寿寺，古岩普就随侍左右。后因身体不适，退居早年出家的香山寿圣寺，直至六十岁去世。足庵去逝后，分别在少林、灵岩、万寿寺三处建塔。智锦请林泉为净肃撰写灵岩寺塔铭，收灵骨安葬。净肃任职灵岩时，智锦为知客，后来一直居监寺一职。按照雪庭七十字辈"福慧智子觉"，福裕为第一代，足庵嗣法是第二代，乃"慧"字辈。然足庵净肃早年落发依香山明公，已有法名，因此并未在名字中体现字辈。个别资料称其"慧肃"，恐泥于字辈之故。依足庵落发的小师、法孙及受戒门人，皆依字辈取名，如落发小师智泉、智资、智祥，法孙子昌、子愿、子成，受戒门人鲁智祥、伊智善、杜智柔等。《肃公禅师道行之碑》碑阴皆有记载。喻谦《新续高僧传》收录净肃碑阳，"元泰安灵岩寺沙门释净肃传"，有改写。①

图 4-2　肃公道行碑碑阴

图片来源：《北京图书馆藏历代石刻拓本汇编》第 48 册。

---

① 喻谦：《新续高僧传》卷 50，第 373—374 页。

碑阴上方首排，是足庵的嗣法小师，分别有少林禅寺永达禅师、黄华禅寺信照禅师、宝应禅寺智全禅师、灵岩禅寺普就禅师。嗣法者乃是受印可之人，有任职一寺之主的资格，如永达后来任少林寺住持，普就任灵岩寺住持等。嗣法小师除了智全之外，其余三人姓名中皆未含"智"字。智全可能是依雪庭系门人出家，后于足庵净肃门下证悟，永达、信照、普就等则不然。

## 二 足庵净肃门人

### （一）古岩普就

古岩普就嗣法足庵，任灵岩寺第三十三代住持。普就在灵岩寺与少林寺都曾住持，故两处皆存碑塔。灵岩寺道行碑由桂庵觉达撰写，少林寺碑则由万寿寺住持灵峰思慧[①]撰写。其中生平经历记述大体相同，灵岩碑立于延祐元年（1314），少林碑立于延祐五年（1318）。少林碑部分内容参照灵岩碑，甚至出现寺院主体转换时未改之误。[②]

灵岩寺碑全称《灵岩禅寺第三十三代古岩就公禅师道行之碑》。觉达开篇祖述禅宗渊源，"西乾四七，东震二三"，即西天二十八祖、东土六祖，是为本宗的起源。禅宗"一花开五叶"，下又分沩仰宗、法眼宗、云门宗、临济宗、曹洞宗。然后讲述曹洞宗的法嗣传承，与足庵塔铭开头相同，又加入"肃嗣古岩就"。觉达参考足庵碑撰文，用语亦有相同之处。如"日复一日，槌拂之下，发明此事，虽秘传密授，不满初心，深自韬光，遍参名宿"等。

普就（1242—1318），晚年自号"古岩"，俗姓刘，河北真定人。父母早亡，十五岁往参封龙山禅房寺讚公山主，落发受具足戒。后来又往顺德，参净土成禅师，谒林棠、宝积、云峰禅伯，以及鹊里崇孝禅寺清安禅

---

[①] 灵峰思慧早年从灵岩寺月泉同新落发出家。东峰满、灵岩宝峰顺皆称许，后赴京城参林泉从伦、东川圆让。英朗川信付以衣颂，命开堂演法。事见（元）柳贯撰《柳待制文集》卷12，《万寿长老佛心宝印大禅师生塔碑铭并序》。

[②] 灵岩碑称："大德六年（1302），月庵海公退堂，即时本寺具疏请开堂住持。"少林碑亦是："大德六年（1302），月庵海公退堂，本寺具疏请师开法住持。"少林碑仅比灵岩碑缺少"即时"二字。月庵福海为灵岩寺第三十二代住持，古岩普就续任第三十三代。大德六年（1302），古岩普就于灵岩寺任住持而非少林寺。皇庆二年（1313），普就方赴祖庭少林住持。此处少林碑的记述与事实不符。

师。此后普就往灵岩寺参谒足庵净肃，在其门下八年，朝夕问道。至元十三年（1276），普就于顺德、大都两处受具足戒，蒙赐度牒。[①] 至元十八年（1281），随足庵至京城万寿寺，受衣颂："质朴真纯有古风，将来足可振吾宗。若逢才器须传受，历代相承继后踪。"颂诗指出古岩已具备传法收徒的资格，将来定能光大曹洞宗家业。之后古岩回到宝积寺闲居。至元三十年（1293），古岩任灵岩寺首座。大德六年（1302），灵岩寺疏请古岩开堂住持。由此可见，住持的任命不仅有皇帝敕差、官员疏请，也可以寺院为主体请差。

大德十一年（1307），古岩受皇太子令旨、圣旨。今未见皇太子令旨，圣旨保存在马大相《灵岩志》中。

> 元武宗诏略曰：宣谕长清县有的灵岩寺住持的古岩长老，圣旨与了也。这寺院里房舍，使臣休安下者，铺马只应休拿者，商税地税休与者，寺院里休断人者。但属寺院里的田地水土，不拣甚么差发休要者。告天祝寿者，这和尚每，无体例的勾当休做者。大德十一年（1307）十月二十一日[②]

大德为元成宗铁穆尔的年号，十一年（1307）正月，成宗去世。五月，元武宗海山在大都即位，故此十月二十一日的诏书当由元武宗颁发。圣旨的主要内容是保护灵岩寺寺产，护持山门，不向寺院征税，强调寺院里必须有人从事宗教活动。同时也告诫僧人不能倚仗圣旨为非作歹。总统所赐古岩"妙严弘法大禅师"之号。据《举公提点塔铭》，圣旨应该是足庵的落发弟子智举取回的。

普就住持灵岩寺七年，退隐灵栖庵。他早年在封龙山禅房寺落发，这之后又往禅房寺住持两年，也称"封龙普就"。皇庆二年（1313），祖庭少林乏人住持，大都三禅会、河南府路总管府、登封县俱出疏，请普就上任。疏文

---

① 据灵岩寺《就公禅师道行之碑》，普就共受过三次具足戒。后两次应该是参加忽必烈所设的顺德开元寺资戒大会、大都圆戒大会。
② （清）马大相：《灵岩志》卷3，第28页。刻本作"祇应"。

碑今存少林寺碑林，是目前最为完整、上中下三级请疏皆全的碑刻。①三道疏文内容结构基本相似，首先申述住持的责任，即为国焚修、祝延圣寿；其次祖述禅宗渊源；最后赞颂普就德行，提出对他住持的希冀。大都三禅会各寺住持、府县官员均有落款署名。

古岩普就开堂演法，按照禅门的开堂仪式程序，会有僧人问答，碑刻塔铭未记载，而禅宗文献中却保留了相关材料。②如《续灯正统》卷三十六：

> 僧问："如何是类堕？"师曰："不是披毛戴角底。"曰："如何是随堕？"师曰："不是闻声见色底。"曰："如何是尊贵堕？"师曰："不是当堂正坐底。"曰："若恁么如何有'堕'名？"师曰："雁过长空，影沉寒水。"曰："古人道，'三堕'是了事人底病，既是了事人，如何有病？"师曰："祇为了事，所以病生。"曰："此病何时得愈？"师曰："直待无身，此病方愈。"因示颂曰："金锁重重早豁开，三处悠然独往来。雁过长空无系著，影沉寒水任渠猜。"③

"师"即古岩普就。普就先后住持灵岩寺、禅房寺及少林寺，这段问答在不同的史书中也被放在不同的位置。《继灯录》《续指月录》将它置于"归隐灵栖"之前，若如此，便是灵岩寺开堂语录。《续灯正统》《五灯全书》放在住持少林之后，也可能是少林寺开堂语录。故问答地点未知。

曹洞宗用三种堕——类堕、随堕、尊贵堕，接引学人，始于祖师曹山本寂。曹山解释"三堕"时，以披毛戴角为类堕、不断声色是随堕、不受食是尊贵堕。④古岩在回答僧人如何是三种堕时，恰恰与曹山给出的答案相反。

古岩重在传达不必拘泥于"三堕"，更不可执著。僧人又问："既然如此，为何还要安立'堕'名？"古岩答"雁过长空、影沉寒水"，祖师创立三种堕，是为方便说法，学人当识"雁过长空无系著"，是以破法执。问者对

---

① 见附录《少林寺碑铭（1318）及请疏（1313）》。
② 参见侯冲《禅门的"开堂"——以其仪式程序为中心》，第129—151页。
③ （清）性统：《续灯正统》卷36，《卍新续藏》第84册，第614页。《继灯录》卷1、《五灯全书》卷61、《续指月录》卷10，记述大致相同。
④ ［日］玄契编：《抚州曹山本寂禅师语录》，《大正藏》第47册，第536页。

于了事人为何仍有病，心存疑惑，古岩回答"直待无身，此病方愈"。最后古岩示颂，是对前述问答的总结。"金锁重重早豁开，三处悠然独往来"，解开金锁玄关，自可优游于"三堕"，当年古岩在足庵门下，亦是经"本分钳锤，百锻千炼，故于金锁玄关"，无窒碍矣。①

普就离任灵岩寺后，子贞请当山住持觉达为其撰道行碑。灵岩寺《就公禅师道行之碑》立于延祐元年（1314），时普就正住持少林寺，铭文"灵栖蜗舍，不可潜身，禅房莫住，玩少林春"即言此。

古岩普就乃雪庭系智字辈传人，其下落发弟子皆为子字辈。嗣法门人中，晋宁霍州法容禅师即无为法容，后来担任灵岩寺第三十五代住持。镇阳华严义让禅师，即息庵义让，义让早年礼真定府华严寺相阇黎为师，后出任灵岩寺第三十九代住持。令人疑惑的是，按照雪庭系字辈，普就的法孙当为觉字辈，如少林寺碑阴"觉幸、觉寔、觉能"所示，然灵岩寺普就的法孙却为义字辈，"义实、义行、义能、义得、义软、义福"。对于缘何会出现此种差异，需要更多文献资料方能解释。

**（二）智举**

智举与古岩普就同为足庵净肃弟子，早年礼足庵落发，故为智字辈。智举为保护灵岩寺寺产不受侵犯，上京请回圣旨、皇太子令旨及帝师法旨一事，备受寺僧尊崇，从墓塔林现存的举公提点寿塔及塔铭可见一斑。

智举（1260—1328），字彦高，俗姓胡，山西太平县人。十四岁至灵岩寺礼足庵剃发，后辞师参访，谒月庵福海。南巡名山巨刹，返归灵岩，充任寺院典座、官门、监寺、提点等职务。智举修理寺院，妆塑佛像，为灵岩寺规划钱粮、开张店铺等，有经世才能。后来因民占僧田、山场被侵，亲自上京陈告，取得圣旨，护持山门产业。诸路释教都总统所赐号"圆明广照大师"。觉达为智举此番功绩作"俚语"，以"鹧鸪天"为词牌。

头角峥嵘接九皋，襟怀洒落绝纤毫，扶持大刹宁辞倦，辅翼丛林不惮劳。

---

① 见附录灵岩寺《就公禅师道行之碑》。

心固厚，志坚牢，足庵门下最英豪，而今战退奸邪辈，不负灵岩举彦高。[1]

延祐初年，智举往五台山参礼文殊菩萨。至治二年（1322），智举在灵岩寺建水陆大会，斋僧五千缗，布施数千。水陆大会又称无遮大会，是以舍施为目的的礼佛、斋僧、施僧的大施会或大型斋供法会。[2] 通常认为，水陆法会不仅可以满足施主所要达成的各种愿望，并具有利乐天龙八部和当朝皇王、将供食功德普施众生、利济先亡鬼趣等功能。[3] 智举散财布施，"倾囊启建冥阳会"，可以"拔济有情离苦趣"。天历元年（1328），智举染疾而逝。临终前请门人子挥等将衣物用具散与常住。后至元二年（1336），在子挥等人的张罗下，由前主持古渊述、住持定岩书举公提点寿塔铭文。

子挥是智举的落发小师，后亦任灵岩寺提点之职，承其经世之能，治众安僧，纲纪丛林。子挥，俗姓范，山东齐河人，号"通宗英德大师"。幼年希望能出家，父母不允。十八岁双亲亡故，此后一直在灵岩寺修行，香积、典座、院主、监寺、提点、副寺等无不充任。主持修缮寺院，创建观音、伽蓝堂，舍财朱油五花殿等。觉初请住持定岩为子挥撰写碑塔记文，于后至元四年（1338）立《挥公提点塔记》碑，本寺书记福广野云书并篆。

## 三　古岩普就门人

### （一）无为法容

无为法容是古岩普就的嗣法门人，任灵岩寺第三十五代住持。

法容，1283年生，卒年不详[4]，俗姓桑，号无为，山西霍州人。幼时异于常童，见到僧人便合掌问讯，父母也认为将来他会出家。年十四，依霍州东靳壁村云峰禅院英公为剃度师，受沙弥戒。后往五台山瞻礼文殊菩萨，借圆戒大会之机，于西京大普恩寺（今大同善化寺）受具足戒。闻齐鲁圣贤之

---

[1] 见附录《举公提点寿塔》。
[2] 侯冲：《中国佛教仪式研究——以斋供仪式为中心》，第294页。
[3] 侯冲：《中国佛教仪式研究——以斋供仪式为中心》，第379页。
[4] 灵岩寺立《无为容公禅师塔铭》（1338）时，法容尚健在。少林寺立《息庵禅师道行之碑》（1341）时，法容为少林寺住持。

风,至济宁金山洞参无及大和尚六载,检阅大藏。两年后,往嵩山法王寺参损庵洪益。三十岁时,随少林寺住持古岩普就参学,六年后得到印可,付以衣颂。《续指月录》记载了法容参谒普就的情形。法容将心得呈给普就,普就言"更须知有'向上关棙子'始得"。法容喝一声而出,普就大喜。① 关棙子本是门闩或能转动的机械装置,乃关键紧要处,这里指参悟奥秘玄机之要诀。法容出世住持洛阳天庆寺,四十岁(1322)受灵岩寺请。灵岩寺辟支塔下存泰安州劝请疏碑。②

疏文首述劝请之目的,即为国焚修,祝延圣寿。

其次列明劝请原因,"闻灵岩禅寺,古佛丛林,缺个住山人,谁为弘道者"。疏文对法容的德行、师门出处等作了详细介绍,"来源正当,古岩亲嗣,子敬嫡孙"。"古岩"即古岩普就,但是目前并不知"子敬"其人。普就得法足庵净肃门下,按理法容当是足庵的法孙。接着赞颂法容佛法精湛,"三玄戈甲忒知心,五位枪旗偏伏手"。"三玄"为临济宗传法之要,后人将其阐释为句中玄、体中玄与玄中玄。"五位"是曹洞宗看家本领,分别是正位、偏位、正中偏、偏中正、兼带。"正位即空界,本来无物;偏位即色界,有万象形;正中偏者,背理就事;偏中正者,舍理入事;兼带者,冥应众缘,不堕诸有,非染非净,非正非偏。"③ 劝请疏中使用对句,分别对应临济、曹洞的要诀,看起来法容应该对临济、曹洞的参法理论均有涉猎。

最后,表达对容公住持灵岩的期许。"崇拈一辨之真香","主张千年之常住",使"方山改憔悴之色,鹤泉动和雅之音,传少林无尽之心灯,祝圣主万年之睿算"。落款有泰安州各级官吏署名及画押。

法容住持灵岩时间不长,因思亲心切,返乡奉侍亲长,直至终老。后来回到河南住持天庆寺,又去陕州(今河南三门峡市)阅藏三年。后至元三年(1337),主裕州(今河南方城)维摩禅寺。觉初通过子贞向住持定岩请撰灵岩寺塔铭,后至元四年(1338)立碑。少林寺《息庵禅师道行之碑》(1341)立碑时,住持是无为法容。可见定岩撰文立碑后,法容又至少林任住持。

---

① (清)聂先:《续指月录》卷11,第102页。
② 见附录《劝请容公住持疏》。
③ [日]玄契编:《抚州曹山本寂禅师语录》,《大正藏》第47册,第536页。

## （二）息庵义让

息庵义让是雪庭福裕的三传弟子，与法容同为古岩门下，任灵岩寺第三十九代住持。

息庵义让（1284—1340），俗姓李，河北真定人。幼年礼真定府华严寺相阇梨为师，剃落受具，修习华严。先是在燕赵之地遍参宗匠，后往封龙山谒古岩普就，古岩对其颇为赞赏。大德六年（1302），古岩迁住灵岩寺，息庵随侍前往。皇庆二年（1313）五月，古岩住持少林寺，息庵仍侍奉左右，晨昏参请，得古岩印可，受衣颂。息庵先后在少林寺、南阳香严寺、香山寺、嵩阳法王寺等任知事。至治二年（1322），息庵开始担任寺院住持，开堂于洛阳天庆寺，后迁熊耳空相寺、泰山灵岩寺。

《续指月录》记载了僧人与义让的对答，可一窥他接引学人之法。

> 僧问："无功之功，还有偏正否？"师曰："偏正历然。"曰："如何是无功底偏正？"师曰："石牛吐出三春雾，灵鸟不栖无影林。"
> 问："如何是直指人心？"师曰："舌在口里。"曰："如何是见性成佛？"师曰："金屑虽贵，落眼成尘。"曰："如何是莫向言中取则？"师曰："道火何曾烧着口。"曰："如何是句外明宗？"师便打。曰："因甚便打某甲？"师曰："你要我句内明宗么？"[①]

第一段僧人提出，若是有"无功之功"，还存在"偏正"之说吗？前述提及曹洞宗观点，以正为空界，偏为色界。对应上文，以事"功"为色，即偏；以"无功"为空，故正。而"无功之功"，是正中偏，仍是背理就事。义让认为，"偏正"依然存在。义让以诗偈的方式回应了"无功底偏正"是一种什么状态，可以说意在言外，让僧人自己体会。第二段的问题，在禅门语录中比较常见，但是每个禅师接引的方式不同。"莫向言中取则"，正是"句外明宗"。毕竟言语道断，又怎可"句内明宗"？义让以"打"这一实际行动，希望学人能领悟。

---

① （清）聂先：《续指月录》卷11，第102页。《继灯录》《续灯正统》《五灯全书》等有相关记载。

息庵本在灵岩寺"图建外三门，具材庀役"[1]，后至元二年（1336），因赴少林之请而将寺务交予下任住持定岩。息庵住持少林寺时，日僧邵元任寺院书记。该年十月二十五日，少林寺铸造重达六百五十斤铁钟，其上镌刻有二人姓名。息庵在少林前后五年，庄严法社，装銮殿宇，修缮房屋、廊庑、仓库等。后至元六年（1340）五月十二日，因染疾而逝，后分别建塔于少林寺、灵岩寺。七月，少林寺小师胜安携师生平行实，至淮之宝林寺，请损庵洪益为息庵撰写塔铭。损庵以年老推辞，并举荐日本僧人古源邵元为之撰文。息庵与邵元相识既久，颇为熟悉，因此由邵元撰文更为合适。

至正元年（1341）三月，少林寺立邵元撰《息庵禅师道行之碑》，转经比丘法然书丹，损庵洪益篆额，住持无为法容立石。同年十一月冬至，灵岩寺亦为息庵灵骨建塔，立《息庵禅师道行碑记》碑。

灵岩寺碑记不同于少林寺，落款署名"邵元撰并书"，损庵洪益篆额。灵岩寺碑记主体部分记述的息庵生平与少林寺相同，应该可以肯定是邵元根据胜安列出的生平行实拟就的。但是开篇与后半段部分，两碑却相差甚远。而且同署"益吉祥篆额"的灵岩碑额，与少林寺碑额笔迹亦不尽相同。

综合灵岩寺墓塔林现存的碑刻，发现本寺息庵碑记与《明德大师贞公塔铭》同日而立，金棨《泰山志》也称二碑笔迹、文气相同，故有必要进行详细考察。贞公塔铭是由第四十代住持定岩撰写、福广野云书，若二碑是同一人撰、同一人书，那灵岩寺《息庵禅师道行碑记》是否还由"邵元撰并书"？通过逐字核对比较《明德大师贞公塔铭》与《息庵禅师道行碑记》笔迹，认为两碑的书法用字基本相同。再对照分析少林寺息庵碑与灵岩寺碑的内容差异之处，发现灵岩寺息庵碑的文法、用词，与定岩撰写的其他碑刻《明德大师贞公塔铭》《挥公提点塔记》也存在极大的相似点。故笔者认为灵岩寺《息庵禅师道行碑记》实则托名邵元，而是由定岩改写、野云书。所谓的"益吉祥篆额"，也并非如实。[2]

这一发现纠正了先前常盘大定、镰田茂雄、梁容若、张鹤云等人对该碑

---

[1] 见附录《大元泰山灵岩禅寺龙藏殿记》。
[2] 见马丛丛《山东灵岩寺史研究——以相关碑刻释读为中心》，博士学位论文，山东大学，2020年，第119—130页。

的误解。笔者曾就此事专门撰文《灵岩寺息庵碑托名邵元考》，收入2020年山东大学博士毕业论文。当然，学术界对此也有争议。

息庵的嗣法门人、落发小师、法孙、受戒徒弟等，一干人名皆列于碑阴。息庵义让按字辈排序，当为子字辈，故其落发小师为觉字辈，觉德（得）、觉道、觉善等。法孙则为了字辈。"福慧智子觉、了本圆可悟"，可见息庵其下的传承，依然延续雪庭字辈。

### （三）子贞

子贞与息庵义让、无为法容同为古岩的弟子，受古岩落发并赐名。上述《明德大师贞公塔铭》即为子贞立。子贞碑塔建于灵岩寺墓塔林西北角，与祖师塔东南方向的息庵碑相距较远，两碑同一天立就，若非从时间上并列，常人不易察觉二者的相似之处。

子贞，生卒年不详，俗姓郭，字吉甫，号明德，山东博陵（今聊城茌平）人。古岩任灵岩寺住持时，子贞出家受训。子贞先后担任直岁、监寺，后外出游方。至京城万寿寺，任典座，负责大众斋粥事宜，香饭僧众。庆寿寺北溪长老请子贞充典座之职，并以大司空银印赐子贞"明德大师"号。后来子贞又回到万寿寺任典座。至顺庚午年（1330），子贞返归灵岩寺，先后任提点、监寺等大知事。

子贞擅长经营产业，初至灵岩寺便为寺院买地一分六厘。该地东北至灵岩寺解典库，西南至官街，价值中统钞十锭，并由官府专门付以执照。[①]元统元年（1333），以个人财产塑千佛殿、般舟殿两堂观音。后又在祖茔改塑法定祖师圣像，以及两名侍者。今仅见法定圣像，未有侍者。子贞还在经藏殿塑毗卢舍那佛，建卫法山神祠等。后至元年间（1335—1340），子贞又主持创建龙王祠、金妆圣僧楼、妆饰五花殿、散财饭僧。顺德路大开元宗摄所损庵洪益，加号子贞"慈明广德大师"。大开元宗，今又称贾菩萨宗，由万安广恩在邢台开元寺创立的，也是曹洞宗的一个分支。有"广从妙普、洪胜禧昌"等字辈传承。古岩普就的宗统谱系可能出于此，损庵洪益应该也是取洪字辈。元统二年（1334），损庵退居石龙山宝林寺，

---

① 见附录《泰安州申准执照之碑》碑阴第二层、第三层。

直至后至元六年（1340），住持嵩山少林寺，同年寂灭于少林。[①]据少林寺《息庵禅师道行之碑》，胜安于该年秋七月，赴淮之宝林请损庵为息庵撰碑铭，可知此时损庵仍居宝林寺。损庵加号子贞时，应当在湖北宝林寺。济南路达鲁花赤薛彻都也对子贞奉"师礼"。后至元四年（1338），子贞受帝师法旨一道。

小师为子贞立寿塔时尚在世，塔铭由定岩撰写、野云书丹并篆额。"暇日丐文来及于我"，定岩未在此处指出求文者身份，应该是子贞的弟子或落发小师。觉山、觉喜等觉字辈小师立石。

以上便是雪庭系在元代灵岩寺的主要嗣法传人及弟子等。雪庭福裕自少林寺确立七十字辈传法谱系后，其派下落发小师、法孙及受戒门人皆照辈分起名，易于辨识。若成年后再参谒授记者，因之前已有法名，不便另取，则法名照旧。受雪庭系门人印可的僧人，再收剃度小师则按照七十字辈"福慧智子觉"等依次相续。雪庭系僧人传承至今，绵延不绝，现存"德行永延恒"辈，可见其强大的生命力。

## 第三节　林泉从伦系

本节主要讲述灵岩寺林泉从伦系传法谱系，包括万松门下的林泉从伦、清安德方与复庵圆照及其传法受戒弟子。以上三人皆直接得万松印记，其下弟子辈分亦同，以"正思惟妙"等字辈传承。故将其合并介绍。

### 一　林泉从伦及其门下

林泉从伦自万松门下受记后，出世住持京城万寿寺。至元九年（1272），元世祖忽必烈召其入内殿问禅宗要义，并得世祖及帝师首肯。林泉从伦并未直接住持过灵岩寺，灵岩塔林现存至元三十年（1293）林泉撰写的《肃公禅师道行之碑》，时任大都报恩禅寺住持。北京戒台寺《故月泉新公禅师虚塔》

---

[①]（清）张仲炘：《湖北金石志》卷十四，《石刻史料丛编》第1辑第16册，台北：新文丰出版公司1977年版，第12224—12225页。

（1291）亦由林泉撰写，早于灵岩寺肃公碑。彼时林泉已从大都万寿寺退隐。因此，从伦先后住持过万寿寺、大都报恩寺。万寿寺是曹洞宗在京城的大本营，报恩寺则是万松行秀退隐栖居之所，如此可见林泉当时在曹洞宗的地位。《佛祖历代通载》记载，至元十八年（1281）十月，林泉于大都悯忠寺奉旨将道藏伪经烧毁。[①] 这被认为是佛道教大辩论中，佛教一方胜利的标志。今传《林泉老人评唱投子青和尚空谷集》六卷、《林泉老人评唱丹霞淳禅师颂古虚堂集》六卷。禅宗史籍多以月泉同新为其嗣法弟子，实则非然。

直接受林泉从伦印记、传其衣钵者，有灵岩寺第三十一代住持桂庵觉达。觉达碑铭立于大德五年（1301），由"林泉泉下立功名"可知，此时林泉已寂灭。

### （一）桂庵觉达

桂庵觉达先后两次住持灵岩，碑铭将他定为第三十一代，应是据他第一次住持灵岩的年代来定的。《新续高僧传》节录觉达碑铭，对其生平有简要介绍。[②]

觉达，生卒年不详，俗姓李，字彦通，号桂庵，河南开封尉氏县人。自幼颖悟，不茹膻荤，不思富贵，惟喜佛书，父母许为佛子。年十二三，礼龙门山宝应寺崧岩和尚为师，披剃受具。崧岩劝其外出游方，至南京温公处，听讲唯识海义。觉达对禅与教的关系认识，以为二者皆可入道。离文字者为禅，不离文字者为教。"今既学道，可不离文字而入道乎？"觉达有文辞，擅藻章，今存《灵岩平公管勾勤迹之铭》（1306）、《灵岩山门五庄之记》（1313）、《就公禅师道行之碑》（1314）皆由其撰文。觉达住持期间，立碑众多，如《肃公禅师道行之碑》（1293）、《广公提点寿碑》（1294）、《海公禅师道行之碑》（1313）等。弟子定岩德慧也受其影响，重视传统文字之学。喻谦认为，"达既能文，颇复擅书，所传塔碑，多出达手，笔力质劲，今有存者。"[③] 文以载道，亦可弘道，觉达对文字与道之间关系的认识，也推动了

---

[①] （元）念常：《佛祖历代通载》卷二十二，《大正藏》第49册，第719页。
[②] 喻谦：《新续高僧传》卷61，第446页。
[③] 喻谦：《新续高僧传》卷61，第446页。

灵岩寺碑刻文物的传承。

觉达往参琚山和尚，又赴邢州资戒大会。[①]返归洛阳后，觉达问崧岩当依止何宗，崧岩以为非曹洞莫属。"削发在洞下之前，成名于曹山之后，他宗异派，不可外寻。"从该说看，崧岩应该也是曹洞宗门人。《新续高僧传》作"嵩岩"，二者同。月庵福海也曾于其门下参谒。于是觉达赴燕京，谒曹洞宗万寿寺住持复庵圆照，并参加资戒大会。复庵令掌衣钵，随侍至齐河西庵。后觉达再返燕京，参林泉从伦，锤炼之下，终获衣颂。

至元二十二年（1285），奉圣州（今河北张家口涿鹿县）椴谷山龙岩禅寺疏请觉达开堂，拈香祝寿，整顿丛林。觉达住持四年后返燕京，林泉请住药师院。返乡省亲期间，灵岩寺诸师听闻觉达至齐河之西庵，请"看转藏经"[②]。至元二十九年（1292），第三十代住持宝峰顺退院后，觉达出任灵岩寺住持。他为灵岩增添寺产，修补寺院，开拓地土，并上书要求惩戒砍伐林木者。大德二年（1298），觉达退任，月庵福海接任第三十二代住持。觉达在灵岩寺住持六年，又往嵩山法王寺、洛阳龙潭寺、香山普门寺等处。相传普门寺乃大悲观世音证得果位之地，觉达住持时亦有勤绩之名。大德五年（1301），小师思岩请左思忠为觉达撰写碑铭，并立石以记之。其时他尚在香山普门寺任住持。

左思忠，生卒年不详，觉达塔铭署作"将仕佐郎广平路永年县主簿圆通居士南宫左思忠撰"。广平路永年县，今属河北邯郸。其官居一县主簿。圆通居士，思字辈排行，可能是受戒的俗家弟子。《广公提点寿碑》（1294）中，左思忠尚为"将仕佐郎棣州儒学教授"。棣州，今属山东滨州惠民县。

觉达的落发小师，为思字辈。因此，觉达应是正字辈。《达公禅师道行之碑》的碑阴缺损比较严重，嗣法门人及大部分落发小师的情况未知。结合灵岩寺其他碑刻，可知第四十代住持定岩德慧、第四十一代方山思璧皆出其门下，提点思让亦受其指引。

---

[①] 邢州开元寺资戒大会，忽必烈曾于至元十三年（1276）、至元十六年（1279）两次设立。
[②] 见附录《达公禅师道行之碑》。指看藏与转藏。看藏是每行阅过，自首彻尾；转藏则唯读每卷之初、中、后数行。——丁福保《佛学大辞典》

觉达第二次住持灵岩寺的具体时间未知，举公提点寿塔刻"灵岩住持桂庵"至大四年（1311）仲冬日寄给智举的偈语，希望他能从燕京带好消息回来。皇庆元年（1312）三月，则有圣旨颁赐桂庵，用以保护寺产。《泰安州申准执照之碑》节录了圣旨的主要内容：

> 泰安州长清县有的灵岩禅寺为头，寺里住持的桂庵长老，提点、监寺为头的和尚每根底，执把着行的圣旨与了也。这的每寺院里、房舍里，使臣休安下者，铺马、祗应休拿者，商税、地税休与者，寺院里休断人者，官粮休顿放者。不拣是谁占着的田地，交回付与者。但属寺家的，并下院田地、水土、园林、碾磨、竹子、山场、解典库、浴房、店铺，不拣甚么他的，拣的是谁，休侵夺要者。这和尚每道有圣旨么道，无体例勾当休做者。钦此。①

此段圣旨因出现在执照碑文中间，故省略开头及结尾落款文字，导致无法对其进行进一步核实。

今在灵岩寺天王殿东侧，有元白话圣旨碑一通，分上下两层，下层圣旨亦是颁给桂庵长老，与该圣旨内容基本吻合：

> 长生天气力里，大福荫护助里：
> 皇帝圣旨，管军的官人每根底，军人每□……□赤官人每根底，来往的使臣□……□宣谕的圣旨，成吉思皇帝的、越阙台皇帝的、薛[禅]□……□也里可温每、先生每，不拣甚□……□天祝寿者么道，如今依着在先圣旨体例里，不拣甚么差发，休着告天祝寿者么道。泰安州长清县灵岩禅［寺］□……□桂庵长老根底，执把着行的圣旨与了也。这的每寺院里、房舍里，使□……□应休拿者，税粮休与者，寺里休□……□者，不拣阿谁占了的田地，回与□……□园林、碾磨、竹苇、山场、解典库、浴□……□甚么休要者，更这桂庵长老道□……□

---

① 见附录《泰安州申准执照之碑》。

圣旨么道，无体例勾当休做者。做呵，不□……□

圣旨俺的。宝

羊儿年二月十三日哈黑义磨□……□

除去碑刻下截缺损的部分，其余文字基本与前述圣旨碑文一致。但是第二通圣旨的时间"羊儿年"，显然与第一通碑文颁赐时间相左，皇庆元年（1312）为鼠年。既如此，那这两通圣旨碑应当并非同一道圣旨。

以桂庵前后两次住持灵岩的时间段判定，可推知羊年圣旨碑何时颁赐。桂庵第一次住持灵岩是在至元二十九年（1292）至大德二年（1298），此间唯一的羊年为大德元年（1295）。第二次住持的时间段较为模糊，就灵岩寺目前存世碑刻可知，至少至大四年（1311）至延祐元年（1314），桂庵在灵岩担任住持。此间并无羊年。至大四年（1311）前最近的羊年为大德十一年（1307），该年古岩普就任住持；延祐元年（1314）后最近的羊年为延祐六年（1319），住持不明。因此，第二通颁赐给桂庵的圣旨，应是大德元年（1295）颁发。

**（二）桂庵觉达门人**

1. 定岩德慧

定岩德慧受觉达印可，是灵岩寺第四十代住持。继第三十九代息庵义让之后，住持灵岩。墓塔林有《慧公禅师道行之碑》，是续任者方山思璧请大都大竹林寺前住持雪涧法祯为定岩撰写的。

德慧，生卒年不详，俗姓张，号定岩，保定完州（今河北顺平县）人。家世务农，父母有三子，定岩最小。二亲将之许以事佛。定岩八岁出家，依古唐甘露院诠公剃度。洒扫应对，勤习经业，谢绝交游，闲暇时终日独坐，同辈戏称"长老"。定岩熟读五大部经，能记诸祖机语。受具足戒后，定岩往京师参访诸善知识，驻足圣安寺、红螺寺等。又谒报恩寺玉峰安公，万寿寺灵峰、圣安寺云溪等。后在洪济寺担任记室。

皇庆元年（1312），桂庵觉达再次主持灵岩寺，定岩前往拜谒，机缘相扣，担任侍者。三年后，得觉达印可，付以衣颂。觉达从灵岩寺卸任后，定岩又赴顺德路开元寺参损庵洪益，亦受印可。本欲南造少林寺，途经嵩山法王寺，龙岩命他任首座。至治三年（1323），定岩住持钓台文殊院，带领上下废除故弊，应对官司，修建僧房、石桥、路面，栽树种田，使文殊院一跃成为四方仰慕的寺院。泰定三年（1326），嵩山法王寺礼请住持，以荷担佛法为己任，传佛心印。法王寺僧众取水多依赖山泉，冬日积山冰雪，山高路滑，担水之人很辛苦。定岩相地掘井，终得水源。道行碑称其率众在"曲河店置油房"，曲河店又名文曲集，在今河南邓州市文曲乡，距法王寺较远。朋星指出，乾隆《登封县志》卷五载，登封县有"曲河一里、二里"，"《旧志》在庙庄保西北十里，附有烟庄、格子沟，告成镇竹园界头范店门八坊。"也就是今告成镇曲河村，此外距法王寺约20公里，也可能指此。元统二年（1334），定岩退处东龙潭。少林寺请至西堂度夏。

后至元元年（1335），灵岩寺疏请定岩前往住持。息庵迁少林后，定岩嗣主法席，在旧有轮藏地基上起龙藏殿，安置此前从杭州普宁寺印制的普宁藏。龙藏殿建设持续近五年，建成后定岩请张起岩作《大元泰山灵岩禅寺龙藏殿记》。龙藏殿内设龛帐，以保护佛像、覆盖藏函，各类用具齐备，以示庄严佛法。此番建造殿宇共花费二万三千余缗，定岩、息庵、寺内知事以及济南路施主等，皆有捐献。[①] 此外，定岩还主持修建僧房三十余间，以及演法堂、御书阁、龙王堂等。后至元六年（1340），定岩受太皇太后赐旨，护持寺院产业。

至正元年（1341），国师管着儿咸藏下旨，勉励定岩为首的寺僧，做好本职祝延圣寿，管理好寺院。告诫众人，"但属寺家的田地、水土、园林、碾磨、店铺、解典库、浴堂、人口、头匹等物，不拣是谁，休倚气力夺要者，休谩昧欺付者，休推是故取问要东西者"[②]。由此可见，寺院经营的产业丰富，经济规模庞大，受上层统治者保护。法旨出自大都高良河畔大护国仁王寺，是当时国师常驻所。寺内现存碑刻分两层书，上层藏文，下层为元白话，也是目前存世仅见的藏文与元白话合刊的国师法旨碑。因碑文落款仅署"蛇儿年"，前人对立碑年代曾有争议。既然法旨是颁赐给定岩的，结合定岩

---

① 施钞花名见《大元泰山灵岩禅寺龙藏殿记》碑阴。
② 见附录《大元国师法旨碑》。

住持时间与蛇年生肖，可断定法旨颁于至正元年（1341）。① 据定岩道行碑介绍，其本人还受有圣旨等，但未见获赐圣旨的碑刻，或已佚失。

定岩得觉达真传，擅长文辞书法，结交达官显贵、文人墨客，今寺院有多通碑刻在其任内立就。定岩撰写的碑文有《无为容公禅师塔铭》《挥公提点塔记》《息庵禅师道行碑记》《明德大师贞公塔铭》，而由其书者则如《圆明广照大师举公提点勤绩塔铭》。此外，他请元代开科以来的首任状元张起岩撰《大元泰山灵岩禅寺龙藏殿记》，又请山东东西道肃政副使文书讷为灵岩寺题写寺名。彼时，灵岩寺大放异彩。

定岩在灵岩寺任住持一纪余，也就是十二年多。至正八年（1348），方山思璧回乡继任灵岩寺住持，定岩退居寺院西偏。定岩总结自己的一生，出家时本以生死事大，无常迅速，欲求无上正真之佛法，多年来所做的却如俗人置家，仅是"粥饭头"而已。遂引《诗经·式微》："式微，式微，胡不归？微君之故，胡为乎中露。式微，式微，胡不归？微君之躬，胡为乎泥中。"借以表达自己欲脱离牢笼牵绊，回归一念初心。时年六十六岁。

定岩嗣法桂庵觉达，排行思字辈，其下落发小师为惟字辈。如惟㝎、惟润、惟严等。定岩的嗣法门人有长清四禅寺法志、钓台弥陀寺智湛、锦川龙泉寺庆润、安山涌泉惟智、灵岩寺惟元等，以山东一地居多。至正十一年（1351）十月，方山思璧为定岩立道行碑。十一月，又为自己立碑，仅刻碑阴题名。从碑阴残存的文字看，方山思璧的嗣法门人主要在北京、天津、河北、山东一带弘法。古人常作"谀墓之辞"，当年立碑时，思璧因"谦德"故，所以未刻碑阳。碑阳文字为二十三年后方才由弟子辈刻上。

2. 方山思璧

继定岩之后，方山思璧任灵岩寺第四十一代住持。《方山璧公禅师寿碑》并未明确标记任次，而是将他与孪生兄弟休堂惟赞合刻，题名《曹洞宗方山休堂联传道行碑铭有序》。二人的事迹，在《慧公禅师道行之碑》开篇已有简略提及。

思璧与惟赞是泰安州长清县（今属济南）人，俗姓宋，母亲贤良淑德。

---

① 马丛丛：《大元国师法旨碑年代补证》，《世界宗教研究》2019年第3期。

二人为双胞胎，幼时皆于灵岩寺落发出家。思璧拜入桂庵觉达门下，以思字辈训名，号方山。惟赞拜首座思教为师，取惟字辈，自号休堂。

思璧受具足戒后，赴京城参报恩寺无为，蒙印可。①又抵龙沙华严寺（今大同），住持筠轩请思璧任首座。后住汤山禅寺、香河定祥寺、京城奉福寺、檀州金灯寺等。思璧事母至孝，即使远在京城，也经常给母亲寄送四时衣物、饮食。为方便照顾九十岁母亲，移住灵岩寺。后来又迁往嵩山法王寺、京城奉福寺，寿终于此，葬于灵岩祖茔。

惟赞亦赴京城参访善知识，拜入万寿寺灵峰思慧门下，并受印可。与思璧经历相似，出世后住持香河定祥寺、京城奉福寺，最后入主万寿寺，成为一代曹洞宗师。一直以来，万寿寺作为大都三禅会之首，是曹洞宗在京城的大本营。住持万寿寺，同时也意味着统领曹洞一宗上下大小事宜。"初师主万寿也，其寺古僧疏，廊庑堂殿，傍风上雨，梁栋不楷，颁赐膏腴，瓜分权势"，可见存在寺院管理不善，内部争利的情况。元代末年，峪溪海常住持万寿时，有土田六百余亩、房屋百十余间，却仍欠贷款三十多万贯，由此可见万寿寺的经济状况。碑称休堂为人聪明雄辩，出类拔萃，与士大夫关系交好。至正十一年（1351），雪涧法祯为定岩撰写道行碑时，称"休堂迁化，余泣而铭其塔矣"，可见此时惟赞已圆寂。

思璧与惟赞体貌相似，均住持京城大寺，时人称"合璧"。因元末兵乱，寺僧未能及时为其立传，后来门人惟裔请桂岩洪证作"联传"，刻于方山璧公寿碑之阳。据《慧公禅师碑铭》可知，惟字辈下应续作妙字辈。方山璧公寿碑之阴缺损较多，未明确列出"法孙"一列，不过助缘名单中已有不少妙字辈弟子。林泉从伦法系中的妙字辈，应当与雪庭系觉字辈平辈。因此，璧公碑阴的妙字辈弟子与觉字辈弟子同列。

## 二 清安德方及其门下

清安德方是灵岩寺第二十五代住持，也是在元代较早立塔的住持之一。至元十九年（1282），方公塔铭由足庵净肃述，本寺庵主永达书。永达受足

---

① 严格意义上讲，思璧受报恩寺无为长老印可，承其法脉，不是桂庵觉达的嗣法门人。此处将其列在桂庵门下，为方便前后表述故。

庵印可，后来任少林寺住持。此时，距前朝住持惠才立塔（1187）已近百年之久，此间没有专为住持立碑塔。

清安德方同雪庭福裕一样，直接嗣法万松行秀，受其印可。诸禅宗史对其记载较少，致使湮没不彰，不为外人知晓。

德方（1205—1281），俗姓姚，字仲矩，号清安，京兆德顺州（今宁夏隆德）人。碑铭称其乃"姚太师之裔孙"，出身高贵。幼时读儒书，不喜荤膻，欲出家，父母不允。"天兵南牧，数岁干戈"，清安家境直落，辗转流离，幸得免难。《泰山志》推断，"当是太祖即位称帝之十余年间"。成吉思汗1206年称帝，在位二十二年，与之大致吻合。清安同落难者一起，流落至山东东平一带。听闻龙兴寺汴子京博学多识，儒释兼通，于是在其门下落发，训名德方。二十三岁受具足戒，往依陶山（今山东肥城）仁公，五年后颇有证悟。

元太宗四年（1232），德方赴燕京报恩寺参谒万松行秀，在其门下担任记室。一日，万松堪诘法眼，指帘讲因缘法，德方悟道，"而今而后，更不疑天下老和尚舌头也"。万松印可。都行省刘公疏请德方，住持京西奉先清安禅寺，开堂演法。不满一月，贤士大夫闻风而至。月泉同新在其门下，得彻曹洞宗旨，作为首嫡嗣法。元定宗三年（1248），保定路都总管张公又请住束鹿（今河北辛集）真如禅寺。

元宪宗五年（1255），东平路都总管严公请清安住持灵岩寺。东平严氏发迹于元代初年，直到严实势力不断扩大，先后几次易帜，最终投奔蒙古，掌握地方实权。严实去世后，其子忠济嗣其位，故此时严忠济掌握实权的可能性较大。不满一年，前来听法者近两百人，清安对参学之人辛勤指导，打理寺产亦不遗余力。中统元年（1260），严公又请清安住持鹊里崇孝禅寺。鹊里，在长清西五十里。[①] 该寺为严氏祖茔，实为坟寺，故以"崇孝"为名。清安之后，多位灵岩长老皆住持过崇孝禅寺。严氏在东平路势力甚大，又得朝廷支持，清安于其祖林寺庙住持，可见其声望。清安晚年谢事，闲居东府鄘中，自建一庵，名"清安"。

---

① 陈高华：《大蒙古国时期的东平严氏》，《元史论丛》第6辑，中国社会科学出版社1997年版，第1页。

清安的嗣法弟子除月泉同新外，尚有南京因禅师、关西传禅师、清亭仁禅师等，目前尚未发现更多资料。灵岩寺第三十四代《慧公禅师碑铭》中，涌泉智慧受宝峰顺印可，为"清安嫡孙、宝峰之子"。可见，第三十代住持宝峰顺也是受清安印可。清安门人的辈分与林泉从伦弟子辈分相同，皆为正字辈，有正安、正广、正闲、正连等。至元十八年（1281）清安示寂，足庵净肃作为雪庭弟子，是清安的法侄。净肃担任灵岩寺住持，述作清安塔铭。林泉系法孙思字辈，与雪庭系智字辈并存。

**（一）月泉同新**

月泉同新作为清安德方的嫡传弟子，得其印可，传曹洞家法。然明清以来，同新一直被认为是林泉从伦的嗣法弟子，如《续指月录》①、《续灯正统》②及《五灯全书》③都有述及。任宜敏《中国佛教史（元代）》、毛忠贤《中国曹洞宗通史》、杨曾文《宋元禅宗史》等，亦是据后代续出材料撰写。

灵岩寺墓塔林《新公禅师塔铭》碑，记录了同新生平最早、最完整的资料。此外，北京戒台寺《故月泉新公禅师虚塔》虽某些叙述略有偏差，主要史实基本一致。故同新嗣法清安，没有疑义。④

同新（1220—1285），灵岩寺塔铭作"仝新"，俗姓郭，字仲益，号月泉。世为燕京奉先神宁太平里人，其父双明居士，亦为奉佛之人。十二岁至安山寺出家，礼坚公山主为师。二十岁受具足戒，有参谒诸方之志。同辈有沮其志者，同新作诗偈："气宇冲霄大丈夫，流言俗虑岂能拘？手提三尺吹毛剑，直取骊龙颔下珠。""吹毛剑"，本指轻吹即可斩断毛发的利剑，后被禅宗僧人借用，喻指般若智慧之剑。也形成了许多关于吹毛剑的公案，自宋代以来的僧人语录中常见。如"如何是和尚吹毛剑？师云：不假干将铸，出匣透神光。"⑤由此可以看出，同新年轻时便才华横溢，气概不凡。起初，同新参谒天觉髙公，后拜入清安门下，得其印可。

---

① （清）聂先：《续指月录》卷9，第94页。"燕京鞍山月泉同新禅师，林泉伦嗣。"
② （清）性统：《续灯正统》卷36，第613页。"次参林泉，遂承印记。"
③ （清）超永：《五灯全书》卷61，第259—260页。"次参林泉，遂承印记。"
④ 详见马丛丛《元僧月泉同新新证》，《山东灵岩寺史研究——以相关碑刻释读为中心》，第112—118页。
⑤ （宋）楚圆集：《汾阳无德禅师语录》卷上，《大正藏》第47册，第606页。

元宪宗三年（1253），海云印简疏请同新住持鞍山慧聚禅寺。鞍山慧聚禅寺，即今北京戒台寺，位于门头沟区马鞍山，不同于大安山。戒台寺现存林泉撰《故月泉新公禅师虚塔》，题名"大都鞍山慧聚禅寺月泉新公长老塔铭并序"，是同新住持鞍山慧聚禅寺的实证，因此他又被称作"鞍山长老"[①]。林泉文中仅见"安山"，称同新早年出家是"安山寺"，后来住持亦是"安山"，可能将二者混淆。据灵岩碑及实地调研，同新出家的安山寺与鞍山慧聚禅寺应为两处寺院。两年后，便宜府刘秉忠又再次疏请他开堂。

至元六年（1269），国师拔合思八（今译八思巴）颁法旨，请同新住持灵岩寺。同新至灵岩寺后，辛勤操持山门产业。后因忤逆当途权贵遭寺僧排挤，愤然离开，临走时作诗：

> 流行坎止本由天，屈指灵岩已四年。人事衰时宜拂袖，风波深处好回船。驽骀入厩夸千里，骐骥牵车赠数鞭。收拾巾瓶归去也，一声长啸向云烟。

这首诗是同新目前留存最为完整的诗作，前后一气呵成。不仅反映了同新本人的精神气象，而且对灵岩寺事件的不公给予猛烈抨击。虽有寺僧挽留，同新亦决然而去。同新的离开，对当时留在灵岩寺的僧众也是一个巨大打击，因此也就有了二次出任灵岩寺住持的群众基础。

同新回京后，结庵养道。后至东南寻访藏经，提点正广持总统所疏文，至建康（今南京）礼请同新再次住持灵岩。千里迎住持，愈发彰显同新的德行。同新并未立马应允，经仔细斟酌，直至回到东平才接受请疏。远近信众，皆来迎接。

至元二十二年（1285），山东宪府监司耶律希逸，请同新至济南观音寺结夏。耶律希逸乃左丞相耶律铸之子，与同新兴致相投。知音难觅，遇合难再，同新抱病前往。不久，耶律铸于京城去世，耶律希逸返京料理后事。此后，同新病情愈重。一日，侍者正连问道间，同新忽告观音山讲主等人，称

---

① 见灵岩《新公禅师塔铭》碑阴。

中年受天党嵒公、清安老师等人指点，为僧之志已满足。正连听闻别语，默然悲泣，同新安慰道："人之生死，物之起灭，世常理也，何忧何悦？"留下偈颂后离世。灵岩寺与戒台寺的塔铭偈颂基本相同，个别字有差异。然而后世禅宗文献的记载则多有出入。

同新入寂后，灵骨分三处埋藏：灵岩、鞍山与祖茔。今在灵岩寺与鞍山慧聚禅寺（戒台寺）皆发现他的灵塔存世，惟祖茔一地不详。林泉从伦撰写的戒台寺塔铭作：灵岩、安山、祖茔。祖茔有两种可能，一是同新早年出家的安山寺，二是俗家祖茔。但是无论哪一种猜测，均在北京西部。灵岩寺同新塔铭由正广请进士雷复亨撰写。雷复亨儒释兼通，又对同新颇为崇敬，故为之铭。

同新及其嗣法弟子正连的辈分，有必要详细解释一下。

丛林传法存在两套系统，即早年落发出家的宗统与成年授记印可后的法统。月泉同新早年出家安山寺，礼坚公山主为师。后得清安印可，传法曹洞，故法统为清安一系。清安的落发小师为正字辈，同新自然是正字辈传人。同新的落发小师思琳、思珪、思惟等，便皆为思字辈。

正连早年依清安落发，也是正字辈，依宗统取法名。正连又是同新的嗣法弟子，碑阴嗣法门人明确列有真定府珂庵主、灵岩寺连庵主与温州温庵主。正连得法同新，是为法统。从法统的角度来讲，正连的辈分则为思字辈。但是我们在清安塔铭的碑阴看到，正连下有折线连接思庆，代表思庆为正连的弟子。字辈却使用了宗统的排行，与此前的分析相左，未知缘由。

**（二）宝峰顺及其门人**

宝峰顺作为灵岩寺第三十代住持，墓塔林里没有发现他的碑塔。因此，要了解他的生平及思想，只能从不同的碑刻中收集相关信息。

至元二十二年（1285），同新圆寂。次年，宝峰顺便接任住持之位。[①]宝峰退院后，桂庵觉达始住持灵岩。[②]有关宝峰顺的得法与传承，可以从第三十四代住持涌泉智慧的碑铭中窥见一二。涌泉智慧，按其法名当是雪庭福裕系智字辈，早年于灵岩寺礼足庵净肃落发。至元二十三年（1286），宝峰

---

① 见附录《慧公禅师碑铭》。
② 见附录《达公禅师道行之碑》。

升任住持时，涌泉智慧随众参扣。智慧因诵读僧璨《信心铭》有悟，作偈语："言词尽净绝机关，凡圣情忘造者难。木马穿云消息断，依前绿水对青山。"宝峰听后极力称赏，付以衣颂。涌泉智慧自此便为"清安嫡孙、宝峰之子"。因此，宝峰顺事实上是清安的嗣法门人。清安塔铭碑阴的嗣法门人中，有"棣州顺禅师"，可能指宝峰顺。棣州，治所在今山东阳信西南，包括滨州阳信、惠民、商河一带。

宝峰住持寺院时，随他落发出家的小师有思让、思泉、思亨等。可见宝峰授记排行确是正字辈。

元代灵岩寺普宁藏的求取，与宝峰顺对佛经与禅教关系的认识密切相关。后来桂庵觉达也沿袭了他的观点。据张起岩撰写的《龙藏殿记》载，至元二十四年（1287），"第三十代住持宝峰顺禅师以为，名山大刹，大众云集，受学之人，必资讲诵。我佛之教，其言传于世者为经，历代高识发扬翼成者，曰律、曰论、曰疏，增衍广大，至五千余卷。今板本在江浙、在闽，于是专普觉大师提点广往购"。受学之人学习佛法，必从经藏入手。名山巨刹，有大藏在函，不仅能彰显地位，也有助于大众讲诵。《广公提点寿碑》更是交代了正广至杭州印藏经的前因后果。

至元二十六年（1289），正广与宝峰顺并众知事商议："道离文字者禅，不离文字者教，奈教自禅来，禅从教入，使失者得而迷者悟。"可见此时灵岩寺上下对禅与教的关系已形成共识。禅宗一向以不立文字见称，不执著于文字而求道，是参禅的进路。从文字入手，熟习经论，是教门的修法。但是二者又互融互摄，不可分离。经论讲说之理，是由参禅实践而来。而如何进入修禅的门径，却又需要借助佛理的教导。如此反复参学，才能证悟得道。在宝峰顺思想的影响下，提点正广带领众人，顺利取回佛经，龛于灵岩，"虽玄奘重来，只是这个"。从目前存留的碑刻材料看，当时灵岩寺内应该存在一场关于禅与教的论辩。

结合当时背景，至元二十五年（1288）正月，"江淮释教都总统杨辇真迦，集江南禅教朝觐登对"[①]。由忽必烈主持庭辩，双方论辩者分别为禅宗径

---

① （元）念常：《佛祖历代通载》卷22，《大正藏》第49册，第720页。

山长老云峰妙高与教宗仙林。念常《佛祖历代通载》为禅门典籍，记载云峰妙高的陈述更为详细，仙林的被动回答较简单，多处以"林无语"作结。最后结论以双方调和告终。

> 夫禅之与教本一体也。禅乃佛之心，教乃佛之语。因佛语而见佛心，譬之百川异流同归于海，到海则无异味。又如我万万岁皇帝，坐镇山河，天下一统，四夷百蛮，随方而至。必从顺成门外而入，到得黄金殿上，亲睹黄金面皮，方谓到家。若是教家只依语言文字，未达玄旨，犹是顺成门外人。又如禅家未得彻证，未得顿悟，亦在顺成门外，谓之到家亦未可也。皇情大悦。①

天台宗志磐的《佛祖统纪》则称："二十五年（1288）正月十九日，江淮释教都总统杨琏真佳，集江南教、禅、律三宗诸山，至燕京问法。禅宗举云门公案，上不悦。云梦泽法师说法称旨，命讲僧披红袈裟右边立者。于是赐斋香殿，授红金襕法衣，锡以佛慧玄辩大师之号。使教冠于禅之上者自此。"②刘晓、周清澍等学者据此认为，忽必烈抑禅崇教是平宋后的一贯宗教政策，且教禅争斗的结果是教冠于禅之上。③

《佛祖统纪》中的"上不悦"与《佛祖历代通载》里的"林无语"，都起到渲染当时庭辩气氛的作用。志磐作为天台宗门人，自属教宗。念常则站禅宗。由此可见，教者偏教，禅者偏禅。学者的说法在某种程度上受前人的影响。④禅教之辩，上自庙堂，下讫江湖，在当时引起广泛讨论。灵岩寺作为禅宗寺院，从僧人对于禅与教的认识，并赴杭州普宁寺求取经藏来看，禅教调和、不废经论，应该是这次庭辩的真实结果。

---

① （元）念常：《佛祖历代通载》卷22，第721页。
② （宋）志磐：《佛祖统纪》卷48，《大正藏》第49册，第435页。
③ 刘晓：《金元北方云门宗初探——以大圣安寺为中心》，《历史研究》2010年第6期。周清澍：《论少林福裕和佛道之争》，《清华元史》第1辑，商务印书馆2011年版，第64—65页。
④ 刘晓在文章中提到"崇教抑禅"出自姚燧《牧庵集》卷15《金书枢密院事董公神道碑》，"尊教抑禅"出自郑元祐《侨吴集》卷11《元普应国师道行碑》。

1. 涌泉智慧

涌泉智慧任灵岩寺第三十四代住持，是在桂庵觉达第二次退席灵岩之后。具体年代未详，应该在1314—1322年之间。有关他的出家及授记，上文已略有提及。

智慧，生卒年不详，俗姓李，号涌泉，袁州（今江西宜春）人。十六岁出家，礼灵岩寺住持足庵净肃落发，按雪庭系字辈排行，法名智慧。先是修学五大部经，参禅宗典故，略有省悟。同新第二次住持灵岩时，侍巾瓶三年，随众参学。至元二十三年（1286），宝峰顺住持灵岩，诵至《信心铭》"言语道断，非去来今"时开悟，得宝峰印可。按法统，宝峰为清安的正字辈嗣法门人，智慧当为林泉系的思字辈付法弟子。智慧的落发小师，便不再按雪庭系排辈，而是林泉系惟字辈，如碑阴所列惟定、惟宁、惟聚等人。

智慧蒙宝峰印可后，又往参诸方，皆蒙许可。首次开堂演法，住持济宁泗水安山禅院。至大元年（1308），东平严氏七衙公子疏请，住持鹊里崇孝禅寺。觉达退席后，智慧始住灵岩寺。第三十三任住持古岩普就，以"大刹不可久居，退隐灵栖庵守道"。智慧也以同样理由卸任住持，"名山大刹不可久居，遂退居云台养道，为终身之计"。智慧在云台寺颐养身心，安稳修道。至顺元年（1330），肥城空杏禅寺贤公请智慧住持本寺。肥城空杏寺，又名涌泉寺，也是曹洞宗寺院，现存元白话圣旨碑一通，与多数圣旨碑内容相似，皆为保护寺院财产不受非法侵犯而颁。至此，智慧共住持五处寺院。

东平普济庵惟昌庵主，是智慧的落发小师。至顺二年（1331），智慧年逾七旬，惟昌请嵩山法王寺无庵觉亮撰写碑铭，以寿永年。智慧的嗣法门人分布范围以山东地区为主，有福建思海、清亭子清、锦川子聪、平水普济、东原广以及惟达等人。

2. 思让

思让、思泉、思亨皆在十五六岁时礼宝峰顺出家，并受昭文馆大学士荣禄大夫封号。下面分述之。

思让是灵岩寺辅成堂提点，辅弼灵岩三十余年，大司徒万山赐佳号"净德洪智大师"。今灵岩寺墓塔林存其寿塔。

思让，生卒年不详，俗姓陈，字谦之，金陵人，幼丧父母。十五岁礼第三十代住持宝峰顺为师。先后参谒月庵福海、桂庵觉达，于觉达门下有所发省。从《让公提点寿塔之铭》看，思让并未受印可，一直在灵岩寺任知事。思让先后担任知客、典座、维那、监寺等职。至顺元年（1330）塔铭以"提点"称。提点为寺院重要僧职，智举、子贞等皆曾担任此职。无著道忠在《禅林象器笺》中称提点乃"掌常住金谷者"[①]，司会计之职务，由禅林借用宋代官职而来。塔铭称思让诵经至"劫烧终讫，乾坤洞然，须弥巨海，都为灰飏"句，散财五千贯与常住，永供斋僧。经文原句最早见于元魏《贤愚经》，其后《经律异相》《仁王经合疏》《止观辅行传弘决》等皆有相同表述，不能确定当时思让所诵何经。无论是智举、子贞，还是思让，若担任提点一职，积蓄便能如此丰厚，也是值得深究的。另外，思让累累饭僧、妆塑圣像，亦是一笔不小的开支。从《大元泰山灵岩禅寺龙藏殿记》碑阴的施钞花名来看，思让任首座，施银一千零五十两，远高于住持定岩和前住持息庵的二百两。其余施钱较多知事尚有提点子贞、监寺子挥、仓主子敞等，皆在墓塔林有寿塔碑铭。由此可见，除了住持外，掌握实权的大知事同样有资格和资本为自己造塔。

思让充提点时，为寺院"破魔除党，树立丰碑"，事件原委并不见于寿塔铭文。结合《泰安州申准执照之碑》可一窥端倪。泰安州指挥：

> 据灵岩禅寺僧人陈思让当官告称，累累被前煽炼人等，于本寺山场内搔扰不安，诚恐已后引惹事端，告乞施行。得此。县司参详，如蒙出榜禁治，诚为便益，申乞照详。

此前煽炼人等在寺院山场骚扰不安，为恐以后引惹事端，思让请求泰安州为寺院颁发执照，保护寺产。然后泰安州指示长清县查明并办理此事。

执照碑文记载，皇庆元年（1312），灵岩寺接到圣旨，明确官府民众不得侵占寺产。延祐二年（1315），朝廷再次差内史府官员李忠显，至中坞店宣读圣旨，寺家土地是为赡寺常住，严禁侵夺。为证实寺院土地实况及事件

---

[①] ［日］无著道忠：《禅林象器笺》卷7，第258页。

原委，县官等亲自丈量地界。再结合明昌五年（1194）传刻的碑阴界至图，召剡底保社长鲁进等人查问，确实如思让所陈。故泰安州为灵岩寺颁发执照。为免执照日久损佚，立碑昭示。

延祐五年（1318），陈思让状告侯得山侵占灵岩寺十五亩田地。事见《泰安州申准执照之碑》碑阴。侯得山所种田地，实为其丈人王元租借灵岩寺的产业，王元生前本为灵岩寺客佃，曾将土地退还灵岩寺，有退地甘结。因此这十五亩地为灵岩寺寺产，泰安州发给执照。

思让为灵岩寺辛勤置家，尽提点之职责，守护寺院常住，是灵岩寺的功臣。故铭文称其"破魔除党行中道，赢得丰碑树寺前"。思让碑刻形制较小，接近于明代墓碑，质量亦非上佳，由住持古渊智久述文，小师惟明、惟崇、惟宁等立石。

3. 思泉

至顺二年（1331），思泉的塔铭也由古渊智久作文，小师惟德、惟河等垒塔立碑。民国喻谦《新续高僧传》将思泉与思亨并列，内容基本来源于墓塔林《泉公首座寿塔》铭文，简述生平梗概。[①]

思泉，生卒年不详，俗姓何，象元人。"象元"一地不详。早丧父母，十六岁出家，礼宝峰顺为师。学习经业，志气不凡，得师赏识。日后游学京师，参谒报恩寺林泉从伦，烧香数载。又往万寿寺，拜东川总统室内，依止二年。虽未受印可，却旁通医术，舍药治病。数十年后，厌京城事冗，返归灵岩寺，担任首座。在灵岩寺广种桃杏，增建园林，行医施药。万山司徒赐佳号"慈济大禅师"，以彰其慈悲济世之功。

思泉是灵岩寺石刻所载的唯一医僧，也被称为"药主"。《金光明经》"除病品""流水长者子品"均提到，有流水长者长于医术，不忍众生疾苦，妙手回春。后又生大悲心，救池中诸鱼。池中万鱼升天后，化万天子，皆来报恩。可以说，流水长者是佛教中医术超群、慈悲普度的标志。昭文馆大学士、荣禄大夫万山司徒，赞叹思泉得"长者流水之真方"，"凭一众悲心愿心，疗众生身病心病"[②]。佛法疗心，医药救身，将佛法与医学相结合，思泉

---

[①] 喻谦：《新续高僧传》卷61，第446页。
[②] 见附录《泉公首座寿塔》。

是一个典型。

4. 思亨

至顺二年（1331）孟秋，小师惟通、惟中等为思亨立塔。思亨与思泉的寿塔，皆为方形塔，古渊智久作文。思亨寿塔塔身正面刻《大灵岩禅寺亨公首座道行勤绩寿塔记》，其余三面分刻《大佛顶尊胜陀罗尼神咒》。

思亨，生卒年不详，俗姓赵，爱凌人。也可能指"艾陵"，春秋时古邑名。在今泰安、莱芜一带。父母早丧，十六岁出家礼宝峰顺为师，受具足戒。后来四处游学，博通诸经，兼读《广韵》，阅大藏经。诸路释教都总统所与昭文馆大学士荣禄大夫均赐佳号，分别为"圆明慈觉大师"与"明宗广教大师"。思亨首赴燕京万寿寺参学。作为曹洞宗在京城的重要阵地，万寿寺也成为本宗僧人游方的必选之地。思亨在万寿寺担任教读。教读，即教读阇梨，有教授读诵经文之职。这与思亨早年熟读儒典《广韵》，又博通藏经有关。僧众对思亨赞叹爱戴有加，又请任观音院宗师。

与思泉一样，因厌倦京城事务烦冗，思亨回灵岩寺充任教读。后又任首座，扶宗立法，消除弊患，塑像斋僧，庄严殿宇等。亨公晚年施财颇多，施陪堂、僧堂，移寿塔、作长生供等，计五千贯。陪堂与僧堂，皆为僧人受食之所。陪堂是陪伴客僧受食处，僧堂有坐禅、起卧、饮食等诸功能，陪堂是僧堂之外堂。灵岩寺知事能如此富裕，与寺院雄厚的经济实力相关。

思亨的落发小师有惟坚、惟通、惟中等，法孙则有妙愿、妙选，为林泉系传法弟子。

（三）正广

正广依清安落发，法名按字辈排序。正广的碑塔在塔林东南，距离塔林中心稍有一段路程。广公寿碑立于至元三十一年（1294），由门人思金请左思忠撰写，觉达书丹并题额。

正广，俗姓夏，字济川，扬州江都人。碑文记载，正广七岁时元兵南下，国破家亡。正广随辅国上将军枢密副使合坦，至先祖故乡清平县（今山东临清）。金榮《泰山志》认为，此当指甲午年（1234）金亡之事。如此，正广生于金哀宗正大五年（1228），立碑时正广应是六十七岁。然正广十四岁入灵岩寺出家为僧，礼住持清安为师。清安住持灵岩的时间为元宪宗五年至十年，即1255—1260年。倒推十三年，正广生年当在1232—1237年之间。

至元四年（1267）八月，第二十六代住持广福、副寺正广等，接圣旨保护寺院财产。圣旨碑今现存灵岩寺天王殿东侧，与后世颁给桂庵长老的圣旨合刊。

> 东平路泰安州长清县灵岩禅寺为头儿的寺院里，有的福长老、广副寺为头儿和尚每根底，执把的圣旨与了也。这的每寺院里、房屋里，使臣每休安下者，不拣是谁倚气力休住坐者，寺院里休断公事者，官粮休囤放者。不拣甚么物色休放者，铺马、祗应休拿者。种田呵，地粮纳者，地粮纳呵，本处城子里纳者。做买卖呵，税钱与者。这般推称着，鼠儿年已前的税粮休要者。除税粮以外，但属本寺家的田地、水土、竹苇、树木、园林、水碾磨、解典库、浴堂、店铺席等应有出产，不拣是谁休夺要者。更有醋麴酤，大小差发休得要者。[①]

以上是元白话圣旨碑的主要内容。此时长清灵岩寺属东平路泰安州治辖范围，住持广福、副寺正广实际负责寺院事务。

元白话又被认为是直译体或硬译体，各地寺院、道观的元代圣旨，主要是为保护寺产、维持正常宗教活动而颁布，内容基本一致。禁止来往使臣于寺院歇止、倚仗势力霸占寺院；禁止在寺院内办理公务，囤放官粮；禁止索取寺院的铺马、祗应等资产。寺院所种田地，要按时到本处城子里缴纳地粮。对于所做的买卖，也要按规定上税。鼠年以前的税粮无需缴纳。至元四年（1267）为兔儿年，鼠年以前的可以不用上缴，应该是可以免除三年前拖欠的税粮。除必须缴纳的税粮以外，寺院的其他财产，如田地、水土、竹苇、树木等，任何人不得侵占。有关酿酒一类的差役，也不许派给寺院。这不仅保护了寺院的正当合法所得，还从尊重僧人信仰的角度出发，免除酒役。

---

① 见附录《元白话圣旨碑（1267、1295）》。

释教都总统所诸师认为正广有才能，令他担任副寺，并任"东西两架都提点"。一般寺院管理有东西两序，又称两班，未见"两架"之说。此篇碑文的正文及铭文皆出现"两架"一词，误写的可能性较小，可能是"两序"的异名。又赐予他"普觉大禅师"之号。

元代初年，屡经战乱，灵岩寺藏经所存无几。正广以为："天下三岩，灵岩为最。寺僧虽有，藏教殊无，其如法众看念何？其如云侣捡阅何？""三岩"一说，不知具体指哪三岩，但"灵岩为最"，亦可看出灵岩寺的地位甚高。僧人无藏经可读，又如何学习佛法教理呢？宝峰顺担任住持时，社会上有禅教之辩。从碑铭可看出正广的观点，坚持禅教互相取长补短，才能促进佛教健康发展。正广带领本寺僧众，前往杭州南山普宁寺求取藏经，先是置于五花阁，后又专门建造龙藏殿。左思忠在碑文中将正广南下印经、龛于灵岩的举动，与玄奘西天取经相提并论，"虽玄奘重来，只是这个"，对其高度赞扬。

正广为出家僧人，遵循传统儒家礼仪，为祖父母、父母迁灵骨至长清南一乡静默峪，以便春秋祭祀、扫洒。世出世间法皆得兼顾，不违人伦，是僧侣中的典范。

## 三  复庵圆照门下

复庵圆照（1206—1283）是万松行秀的嗣法弟子，先后在德州天宁寺、齐河普照寺、鹊里崇孝寺、嵩山少林寺及法王寺、大都万寿寺等住持。复庵是嵩山大法王寺第九代住持、少林禅寺第四代住持，两地皆存塔铭。[①]

复庵曾来灵岩寺游览，但未直接住持。灵岩寺第二十六代住持广福、第三十二代住持月庵福海皆出其门下，并受印可。可以说，复庵圆照对于灵岩寺同样非常重要。

复庵（1206—1283），俗姓李，字寂然，上党（今山西长治）人。十六岁受具后游山东，传义学，主讲《唯识论》《楞严经》及《圆觉经》等，学徒云集。后来在万松门下服膺三年，蒙印可，并于京师万寿寺建普度资戒大

---

① 叶德荣：《宗统与法统——以嵩山少林寺为中心》，第317—322页。

会。中统二年（1261），复庵游览灵岩寺并在后土殿题诗。[①] 次年住持嵩山少林寺。至元二年（1265），又迁住嵩山法王寺。十一年（1276），复庵住持大都万寿寺，为曹洞宗师。晚年退居齐河普照寺。

### （一）广福

广福在鹊里崇孝寺受复庵圆照印可。复庵大约元宪宗三年（1253）开始住持该寺[②]，后来清安德方在中统元年（1260）住持。

广福（1228—1282），俗姓赵，滹阳赵州（今河北石家庄）人。幼礼本州龙兴寺喦公僧录为师，辛勤服侍，后往参诸方。广福于鹊里崇孝禅寺拜谒复庵圆照，担任侍者，日日参扣，终获印可。[③] 又往灵岩寺依栖第二十五代住持清安，任监寺职。中统元年（1260），清安迁住鹊里崇孝禅寺后，广福担任灵岩寺第二十六代住持。广福在灵岩寺任职十年，修饰殿宇，度徒百余人，灵岩寺声名远播。至元四年（1267），广福受圣旨，护持寺产。碑铭提及广福奉旨在灵岩寺举办传戒大会。传戒大会是由寺院设立法坛，为出家僧尼或在家信徒传受戒律的宗教仪式。十方信众源源而来，盛况空前。至元六年（1269），广福移住东府四禅寺，在灵岩寺北，即义净早年出家地。广福于四禅寺改革积弊，提纲挈领，与众同食，广结四方善信。十余年后，退居东府一庵。至元十九年（1282），广福示寂。

广福于复庵处受印记，为万松法孙、林泉系正字辈传人。门人思纯请灵岩住持足庵净肃述作铭文，净肃乃雪庭福裕嗣法弟子，与广福应为平辈。广福塔铭碑阴未刻嗣法门人，不知是他生前没有印可的弟子，还是单纯未上石。落发小师有思达、思云、思度等，与受戒门人田思妙、杨思贵等皆为思字辈。广福住持的寺院都在济南长清附近，受戒门人也以当地人居多。

### （二）月庵福海

与广福不同，月庵福海的嗣法门人甚多，遍布河南、山东、河北一带，影响广泛。月庵生前住持嵩山法王寺、汝阳香山寺、济南灵岩寺、南

---

① （清）金棨：《泰山志》卷18，第611页。
② 叶德荣：《宗统与法统——以嵩山少林寺为中心》，第319页。
③ 《福公禅师塔铭》称广福在复庵门下"叩寂十载"，然后又往参灵岩寺清安。即使按复庵1253年始住持崇孝寺算起，十载后为1263年。而清安住持灵岩的时间为1255—1260年，十载后广福再往灵岩是不可能参谒清安的。清安已于1260年迁至鹊里崇孝寺。

阳丹霞寺、大都万寿寺等五座寺院，圆寂后灵骨亦分五地建塔。此处单讲灵岩寺。

灵岩寺《海公禅师道行之碑》在祖师塔西南侧，碑塔俱存。僧人圆寂后，一碑一塔的形式比较常见，也有单建塔而不立碑的，如古渊智久，或者只传碑而塔无存的，如唐代慧赜。明代中后期，僧人去世后仅见墓碑，未再建塔。灵岩寺墓塔林以祖师塔为核心，总体上呈树杈形分布，似有开枝散叶之意。以祖师塔南北中线为中轴，东西两侧大致对称分布，东侧碑塔略多于西侧。月庵于至大二年（1309）圆寂于大都万寿寺，皇庆二年（1313），灵岩寺僧人为其建塔立碑。月庵的道行碑距今已有七百余年，在墓塔林现存诸碑中最为高大，质量上乘，保存完好。《泰山志》称"笔力颇质劲"。与嵩山法王寺现存的月庵碑相比，后者尺寸较小、刻工一般、石质欠佳，总体上不及灵岩寺碑。

月庵福海（1242—1309），俗姓杨，名福海，号普耀，自称月庵，山西翼城人。幼时好浮图，常去附近香云寺玩，游而往返。五岁至香云寺作僧童，听讲主成公演说佛法，一遍即就，略无遗忘。宪宗八年（1258），落发受具足戒。后往参安西伯达禅师。伯达以"赵州柏树子"的禅宗公案考验月庵，月庵机锋对答，聪敏机智。伯达称："他日祖道，必赖此子弘扬。"月庵常以"虽达毗卢界，宜修普贤行"自省，警示自己即使达到法身境界，也应躬行实修，不能懈怠。听说龙门山宝应寺嵩岩与复庵禅法相类，器量沉雅，为世所重，故往参嵩岩。嵩岩高度评价月庵，认为月庵日后可主持嵩山。至元十三年（1276），复庵迁住大都万寿寺，月庵北上造访。复庵为之印可，并付以衣颂。后来复庵退席，居齐河普照寺，以书信召月庵，令其任嵩山法王寺讲主。

至元十七年（1280），月庵在嵩山法王寺开堂演法，整顿颓纲，修整寺院，延请十方僧侣，聚众说法。至元二十三年（1286），龙门宝应寺、汝阳香山寺同时疏请月庵住持，最终奉诏命受汝阳香山之请。此后月庵在香山寺住持十二年，修建寺基、殿宇、正门、丈室、甬路等，以己资雇运水源，剃度僧人上百名。大德二年（1298），又领疏迁住灵岩，见马大相《灵岩志》，寺内未存碑刻：

元宣政院劝请月庵海公长老住持大灵岩禅寺,为国焚修,祝延皇帝圣躬万寿者。

无徇无私,护惜千年之常住;有心有力,匡持四绝之灵岩。必假其人承当此事。伏惟月庵海公长老,忠心振领,壮志提纲,秉佛祖机秘,具衲僧巴鼻。轻扇炉鞴,休辞接物利生;重下钳锤,莫惮摧邪显正。伤嗟默照虚闲,可叹方山枯淡。要与复庵出口气,合来祖刹用些心。好个因缘休教蹉过。为人说法,当酬西祖之千年;报国焚香,仰祝南山之万寿。谨疏。大德二年(1298)[1]

疏文由宣政院发出。宣政院是负责掌管全国佛教事宜,并统辖吐蕃地区军政事务的中央直属机构。为国焚修、祝延圣寿,是寺院最主要的宗教事务。法宝、浦涤、古岩、法容等的疏请碑篇首皆是言此。

疏文请月庵福海住持灵岩,希望广开佛法要义,发扬祖道。炉鞴本是炼金者用来煅炼鼓风用的风箱,禅宗常用以借指锤炼弟子的手段,与下文"钳锤"相互呼应。如"欲知佛性义,当观时节因缘。欲煅百炼精金,须是作家炉鞴"[2],"建立法幢、开大炉鞴"[3]等。疏文行至此处,皆是对月庵住持灵岩的正向期许与憧憬。反观现实,"默照虚闲,方山枯淡",默照禅是曹洞宗的看家本领,此处指默照禅流于"虚闲",结果导致灵岩寺传播佛法的活力减退。文末希望月庵能重振灵岩,"要与复庵出口气",不枉师父一番教诲。至元二十年(1283),复庵圆寂,嗣法者有泰山灵岩复公,不详何人。大德二年(1298),月庵福海移住灵岩时,复庵已往生。

月庵才至灵岩,便称"危哉,岩乎!名非妄得",认为灵岩寺居"四绝之首"、天下尽知确实名副其实。月庵主持重修殿堂、丈室、栋宇,为灵岩寺寺院建设做出贡献。大德六年(1302),月庵以私囊在灵岩寺饭僧,后退席,卓锡河南南阳丹霞山。丹霞寺古迹已为灰烬,常住财产只有三顷竹子。月庵因地制宜,就地取材,为僧人谋生计,重修寺院,不辞辛苦。次年,汝

---

[1] (清)马大相:《灵岩志》卷3,第30-31页。
[2] (宋)克勤:《佛果圆悟禅师碧岩录》卷4,《大正藏》第48册,第177页。
[3] (元)德辉重编:《敕修百丈清规》卷4,《大正藏》第48册,第1133页。

阳香山寺众又来请住，月庵随之前往香山。大德八年（1304），大都万寿寺具疏恳请，月庵北上升座开堂。月庵蒙御赐元宝一万五千缗，王公贵族共施二万缗，都将其作为解典库的公共资产，向外出借，为寺院盈利，"以之作僦柜纳质，赢羡计焉"。至大二年（1309）月庵圆寂。

月庵的嗣法门人龙泉思然，曾记其师生平行实。皇庆二年（1313），灵峰思慧偕数位比丘，请孙荣嗣为月庵撰写铭文。孙荣嗣介绍缘起时提到，集贤大学士陈荣禄家与京城万寿寺相邻，自己在与陈荣禄交往时，与灵峰相识于此。孙荣嗣对觉范禅师的《林间录》非常欣赏，佩服其运用儒家典集信手拈来，认为灵峰与觉范有异常相似之处。灵峰对孙荣嗣的《东川铭》也非常推崇，恳请他为月庵撰写铭文。一番推辞礼让之后，孙荣嗣应承下来。

月庵的嗣法门人共二十人，主要在华北地区。就目前来看，月庵福海的嗣法门人队伍相比其他僧人要庞大，这也决定了其下弟子、再传弟子数量更多。作为复庵的嗣法弟子，月庵是正字辈传人，落发弟子则为思字辈。其落发门人的命名方法有规可循，其后分别配以八卦、五行、十二时辰、十天干、二十八星宿等。如思乾、思坎、思艮、思震，思金、思木、思水、思火，思寅、思卯、思辰、思巳等。有趣的是，二十八星宿中有女宿，若以思字相配，即"思女"，有违佛家戒律，故代以"蝠"字。

以上便是林泉从伦系的法脉传承。"林泉系"这一概念并不单指林泉从伦门下的诸弟子，还包括清安德方、复庵圆照等门下采用相同字辈体系的弟子。林泉系有自成体系的字辈系统，但是囿于目前资料有限，我们只能总结出在元代比较典型的"正思惟妙"辈。这与雪庭系不同。雪庭福裕出身万松门下，独立门庭，创立自成体系的字辈传承，即"福慧智子觉，了本圆可悟。周洪普广宗，道庆同玄祖。清净真如海，湛寂淳贞素。德行永延恒，妙本常坚固。心朗照幽深，性明鉴崇祚。衷正善禧禅，谨悫原济度。雪庭为导师，引汝归铉路"七十字辈传承谱系。就现有资料来看，雪庭系的传承更为系统。

元代曹洞宗大盛，这并不仅仅局限于灵岩一寺。与灵岩寺处于相同地位的嵩山少林寺，以及与之相关的鹊里崇孝禅寺、四禅寺、法王寺、香山寺等，也多为曹洞宗门人掌寺。这些曹洞宗寺院在当时以燕京万寿寺为首，呈点状分布在华北地区，寺院之间相互扶持，僧人分别前往参学。随着灵岩寺、少林寺等大寺院的住持不断付法传衣，其嗣法门人逐渐遍布本地区的庵、院、兰若等，进而构成曹洞宗在北方的网状结构。

中村淳指出，大都万寿寺、嵩山少林寺与济南灵岩寺，实际上构成了华北曹洞宗的大三角（见图4-3）。仅就以上几个寺院讲，曹洞宗的兴盛局面可谓空前。但是，华北地区是否只有曹洞宗传承呢？就目前掌握的资料来看，我们并不能下此结论。从万松的三传弟子古岩普就的劝请疏可以得知，当时在京城至少存在"大都三禅会"这样的机构。大都三禅会虽以曹洞宗为首，但是也不能忽视其他二宗，即云门宗和临济宗。三禅会之上，管辖宗教事务的政府机构主要还是帝师、国师及其统领下的宣政院。这些机构的上层基本掌握在藏传佛教吐蕃僧人手中，灵岩寺《大元国师法旨碑》使用藏文原文便是如此。

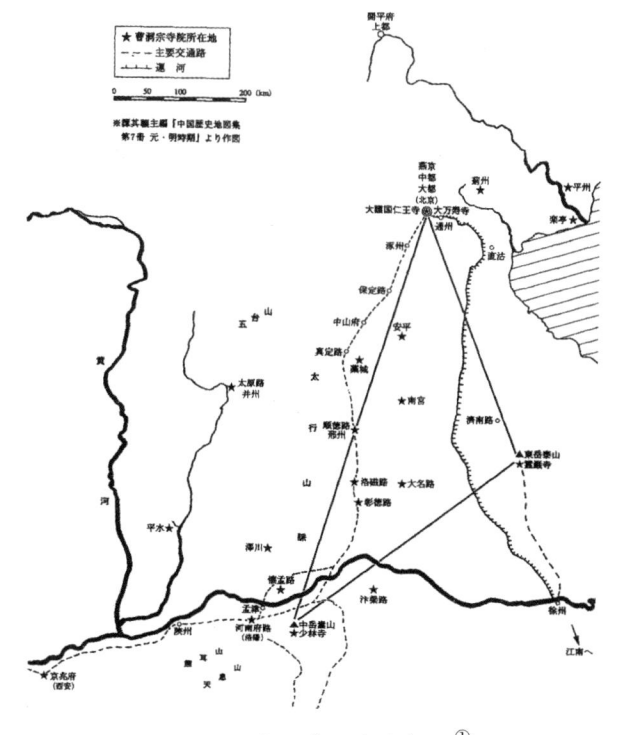

图4-3 华北曹洞宗分布图[①]

---

① 转引自［日］中村淳《クビライ時代初期における華北佛教界——曹洞宗教団とチベット仏僧パクパとの関係を中心にして》，《駒沢史学》第54号，1999年。

从灵岩寺存世的圣旨、法旨碑刻可以看出,当时曹洞宗的繁盛局面,与元代统治者的支持密切相关。在京城,倚仗皇室建造豪华的皇家佛寺,这些佛寺在各地的赐田、物产非常丰裕。[①]与其联系密切的地方寺院,也受到统治者的青睐。寺院僧人凭借赏赐,建造山庄,出赁土地,经营浴堂、解典库,创办副业,充实财力。寺院经济规模逐渐庞大。元代末年,燕京万寿寺等寺院管理不善造成亏空,一度使寺院财政陷入困境。古人有"谀墓之辞"的说法,僧人在寺院鼎盛时期的功绩,虽常见于塔记碑铭中,但也有部分被夸大的嫌疑。甚至对于同一事件,不同的碑刻也说法不同。通过比较不同的碑文,有助于我们得到更为准确的信息。

元代起源于草原上的蒙古族,统治者原本崇信"长生天",后来慢慢演变为愿意接纳各种宗教信仰的、相对宽容的宗教政策。圣旨多以"长生天气力里,大福荫护助里"开头,这与汉人信奉的"天"、民间俗称的"老天爷"有相似之处。在对待各种宗教的态度上,统治者的保护措施基本相同,未见明显偏向。颁赐的圣旨,认为"和尚每"、"也里可温每(基督教)"、"先生每(道教)"、"打失蛮每(伊斯兰教)"等皆是为国焚修、祝延圣寿的,对他们有各种税收、差役上的优惠。至于各宗教先后的排列顺序,在一定程度上可能代表朝廷对这一宗教的重视或者它对社会的影响程度。

---

[①] 陈高华:《再说元大都的皇家佛寺》,《清华元史》第 3 辑,商务印书馆 2015 年版,第 16—76 页。

# 结　语

灵岩寺是山东省内首屈一指的自然环境优美、人文底蕴丰厚的著名寺院。对灵岩寺的历史研究，是整个山东佛教史研究不可或缺的重要一环。本书通过考察寺内现存的碑刻实物，结合早年拓片、历代典籍与近人的研究成果，分析解读了灵岩寺近一千年的历史发展进程。获取翔实可靠的一手资料，是进一步深入研究的基础。笔者通过田野调查、实地拍照，并与传世拓片对勘，整理碑刻百余通，附于文后，以备学者同仁参阅考证。根据现有材料，本书将灵岩寺5—14世纪的历史，主要分为以下四个阶段。

一，晋宋之际灵岩寺兴起。前秦皇始元年（351）僧朗入泰山，传播佛法，是佛教在山东兴起的标志。僧朗作为天竺神僧佛图澄的弟子，与道安等人为同门师兄弟，被尊为"山东佛教的始祖"。僧朗在泰山金舆谷创立朗公寺，隋文帝时改作神通寺。这也被认为是山东第一所正式的寺院。僧朗广受当时各个政权的拥戴、拉拢，前秦、东晋、北魏、后燕、姚秦以及南燕六国君主先后投书致意，在泰山地区影响很大。通过分析六国君主的信函，大体可以得出各自招揽的手段虽有不同，但其根本皆是为了巩固政权、扩张领地。每位君主皆有封赏相赠，但赏赐的价值、信函的用词及语气，各有差异，赞颂、利诱、拉拢、威胁等态度并存。僧朗针对各位君王的回复也不尽相同，有的也未见有回信。建元十八年（382），僧朗、道安、法和等人在金舆谷聚会。

关于金舆谷的地理位置以及朗公寺的创立，灵岩寺与神通寺之间存在分歧。争端的起源，与慧皎《高僧传》称朗公寺位于"泰山西北之一岩"有关。从地理位置上看，灵岩寺位于泰山西北方向，神通寺在泰山东北。通过分析郦道元《水经注》、刘敦愿等的《齐乘校释》,以及历代大藏经中保存的高僧传记,可以明确朗公居住的金舆谷在神通寺附近的琨瑞山,而神通寺正是在隋文帝时由朗公寺更名而来。《水经注》言琨瑞水西北流经玉符山,元代于钦在《齐乘》中怀疑灵岩寺所依的方山,即《水经注》所说的玉符山。然而玉符山在琨瑞山的西北方向,方山在琨瑞山神通寺西南,并非《水经注》中提到的玉符山。故于钦所疑有误。灵岩寺的方山与玉符山并没有直接关系。至于慧皎所说的"西北之一岩",也有人认为其身居南朝,是对北方的地势了解不够所致。

因此,僧朗创建的寺院并非灵岩寺,而是神通寺。有学者提出,神通寺与灵岩寺相距不远,僧朗是否有可能来灵岩寺传法呢?灵岩寺的实际开创者为晋宋之际(约420)的法定祖师,这在唐代李邕的《灵岩寺碑颂并序》碑中有明确记载。目前并未发现僧朗入泰山七十年之后,来灵岩寺传法的资料文献。北魏正光元年(520),明法师在方山之阴创建神宝寺,又称静默神宝寺。宋人张公亮在《齐州景德灵岩寺记》中,将神宝寺创寺年代误为灵岩寺之始,金、元、明代的碑刻文献多延续其说,致使现在人们对灵岩寺的创寺年代仍不清楚。

北周武帝曾一度施行灭佛政策,当时灵岩山前后的灵岩寺、神宝寺均遭到巨大破坏。隋文帝登基后,尊崇佛法,分舍利于天下各大寺院,又敕赐华阳王为灵岩寺施主,寺院建设逐渐恢复。

二,隋唐灵岩寺的发展。隋代闻风来灵岩寺修行的僧人不少,法侃、灵润、慧斌等皆为佛教史上的高僧,道宣《续高僧传》有载。法侃、灵润闻知灵岩寺僧人德行清肃,前来修习。灵润以行般舟三昧而得名,后来唐代又在灵岩寺重启镇国般舟道场。隋炀帝、诸葛颖等也曾至灵岩寺游览,并留有诗作。

唐代灵岩寺进入较为兴盛的局面,碑刻实物渐有传世遗存。慧赜、慧崇、从惠的事迹,碑文有简短记载。麟德二年(665),唐高宗与武则天封禅泰山,驻跸灵岩,此时灵岩寺已成为帝王前往泰山途中的一个重要驿站。寺内现存较早记载僧人生平的碑刻,为唐代垂拱四年(688)的《慧赜塔记》。慧赜师承何处及传法宗派不详。原塔由其弟子顺贞、普超等建造,今无存。

《宋高僧传》记载，禅宗北宗神秀的弟子降魔藏，受神秀指引前来泰山地区弘法，被认为是"金舆谷朗公行化之亚也"[①]。可见其影响范围之广，足以与僧朗相媲美。降魔藏率先在灵岩寺兴起坐禅饮茶之风，逐渐在北方铺衍开来。慧崇大概是唐代开元天宝年间的僧人，灵岩寺现存其单层方形石塔，塔前壁刻明代紫柏真可的诗句，"崖树犹含天宝色，西风落叶不胜秋"。马大相《灵岩志》称慧崇将寺址从甘露泉西移至御书阁处，在灵岩寺历史上居功甚伟。

唐代灵岩寺般舟殿的小龙虎塔造型独特，始建于开元二十三年（735），是华北地区龙虎塔的典型。刘善沂、王晶在《山东佛教史迹》一书中，将灵岩寺小龙虎塔命名"王处造塔"，检阅石刻文字，应作"王处简造塔"。临淄郡王处简造此塔，在远行前求佛菩萨保佑，希望能生还本土。宋天禧元年（1017），石塔在寺主琼环的主持下重建。灵岩寺尚存其他小龙虎塔散石，或嵌于辟支塔内，或收入库房。库房内小龙虎塔残石为塔身部分，上刻《佛说观无量寿经》第十观、十一观、十六观等内容，版本与敦煌写卷 BD01276 的唐代写本接近。

天宝元年（742）李邕撰书《灵岩寺碑颂并序》碑，书法造诣极高。该碑下部已残，揭示了法定是晋宋之际来灵岩修行的第一人，并记录了不少唐时住灵岩寺的僧人名姓，对于佛教史研究是有益补充。

著名的译经僧义净是济南人，应该到过灵岩寺。义净年幼时，跟随济南神通寺善遇、慧智两位师父出家，后西行求法，携回大量梵文经本、舍利等，受到当朝皇帝武则天的礼敬。义净在《南海寄归内法传》中三次提及灵岩寺，食坐小床、便利之事与避其酒过，反映出灵岩寺在唐代初期传承有古法、戒律谨严的特点。义净对这座家乡的著名寺院，推崇备至。

唐武宗会昌年间（841—846）施行灭佛政策，灵岩寺遭到毁灭性打击，山下寺院几乎无存，山顶证明功德龛"微有薰残"，损坏不大。唐宣宗大中五年（854），寺主从惠、僧人子儒等，率领信众重修方山证明功德龛。牟玙撰写《修方山证明功德记》，不仅介绍了寺主从惠重建寺院之事，还记载了

---

[①] （宋）赞宁：《宋高僧传》卷8，《大正藏》第50册，第760页。

两则神异事迹，皆为宣扬佛法，证明彼岸世界真实不虚，对于灭佛后聚揽信众有一定助益。

三，宋金时期的十方灵岩寺。宋代初年灵岩寺住持传承采用甲乙制，即住持僧人示寂或引退后，由同门师兄弟或者自己弟子接任寺主。可以看出，甲乙制寺院传承较为保守，外系僧人一般不太可能取得掌寺地位。如同出一脉的延字辈、琼字辈、惠字辈、重字辈等僧人，均先后主掌灵岩。

北宋前期灵岩寺的谱系传承，主要体现在陀罗尼幢中。后唐行諲等建造的大随求陀罗尼幢，是灵岩寺现存唯一刻有大随求陀罗尼真言及七小真言的经幢。行諲、延达、琼环、琼信、惠鉴，生前或殁后均建有佛顶尊胜陀罗尼幢。延达、延义、延珣、延嵩等为同门，都曾担任讲经说法之职。据延达《佛说尊胜陀罗尼真言启请并序》（985）可知，当时寺院主体为延字辈与琼字辈僧人，代表弥勒信仰的《上生经》、法华信仰的《法华经》，以及唯识宗《百法论》，寺僧皆有讲授。

延珣少时由主僧志雅传法，而志雅师承行諲，一脉相承。延达门下琼字辈僧人有琼辩、琼琎、琼环等，延珣门下弟子则有琼因等。延珣示寂后，琼因等人为他建立卵塔，今存灵岩寺西偏墓塔林、慧崇塔侧。灵岩寺以外的其他寺院，亦多有延字辈僧人住持。琼环作为延达的传法弟子，后来担任灵岩寺住持。琼环带领僧人创建五花殿、千佛殿等，讲经说法，品行高尚。示灭后，由弟子重皓、重才等为其建立塔幢。琼字辈其下为重字辈，赐紫僧重净后任一寺之主。惠字辈的僧人在灵岩寺也占据重要地位，如惠海、惠鉴等。根据《惠鉴塔幢》末尾题名，重净是惠鉴的师侄，因此惠字辈应与琼字辈平辈。马大相《灵岩志》、王荣玉等主编《灵岩寺》及马继业《灵岩寺史略》等著作，均将琼环与重净视作一人，认为"琼环"是重净的号，于此可知其误。

宋神宗熙宁年间（1068—1077），灵岩寺由甲乙制改为十方寺院。不拘于一宗一派的门户之见，由中央或地方官员延请各地有德高僧主持寺院，打破了同门相承的选任方式。这也标志着政府开始介入地方寺院的管理，并将其纳入统一管辖，大型寺院住持的任命权随之收为官方。十方体制的确立，表明灵岩寺的管理模式更加开放，各地德才兼备的高僧经众人推举、官方任命，即可任职灵岩住持。

灵岩寺改制后，较早住持的僧人永义，因"浮浪聚集"，以专事戒行为由，不满一年离任。行详接替永义住持灵岩，请求敕赐十方灵岩寺牒，以此震慑浮浪之徒。从行详请封的敕牒内容看，地方寺院对于朝廷钦派的住持并不完全认可，因此导致永义对灵岩寺本地僧人难以实现有效管辖。无论永义还是行详，都是奉圣意从京城开封而来，敕差灵岩住持。永义持律谨严，行详以擅长讲《圆觉经》而闻名，皆是名重一时的高僧。永义、行详与当朝士大夫交好，现在仍保留了许多官员为其作的送别诗。据党怀英的《十方灵岩寺记》来看，行详在灵岩寺住持的时间最多亦不超过三年。

熙宁六年（1073），云门宗仰天元公担任灵岩寺第一代住持，开启了灵岩寺代际传承体制。仰天元公即文慧重元，乃云门中兴之祖雪窦重显嫡孙，嗣法于天衣义怀门下，先后住持青州仰天寺、济南灵岩寺、广济寺、天钵寺等，一时为文人高官所重。其弟子元丰清满、善胜真悟等在华北地区行化，传播云门宗教义。仰天元公之后的数代住持情况不明。鉴和尚、净照仁钦是此后较早住持灵岩的。仁钦为寺院贡献颇多，刻《楞严经偈》、修崇兴桥、作《五苦颂》、告诫小师勤奋修行等。其后在灵岩寺住持的僧人主要是临济宗黄龙派与曹洞宗。

重确正觉是黄龙慧南的嗣法弟子，由苏轼作疏文专门礼请至灵岩寺住持，另外，与蔡卞等文人有交往。自第八代妙空净如开始，灵岩寺墓塔林的碑铭逐渐系统化，僧人的生平经历开始明朗。妙空住持时，大力弘扬观音信仰，以法定祖师为观音化身，影响甚大。四方信众前来礼谒、求雨、留题者，络绎不绝。后来法云在妙空的基础上，继续宣扬观音托相法定之说，画像立碑。重确正觉、妙空净如、定光道询、寂照法云等，皆属临济宗黄龙派，嗣法师承有据可查。

最早在灵岩寺传播曹洞家法的是第十一代住持大明法宝。法宝最初学法临济宗祖荣，苦参不得，后受曹洞宗青州希辩印可。灵岩寺现立两通开堂疏碑，分别为山东东路转运司、济南府请法宝开堂而作。法宝弟子惠才与王山觉体，皆在灵岩寺入门。后来惠才成为灵岩第十七代住持，继承曹洞宗衣钵。浦涤嗣法惠才，受平章政事蒲察通疏请开堂。除惠才之外，灵岩寺在第

12—24代之间的住持，墓塔林未见专门立碑作传。

法仁与广琛分别为第十九、第二十代住持，其中广琛为临济宗人。广琛住持时，结交达官仕宦、守护常住寺产、厘定灵岩寺史，为灵岩寺做出重要贡献。

四，元代曹洞宗大盛。法宝传法王山觉体，觉体传法雪岩满，万松行秀在雪岩满门下受记印可。金元之际的万松行秀，开启了元代灵岩寺枝繁叶茂的僧人传承谱系。以嗣法行秀的雪庭福裕与林泉从伦等为代表，分别形成两条相对独立的曹洞宗传法体系，并各自有字辈传承系统。雪庭继承了万松在京城的重要地位，总领释教事。后开创七十字辈谱系，元代百年间基本以"福慧智子觉"辈弟子为主。河南少林寺、山东灵岩寺、北京万寿寺等曹洞宗寺院，都有该系弟子遍布。

林泉从伦、清安德方、复庵圆照，嗣法万松行秀，本系弟子所用辈分有别于雪庭系。林泉系的字辈传承，有"正思惟妙"等排序。雪庭系与林泉系的弟子，在曹洞宗为主的寺院占据绝对地位，迭相住持元代少林寺、灵岩寺等。灵岩寺从第二十五代至四十一代的曹洞宗僧人，大部分在墓塔林立碑建塔，生平经历及传承脉络清楚。伴随十方制而产生的，是僧人生前住持不同的寺院，圆寂后，弟子便在其住持的寺院安放舍利，建塔立碑。因此同一僧人便在不同的寺院可能皆有碑塔存世。结合河南少林寺、嵩山法王寺、北京戒台寺等地留存的碑刻，可以对僧人的生平作进一步考订。

雪庭系的僧人住持灵岩，当从福裕的弟子足庵净肃算起。足庵随侍雪庭多年，为灵岩寺第二十八代住持，第三十三代古岩普就受其印可。提点智举出自足庵门下，为保护寺产做出重要贡献。智举的落发小师子津、子挥等人，日后成为灵岩寺的知事。古岩普就的嗣法门人有第三十五代住持无为法容、第三十九代息庵义让等，二人皆担任过灵岩寺与少林寺住持，有塔铭存世。子贞受古岩普就落发，为灵岩寺购置田地、充实寺产，改塑法定祖师塔像，使灵岩寺的墓塔林渐成规模。

林泉系僧人在灵岩寺亦有不少，林泉从伦、清安德方、复庵圆照之下皆有传人。桂庵觉达嗣法林泉，两次出任灵岩住持，为灵岩寺第三十一代嗣祖沙门。第四十代住持定岩德慧受觉达印可，第四十一代方山思璧也于觉达门下出家。桂庵、定岩师徒文辞俱佳，灵岩寺存世的许多碑刻，都是在二人的推动下立成的，为研究灵岩寺以及北方曹洞宗的历史传承，带来了极大的便利。方山思璧后赴京城，受报恩寺无为印可，主持奉福寺。为奉养母亲，返乡任灵岩寺住持。清安门下受记的灵岩住持有第二十九代月泉同新、第三十代宝峰顺禅师。同新塔铭在济南灵岩寺、北京戒台寺两处均有留存。林泉从伦撰写戒台寺塔铭，后人误以为同新是林泉的法嗣，导致此前史籍的差误。正广也是清安德方的门人，赴杭州南山普宁寺取得大藏经，载舟而返。第三十四代住持涌泉智慧受宝峰顺印可。思让、思泉、思亨等人，是早年随宝峰顺落发的小师。复庵门下受记的灵岩寺住持有第二十六代广福、第三十二代月庵福海。月庵福海住持华北五处寺院，嗣法门人众多，寂后灵骨分五处建塔。

　　宗统与法统是贯穿当时宗派传承的两条主线。这个概念最早是研究少林寺的叶德荣先生提出。本书主要依据灵岩寺的情况进行分析，其传承方式与少林寺相似。宗统是指按字辈传承而形成的体系，从僧人出家时赐予的法名可知。法统则取决于悟道时所受印记、付以衣颂之人。僧人受印后，方能开堂住持寺院，所传宗派与授记的师父相同，其弟子字辈亦为授记师派系的字辈。因此，判定一名僧人属于何种宗派，并不取决于他的出家师，而是付法师。通常，未受印可的僧人不具备开堂住持寺院的条件。如灵岩寺涌泉智慧，出家时随雪庭系的足庵净肃落发，法名取智字辈；成年后受林泉系宝峰顺印可，智慧法名虽不作更改，但是落发小师皆为林泉系惟字辈。也就是说，出家时的宗统不必然就是日后所依的法统。

　　以上便是本书所述的主要内容。作为研究灵岩寺以及山东佛教史的开端，仍有许多课题需要继续展开，有待深入。主要有如下方面：

　　第一，灵岩寺现存碑刻数量很多，历史上遭受破坏者更甚。虽然依据各地所存的拓片进行核校补缺，但是难免会有遗漏。本书选录的碑刻年代绝大部分为明代之前，采取应录尽录的原则，争取竭泽而渔。个别碑刻有后世题记者一并附录。墓塔林内多数墓塔与碑刻是以成对形式建立的，即同一僧人既有寿塔又有碑铭，文物保存完好。但是仍有相当一部分僧人圆寂之后，弟子门人未予立碑建塔，或只建塔而未立碑，佛教史资料残缺不全。当然，也存在只有碑刻而未见到寿塔的情况。

第二，金元时期灵岩寺住持赴多地任职，圆寂后于各寺分舍利建塔。弟子多感念师德，为其请铭。因此，灵岩寺的住持，不仅在本寺有记载生平的碑文，可能也在其他寺院也有保存。对于这些塔铭，还需实地调研并加以考证。本书仅就个别住持、寺院展开讨论，如息庵义让、月泉同新、古岩普就等，但是仍有散落在各地寺院的碑刻，未能详细考察。佛教史研究是整体的，每一个僧人、每一所寺院都是不可或缺的组成部分。将单个元素连接起来，才能使整个佛教史研究打开新局面，如此尚需假以时日方能完成。

第三，纸本文献中僧传、语录的研究与利用。以上所提及的两点是就碑刻实物讨论的，在佛教史研究中，宋以后的高僧传记有待深入研究。汤用彤在点校慧皎《高僧传》的基础上，对魏晋南北朝佛教史作了细致的研究梳理，终成《汉魏两晋南北朝佛教史》。就目前的佛教史研究，明代明河《补续高僧传》、民国喻谦《新续高僧传》等资料，尚未能充分利用。这些高僧传记载的僧人传记史实，多是直接取材于碑刻塔铭，或进行改写。对它们进行比较研究，可以更好地认识佛教史的发展进程。本书对僧人语录的研究也是较为薄弱的一项。众所周知，后世禅宗语录多晦涩难懂，机锋对答又如羚羊挂角，无迹可求，非身在其中难会其意。加之历代传抄可能有误，准确传达语录中的佛法大意仍有难度。

第四，佛教史研究并非孤立于正史之外的。著名的佛教史家汤用彤、任继愈，以及日本镰田茂雄等前辈，在撰写佛教史时，各种材料的运用如信手拈来，这当然基于他们深厚的史学功底与对资料掌握的娴熟程度。与前辈们相比，笔者学资有限，尤其涉及正史中的天文历法、职官制度、行政区划、政令公文等问题，均是本书的薄弱之处。因此，将佛教史与正史等各类资料相结合，也是接下来需要继续努力的方向。

# 附　录

## 1. 灵岩山图[①]

---

[①] 见金棨《泰山志》卷4"图考",嘉庆六年(1801)刻本。

## 2. 历代住持[①]

| 年代（任次） | 名号（生卒年） | 宗派 | 灵岩寺任期 | 相关碑文 |
| --- | --- | --- | --- | --- |
| 晋宋之际 | 法定 | | 420 等 | 《灵岩寺碑颂并序》 |
| 唐 | 慧颎 | | （？—688）等 | 《慧颎塔记》 |
| 唐 | 降魔藏 | 禅宗 | 开元 | |
| 唐 | 净觉 | | 742 等 | 《灵岩寺碑颂并序》 |
| 唐 | 慧崇 | | 天宝 | |
| 唐 | 从惠 | | （851—854）等 | 《修方山证明功德记》 |
| 后唐、后晋 | 行諲 | | （928—945）等 | 《行諲残幢》 |
| 北宋 | 志雅 | | | 《故禅师珣公卯塔记》 |
| 北宋 | 延达 | | 985 等 | 《佛说尊胜陀罗尼真言启请并序》 |
| 北宋 | 延珣（934—999） | | （？—999）等 | 《故禅师珣公卯塔记》 |
| 北宋 | 琼环（961—1024） | | 1017 等 | 《寺主琼环塔幢》 |
| 北宋 | 琼惠 | | 1037 等 | 《寺主琼环塔幢》 |
| 北宋 | 惠鉴 | | （？—1051）等 | 《惠鉴塔幢》 |
| 北宋 | 重净 | | （1051—1061）等 | 《惠鉴塔幢》《灵岩千佛殿记》 |
| 北宋 | 永义 | | 1069—1070 | 《敕赐十方灵岩寺碑》 |
| 北宋 | 行详 | | 1070 等 | 《敕赐十方灵岩寺碑》 |
| 代际传承 | | | | |
| 第1代 | 文慧重元 | 云门 | 1073 等 | 《十方灵岩寺记》 |
| 北宋 | 鉴和尚 | | 1077 等 | 《灵岩鉴和尚招游赋赠》 |
| 北宋 | 守载 | | 1079 等 | 《留题灵岩寺七言一首兼简载师长老》 |

---

① 祖生利博士论文《元代白话碑文研究》有元代住持列表。

续表

| 年代（任次） | 名号（生卒年） | 宗派 | 灵岩寺任期 | 相关碑文 |
| --- | --- | --- | --- | --- |
| 北宋 | 重确正觉 | 临黄 | 1080 等 | 《盛陶诗刻》 |
| 北宋 | 净照仁钦 |  | 1101—1111 | 《楞严经偈》《住灵岩净照和尚诫小师》 |
| 第 8 代 | 妙空净如（1073-1141） | 临黄 | 1114—1141 | 《妙空禅师塔铭》 |
| 第 9 代 | 定光道询（1086-1142） | 临黄 | 1141—1142 | 《定光塔铭》 |
| 第 10 代 | 寂照法云（1103-1148） | 临黄 | 1145—1148 | 《寂照禅师塔铭》 |
| 第 11 代 | 大明法宝（1114-1173） | 曹洞 | 1149—1150 | 《宝公禅师塔铭》 |
| 金 | 裕显 |  | 1151 等 |  |
| 金 | 法琛 |  | 1156 等 | 《李山登证明殿诗》《释迦宗派图》 |
| 第 17 代 | 惠才（1120-1186） | 曹洞 | 1173—1178 等 | 《才公禅师塔铭》 |
| 第 18 代 | 浦涤 | 曹洞 | （1183—?）等 | 《宿灵岩寺诗并记》《涤公开堂疏》 |
| 第 19 代 | 法仁 |  | 1187 等 | 《才公禅师塔铭》 |
| 第 20 代 | 广琛 | 临济 | 1192—1196 等 | 《灵岩寺田园记》《十方灵岩寺记》 |
| 金 | 明远永杲 |  | 1212—1213 等 | 《灵岩寺赋》 |
| 元 | 止庵 |  |  | 神通寺《通理妙明禅师淳愚长老云公之碑铭》 |
| 第 25 代 | 清安德方（1205-1281） | 曹洞 | 1255—1260 | 《清安禅师方公塔铭》 |
| 第 26 代 | 广福（1228-1282） | 曹洞 | 1260—1269 | 《福公禅师塔铭》 |
| 第 28 代 | 足庵净肃（1234-1289） | 曹洞 | 1274—1282 | 《肃公禅师道行之碑》 |
| 第 29 代 | 月泉同新（1220-1285） | 曹洞 | 1269—1273；1283—1285 | 《新公禅师塔铭》《故月泉新公禅师虚塔》 |
| 第 30 代 | 宝峰顺 | 曹洞 | 1286—1291 | 《慧公禅师碑铭》 |
| 第 31 代 | 桂庵觉达 | 曹洞 | 1292—1298；1311—1314 等 | 《达公禅师道行之碑》 |

续表

| 年代（任次） | 名号（生卒年） | 宗派 | 灵岩寺任期 | 相关碑文 |
| --- | --- | --- | --- | --- |
| 第 32 代 | 月庵福海（1242—1309） | 曹洞 | 1298—1302 | 《海公禅师道行之碑》 |
| 第 33 代 | 古岩普就（1242—1318） | 曹洞 | 1302—1309 | 《就公禅师道行之碑》少林寺《古岩就公禅师道行之碑》 |
| 第 34 代 | 涌泉智慧 | 曹洞 | 觉达后 | 《慧公禅师碑铭》 |
| 第 35 代 | 无为法容（1283—？） | 曹洞 | （1322—？）等 | 《无为容公禅师塔铭》 |
| 元 | 古渊智久 | | 1326—1331 等 | 《舍财记》《泉公首座寿塔》 |
| 第 39 代 | 息庵义让（1284—1340） | 曹洞 | 1333—1336 等 | 《息庵禅师道行碑记》少林寺《息庵禅师道行之碑》 |
| 第 40 代 | 定岩德慧 | 曹洞 | 1335—1348 | 《慧公禅师道行之碑》 |
| 第 41 代 | 方山思璧 | 曹洞 | 1348—1351 等 | 《方山璧公禅师寿碑》 |
| 元 | 灵泉 | | 1355 等 | 《张士明题灵岩寺诗》 |
| 明 | 晋溪慧才 | | 1364—1372 等 | 《户部尚书熊公题灵岩禅寺诗》《方山璧公禅师寿碑》 |

## 3. 寺院年表

**晋代**

前秦皇始元年（351），僧朗入泰山、居昆仑山金舆谷，为山东佛教的始祖。

晋宋之际（约420），法定禅师实际创立灵岩寺。

**北魏**

正光元年（520），明法师创建神宝寺。

**隋代**

隋炀帝谒方山灵岩寺，留诗"梵宫既隐隐"。诸葛颖和诗。

**唐代**

永徽元年（650），大沙门灵智、清信士刘善行等建长明灯台。

麟德二年（665），唐高宗、武则天封禅泰山，驻跸灵岩。

垂拱四年（688）四月，童子顺贞等为慧赜禅师立塔。

开元十三年（725）十月，比丘僧灵范造石灯台一座。

开元二十年（732）十二月，历城县令皇甫诠写一字王咒，典座智海记于鲁班洞。

开元二十三年（735）七月，王处简等造小龙虎塔。

开元二十四年（736）十月，□子寰篆并书《大唐齐州神宝寺之碣》，首次提出明法师正光元年（520）建神宝寺。僧普解、法海、惠深等立石。

天宝元年（742），李邕撰并行书《灵岩寺碑颂并序》，文中指出晋宋之际法定禅师于此尝行兰若。碑文中的"辟支佛牙，灰骨起塔"是灵岩寺建辟支塔的最早证据。

天宝二年（743），馆陶张凤敫书小龙虎塔塔铭，日照孟惠超、崔子峻庄塔供养。

长庆元年（821）四月，李澧等在灵岩寺功德佛龛题字。

长庆二年（822）十二月，僧神祐在灵岩寺功德佛龛题字。

长庆四年（824）正月七日，平卢监军等在灵岩寺建灵塔院。十五日，天蓼茶院孙友用等至灵岩寺。

大和六年（832），灵岩寺请南灵台山禅大德僧□方诣阙，进灵岩寺图，请圣旨再起置镇国般舟道场。

会昌五年（845），唐武宗灭佛，天下寺院、兰若多有毁坏，灵岩寺功德龛佛像微有薰残。

大中五年（851），主僧从惠奉旨于旧址再建精舍，起立寺院。

大中六年（852），杭州盐官县僧人子儒，以金彩装饰证明功德龛。

大中八年（854）四月，牟珰撰《修方山证明功德记》，鹿继宗书。

**后唐**

天成三年（928），主僧行□、典座僧崇智等建大随求陀罗尼幢一所。

清泰三年（936），僧人智璋等在功德顶题名。

**后晋**

开运二年（945），寺主行諲亡故，门人志雅等为其建立墓幢。

**北宋**

雍熙二年（985）六月，主僧延达建造《佛说尊胜陀罗尼真言启请并序》经幢，陈瑀书，黄莹刊石。

咸平二年（999）九月，琼因等为延珣建塔，有《故禅师珣公卵塔记》。

景德四年（1007）后五月，灵岩寺建尊胜幢。明永乐间（1360—1424）比丘通悟重立。

景德年间（1004—1007），灵岩寺受赐额"景德"。

祥符七年（1014），徂徕山光化禅寺赐号"崇庆"，与灵岩寺相为甲乙。

天禧元年（1017）五月，琼环等因修建事宜，于小龙虎塔东侧留题记。

天禧五年（1021），功德顶周忠范等题名。

天圣二年（1024）四月，灵岩寺僧人申请官府确认本寺四至地界。十月，琼环亡故，弟子重才、重皓等建尊胜陀罗尼幢。

天圣三年（1025），灵岩寺建尊胜幢。

天圣年间（1023—1032），灵岩寺有杜尧臣《留题灵岩寺》诗，至和年间彭寿上石。李迪游灵岩寺。

景祐四年（1037）二月，灵岩寺僧众建造琼信塔幢。

庆历三年（1043），张公亮任长清县尉。

皇祐三年（1051），文滕等为惠鉴建立塔幢。

皇祐四年（1052），赐紫僧重净等建立《佛顶尊胜陀罗尼经》真言经幢。

至和二年（1055），社头王延浩、会首苗仁政等一干人，至灵岩寺供僧。

至和年间（1054—1056），重净请张公亮作《齐州景德灵岩寺记》。

嘉祐二年（1057）三月，灵岩寺重修辟支塔并题名若干。

嘉祐三年（1058）四月，辟支塔题名若干。

嘉祐五年（1060）三月，王逵作《灵岩千佛殿记》。

嘉祐六年（1061）六月，《灵岩千佛殿记》碑由京兆府普净禅院赐紫沙门神俊书并题额，灵岩寺住持赐紫沙门重净立石，郭庆、郭庠镌字。七月，张揆《留题灵岩寺》诗，由住持重净立石，神俊书，郭庆刊。同年，赐紫僧重净等建继公塔幢。

治平年间（1064—1067），僧人惠从由钱塘搭乘李公颜父亲之船，运卢舍金像归灵岩。

熙宁二年（1069）七月，张揆作《诗送新灵岩寺主义公上人》，送别永义任职灵岩寺。

熙宁三年（1070）八月，行详代替永义担任灵岩寺住持，立敕牒碑。灵岩寺由甲乙制改为十方寺院。八月十六日，王安石、蔡延庆等朝贤皆有送别诗。九月，张揆赋侍《诗送敕差灵岩寺主大师详公赴寺》。冬月，都维那头李宗平首创千佛殿内西第十一尊铁铸罗汉。

熙宁六年（1073），仰天元公前来唱道云门宗，为灵岩寺初祖，开启灵岩代际传承体制。十月，秘书丞韦骧、著作佐郎张谔等过宿灵岩，并于石柱题名。

熙宁八年（1075），裴士杰游灵岩寺，刻字敕牒碑侧。

熙宁九年（1076）十月，孔舜思有留题灵岩寺诗，智岸正书。

熙宁十年（1077）三月，张会宗有留题赠灵岩鉴公禅师诗。

元丰二年（1079）正月，鲜于侁作《留题灵岩寺七言一首兼简载师长老》，住持守载立石。并于同日请苏辙书旧作《题灵岩寺》诗"青山何重重",付灵岩寺僧。

元丰三年（1080）十月，盛陶寄灵岩寺住持确公长老诗三首。李公颜游灵岩寺，作金像题记。王临飞白书"灵岩道场"四大字。

元祐三年（1088），长清王揆题名于灵岩寺功德顶佛座。王摭题名于千佛殿碑阴。

元祐四年（1089）五月，姚允之作《题灵岩三绝句》。十月，卞蒙叔、高思道同游灵岩寺。

元祐五年（1090）三月十五日，阳丘夏侯致、夏侯通从泰山祭祀后，至灵岩寺游览证明功德顶、绝景堂。二十八日，宛亭卞作《留题灵岩古诗十韵》，王璞书。

元祐七年（1092）十月，蔡安持题诗称灵岩寺"四绝之中处最先"。卞育游灵岩寺，作《游山诗》，认为灵岩寺"四绝中最幽"。

绍圣四年（1097）三月，夏安游览灵岩寺，其子大韶、大幸、大本等随侍。

绍圣五年（1098）三月，新滑州白马县主簿李侃，书李迪诗《大丞相文定公游灵岩诗》，再刊于石。

绍圣年后，灵岩寺无人住持，原朝廷所定地界内土地被王冲贤等人典卖。

元符二年（1099）十二月，蔡卞书《楞严经》卷六偈语。

建中靖国元年（1101），宋徽宗即位后，诏仁钦为灵岩寺住持。八月，仁钦撰并行书《灵岩寺三十二景诗》。十一月，蔡卞续书《楞严经》卷三偈语。仁钦等寺僧建献殿、御书阁、项泉轩、绝景亭，重修证明功德殿。

崇宁初，妙空至开封，担任净因惟岳的侍者。后住汝州南禅寺。

崇宁元年十一月，齐迅施刻蔡卞《楞严经偈》于灵岩寺，仁钦立石。

崇宁二年（1103），□阳吉在灵岩寺巢鹤岩题名。

崇宁三年（1104），东京孙安静于灵岩寺观音洞题名。

崇宁五年（1106）四月，吴拭任职历下，于灵岩寺供佛饭僧，得知与住持仁钦是同乡，作诗三首。灵岩观音洞东川□□题名。

大观元年（1107）三月，高颖公实携家游灵岩寺。十月，仁钦主持修建崇兴桥。

大观二年（1108）春，开封郭季恩警捕方山，长清李胜之、董元康、居中同游。

大观二年（1108）八月，郭思由泰山至灵岩，听闻仁钦大法眼秘密印，作《游灵岩记》。九月，崇兴桥建成，郭思撰《崇兴桥记》，住持仁钦立石。

大观三年（1109），仁钦立唐太宗亲笔所书"御书阁"碑，篆书《心经》。皇沂、李导等在灵岩山观音洞题名。

大观四年（1110）二月，东原龚柏诚，及其弟龚彦质、龚彦承，同来灵岩寺。八月，比丘海补立仁钦《五苦之颂》碑。仁钦作十二时歌、十二景诗。[①] 郑秉德题名。

大观年间（1107—1110），开封人等在观音洞题名。

政和元年（1111）三月，太宁夫人韩氏一行朝拜泰山后，游灵岩，登后山证明殿，其孙曹洙奉命题记。七月，仁钦自灵岩寺退，书偈诫小师。道询受戒于扬州开元寺。

政和三年（1113）九月，杜绾、裴秀回、刘永、施经、里仲寿、沈邦杰，僧广先、智思登证明台，沈邦杰留题。

政和四年（1114），妙空担任灵岩寺住持。

政和五年（1115）四月二十一日，县令赵子明在法定圣像前祈雨，雨即至，后诣灵光谢雨。监寺昭戒立石。二十二日，李彦温正书"绝景亭"三字。

政和六年（1116）闰正月，李尧文从汶至东武，朝拜泰山后至灵岩，礼观音像，登证明龛留题。四月，宋少居作《留题灵岩寺》诗，刘公度次韵。

政和七年（1117）正月，张劢来守济南，于灵岩观音道场留题，以彰其实。三月六日，东阿高若虚携家游览灵岩道场。十四日，博州崔大防、周君度登证明龛，留题观音洞。四月，汶阳梁西均挈家来游灵岩寺，于观音洞题名。博州杨昇、杨善到观音洞并留题。

政和八年（1118）六月，王晙被旨特许到济南营治亡妣下葬，道经灵

---

[①] 仁钦"十二时歌"与"十二景诗"皆未见原碑。马大相《灵岩志》有"十二景诗"，未见"十二时歌"。顾炎武《金石文字记》卷6存其名，《顾炎武全集》第5册，上海古籍出版社2012年版，第402页。金棨《泰山志》转引顾说，将"十二景诗"改为"政和元年"。

岩，礼观世音，设僧供请住持妙空净如升座。

宣和元年（1119）三月，何亭玉等留题灵岩山顶石龛。张端至灵岩寺，登证明龛，留题敕牒碑侧。

宣和二年（1120）三月，税户孙东元题名巢鹤岩。

宣和四年（1122）四月三日，清平李唐臣等留题观音洞。初五，河间李咸、济南张永同游灵岩。同日，北海王揲及弟王掖拜谒岱宗后，游览灵岩。

宣和五年（1123）二月，朱济道书呈妙空七绝诗二首，小注提出"法定禅师乃观音化身"。四月至七月，妙空率众在祖师塔东侧，建海会塔。八月，慈书记为妙空写真，妙空作《自题像赞》。

宣和六年（1124）三月，杜钦况作《灵岩行》。八月，宋齐古施灵岩寺五百罗汉，张克下记文，妙空上石。

宣和七年（1125）六月，抗金将领王渊至灵岩寺，访妙空净如，后返回历下。

宣和八年（1126）六月，王渊在灵岩寺般舟殿题名。

靖康元年（1126），空明居士于茌平李时陞家得苏辙《题灵岩寺》墨本，再次上石并跋，住持妙空。灵岩寺僧人据天圣二年（1024）的碑文状告王冲贤等侵冒。高直臣题名。

靖康二年（1127）正月，长清宰赵邦美等人游灵岩寺，并题名功德顶石龛。赵令住在千佛殿碑阴题名。

北宋时，陈恬作诗送南禅和尚住持灵岩。

**南宋**

建炎二年（1128），薛太尉迎道询至军中。

**伪齐**

阜昌二年（1131）三月，按大王钧旨返还灵岩寺地土。四月，智深等立《口建常住地界公据》碑。

阜昌六年（1135）五月，道询应府帅刘择可疏请，至济南普照寺住持。

**金代**

天眷三年（1140），法宝于磁州寂照庵受具足戒。

皇统元年（1141）六月，第八代住持妙空净如示寂，居灵岩二十八年。

九月,道询继任灵岩寺住持,开堂演法。

皇统二年(1142)春,道询请退。五月,李坚仲、靳彦弼、田太初等同谒定光道询。六月,立《妙空禅师塔铭》;二十四日,第九代住持道询圆寂。十月,陕西诸路转运使刘益为之立石。惠才依智昭受具足戒。

皇统三年(1143)八月,监寺义由为《妙空禅师自题像赞》作跋文。

皇统五年(1145)春,杨野宿灵岩寺。

皇统六年(1146)八月,住持法云立《婺州双林傅大士十劝并梵像》碑,书记义由书,雍简画,胡宁镌。

皇统七年(1147)三月,济南府推任瀛作诗呈法云,监寺子方上石。七月,陈寿恺作《济南府灵岩寺祖师观音菩萨托相圣迹序》并书,住持法云立石,雍简画,胡宁镌。灵岩寺刻《云公禅师像》。法云重立陈师道《面壁像记》,维那宗安书,胡宁刊。

皇统八年(1148)五月,康渊作诗《赠灵岩西堂坚公禅师》,住持法云跋并立石。闰八月,第十代住持寂照法云圆寂。

皇统九年(1149)五月,山东东路转运使康渊立《寂照禅师塔铭》。八月,康渊、韩为股等劝请法宝为灵岩寺第十一代住持,分别立石《开堂疏》。

天德二年(1150),法宝接替青州希辩,住持仰山栖隐禅寺。惠才往侍之。

天德三年(1151)十一月,尚书户部断岳庙还灵岩寺山场,立《灵岩山场界至之图》碑,住持裕显书。

贞元三年(1155),法宝返回滏阳侍养祖荣长老。

正隆元年(1156)三月,中顺大夫李山登方山证明殿,留诗二首。四月,长清县尉焦希祖作为之跋文,住持法琛立石。五月,东平总尹张汝为携全家游灵岩寺。监寺法告立石,张诚刊。八月,法琛立《释迦宗派图》刻石。

正隆二年(1157)三月,刘德亨携家至灵岩寺饭僧。

大定二年(1162),南阳郡王张公买大明寺额,请法宝住持。

大定六年(1166),朝廷施天下山泽予贫民,独灵岩山得以保完。

大定十三年(1173)十月,法宝圆寂。

大定十四年（1174）七月，住持惠才等立《宝公禅师塔铭》。

大定十五年（1175）五月，惠才作《唐国公主祈嗣施资颂》，监寺宗旨立石。

大定十八年（1178）四月，惠才立"烟岚何处锁禅关"诗碑。六月，惠才作《山居吟诗》，监寺祖童、首座宗元立石。萧守中至灵岩寺题名。

大定二十二年（1182）秋，中宪大夫杨野再宿灵岩寺，作诗并记。

大定二十三年（1183）七月，第十八代住持浦涤将杨野诗文上石。九月，平章政事蒲察通疏请浦涤住持灵岩，开堂演法。

大定二十六年（1186），广方请山东西路转运使徐铎撰写第十七代住持《才公禅师塔铭》。

大定二十七年（1187）十一月，广方、宗旨、广琛等为才公立石，第十九代住持法仁劝缘。

明昌三年（1192），提刑司允许民众采伐灵岩山，第二十代住持广琛诉于部、省，得地十之一二。

明昌五年（1194）二月，冀州节度使路伯达和琛公超然亭韵，作七绝诗，住持广琛立石。十月，山东路提刑王珩和琛公超然亭韵，作七绝诗，广琛立石。广琛赴京师登闻院陈词，判返还灵岩寺土地。

明昌六年（1195）十月，周驰撰《灵岩寺田园记》，赵沨书，党怀英篆额，住持广琛立石。

明昌七年（1196）九月，党怀英撰书并篆额《十方灵岩寺记》；十月，广琛立石。

崇庆二年（1213）二月，住持明远永杲为完颜祯《灵岩赋》立碑，副寺僧义□化缘，志源书丹。

**元代**

太宗七年（1236）三月，冠氏帅赵侯、济河帅刘侯，与元好问等人游灵岩寺。

定宗三年（1248），清安住持束鹿真如禅寺。

宪宗三年（1253）春，海云印简疏请月泉同新住持鞍山慧聚禅寺。

宪宗五年（1255），东平严公疏请清安住持灵岩寺。刘秉忠再次疏请同新继续住持鞍山慧聚禅寺。

宪宗六年（1256）十一月，刘德渊作诗《游灵岩留题》，第二十五代住持清安命工刊刻。

宪宗八年（1258），月庵福海于山西翼城香云寺受具足戒。

中统元年（1260），严公请清安住持鹊里崇孝禅寺。广福继任灵岩寺住持。

中统二年（1261）六月，复庵圆照游灵岩寺并留诗。

至元二年（1265），古岩普就开始游方，访净土成禅师、林棠、宝积、云峰禅伯，又往鹊里崇孝禅寺谒清安。

至元四年（1267）八月，元世祖忽必烈赐白话圣旨给第二十六代住持广福、副寺正广，保护灵岩寺产；同时，总统赐号正广"普觉大禅师"。

至元六年（1269），广福迁住东府四禅寺。国师八思巴法旨疏请同新任灵岩寺住持。

至元十三年（1276），复庵住持大都万寿寺。古岩普就于顺德、大都两处受具足戒，蒙赐度牒。

至元十五年（1278），月岩永达至灵岩寺参住持足庵净肃。

至元十七年（1280），月庵福海住持嵩山法王寺。

至元十八年（1281）清明后，复庵圆照再游灵岩寺并留诗。八月，清安示寂。足庵住持大都万寿寺，月岩永达、古岩普就随侍，并得受衣颂。[1]

至元十九年（1282）四月，广福圆寂。六月，正安、正广、正闲等立《清安禅师方公塔铭》，住持净肃述并劝缘。十月，思纯等人立石《福公禅师塔铭》，净肃述。

至元二十年（1283），足庵净肃退席，月泉同新再次出任灵岩寺住持。[2]

至元二十二年（1285）春，耶律希逸请同新至济南观音寺结夏。五月，同新示寂。十二月，雷复亨撰第二十九代住持《新公禅师塔铭》，正广、正连等立石。奉圣州椵谷山龙岩禅寺疏请桂庵觉达开堂住持。

---

[1] 参据灵岩寺《就公禅师道行之碑》与少林寺《古岩就公禅师道行之碑》。少林寺《宣授少林住持达公禅师塔铭》称辛巳年（1281）足庵移住万寿寺。

[2] 参据灵岩寺《慧公禅师塔铭》。与上文就公道行碑时间不一致。

至元二十三年（1286），月庵福海受疏汝阳香山寺。宝峰顺公接任灵岩寺第三十代住持，涌泉智慧随众参扣。

至元二十四年（1287）四月，小师微谨、微润为监寺思固立塔。同年，住持宝峰顺与正广商议，认为受学之人须讲诵三藏，派正广至杭州往购。

至元二十五年（1288）七月，首座显信圆寂。

至元二十六年（1289）三月，正广从杭州普宁寺印藏经还，置寺之五花殿。觉达自龙岩禅寺退，返回燕京药师院。

至元二十六年（1289）九月，正泉等为首座显信立塔。

至元二十八年（1291），林泉从伦撰写《故月泉新公禅师虚塔》，存今北京戒台寺。

至元二十九年（1292），桂庵觉达任灵岩寺第三十一代住持。

至元三十年（1293）九月，林泉从伦撰《肃公禅师道行之碑》，住持觉达、监寺智锦立石，夏中兴刊。古岩普就诣灵岩寺，任首座。

至元三十一年（1294）五月，思金请左思忠撰文并立《广公提点寿碑》，住持桂庵觉达劝缘，夏友、夏明刊。八月，觉达将林泉诗作《拙偈奉赠灵岩彦通堂头》上石。十月，觉达将复庵此前游灵岩寺二诗刻石，夏中兴刊。

大德二年（1298），宣政院劝请月庵福海任灵岩寺第三十二代住持，为国焚修，祝延圣寿。

大德五年（1301）三月，左思忠撰《达公禅师道行之碑》，正闲书，思舍、思遵等立石，住持月庵福海劝缘，夏中兴刊并篆。

大德六年（1302），福海于灵岩寺退席，挂锡南阳丹霞山。古岩普就出任灵岩寺第三十三代住持。

大德七年（1303），福海自丹霞移锡香山寺。

大德八年（1304），福海受大都万寿禅寺疏请，十月登座。

大德九年（1305），福海蒙敕赐一万五千缗，王公贵族通共施二万缗。

大德十年（1306）三月，监寺思川立《灵岩平公管勾勤迹之铭》，由前住持觉达撰，思圆书，住持古岩普就劝缘。四月八日，灵岩寺下院神宝寺立皇帝圣旨碑，保护灵岩寺产不受侵犯，思川立石。

大德十一年（1307），智举诣朝廷陈告民占僧田一事，后赍领圣旨、皇太子令旨、帝师法旨回，总统所赐号"圆明广照大师"。古岩普就接圣旨、皇太子令旨，护持山门，总统所赐号"妙严弘法大禅师"。

至大元年（1308），严侯七衙公子疏请涌泉智慧住持鹊里崇孝禅寺。

至大二年（1309）正月，福海示寂，灵骨分置万寿、灵岩、香山、法王、丹霞五处建塔。

至大四年（1311）十一月，住持桂庵寄给智举偈语，期望能凯旋而归，"伫听春雷震地来"。

皇庆元年（1312）三月，颁赐圣旨与灵岩寺住持桂庵等人，以保护寺产。十一月，普就自封龙山禅房寺还灵栖庵。

皇庆二年（1313）四月，灵峰携思然所记行实，为月庵福海请铭于孙荣嗣。五月，少林寺知事持疏请普就出任住持。八月，思乾等立石《海公禅师道行之碑》，住持桂庵觉达劝缘，苏克珉等刊。十二月，觉达作《灵岩山门五庄之记》，王庭玉刊。

延祐元年（1314）九月，子贞请觉达撰《就公禅师道行之碑》，子彬、子谦等立石，住持觉达劝缘，苏克珉等刊。子津等立《举公提点寿塔》。十一月，少林寺立《少林开山光宗正法大禅师裕公之碑》，程钜夫撰，赵孟頫书，郭贯篆额，少林寺住持古岩普就、荣禄大夫陈颢立石，耶律德思刻。

延祐二年（1315）三月，就九曲峪内起立银铁冶一事，内史府李忠显前来宣读圣旨，思让等人至中坞店听旨。八月中秋，子明、子谅等为运公维那建立寿塔；惟兴、惟喜为宗公提点建立寿塔；惟松、妙湛等为教公首座建立寿塔。九月，颁发泰安州申准执照，并立碑。

延祐五年（1318）二月，就王元女婿侯得山侵冒灵岩寺地土一事，长清县颁赐思让等人执照。古岩普就圆寂。子贞赴万寿寺请灵峰思慧撰写普就少林寺铭文。六月，子荣等人立少林寺第十代住持《古岩就公禅师道行之碑》，思慧撰，陈颢篆额，子荣、子松等立石，张克让、李克坚等刊。少林寺监寺子安，将大都三禅会、河南府、登封县等三道请普就住持的疏文立石，张克让、李克坚等刊。

延祐六年（1319）五月，翰林直学士李之绍作《灵岩长明灯记》，昭信校尉高塔海、监寺智举立石，李克坚刊。

至治元年（1321），忽都虎郡王太夫人八达氏有诗作，"岩前松桧时时绿，殿上君王岁岁春"。

至治二年（1322），智举建水陆大会三昼夜，斋僧半万缗，布施数千。十月，泰安州劝请无为法容住持灵岩寺，监寺思川立石，李克坚刊。十一月，王二、惟超为添公副寺建塔。息庵开堂于洛阳天庆寺。

至治三年（1323）正月，众知事为善公山主建立寿塔。钓台文殊院请定岩住持。

泰定元年（1324），灵岩寺立圣旨碑。

泰定二年（1325），住持古渊智久立《运公首座长生供记》碑，李克坚刊。

泰定三年（1326）三月，寿公舍财重建般舟殿，书记恒勇书《舍财记》，监寺思川上石，住持古渊智久劝缘，李克坚刊。定岩住持嵩山法王寺。

泰定五年（1328）正月，山东东西道肃政廉访副史何约、承直郎前江东等道肃政廉访司经历张鹏霄留诗灵岩寺。住持古渊智久、提点思让、监寺思川立石，书记恒勇书，李克坚刊。

泰定年间（1324—1328），惟通为聚公院主建立寿塔。

致和元年（1328）八月，住持智久立塑像施主题名碑。

天历改元（1328），智举染疾而逝。

天历二年（1329）正月，住持古渊智久作《举公提点勤绩施财记》，李克坚刊。

至顺元年（1330）七月，住持古渊述《让公提点寿塔之铭》，书记恒勇书丹，惟崇、惟宁等立石，李克坚刊。子贞至灵岩寺，任大知事。九月，住持古渊作《勇公书记寿塔记》并劝缘，提点思让、监寺思川、提点子贞等助缘，显住、显恩立石，李克坚刊。十一、十二月，子贞买闲地一处，泰安州给执照。肥城空杏禅寺疏请涌泉智慧住持。

至顺二年（1331）六月，住持古渊智久作《大灵岩寺泉公首座勤绩记》，立泉公首座寿塔，书记海昌书，惟德、惟河等垒塔，李克坚刊。七月，智久作《亨公首座寿塔》，惟通、惟中等立石，李三山、苏八刊。十月，惟昌请嵩山法王寺觉亮撰写第三十四代慧公禅师碑铭，书记恒勇书，住持古渊智久劝缘，惟闻、惟俊等立石，李克坚刊。

至顺四年（1333）二月，张淑作《鄙语寄赠让公长老》，当山住持息庵义让、提点思川、监寺子贞上石。

元统元年（1333），子贞以己财创观音堂，庄严千佛殿与般舟殿，于祖茔改塑法定祖师。

元统二年（1334），少林寺请定岩于西堂结夏，后归嵩山法王寺。

后至元元年（1335），住持息庵义让计划建造外三门，具材庀役。义让迁少林，定岩住持灵岩寺。

后至元二年（1336），子挥请铭于前住持古渊，住持定岩书《圆明广照大师举公提点勤绩塔铭》；四月，子津、子挥等立石。十月，龙藏殿开工建造。定岩得赐"佛智明悟通理大禅师"。方山思璧住持万寿寺，休堂惟赞住持奉福寺。

后至元三年（1337），无为法容住持裕州维摩禅寺。子挥请退官门提点，改充监寺。

后至元四年（1338）三月，觉初、子贞请住持定岩撰写第三十五代《无为容公禅师塔铭》，书记野云书，觉初、觉增等立石，张克让、苏亨、苏子由等刊。五月，定岩撰《挥公提点塔记》，野云书，觉深、觉初等立石，张克让、苏子由刊。子贞受帝师法旨一道。

后至元六年（1340）四月，龙藏殿建成，总费二万三千余缗。五月，少林寺息庵塔建成；息庵圆寂。七月，少林寺胜安携息庵行实，请损庵撰写铭文，损庵推荐日僧邵元为之。太皇太后赐旨护持灵岩寺。

至正元年（1341）二月，张起岩撰《大元泰山灵岩禅寺龙藏殿记》，张蒙古台书，定岩立石，张克让、苏亨刊。三月，高良河大护国仁王寺国师管着儿咸藏颁赐灵岩寺大元国师法旨。少林寺立《息庵禅师道行之碑》，藏主法然书，损庵洪益篆额，子羲、觉道、觉谈等立石，住持无为法容，藏山、觉云刊。四月，觉奈等为洪公提点建塔。五月，女善人杜氏助财，小师觉如、觉言等为坦公副寺立塔。十月，镌施钞花名于龙藏殿碑阴。十一月，灵岩寺觉宗、觉际等立《息庵禅师道行碑记》，张克让等镌；定岩撰《明德大师贞公塔铭》，野云书并篆，觉山、觉喜等立石，张克让镌。

至正三年（1343）夏，文书讷与定岩商议为灵岩寺书写题名。十二月，僧家奴撰《书大灵岩寺碑阴记》，子挥、子贞、定岩等立石。

至正四年（1344）四月，文书讷书"大灵岩寺"碑立成。察罕晋书六字大明咒于延祐圣旨碑侧。

至正五年（1345），定岩受圣旨、国师法旨。

至正八年（1348），方山思璧住持灵岩寺。

至正九年（1349）春，方山思璧至京城，请雪涧法祯撰写定岩道行碑。四月，小师觉信、觉住等为津公禅师建塔。十月，惟玉、惟晋等建霭公提点寿塔。

至正十年（1350）八月，觉用等建敞公仓主寿塔。

至正十一年（1351）十月，第四十代住持《慧公禅师道行之碑》立成，住持方山思璧书丹、题额并劝缘，惟宏、惟润等立石，张仲谦、张惟敬刊。十一月，刻《方山璧公禅师寿碑》碑阴。

至正十三年（1353）九月，长清县尹张士明劝农至灵岩寺。

至正十五年（1355）正月，住持灵泉书张士明题灵岩寺诗，并立石。九月，国史院编修傅亨游灵岩寺并留诗。

至正十六年（1356）三月，傅亨重游灵岩寺并留诗。

至正二十四年（1364）春二月，户部尚书熊载携主事郭柔至灵岩寺游览。

**明代**

洪武五年（1372）秋，子缘、觉才、惟仙等立《方山璧公禅师寿碑》，住持晋溪慧才劝缘。

## 4. 碑刻录文

### 目　録

**凡例** ································································· 177

**唐代**

　　1. 唐石燈臺殘柱（650）························································· 178

　　2. 慧磧塔記（688）······························································· 179

　　3. 唐石燈臺基座題記（725）··················································· 180

　　4. 一字王呪碑（732）····························································· 180

　　5. 小龍虎塔題記（735、743、1017）········································ 181

　　6. 大唐齊州神寶寺之碣（736）················································ 182

　　7. 靈巖寺碑頌并序（742）······················································ 187

　　8. 佛頂尊勝陁羅尼幢（753）··················································· 189

　　9. 靈巖寺殘幢集匯 ································································ 192

**後唐**

　　1. 後唐大隨求陁羅尼幢（928）【附平盧監軍題記（824）】············ 195

**後晉**

　　1. 行諲殘幢（945）······························································· 200

**宋代**

　　1. 佛說尊勝陁羅尼真言啓請并序（985）···································· 201

　　2. 故禪師珣公卯塔記（999）··················································· 203

3. 寺主瓊環塔幢（1024）【附瓊信塔幢（1037）】……………………204

4. 三寶詩（1047）……………………………………………………207

5. 惠鑒塔幢（1051）…………………………………………………207

6. 宋尊勝陁羅尼殘幢（1052）………………………………………209

7. 靈巖千佛殿記（1061）……………………………………………210

8. 留題靈巖寺（1061）………………………………………………213

9. 祖燈継公大禪師壽塔（1061）……………………………………214

10. 送靈巖寺主義公詳公詩刻（1069）………………………………215

11. 勑賜十方靈巖寺碑（1070）………………………………………216

12. 留題靈巖寺七言一首兼簡載師長老（1079）……………………220

13. 題靈巖寺（1079）…………………………………………………221

14. 盛陶詩刻（1080）…………………………………………………222

15. 李公顔金像記（1080）【附方豪游記（1522）】…………………223

16. 題靈巖三絶句（1089）【附供僧題記（1055）等】……………224

17. 蔡安持題詩（1092）【附劉德亨飯僧題記（1157）】…………225

18. 大丞相文彦公遊靈巖詩（1098）…………………………………226

19. 楞嚴經偈（1102）…………………………………………………227

20. 吳拭詩三首（1106）【附靈巖道場詩（1528）】………………232

21. 游靈巖記（1108）…………………………………………………233

22. 崇興橋記（1108）…………………………………………………234

23. 五苦之頌（1110）…………………………………………………237

24. 太寧夫人韓氏遊靈巖記碑（1111）………………………………238

25. 住靈巖淨照和尚誠小師（1111）…………………………………239

26. 趙子明謝雨記（1115）……………………………………………240

27. 李堯文題記（1116）………………………………………………241

28. 留題靈巖寺（1116）………………………………………………242

29. 靈巖觀音道場摩崖（1117）………………………………………242

30. 王晙飯僧題記（1118） …………………………………… 243

31. 朱濟道偶書呈如公妙空禪師（1123） ……………………… 243

32. 海會塔記（1123） ……………………………………………… 244

33. 施五百羅漢記（1124） ………………………………………… 246

34. 王淵訪如師和尚記（1125） …………………………………… 247

35. 靈巖寺石柱題記一（1090、1097、1110、1117、1122） 248

36. 靈巖寺石柱題記二（1107、1108、1122、1142） ………… 249

37. 宋尊勝陁羅尼斷幢 ……………………………………………… 250

38. 奉送南禪和尚承詔旨東遷靈巖 ………………………………… 252

## 僞齊

1. □建常住地界公據碑（1131） ………………………………… 253

## 金代

1. 妙空禪師塔銘（1142） ………………………………………… 255

2. 定光塔銘（1142） ……………………………………………… 258

3. 妙空禪師自題像贊（1143） …………………………………… 262

4. 婺州雙林傅大士十勸并梵相（1146） ………………………… 263

5. 濟南府推任瀛詩呈堂頭雲禪師（1147） ……………………… 264

6. 濟南府靈巖寺祖師觀音菩薩託相聖跡序（1147） …………… 265

7. 面壁像記（1147） ……………………………………………… 266

8. 贈靈巖西堂堅公禪師（1148） ………………………………… 268

9. 寂照禪師塔銘（1149） ………………………………………… 269

10. 濟南府請寶公開堂疏（1149） ………………………………… 271

11. 山東東路轉運司請寶公開堂疏（1149） ……………………… 273

12. 李山登證明殿詩（1156） ……………………………………… 274

13. 張汝為游靈巖題記（1156） …………………………………… 275

14. 釋迦宗派圖（1156）並塑像施主題名碑（1328）⋯⋯⋯⋯276

15. 寶公禪師塔銘（1174）⋯⋯⋯⋯⋯⋯⋯⋯⋯⋯⋯⋯⋯⋯281

16. 唐國公主祈嗣施資頌（1175）⋯⋯⋯⋯⋯⋯⋯⋯⋯⋯⋯284

17. "煙嵐何處鎖禪關"詩碑（1178）⋯⋯⋯⋯⋯⋯⋯⋯⋯285

18. 山居吟詩（1178）⋯⋯⋯⋯⋯⋯⋯⋯⋯⋯⋯⋯⋯⋯⋯⋯285

19. 宿靈巖寺詩并記（1183）⋯⋯⋯⋯⋯⋯⋯⋯⋯⋯⋯⋯⋯286

20. 滁公開堂疏（1183）【附阮元、黃易題記
（1795、1797）】⋯⋯⋯⋯⋯⋯⋯⋯⋯⋯⋯⋯⋯⋯⋯⋯287

21. 才公禪師塔銘（1187）⋯⋯⋯⋯⋯⋯⋯⋯⋯⋯⋯⋯⋯⋯289

22. 王珩、路伯達和琛公超然亭頌（1194）⋯⋯⋯⋯⋯⋯292

23. 靈巖寺田園記（1195）⋯⋯⋯⋯⋯⋯⋯⋯⋯⋯⋯⋯⋯⋯294

24. 十方靈巖寺記（1196）⋯⋯⋯⋯⋯⋯⋯⋯⋯⋯⋯⋯⋯⋯297

25. 靈巖寺賦（1213）【附李學詩題記（1537）】⋯⋯⋯299

## 元代

1. 元白話聖旨碑（1267、1295）⋯⋯⋯⋯⋯⋯⋯⋯⋯⋯301

2. 清安禪師方公塔銘（1282）⋯⋯⋯⋯⋯⋯⋯⋯⋯⋯⋯304

3. 福公禪師塔銘（1282）⋯⋯⋯⋯⋯⋯⋯⋯⋯⋯⋯⋯⋯⋯308

4. 新公禪師塔銘（1285）【附戒臺寺塔銘（1291）】⋯310

5. 靈崑固監寺塔銘（1287）⋯⋯⋯⋯⋯⋯⋯⋯⋯⋯⋯⋯⋯318

6. 信公首座塔記（1289）⋯⋯⋯⋯⋯⋯⋯⋯⋯⋯⋯⋯⋯⋯319

7. 肅公禪師道行之碑（1293）⋯⋯⋯⋯⋯⋯⋯⋯⋯⋯⋯319

8. 廣公提點壽碑（1294）⋯⋯⋯⋯⋯⋯⋯⋯⋯⋯⋯⋯⋯⋯322

9. 達公禪師道行之碑（1301）⋯⋯⋯⋯⋯⋯⋯⋯⋯⋯⋯326

10. 靈巖平公管勾勤跡之銘（1306）⋯⋯⋯⋯⋯⋯⋯⋯⋯330

11. 海公禪師道行之碑（1313）⋯⋯⋯⋯⋯⋯⋯⋯⋯⋯⋯332

12. 靈巖山門五莊之記（1313）⋯⋯⋯⋯⋯⋯⋯⋯⋯⋯⋯336

13. 就公禪師道行之碑（1314）【附少林寺碑銘（1318）
　　及請疏（1313）】……………………………………………337
14. 舉公提點壽塔（1314）及塔銘（1336）………………………347
15. 泰安州申準執照之碑（1315、1318、1330）…………………351
16. 靈巖長明燈記（1319）…………………………………………357
17. 勸請容公住持疏（1322）………………………………………358
18. 運公首座長生供記（1325）……………………………………359
19. 捨財記（1326）…………………………………………………360
20. 何約、張鵬霄靈巖寺詩（1328）………………………………361
21. 舉公提點懃績施財記（1329）…………………………………362
22. 讓公提點壽塔之銘（1330）……………………………………363
23. 勇公書記壽塔（1330）…………………………………………365
24. 泉公首座壽塔（1331）…………………………………………365
25. 亨公首座壽塔（1331）…………………………………………367
26. 慧公禪師碑銘（1331）…………………………………………370
27. 張淑寄贈讓公詩碑（1333）……………………………………372
28. 無為法容禪師塔銘（1338）……………………………………373
29. 揮公提點塔記（1338）…………………………………………377
30. 大元泰山靈巖禪寺龍藏殿記（1341）…………………………379
31. 大元國師法旨碑（1341）………………………………………383
32. 息菴禪師道行碑記（1341）【附少林寺道行碑（1341）】………384
33. 明德大師貞公塔銘（1341）……………………………………391
34. 大靈巖寺及碑陰記（1344）……………………………………394
35. 慧公禪師道行之碑（1351）……………………………………396
36. 張士明題靈巖寺詩（1355）……………………………………401
37. 靈巖寺傅亨詩刻（1355、1356）………………………………401
38. 戶部尚書熊公題靈巖禪寺詩（1364）…………………………402

39. 靈巖寺元代墓塔集匯（1315、1322、1323、
　　1341、1349、1350） …………………………… 404

## 明代

1. 方山璧公禪師壽碑（1372） ………………………… 408

## 凡 例

1. 本書所收的佛教碑刻錄文，包括靈巖寺現存的碑文、塔記及與之相關的石刻文字，部分刻經、摩崖、題記等酌情錄入。原碑、拓片及資料中的碑文，出於體例統一原則，不再标注尺寸。

2. 錄文以碑刻實物為底本，參校國家圖書館電子資源"碑帖菁華"、京都大學人文科學研究所拓片數據庫、《北京圖書館藏中國歷代石刻拓本匯編》、常盤大定《中國文化史跡》、《泰山石刻大全》等拓本資料。

3. 錄文採用橫排錄入，標記行數，重文符、平闕書儀等一律在腳注注出。

4. 錄文文字以原碑為準，其中篆文、草書，以及碑刻说明、注釋等均使用規範繁體字。字劃清晰未能識讀者，以"◇"標記。闕字不清者，以"□"標記。闕一字者空一格，不明字數者以"□……□"記。補字加〔 〕。因石碑受損無法刻字導致的空格，不再注出。

5. "己已巳"、"戊戌戍"、"入人"等字，存在混用、易涉誤寫，據文意徑改，不出注。

6. 錄文內容參校《山左金石志》、《金石萃編》、金榮《泰山志》、《岱覽》、《八瓊室金石補正》、袁明英《泰山石刻》、《泰山石刻大全》、桂華淳祥《金元代石刻史料集——靈巖寺碑刻》、許明《中國佛教金石文獻》、《長清碑刻》等金石著作，其中有差誤者，不盡指出。碑刻說明借鑒以上著作者，附於文後。

## 唐代

### 1. 唐石燈臺殘柱[①]（650）

□……□竊聞佛眼佛智，無上無為而薩婆，若光照生死夜，可謂波煨苦海□……□（一行）□……□溺沉淪，斯由本業燈明施也。大沙門靈智、清信士劉善行、張志章□……□（二行）□……□世師等□妙測空有，體會真原，愍彼群迷，仰惟覺路，欲使慈光每照□……□（三行）□……□慧炬恒燃，建長明燈，鎮修供養，□一光一起，遍朗十方，□一焰一□……□（四行）□……□流暉永劫。於是佛幢更舉，慧日復開，變鑄生靈，綱羅法界三有□……□（五行）□……□堂不厦不行，十地万乘長登長涉。嗚呼，醉士速曉，衣珠快哉，狂子早□……□（六行）□……□知父樂。見聞留念，盡入无盡之燈；随喜經心，共燃不共之慧。縱湏山□……□（七行）□……□為嵐風劫滅，而鐫石以梵句，莫虧傳之後際，續者同果。頃曰□……□（八行）□……□佛智□□因果，上土上業，慈燈慧明，万德希冀，千力度生，見聞□……□（九行）□……□喜□日影行□……□（十行）

□……□[南]无寶□□ 南无寶勝佛 南无成就盧舍那佛 南无盧舍那敬[②]像佛□……□（十一行）□……□无盧舍那光□□南无不動佛 南无大光明佛 南无无量聲如来□……□（十二行）□……□南无大稱佛 南无寶光明佛 南无德[③]大无畏佛□……□（十三行）□……□南无寶[聲]佛 南无无邊无垢佛 南无无邊離垢佛□……□（十四行）□……□[南无]无邊稱佛 南无日月光明世尊 三唱 南无无垢光明佛□……□（十五行）□……□南无清淨光[明]佛 南无日光明佛 南无无邊寶佛 南无華勝佛□……□（十六行）□……□无□□佛 南无法光明清淨開敷蓮華佛（十七行）

---

[①] 石燈臺在靈巖寺般舟殿基址，僅存石柱。共八面，五面刻字，每面四行，柱頭尾均殘。一面1—4行，二面5—8行，三面9—12行，四面13—16行，五面17—19行。文末佛名見於（元魏）菩提流支譯《佛説佛名経》卷8，《大正藏》第14册，第159—161頁。張昭森主編：《長清碑刻》卷中有照片及部分錄文，濟南出版社2020年版，第695頁。

[②] 《佛説佛名経》作"鏡"。

[③] 《佛説佛名経》作"得"。

□……□師弟 皇帝師僧父母法界含靈敬造廿五佛名。沙門智嚮、都捡校僧智□……□（十八行）永徽元年（650）合有三百卅二□……□（十九行）

2. 慧賾塔記[①]（688）

維大唐垂拱四年（688）歲次（一行）戊子四月戊子朔八日（二行）乙未。

昔有慧賾禪師（三行），在此山門住持五十餘（四行）載，精勤勇猛，志操嚴凝，（五行）感應靈奇，通明異[②]絕，英（六行）聲外播，道［行］遠聞。禪支（七行）與七覺俱清，戒品共（八行）六根同净。研精二諦，覃（九行）思一乘，為世福田，信堪（十行）依怙。抽資什物，謹捨（十一行）淨財，敬造斯塔一所。（十二行）奉為 皇帝[③]陛下、師（十三行）僧父母，普及含靈，存（十四行）亡眷屬，盡願超踰，俱登（十五行）覺道。（十六行）

童子順貞、普超、智曇、智□（十七行）、同秀、智通、如光、崇烈。（十八行）

《八瓊室金石補正》第四十卷 唐十二

慧賾塔記

高一尺四寸，廣二尺五寸。十八行，行字不一，字徑寸許。正書。

右《慧賾塔記》，在山東，未見著錄。

---

① 原石現存靈巖寺庫房。國家圖書館拓片編號各地33。（清）陸心源：《唐文續拾》卷10有正文，天津圖書館藏，中華古籍資源庫。（清）陸增祥：《八瓊室金石補正》卷40有錄文，上海古籍出版社2020年版，第686—687頁。袁明英《泰山石刻》第8卷有照片及錄文，中華書局2007年版，第2460—2461頁。許明：《中國佛教金石文獻·塔銘墓誌部（東晉南北朝隋唐五代卷中）》收錄，上海書店出版社2018年版，第312頁。王榮玉等主編《靈巖寺》有錄文及介紹，文物出版社1999年版，第104頁。張昭森主編《長清碑刻》卷中有照片及錄文，第609頁。介永強：《隋唐僧尼碑誌塔銘集錄》有錄文，上海古籍出版社2022年版，第84—85頁。

② 原碑"明異"二字損泐，《八瓊室金石補正》作小字附。

③ "皇帝"前平闕一字。

3. 唐石燈臺基座題記①（725）

大唐開［元十］（一行）三年②（725）十月廿（二行）五日。歲次戊（三行）午乙亥朔，比（四行）丘僧靈範，敬（五行）造石燈臺一（六行）所。上為（七行）皇帝③ 皇后④（八行），下為師 僧⑤（九行）父母、法界蒼（十行）生，咸成佛道（十一行）。

僧法明供養（十二行），僧慧藏供養（十三行），僧慧敬供養（十四行），僧玄景供養（十五行），僧慧崇供養（十六行），僧無為供［養］（十七行），僧法藏供［養］（十八行），僧智慧［供養］（十九行），僧明□□□（二十行）。

僧□明供養（二十一行），僧淨命供養（二十二行），僧道恩供養（二十三行），僧淨覺供養（二十四行），僧月光供養（二十五行），僧安禪供養（二十六行），僧大雲供養（二十七行），僧文殊供養（二十八行），僧元旭供養（二十九行），僧慧□供養（三十行），僧克［供養］（三十一行），僧思忠［供養］（三十二行），僧嘉敬［供養］（三十三行），僧敬□［供養］（三十四行）。沙彌處□……□（三十五行），沙彌□……□（三十六行），沙彌□……□（三十七行），沙彌□……□（三十八行）。

4. 一字王呪碑⑥（732）

一字王呪，前歷城縣（一行）令皇甫詮寫。（二行）

唵叱落呬炎莎婆呵。（三行）

此呪受持憶念，无願（四行）不果。（五行）

---

① 石燈台基座在濟南靈巖寺五花殿東側廣場。題記刻於基座兩側，1—20行在前側，21—38行在旁側。《長清碑刻（卷中）》有正面照片及錄文，第507頁。
② "開"後缺字，文後又載"玄景""慧崇""安禪""克祥"等人，與李邕《靈巖寺碑頌並序》、慧崇塔等相合，推斷應為開元十三年（725）。不過該年並非戊午，而是乙丑。與後文"歲次戊午乙亥朔"時間不一致。
③ "皇帝"平出。
④ "皇后"前平闕一字。
⑤ "僧"前平闕一字。
⑥ 原碑嵌入靈巖寺魯班洞墻壁。《長清碑刻》卷中有照片及錄文，第547頁。"一字王呪"可能即"一字呪王"。義淨譯《曼殊室利菩薩呪藏中一字呪王經》有咒語，"唵叱洛呬焰"。《大正藏》第20冊，第781頁。

開元廿年（732）十二月日（六行），典座僧智海記。（七行）

5.小龍虎塔題記（735、743、1017）[①]

**塔陰**

維開元廿三年（735）歲次乙亥七月甲寅朔□□戊戌，（一行）臨淄郡王處簡等敬造浮圖一所。（二行）

石浮圖銘并序（三行）

觀自在菩薩者，不可思議之士也。或曰藥尚救災，或曰觀音（四行）拯苦，隨病施法，依念設緣。若能專精，無窖不應，非上（五行）哲根深，通仁業厚，豈悟斯功助也哉？有此郡數人，昔俱邑吏，（六行）門並鄉黨之秀，家盡里閈之英，邂逅貴獸之曹，留落射（七行）貂之珥。茫茫砂漠，衣砕胡風，杳杳関山，腸摧漢月。攀北（八行）辰而莫及，仰南斗而何階。骨肉成天地之遙，妻子類（九行）糸商之隔。無憑昭訴，但託實曰。因共焚香，誓心欸願（十行）菩薩。兾得生還本土，當期刻石 靈[②]巖。果沐神恩，悉（十一行）諧旋止。嗟乎，脩福有涯，陰陽靡忒，萬物代謝，誰□逃諸。王（十二行）宗靳留，奄先逝水，唐賓接踵，上赴泉臺。唯 王[③]簡（十三行）于玄旦保茲□乃相與，塔終德契，畢力誠期，率我淨（十四行）財，徵爾近石。採瑤瓊於幽壑，樹龕塔於喬岑。既塚既（十五行）礱，爰飾爰瑩，蛟□……□轉，捧雕級以蹲夷；□鳳（十六行）

**塔身東壁**

□昂，棲寶輪而軒翥。金□洞潔，像貌昷明。滿具（一行）足於將來，继無窮之常住。文曰：（二行）"丁丁琢石兮為幢作龕，亭亭建立兮寺北（三行）山南。聳羣峯兮罩日，暎眾壑兮凝嵐。像（四行）影座兮娑羅塔，龍勢出兮芙蓉潭。垂金鈴（五行）兮落落，掣鐵鏁兮鏨鏨。春風吹兮香美，秋月

---

[①] 原塔在靈巖寺般舟殿。劉善沂、王晶：《山東長清靈巖寺開元二十三年王處造塔》有繪圖及錄文，見鄭岩、劉善沂編著《山東佛教史跡——神通寺、龍虎塔與小龍虎塔》，台北：法鼓文化2007年版，第229—249頁。《長清碑刻》卷中有照片，第690頁。朱己祥《中原東部唐代佛堂形組合式造像塔調查》有錄文及研究，甘肅文化出版社2021年版，第203—211頁。

[②] "靈"前空一字。

[③] "王"前空一字。

（六行）鉴兮露甘。巽冀天地兮齊畢，證生死兮那含。"（七行）

上為聖文神武皇帝聖化無窮，下為郡守宰囗恒（八行）囗祿位，師僧父母常保安樂，十方施主，法界蒼生，同霑斯（九行）福。

天寶二年（743）歲次癸未十月丁酉朔十五日庚寅，（十行）魏郡館陶縣張鳳敫書塔供養。（十一行）

**塔身西壁**

**后石**

胥像主都維那楊如空，像主李敬一，像主成知礼囗楚劍男大通（五行），像主張澄江，像主成潭江，像主王法超，像主劉玉琮，像主程思墊（六行），像主劉元習，像主劉緣覺，像主張惠暹，像主秦囗依、弟法雲，像主（七行）劉八郎，像主楊寶藏，像主常法珎，像主深信[①]。（八行）像主。日照像主孟惠超、崔子峻莊塔供養。[②]（九行）

**前石**

維大宋天禧元年（1017）歲次丁巳五月丙午（一行）壬子再修建記。（二行）

寺主僧瓊環、師弟惠且，為先亡父閆义、母李氏（三行）。施主宋知新妻李氏，施主楊惟則。（四行）

6. 大唐齊州神寶寺之碣（736）

大唐齊州神寶寺之碣[③]

囗……囗寺囗……囗字[④] 寰篹兼書（一行）

觀夫三皇五帝氏王，夏殷周漢氏作，淳源竭而不流，澆俗紛其方扇。

---

① 左側"亻"缺損。
② 塔身西壁後石接續東壁而作。
③ 原碑現存泰安市岱廟歷代碑刻陳列館。圓頭、篆額，分三行，每行三字。正文隸書。碑額旁側雜書"乙""申""未""于"等字。國家圖書館存拓片編號顧專482。京都人文拓編號TOU1170X。（清）董誥等編《全唐文》卷959有收錄，上海古籍出版社2018年版，第4417—4418頁。畢沅、阮元：《山左金石志》卷12有錄文及考證，《石刻史料新編》第1輯第19冊，台北：新文豐出版公司1982年影印本，第14527—14529頁。金榮《泰山志》卷15有錄文及考證，第448—451頁。陸增祥：《八瓊室金石補正》卷55有錄文及考證，第930—933頁。
④ 《泰山志》作"子"，根據字形判斷應為"字"。

雖［孔］門將聖，老氏谷神，遊龍之道德西浮，歎鳳之詩書東返，竟不能庇交（二行）喪，拯□遠，［驅］①彼秋俗，登茲仁壽。徒存紫氣之言，終絕素王之筆。曷若金身化跡，超十地而孤尊；寶樹應期，乘四輪而廣運。大雄有已，見［群］②生溺（三行）之苦海，於是虜橫寶筏而濟之。大雄有已，見諸子迷之朽宅，於是虜駕舟杭而出之。視之以五蘊皆空，明之以諸漏以盡。洎玉毫騰彩，挩賢功（四行）之象位；金儀入門，現神通之日月。經傳白馬，眇閽崛以移来；刹起青龙，蘊閣浮而錯峙。遂令有國有家者，得其道而四海以寧；元元蠢蠢者，得（五行）其門而六塵高謝。豈與夫向時之二教同日而焉？

　　神寶寺者，寶山南面、岱宗北陰，岡巒隱轔而石壁萬尋，林藪蒙蘢而澗壑千仞。貔豹躑（六行）躅，人絕登臨，虺蟒縱橫，鳥通飛路。粵有沙門諱明，不知何許人也，禪師德隆四輩，名使六通，僧徒具歸，群生宗仰。晨遊棘圍，四念經行，夜宿（七行）榛檀，六時礼敬。貔豹枕脂，禪心宗而不驚；虺蟒縈身，戒定澄而不亂。水瓶朝滿，羽仗夜来，事跡非凡，故非凡測。親題節記，自敘因由曰："明以正（八行）光元年（520），象運仲烁，于時振錫登臨，思同鷲嶺，徘徊引望，想若鷄□。欻彈指發聲，此為福地。遂表請國主，駈築人神，立此伽藍，以靜默為號。"自（九行）梁齊已来，不易題牓。屬隋季經綸，生人版蕩，革鼎推變，真俗盈虛，今之所存，殆將半矣。至我　　　大唐③御宇，重遷九鼎，再補二儀，（十行）四海廓清，萬邦壹統。用光正道，建三寶以傳燈；化洽垂衣，統□生於壽域。迺格命天下，有固廢伽藍先有額者，並使屯修。于時，有鄉人王郎（十一行）應答州縣，申聞以此寺北有寶山，東有神谷，因改為神寶寺爾。其寺也，望魯開基④，臨齊作鎮，堂宇宏壯，樓閣岩嶤，砌墍瑤瑧，階塗金碧，法容（十二行）有睟，瑞相無違。綵妙彩於天金，馨奇遺於龍石。手輪含字，臨珠綴而披綱；眉宇舒毫，竪璧瑠而上月。寺內有石浮啚兩所，各十壹級，舍利塔一

---

① 人文拓作"驅"，《泰山志》補作"取"。
② 原碑係"郡"。
③ "大唐"前平闕六字。
④ "基"最後一橫缺筆。

（十三行）所。眾寶莊嚴，胡門洞啓，石戶交暉，返宇鏘鏘，飛檐轍轍。半天鵬起，遥遥煙霧之容；壹地龍盤，宛宛丹青之色。挹朝霞之旷旷，湛夜月之濯濯。（十四行）風牽則寶鐸鎗鎗，日照則花盆晶晶。迢迢亭亭，鬱鬱青青，皓皓旴旴，煥煥爛爛。遠而望之，炳若初日照灼皎扶桑；近而察之，壹似素雲霏（十五行）霧度夕陽。方之雁塔，有似飛來；譬以化城，遂疑踴出。寔瞻仰之形勝，是歸依之福田。

寺内先代大德僧明幹，提智惠燈，照無明闇。僧彦休，護惜（十六行）浮囊，微塵不犯。僧元質，積行勤苦，軌範僧倫。僧神解，高樹論幢，摧諸憍子。僧弘哲，持經得驗，舍利猶存。僧惠冲，殷念西方，期心安養，所造功德，（十七行）觸類滋多。僧景淳，釋戶綱宗，玄門樞紐。僧貞固，勵心弘護，結志修營。僧瀍將，韶齔出家，童顏落彩。三齊負笈，獨標麟角之光；九洛求筌，迥出（十八行）牛毛之外。並俱沐　聖①恩，僉成道器。忽鶴州風急，鹿苑霜飛，早謝傳燈，空懸錫影。

現在諸大德，寺主僧慧珍，戒珠澄月，道骨含星，堪忍（十九行）作衣，瀍空成座，六時禮念，脇不至床，壹食標心，口不再飲，是慈悲父，是良福田，廣濟蒼生，普心供養。前都維那僧惠沼，標格千仞，崖岸萬里，吐（二十行）妙瀍於唇吻，納山岳於心胷，縱橫道門，洞達無礙。上座僧塵外，戒香紛馥，有賓頭盧之軌儀。都維那僧敬祥，惠劍如霜，繼舍利弗之談說。（二十一行）僧敬崇，柰苑良材，橫愛河而濟群溺。僧智山，祇園杞梓，敞瀍宇而庇蒼生。並騰麟俊藪，矯鳳仙途，飾厚柱於春臺，撫定輪於烁駕。祥煙飛（二十二行）錫，來遊歡喜之園；宴坐經行，寔名和合之眾。故同鐫寶碣，高旌福門。

大唐②開元神武皇帝陛下，朝宗萬國，整頓八宏，金鏡含七曜（二十三行）之輝，玉燭和四時之氣。慶雲澄彩，瑞鳥呈祥，仁動上玄，力侔大造，瀚海天山之地盡入隄封，龍庭虎穴之鄉咸霑教化。封金岱嶺，刻玉僊閭，（二十四行）藻鏡乾坤，光華日月。刺史盧諲全義，門有卿相，家襲銀璜，強幹則不發私書，清肅則遽然官燭。矜孤恤隱，愛士慕賢，故

---

① "聖"前平闕三字。
② "大唐"前平闕六字。

得詠入来薦，謌登至晚。（二十五行）山茌縣口令梁曰：大夏幹局貞敏，神情警悟，風琴寫韻，則瑞雉争馴，冰鏡澄清，則祥鸞自舞。誠梵王之福地，真釋帝之名區爾。其澗戶深沈，山（二十六行）扉窈窱，玉床雷乳，問《抱朴》而猶疑；石壁鏨經，訪嚴遵而不識。奇卉恠木，如窺湏達之園；瑞藥儳苗，似入提伽之院。象王獻菓，下甘露於珠盤；鳳（二十七行）女持花，拂靈香於寶帳。迦陵頻伽之鳥，百囀間關；優曇鉢羅之花，九光凌亂。漢皋遊女，對玉洞目傾心；季梁賢臣，仰瓊堂而頓首。庶使文殊過（二十八行）去，憶妙說之清塵；彌勒下生，見神功於貞石。式鐫寶碣而為頌云：（二十九行）

大雄降跡，蔥山本元，奄有三界，非無二門。不生不滅，若亡若存，遍看群[①]有，無如我尊。

雁門惠遠，罽賓羅什，明公繼玆，茒藍此立。俗戶（三十行）易窺，真門難入，遁口龍象，前後相及。

大唐壽命，當宇握鏡，化洽萬邦，功齊七政。綠圖舒卷，紫雲迴暎，惠日再暉，薰風在詠。（三十一行）

門庭華敞，房宇輪奐，蓮臺畫閣，危樓飛觀。竹韻宮商，花然灼爛，僧眾虔仰，士女稱歎。

亭亭妙刹，灼灼精盧，彤盤瞰墅，鏤檻凌虛。珠懸（三十二行）日淨，鐸迴風徐，口甍栖鳳，到井銜葉。

峩峩寶碣，落落神軒，邪山整岬，苦海澄源。錦雲霞烈，縠霧風翻，此中何地，給孤獨園。（三十三行）

維開元廿四秊（736）歲次景子[②]十月丁未朔五日辛亥樹刻工畢。（三十四行）

口……口僧普解、僧法海、僧惠深、僧口口、僧瀍口，右大德等並名繼此寺，口口遷神，勒之在銘，紀於来代。（三十五行）

---

① 原碑係"郡"。
② 即"丙子"，避唐世祖李淵之父"昺"諱。

《八瓊室金石補正》卷五十五

齊州神實①寺碣

高七尺八寸，廣四尺。卅五行，行五十四字，字徑一寸。分書。②篆額題"大唐齊州神寶寺之碣"九字。在長清。

右碑文三十五行，行五十四字，徑一寸。碑側書《心經》一卷，七行，行書，徑一寸。碑記神寶寺所起，先有沙門諱明以正光元年（520），象運仲秋，立此蓙③藍，以"靜□"為號，大唐御宇，以寺北有寶山，東有神谷，因改為神寶寺。案《史記·天官》書，斗為帝車，運于中央，臨制四鄉，分陰陽、建四時、均五行、移節度、定諸紀，皆繫于斗。所謂"象運仲秋"，即斗運也。此寺舊額為"靜□"，惜闕下一字，無從考證。（《山左金石志》）

碑云刺史盧，諱全義，《新唐書》宰相世系表有"盧全義"，臨汝太守，未知即此人否。又有"山茌縣□令"，《新唐書·地理志》，長清縣貞觀十七年（643），屬齊州。武德二年（619）析置山茌縣。其時神寶寺屬山茌，不屬長清。（《平津讀碑記》）

《山左金石志》所載闕偽不少，據石本更正之。石本所不顯，仍據《志》錄入焉。碑有空格廿三，鐫刻時石已泐損耳。文有"山茌縣□令"，案《唐书·地理志》，長清本隸濟州，貞觀十七年（643）來屬，武德元年（618）析置山茌縣，天寶元年（742）曰豐齊，元和十年（815）省山茌，蓋即山茌傳刻之誤。碑立於天寶以前，與史正合。"郡生""郡有"，皆以"郡"為"群"。"枕、腤"當是"冘、沓"之異文。"固廢伽藍"，以"固"為"故"。"駈宋人神"，疑"宋"為"策"之誤。撰書人姓名已泐，《訪碑錄》作"李寰"，《山左志》作"字寰"，以搨本審之，當是"字"字。"字"上弟二字，從弓旁，似"張"，顧闕備攷。

---

① 應為"寶"。
② 應為"八分書"。
③ 原文作"茄"。

7. 靈巖寺碑頌并序（742）

靈巖寺碑頌并序① 靈昌郡太［守］□……□（一行）

邕以法有日，福有□②，故得真僧戾止，神人告祥，宜□……□（二行）或真空以悟聖，或密教以接凡，謂之靈巖，允矣。真□……□（三行）晉宋之際，有法定禪師者，景城郡人也，嘗行蘭若□……□（四行）若是者歷年。禪師以勞主人，逝將辭去，忽有二居［士］□……□（五行）建立僧坊，弘宣　　佛法③，識者以為山神耳。日□……□（六行）夫山者，土之至厚；谷者，虛之至深；水者，曰之而清；林□……□（七行）貝葉之經，衡岳廓蓮花之會，獨人存法立，事著名揚□……□（八行）空。矧乎辟支④佛牙，灰骨起塔，海龍王意貿金□……□志尤□見□□□［則有］□……□（九行）仍舊。昔者州將厚具，邑吏孔威，廣□支供，多借⑤器物□□□□□［賜］□□解脫禪師以杖叩力士脛，曰：令爾守護□……□（十行）而送之，仍施絹五十匹。□若武［德］阿閣，儀鳳堵波，［高］祖⑥削平之初，乃蕆弘願⑦，　高宗⑧臨御之後，克永□……□（十一行）光堂。大悲之修，舍利之□，報身之造，禪祖之崇，山上［燈］□，□仞宇内，［舍］那之搆，［六］身鐵［像］。次者三軀大□金［剛］□……□（十二行）［增焱］。［遠而□也］，雲霞炳煥於丹霄；即而察之，日月照明□□道。此皆

---

① 原碑嵌於靈巖寺魯班洞內壁，右下部殘。國家圖書館拓片編號章專188。京都人文拓編號TOU1227A，TOU1227B。《山左金石志》卷12有錄文及考證，第14531頁。金榮《泰山志》卷15有部分錄文，第451—453頁。《八瓊室金石補正》卷57有錄文及考證，第950—952頁。王榮玉等主編《靈巖寺》有錄文，第107-109頁。《泰山石刻》第8卷有照片、錄文及介紹，第2477—2479頁。《長清碑刻》卷中有照片並錄文，第548—549頁。溫玉成《李邕"靈巖寺頌碑"研究》有研究，第512—522頁。楊陽、王晶《李邕〈靈巖寺碑頌並序〉碑考》，亓鶴童《李邕〈靈巖寺碑〉研究》皆有專題研究。
② 《八瓊室金石補正》作"象"，溫玉成錄作"緣"。原碑近"象"。
③ "佛法"前平闕四字。
④ "辟支"前平闕三字。
⑤ 《泰山志》作"借"，《八瓊室金石補正》及溫玉成錄文作"供"。原碑中間有裂痕，更似行草"借"。
⑥ "高祖"前平闕兩字。
⑦ "弘願"前闕一字，原碑損壞。
⑧ "高宗"前平闕兩字。

帝王①之力，捨以　國②財，[龍象]之□……□（十三行）竭慈□二□□容，植之不生，汎於草間，穢於[壠]上，職由□□保眾。欸慮道摧，□清浄之田，解昏迷之縛，不然曷□……□（十四行）律，住持入慧[之]境。[恐]繁文字，削筆抄於連章；思廣闕遺，刻□陰[於]別傳。大德僧净覺，敬惟諸　佛③□……□（十五行）上座僧玄景，都維那僧克祥，寺主安禪，或上首[解]空，或出□□義。僧崇憲，僧羅[睺]，僧零範，僧月光，僧智海，僧□……□（十六行）等，永言悟入，大啓津梁。咸高梯有憑，勝宅自照，仍依俗諦，□□豐碑。宛委照宣，弘長增益。桃源失路，迷秦漢而□……□（十七行）天長。其詞曰：

倬彼上人，巍乎曾嶺，寔立福地，神告□□。爰始幽居，逝言遐騁，寂用內照，塵勞外屏。其一。□……□（十八行）宮，歲時建置，今古齊同，磴道邐迤，霞閣吟曨。其二。　　□□効靈，觸類元相，扶持净域，警誡州將，延集□……□（十九行）岳寺，台之國[清]，岱之北皋，蒲之西陘。是人依法，即事聯聲，□□□二，谁云與京。其四。　　碩德勤修，[爽]□……□（二十行）哉轉覺，以拯斯萬。其五。

大唐天寶元年（742）歲次壬午[十一]月壬寅朔十五日景辰建。（二十一行）

《八瓊室金石補正》卷五十七
靈巖寺碑
碑已斷缺，高無攷，廣三尺八分。存兩石。上截廿一行，行十九至廿二字不等。中截存十三行，行九字至十八字不等。字徑九分許，行書，在長清。

弟一千二百四，唐靈巖寺頌，李邕撰并行書，天寶元年（742）。（《金石錄目》）

右靈巖寺碑，斷缺，存兩石。一為上截，存百八十餘字；一為中

---

① "帝王"前平闕三字。
② "國"前平闕兩字。
③ "佛"前平闕三字。

截之左半，存九十餘字。計每行得四十二字。以銘詞核之，下截尚有十八字。是碑共廿一行，行六十字也。碑有"武德阿閣，儀鳳堵波"云云，知寺實剏建於高祖，添造於高宗。云"汎於草間，穢於壠上"，云"桃源失路，迷秦漢而缺"，云"爰□幽居，逝言遐騁"，知元景結廬山谷，非卓錫於寺中者，當即在今魯班洞內，故碑於其地出土也。碑首標題下有"靈昌郡太亼"字，"太"下是"守"字。首句云"邕以法有因"，蓋北海所撰書，即趙德甫所著錄者。《新唐書·李邕傳》云"歷淄滑二州刺史"。《地理志》云"滑州，靈昌郡，本東郡，天寶元年（742）更名"。《百官志》云"上州刺史一人，天寶元年（742）改刺為太守"。碑云"靈昌郡太守"，《傳》云"滑州刺史"，一也。紀年"壬午"下缺二字，是月"壬寅朔"。案《通鑑目錄》，是年十月壬申朔，則壬寅朔當是十一月也。《新書·元（玄）宗紀》，"是年十一月己巳，至自溫泉宮"，以此逆推之，壬寅是十一月朔，己巳為二十八日。"月"上所缺乃"十一"兩字也。碑在魯班洞，《山左金石志》據趙晉齋舊藏本錄之，案無是書，未克校勘。陳壽卿、何子貞兩前輩，均搜及之，均無下截。至朱時齋始搜得焉。貞老嘗語長清令舁二石於學宮，不果。近聞洞口頹塌，恐難塞不得入，果爾。則顯者復晦矣。北海書膾炙人口，每有原石淪亡，展轉橅刻，世猶珍之。此碑尚是當時上石，久經湮沒，椎搨無多，故磨泐尚少。雖殘損及半，所愈多矣，顯而復晦，尤宜寶諸。戊辰秋，從貞老索得上截拓本。越歲，有自山左攜歸者，介李仲雲轉覓之，始獲足成焉。《山東通志》載有靈巖寺碑云，開元間梁昇卿書。碑久無存，未審所據，或即斯碑之誤歟。

## 8. 佛頂尊勝陁羅尼幢（753）

佛頂尊勝陁羅尼經序[①]（一行）

---

[①] 經幢在靈巖寺般舟殿。幢體殘損，經修補後僅存七面，每面六行。幢身刻《佛頂尊勝陁羅尼經》序及正文部分。第一面為1—6行，二面7行，三面1行，四面2—7行，五面8—13行，六面14—19行，七面20—25行。《長清碑刻》卷中有照片及部分錄文，第686—687頁。

佛頂尊勝陁羅尼經者,婆羅門僧佛陁波利,儀鳳元年(676)從西國来至此土,到五臺山,次遂五體投地,向山頂礼曰:"如來滅後,眾聖潛靈,唯有大士文殊師利,於此山中汲引蒼生,教諸菩薩。波利所□……□(二行)聖容,遠涉流沙,故来敬謁。伏乞大慈大悲普覆,令見尊儀。"言已,悲泣雨淚,向山頂礼。礼已,[舉]頭忽見一老人從山中出來,遂作婆羅門語,謂曰:"法師情存慕道,追訪聖蹤,不憚劬勞,遠尋遺跡。然漢地眾生多造□……□(三行)亦多犯戒律,唯有《佛頂尊勝陁羅尼經》,能滅眾惡業,未知法師頗將此經来不?"僧曰:"貧道直来[礼]謁,不將經来。"老人曰:"既不將經,空来何[益]?□……□亦何必識。師可到向西國取此經来,流傳漢土,即是遍奉眾聖□……□(四行)諸佛恩也。師取經来至此,弟子當示文殊師利菩薩所在。"僧聞此語,不勝喜躍,遂裁抑□……□勝陁羅尼經。至永淳二年(683)迴至西京□……□(五行)□……□本入內,請□□三藏法師及 勅①司賓寺典客令杜行顗等共譯□……□(六行)□……□含靈同益。帝遂留翻得之經,還僧梵本,將向西明寺,訪得□……□(七行)

□……□能除一切罪業等障,能破一切穢惡道苦。天帝□……□(一行)□……□海中眾生得解脫故,短命薄福無救護□……□(二行)□……□帝,我說此陁羅尼付囑於汝,汝當授與善住□……□印,付囑於汝。天帝□……□(三行)□……□刧已來,積造惡業重鄣,應受種種流轉生死,地□……□摩羅,蚊蝱龜狗蟒蛇一切□……□(四行)□……□身更不重受,即得轉生諸佛如來、一生補處菩薩同□處生,或得大姓婆羅門家生,或得大剎利□……□家生。天帝,此人得如上貴處生者,皆由聞此陁羅尼故□……□(五行)□……□帝乃至得到菩提道場寂勝之處,皆由讚美此陁羅尼功德。如是,天帝,此陁羅尼名為吉祥,能淨一切惡道。此佛頂尊勝[陁羅]尼,猶如日藏摩尼之寶,淨無瑕穢,淨等虛空,光焰照徹□……□(六行)□……□生,持此陁羅尼亦復如是,亦如閻浮檀金,明淨柔軟,令人喜見,不為穢惡之所染着。天帝,若有眾生持此陁羅尼,亦復[如]是。乘斯善淨,得生善道。天帝,此陁羅尼所在之處,若能□……□(七行)流通,受

---

① "勅"前平闕二字。

持、讀誦、聽聞、供養，能如是者，一切惡道皆得清淨，一切地獄苦悉皆消滅。佛告天帝，若人能書寫此陁羅尼，安高幢上，〔或安〕高山，或安樓上，乃至安置窣堵波中。天帝，若有苾芻苾芻尼□……□（八行）□……□優婆夷、族姓男、族姓女，於幢等上，或見或與相近，其影暎身，風吹陁羅尼上、幢等上、塵落在身上，天帝，彼諸眾生所有罪業，應墮〔惡道〕、地獄、畜生、□閻羅王界、餓鬼、阿脩身惡道之苦，皆悉不□□（九行）□……□為罪垢染汙。天帝，此等眾生，為一切諸佛之所授記，皆得不退轉於阿耨多羅三藐三菩提。天帝，何況更以多諸供具，華鬘、塗香、〔末香〕、幢幡盖等衣服瓔珞，作諸莊嚴，於四衢道造窣堵波，安置陁（十行）□□合掌恭敬，旋繞行道，歸依礼拜。天帝，彼人能如是供養者，名摩訶薩埵，真是佛子持法棟梁，又是如來全身舍利，窣堵波塔。

　　尒①時，閻摩羅法王於時夜分来詣佛（十一行）□到已，以種種天衣、妙華、塗香，莊嚴供□……□而作是言："我聞如来演說讃持大力陁羅尼□……□"（十二行）□……□世四天大王，繞佛三迊，白□……□說持陁羅尼法。尒時，佛告四天王："汝今諦聽，我當□……□"（十三行）□……□圓滿十五日時，持齋誦此陁羅□……□生還得□壽，永離病苦一切業鄣□……□（十四行）□……□羅尼一經於耳，盡此一身，更□……□病，聞此陁羅尼，得②永離一切諸病□……□（十五行）□……□已後更不受泡③胎之□……□切生處憶持不忘，常識宿命。佛言若人□……□（十六行）□……□生閻羅王界，或堕餓□……□生水中，或生禽獸異類之身，取其亡者随身□……□（十七行）佛言若人能日日誦此陁羅尼□……□供養，捨身往生極樂世界，若常誦念，得大□……□（十八行）微妙諸佛刹土，常與諸佛□……□微妙之義，一切世尊即授其記，身光照曜□……□（十九行）□壇随其大小，方四角作，以種種草華散□……□常念佛，作慕陁羅尼印，兊④屈其頭指，以大母指

---

① "尒"前空五字。
② 《大正藏》本作"即得"。
③ 《大正藏》本作"胞"。
④ 兊，"微"的简字。《大正藏》本無。

押,合掌當□……□(二十行)俱胝殑伽沙那庾多百千諸佛,彼佛世尊□……□無障礙智三昧,得大菩提心莊嚴三昧,持此陁羅尼法應如是□……□(二十一行)"□……□清淨,復令持者增益壽命。天帝,汝去將我陁羅尼授與善住天子,滿其七日,汝與善住俱來見我。"尒時,天帝於世尊所受此陁羅尼法,奉持還於本[天],授與善住天子。尒時,善住天子授①此陁羅尼已,滿□……□(二十二行)□……□一切願滿,應受一切惡道等苦,即得解脫,住菩提道,增壽無量,甚大歡喜,高聲嘆言:"希有如來,希有妙法,希有明驗,甚為難得,令我解脫。"尒時,帝釋至弟七日,與善住天子將諸天眾,嚴持□……□(二十三行)□……□寶幢幡盖、天衣瓔珞,微妙莊嚴,往詣佛所,設大供養,以妙天衣及諸瓔珞,供養世尊,繞百千迊,於佛前立,踊躍歡喜,而坐②聽法。尒時世尊舒金臂③,摩善住天子頂,而為說法,授菩提□……□(二十四行)□……□一切惡道佛頂尊勝陁羅尼,汝當受持。尒時大眾聞法歡喜信受奉[行]。(二十五行)

天寶十二載(753)四月八日建。(二十六行)

9. 靈巖寺殘幢集匯

(一)④

□……□佛 南无拘那提如来賢刼千佛等一切諸佛 南无東方湏弥燈光明如来十方佛等 一切諸佛□……□(一行)□……□摩羅跋栴檀香佛 南无栴檀光佛 南无摩尼幢佛 南无歡喜藏摩尼寶積□……□(二行)□……□海德光明佛 南无金剛勞強普散金光佛 南无大強精進[勇]猛佛 南无大悲光佛□……□(三行)□……□善意佛 南无廣庄嚴王佛 南无金華光佛 南无寶盖照空自

---

① 《大正藏》本作"受"。
② 《大正藏》本作"坐而"。
③ 《大正藏》本作"金色臂"。
④ 本篇所收經幢皆在靈巖寺般舟殿遺址,殘缺不全。多未見明確刻錄年代,據相關題記可大致推斷為唐代。該幢共八面,刻字五面,每面四行。一面1—4行,二面5—8行,三面9—12行,四面無,五面13—16行,六面17行。刻經間雜《佛說佛名經》、智昇《集諸經禮懺儀》、《禮懺文》、《金光明最勝王經》中的佛名或經文,個別文字有差異。《長清碑刻》卷中有照片及部分錄文,第693—694頁。

在王佛 南无虛空寶華光佛□……□（四行）□……□南无智慧勝佛 南无弥勒鮮光佛 南无古淨光佛 南无善寂月音妙尊智王佛 南无龍種上尊王佛 南无日月□……□（五行）□……□常光幢佛 南无觀世燈佛 南无慧威燈王佛 南无法勝王佛 南无湏弥光佛 南无湏摩那華光佛 南无□……□（六行）□……□光佛 南无金海光佛 南无山海慧自在通王佛 南无大通光佛[①] 南无一切法常[②]滿王佛 南无虛空功□……□（七行）□……□頂髻無量無邊日月光明願力莊嚴變化莊嚴法界出生無鄣礙王如來 南无毫相日月光明華寶□……□（八行）□……□方三世一切諸佛 南无舍利形像无量寶塔 南无諸大菩薩摩訶薩眾 南无聲聞緣覺一切□……□（九行）

　　□……□在世，是諸世尊當慈念我，當憶念我[③]。若我此生，若我前生，從無始生死以來，所作眾罪，若自作，若教他作，見作隨□……□（十行）□……□不善道，自作教他，見作隨喜。所作罪障，或有覆藏，或無覆藏，應墮地獄、餓鬼、畜生諸餘惡趣，邊地下賤，乃□……□（十一行）□……□言若我此生，若於餘生，曾行布施，或守淨戒，乃至施與畜生一搏[④]之食，或修淨行所有善根，成就眾生所有□……□（十二行）

　　□……□去未来現在諸佛所作迴向，我亦如是迴向："眾罪皆懺悔，諸福盡隨喜，請佛及功德[⑤]，□[⑥]成無上智。去来現在□……□（十三行）"□……□處，常得值遇十方諸佛諸大菩薩，普賢、文殊、觀音、大勢。今我眾等恆得親□供養，猌菩提心，永不退轉，生□……□（十四行）□……□如虛空，如蓮華，不着水，心清淨。於[⑦]彼稽首，礼無上尊。發願所修三業□迴慧施羣生等，度生死流，共□……□（十五行）□……□經藏，智慧如海。自歸依僧，當願眾生，統理大眾，一切無礙。願諸眾生，三業清淨，奉持佛教，和南聖眾。□……□（十六行）□……□如救投然，當念苦空無常，謹慎莫放

---

① 《佛說佛名經》前二佛倒置。
② 《佛說佛名經》作"相"。
③ 《集諸經禮懺儀》作"憶念我，證知我"。
④ 《集諸經禮懺儀》作"揣"。
⑤ 《集諸經禮懺儀》作"及請佛功德"。
⑥ 《集諸經禮懺儀》為"願"。
⑦ 《集諸經禮懺儀》作"超於"。

逸。（十七行）

（二）①

天蓼茶院到此。長慶四年（824）正月十五日題。（一行）

孫友用、楊謝榮、靖寬、轉清因隨從勾當造。（二行）

（三）②

□……□宣義郎任瀛州清，舍利塔主魏州張善朝合家供□……□（一行）□……□賓合家供養，舍利塔主魏州潘亮從合家供□……□（二行）□……□魏州張承先母王合家供養，舍利塔主魏州孫審玄合家供養，□……□（三行）□……□主魏州張玄達合家供養，舍利魏州□義果合家供□……□（四行）□……□塔主魏州張同仙合家供養，舍利塔主魏州□禮母成合家□……□（五行）□……□塔主魏州樂待封合家供養，舍利塔主魏州盖行□……□（六行）□……□利塔主魏州孫審言合家供養，舍利塔主魏州孫克勤□……□（七行）□……□舍利塔主魏州杜玄湊母□合家供養，舍利塔主魏州林□泰母□……□（八行）□……□舍利塔主鄆州比丘尼菩提，舍利塔主魏州清□……□（九行）□……□舍利塔主兗州清信仕史孝文，舍利塔主魏州清□……□（十行）□……□舍利塔主鄆州清信仕傅歸一，舍利塔主魏州清□……□（十一行）□……□舍利塔主鄆州比丘尼妙喜，舍利塔主魏州清□……□（十二行）

（四）③

□……□張名遠合家供養，施主鄆州張元斌合家供養，施主□……□（一行）□……□州樂元儉合家供養，施主兗州史釗節合家供養□……□（二行）□……□兗州□令母釗合家供養，舍利塔主長清尼淨脩合家供養（三行）□……□主兗州樂德儉合家供養，舍利塔主長清尼妙仙、昇王、阿轉等合家供養（四行）□……□主兗州宋至母□合家供養，舍利塔主魏州游擊將軍張義方妻供養（五行）□……□主兗州栢文才合家供養，舍利塔主濟州□敏母靡婆合家供養□……□（六行）□……□主兗州馮公記兄弟合家供養，舍利塔主兗州

---

① 殘柱八面，在靈巖寺般舟殿遺址。僅刻兩行唐人題字。
② 殘幢在靈巖寺般舟殿遺址。三面刻字，每面行數不等。一面 1—5 行，二面 6—8 行，三面 9—12 行。《長清碑刻》卷中有照片及錄文，第 696 頁。
③ 殘幢在靈巖寺般舟殿遺址。三面刻字，一面 1—5 行，二面 6—8 行，三面 9—13 行。《長清碑刻》卷中有照片及錄文，第 697 頁。

新處廉合家供養，施□……□（七行）□……□主克州徐玄續合家供養，舍利塔主博州前任、克州龔丘縣判宋貞國供養，舍利□……□（八行）□……□主魏州郭思玄合家供養，舍利塔主濟州郭懷合家供養，舍利□……□（九行）□……□塔主濟州張优院合家供養，舍利塔主濟州徐慈奴合家供養，舍利□……□（十行）□……□塔主濟州楊恩泰合家供養，舍利塔主濟州徐文□合家供養，舍利□……□（十一行）□……□塔主魏州臧振合家供养，舍利塔主濟州王文野合家供養，舍利□……□（十二行）□……□塔主魏州趙貳娘□□合家供養，舍利塔主濟州王懷珪合家供養，舍利□……□（十三行）

## 後唐

1. 後唐大隨求陁羅尼幢（928）【附平盧監軍題記（824）】

□……□清淨熾盛思惟寶印□……□[①]（一行）

□……□國公贈司空諡大正□……□大興善寺沙門不空奉詔譯

曩莫薩嚩怛他引□……□南引曩謨曩莫□□沒馱冒引地薩怛嚩毗藥二合沒地達麼僧去祇歧曳反，引毗藥二合怛你也他唵引尾補攞孽陛（二行）□……□惹自擺反，下同野孽陛□……□嚩二合攞孽陛誐帝丁о反，下同誐訶寧引誐誐曩尾戍引達寧引薩嚩播引跛尾戍引達寧引唵引虞拏嚩無可反，下同底誐誐哩捉尼恩反儗妍以反哩儗哩儼麼哩儼麼哩虐賀虐賀薩喇誐引哩□喇□（三行）□……□哩儼婆去……□哩儼婆□……□誐底誐麼鼻音顙誐嚩引虞嚕虐嚕虐嚕枳左黎阿左黎引母左黎引惹曳引尾惹曳引薩嚩婆野尾誐帝引孽婆三去婆羅尼悉哩悉哩弭哩弭哩歧去哩歧哩三去滿多（四行）□……□薩嚩設咄嚕□……□顙囉乞二合麼麼薩嚩薩怛嚩二合難上引左尾哩尾哩尾誐跢去嚩囉拏鼻婆野曩引捨顙穚哩穚哩唧哩劍麼鼻黎尾麼黎引惹曳引惹□引嚩奚引惹野嚩底婆（五行）□……□曩二合麼矩吒上引麼□……□護尾尾馱尾唧怛囉二合吠引灑嚕引跛馱引哩枳□婆

---

[①] 經幢在靈巖寺魯班洞遺址，上部斷裂。幢共八面，經文每面八行。一面1—8行，二面9—16行，三面17—24行，四面25—32行，五面33—40行，六面41—48行，七面49—55行，八面56—58行。正文刻（唐）不空譯：《金剛頂瑜伽最勝祕密成佛隨求即得神變加持成就陀羅尼儀軌》中的《佛說普遍焰鬘清淨熾盛思惟寶印心無能勝總持大隨求陀羅尼》及七小真言，《大正藏》第20冊，第645—648頁。《長清碑刻》卷中有照片及部分錄文，第550—552頁。

誐嚩底麼賀尾尔□□尾囉乞叉二合囉乞叉二合麼麼薩嚩薩怛嚩二合引難去引左三去滿跢引薩嚩引怛囉薩囉嚩播引（六行）□……□馱哩抳囉乞灑二合□……□拏寫□□謨去引左野銘引薩嚩禣契引毗藥二合讚尼讚尼你吠引誐嚩底薩嚩訥瑟吒二合你嚩（七行）□……□嚩跢布砦皆以反帝地哩地哩三滿跢引嚩路引枳帝引鉢囉陛鉢□……□（八行）□……□婆尾舜薩嚩播跛□……□野銘引阿去引苦室哩二合嚩補馱難去惹野劍麼上黎□……□（九行）□……□嚩囉□嚩□……□矩勢□……□舜入弟引戍馱野戍馱野□……□嚕輪誐攞尾舜入弟引跛尾怛囉二合穆弃侍儗抳□儗抳佉囉佉囉入嚩□……□（十行）□……□三滿多鉢囉二合婆哩跢□……□舜入弟引入嚩二合羅入□囉薩嚩祢引嚩誐拏上三麼引迦哩灑二合抳薩底也二合嚩帝多上囉多上囉多囉野覩銘引曩誐尾路引枳帝引攞（十一行）□……□護努護□……□水蘖哩祖母祖母素母素母祖尾左嚇引□……□囉多上囉嚢引誐尾路引枳引多引囉野覩銘引婆去誐□（十二行）□……□瑟吒二合摩賀□……□三去三榛囉二合婆誐囉鉢哩演二合□……□播跢引攞誐誐嚢怛覽薩嚩怛囉二合三滿帝嚢哩捨引滿弟引嚢□（十三行）□……□迦囉嚩□……□嚢嚩囉二合入嚩囉尾舜入第部哩部哩蘷婆去嚩底蘖婆去尾戍引馱祢具乞史二合三去布引囉抳入嚩二合囉入嚩囉左囉（十四行）左囉入嚩二合里祢鉢囉二合犠□……□嚩三去滿帝引嚩哩弭庚二合引娜計引嚢阿蜜㗚二合多囉嚩蛍二合抳你引嚩跢引嚩跢引囉抳阿去鼻詵去左覩銘引蘓（十五行）誐多嚩左嚢引薩㗚二合多嚩□……□囉乞灑二合囉乞灑二合麼麼薩嚩薩怛嚩二合難左薩嚩怛囉二合薩嚩嚢引薩嚩婆去曳引毗藥二合薩冒引跛囉（十六行）㗚霓上引毗藥二合薩嚩努瑟吒二合□……□鼻引怛寫薩嚩迦里迦攞二合賀尾蘖囉二合賀尾嚩引娜努婆嚩二合跛難二合引訥㗚弭跢引輪蘖里也二合,盧遮反播引跛尾（十七行）嚢引捨你薩嚩藥乞叉二合各乞叉□……□引誐你嚩引囉抳薩囉抳薩嚇引麼攞麼攞麼攞嚩底惹野惹野惹野覩銘引薩嚩怛囉二合薩嚩迦引覽悉鈿覩銘引□（十八行）覩銘引麼賀引尾捻引娑去馱野娑馱野□……□嚩曼拏上攞娑去馱你伽多上野伽多野薩嚩尾伽嚢二合引惹野惹野悉弟引悉弟引素悉弟引素悉弟引悉弟野二合悉地野二合沒地野二合（十九行）沒地野二合布引囉野□引囉野布羅抳□……□□野銘阿去引薩嚩尾你也二合引地□誐多沒引㗚帝引惹而濟反愈引多上哩惹夜引嚩底丁以反底瑟姹二合底瑟姹二合三麼野麼上努播引攞野怛□□（二十行）蘖多上纥哩二合乃野舜入弟引嚩野二合□……□路引迦野辁阿瑟咤二合鼻哩毗逸反麽賀娜引嚕拏上婆去褰毗藥引薩囉薩羅鉢囉二合薩囉薩嚩引嚩囉拏上尾戌引馱你三去滿跢引迦引囉滿拏（二十一行）尼賈反攞尾舜引弟引尾誐帝引尾誐□……□引尾誐多麽攞尾戌馱你乞史二合抳乞史抳薩嚩播跛尾舜入弟引麽攞尾蘖帝引帝引惹嚩底嚩囉二合嚩底怛嚩二合引路枳野二合引地瑟恥二合帝引（二十二行）□……□二合賀引薩嚩怛他去引蘖多沒嘌□……□毗色訖帝二合娑嚩二合賀引薩嚩冒引地薩怛嚩二合引毗色訖帝二合薩嚩賀薩嚩你引嚩多毗色訖帝二合薩嚩賀薩嚩怛他去引蘖多上紇哩二合（二十三行）□……□二合乃野曳引□……□賀薩嚩怛他去引蘖多三去麽上野悉弟娑嚩賀印捺嚟二合引印郲囉二合嚩底印捺囉嚩野二合嚩路引枳帝娑嚩賀沒囉二合憾銘二合引沒囉二合□……□（二十四行）□……□嚩□……□尾瑟上拏二合曩麽塞訖哩二合帝引娑嚩賀麽係引濕嚩二合囉滿你泥以反□……□尒而口反跢引曳娑嚩賀嚩囉二合囉嚩囉二合播引□……□（二十五行）□……□恥帝娑嚩□……□地哩二合瑟吒囉二合野娑嚩賀尾路引茶去迦野引娑嚩賀尾舞每反,引室囉二合麽拏野娑嚩賀捴咄嚟麽賀引囉惹慈攞反娜莫塞訖□……□（二十六行）□……□引野娑嚩賀琰□……□尒而咎反多娜莫塞室訖哩三合跢引野娑嚩賀嚩嚕拏野娑嚩賀麽嚕引跢野娑嚩賀摩賀摩多野薩嚩賀引祢嚩訖□……□毗藥二合□……□（二十七行）賀阿跟曩二合曳上引娑嚩賀曩誐尾□……□跢引野娑嚩賀祢嚩誐妳毗藥二合娑嚩賀曩誐誐妳毗藥二合娑嚩賀藥乞叉二合誐妳引毗藥二合娑嚩賀囉乞叉二合娑誐妳引毗藥二合□……□（二十八行）嚩賀彦達嚟嚩誐□……□引毗藥二合娑□……□蘜囉誐妳引毗藥二合娑嚩誐嚕拏誐妳毗藥二合娑嚩緊娜囉引誐妳毗藥二合娑嚩賀麽護囉誐誐妳毗藥二合娑嚩賀麽努曬□……□（二十九行）藥娑嚩賀阿麽努曬毗藥二合娑□賀薩嚩蘖囉二合係引毗藥二合娑嚩賀薩嚩部引帝毗藥二合娑嚩賀畢哩二合帝毗藥二合娑嚩賀比舍引際毗藥二合□……□（三十行）嚩賀阿跛娑麽二合嚟引毗藥二合娑嚩賀恭畔妳毗藥二合娑嚩賀唵引度嚕度嚕娑嚩二合賀唵引覩嚕覩嚕娑嚩二合賀唵引母嚕母嚕娑嚩二合賀□……□（三十一行）曩賀曩薩嚩設咄嚕二合□喃引娑嚩二合賀娜賀娜賀薩嚩□瑟吒二合鉢囉二合訥瑟吒二合引喃引娑嚩賀跛左跛左□……□（三十二行）□……□囉二合底野二合引□……□二合喃引曳□……□麽上阿上呬奚異反帶引史拏入帝□……□薩□……□□哩引覽入嚩二合攞野訥瑟吒二合□……

198 \ 山东灵岩寺史研究（5—14世纪）

□（三十三行）□……□哩跢引□野娑嚩賀鉢囉二合入嚩二合哩□……□野娑
嚩賀你泥以反跛多二合入嚩二合邏引野娑嚩賀三去滿多上入嚩二合邏引野娑嚩賀麼上
抳跋引捺囉二合引野娑□……□（三十四行）□……□嚩賀麼引……□邏野娑
□二合賀麼引底哩二合誐挈上引野嚩二合賀藥乞叉二合抳南引娑嚩賀囉乞叉二合枲星
以反喃娑嚩賀□……□（三十五行）□……□娑嚩賀□……□麼去引底哩二合
引喃引娑嚩賀三去母捺囉二合嚩賀呆□前你引喃娑嚩賀囉引底哩二合左囉引喃娑嚩
賀你泥以反嚩□……□（三十六行）□……□底哩二合散上□野二合□……□囉
引喃娑嚩賀吠邏引左囉引喃娑嚩二合賀阿吠引邏左囉引喃娑嚩二合賀摩哩婆去賀
嚩引毗藥二合娑□賀摩嚩婆去（三十七行）□……□賀唵□……□賀娑嚩二合，
無博反，引娑嚩二合引賀步重聲引娑嚩二合賀步嚩無博反娑嚩賀唵引步囉步二合嚩娑嚩二合
娑嚩賀唧置□（三十八行）□……□娑嚩賀□……□娑嚩二合賀阿仡你二合娑
嚩賀帝□……□嚩補娑嚩賀唧哩唧哩娑嚩賀悉哩悉哩娑嚩賀弭哩弭哩娑嚩
賀沒地野二合沒地野二合娑（三十九行）□……□娑嚩二合□……□攞滿地引娑
嚩賀枲引麼引滿陁你娑嚩賀薩嚩設咄嚕二合喃引薩嚩賀漸子琰反婆去娑嚩婆娑嚩二合引
賀娑瞻二合（四十行）□……□嚩賀引惹畔惹娑嚩二合賀滿□滿馱娑嚩賀莽引賀
野莽賀野娑嚩二合引賀（四十一行）□……□娑嚩賀素哩□……□尾戍引□娑
嚩賀讚捺嚹二合引蘸讚捺嚹二合引布引囉挈二合讚捺嚹二合引□……□（四十二行）
□……□毗藥二合□……□嚩賀諾乞叉□……□哩□……□毗藥二合娑嚩二合引
賀始吠娑嚩賀扇引底丁以反娑嚩賀瑣悉地野二合娑嚩始鍐無□□……□（四十三
行）□……□羯哩補瑟置二合羯哩□……□囉嚩哩達頸娑嚩賀室二合羯哩娑
嚩賀室哩二合羯哩娑嚩賀室哩二合野嚩嘌達頸娑嚩賀引室哩二合野入嚩二合攞頸
（四十四行）□……□娑嚩賀引麼嚕叱娑嚩賀吠誐嚩□……□娑嚩二合引賀

佛說大隨求陁羅尼，一切如來心真言[①]。唵引薩嚩怛他去引孽多沒帝
引（四十五行）□……□尾誐多上婆去引捨麼□……□娑嚩二合引婆去嚩底
薩嚩播引閉引毗藥二合□□二合引娑底丁逸反，二合婆去嚩都母你母你尾母□……□
（四十六行）□……□地冒□……□地冒□……□馱野沒地野二合沒地野二合薩
嚩怛他去引孽多紇哩二合乃耶足取欲反瑟齛二合引娑嚩賀引（四十七行）□……□瑟

---

[①]《大正藏》本作"心佛心真言"。

□二合引曩引地瑟恥二合帝引娑嚩二合引賀引（四十八行）□……□母你母你嚩噤引阿上鼻詵去左覩輅引薩嚩怛他去引蘖多引薩嚩尾你也二合引鼻曬引蜀引麼賀引嚩羅二合（四十九行）□……□嚩怛他去引誐多紇哩二合乃夜引地瑟恥多嚩曬二合引娑嚩二合引賀引

一切如来灌頂真言。① 唵引阿蜜㗚二合多（五十行）□……□弟引吽引吽引發② 半音,下同發娑嚩二合引賀

一切如来結戒真言。③ 唵引阿上蜜哩二合多尾路引枳你蘖婆去僧去囉引（五十一行）□……□引發發娑嚩二合賀引

一切如来心中心真言。④ 唵引尾麼上黎引若野嚩噤引阿上蜜㗚二合帝引吽吽吽吽發發發（五十二行）□……□

□……□心真言。⑤ 唵引跋囉跋囉三引跋囉三引跋囉印捺哩野尾戍引馱顊吽吽嚕嚕左黎娑嚩二合賀引（五十三行）

□……□唐天成三年（928）歲次戊子九月癸酉朔十五日丁亥建立。（五十四行）

□……□和尚歿，乃尊宿，於靈巖寺［造］□……□求陁羅尼幢一所，上願（五十五行）皇帝⑥陛下、文武宗寮□……□司空僕射，凡⑦法界人臣、一切有情咸霑斯福。（五十六行）

寺主僧行□⑧……□典座僧崇智，小師功德主比丘僧智真，鄉貢□禮禮濬書。都料匠王知雅，鐫字人萬思温。（五十七行）

**平盧監軍題記**⑨（824）

平盧監軍銜前虞侯卓尚适府（一行）。平盧監軍銜前虞侯楊奉（二行），□□□軍王□（三行），平盧監軍□……□（四行）。随受（五行）□於□寺

---

① 《大正藏》本作"灌頂印真言"。
② 《大正藏》作"發吒"二字，此處並為一字。
③ 《大正藏》本簡作"結界真言"。
④ 《大正藏》本作"佛心真言"。
⑤ 《大正藏》本作"心中真言"。
⑥ "皇帝"平出。
⑦ 反＞凡。
⑧ 據殘存筆畫推測可能是"行諲"。寺主行諲於945年歿故，有"行諲殘幢"現存。
⑨ 該題記在靈巖寺魯班洞遺址另一石柱頂端。《長清碑刻》卷中有照片，第553頁。

靈塔院置院，因而記之。（六行）

　　長慶四年（824）正月七日奉之（七行）。

　　□士上護軍□志諒，長慶四年（824）正（八行）□……□（九行）

### 後晉

1. 行諲殘幢（945）

佛頂尊勝陁羅尼真言啓請序[①]（一行）

　　稽首千葉蓮花藏，金剛座上尊勝□……□（二行）天傳，嬌尸迦為善住天，能滅七□……□（三行）歎總持薩般若，願我心眼早開□……□（四行）□眾等願聞啓請，皆降臨護持□……□（五行）居空一聞佛頂尊勝王，蠢動□……□（六行）

　　曩謨婆伽嚩帝怛嚩路枳□……□（七行）馱野尾戍馱野九娑麽□……□（八行）婆嚩尾秫弟十四阿鼻詵左□……□（九行）賀囉賀囉十九阿庾散馱囉□……□（十行）曩尾秫弟廿四鄔瑟抳灑廿□……□（十一行）怛他誐多廿九嚩盧羯你三十□……□（十二行）瑟咤曩三十三地瑟多三十四摩賀母捺哩□……□（十三行）薩嚩嚩囉拏波耶三十九突嘌羯底四十跛利秫□……□（十四行）三麼野四十五地瑟恥帝摩顊摩顊四十六摩賀□……□（十五行）秫弟五十尾娑普吒五十一沒地秫弟五十二□……□（十六行）五十五薩嚩沒馱五十六地瑟恥多第五十七嚩日哩嚩囉孽陛□……□（十七行）舍利嚧六十薩嚩薩埵□難者六十一迦耶□利秫弟六十二薩□……□（十八行）多六十五室者銘六十六三麼濕嚩娑演覩六十七薩嚩怛他□……□（十九行）沒地野沒馱野七十尾冒馱野尾冒馱野七十一三滿多跋哩□……□（二十行）野七十四地瑟姹曩七十五地瑟恥多麼賀母捺嚇七十六薩嚩訶（二十一行）

　　竊聞金仁應世，明宣利濟之端；玉藏微言，尊勝乃獨彰密囿□……□（二十二行）西方不遺，見處塵機，亦滅當來罪累。爰有靈巖山（二十三行）歿[②]故寺主上人者，俗姓賈氏，法諱行諲。公懷釋門柱礎之風□……□（二十四行）託幽扃，雖灰槻見存，且未諧鴋祉，即有門人寺主

---

[①]　墓幢在靈巖寺天王殿東側，下部殘。幢共八面，七面刻字，每面四行。《長清碑刻》卷中有照片及部分錄文，第490頁。

[②]　"歿"平出。

志雅□……□（二十五行）之功，用展毫釐之積，寔謂同鳩道眷，共建斯幢。冀□……□（二十六行）磨既俗，普福含生，上慮谷變陵移，時遷日改，特編實錄，聊□……□（二十七行）

時大晉開運二年（945）歲次乙巳十二月 日建。（二十八行）

## 宋代

### 1. 佛說尊勝陁羅尼真言啓請并序（985）

佛說尊勝陁羅尼真言啓請并序[①]（一行）

啟請蓮花三昧海，金剛座上尊勝王，為滅七返傍生罪，願舒金臂摩我頂。（二行）佛勑帝釋憍尸迦，善住天子當持念，能滅七返傍生趣，不作猪狗蟒虺身。（三行）種影過者生天路，呪土霑骨往西方，當來成佛足無疑，超入蓮花三昧海。（四行）

佛說真言曰：（五行）曩謨引婆去誐嚩帝引—怛嚩二合路引枳野二合鉢囉二合底尾始瑟吒二合野三沒馱引野四婆去誐嚩帝引—怛你也二合他去唵引—尾（六行）戍馱野尾戍引馱野娑麼娑麼三去滿馱□□嚩婆去娑娑登二合囉拏誐底誐賀曩娑嚩二合婆去嚩尾秫弟（七行）阿鼻詵□左覩銘十三素蘖多引嚩囉嚩左曩引十四阿蜜㗚二合跢引鼻曬剄引十五阿去十六賀囉十七阿引賀囉引阿欲散馱引囉（八行）戍馱野戍引馱野十八誐誐曩尾秫弟引十九鄔瑟柅二合灑尾惹野尾秫弟引二十娑賀娑囉二合喇濕弭二合散祖祢帝□□（九行）薩嚩怛他引蘖多二十二嚩路迦顎二十三殺㯊囉弭跢二十四跛哩布引囉柅二十五薩嚩怛他引蘖多二十□紇哩二合乃夜引二十七地瑟侘二合曩地（十行）瑟恥二合多二十八摩賀引母涅㗚二合引二十九嚩曪二合迦野三十僧去賀多曩尾秫弟引三十一薩嚩引嚩囉拏㯊引野訥蘖底三十二跋哩秫弟引三十□鉢囉（十一行）底嬈跢引野阿秫第引三十四三□□麼夜引地瑟恥二合帝引三十五麼柅麼柅三十六摩賀引摩柅三十七怛闥跢引部引多三十八句引致引跛哩（十二行）秫第尾娑普二合吒四十沒地秫第引四十一惹野惹野四十二尾惹野尾惹野四十三娑末二合囉娑末二合囉四十四薩嚩沒

---

[①] 經幢在靈巖寺般舟殿。幢共八面，每面三行或四行，一面 1—4 行，二面 5—7 行，三面 8—11 行，四面 12—14 行，五面 15—18 行，六面 19—21 行，七面 22—25 行，八面 26—28 行。小字標註真言唱法及梵文字數。文字有缺損。《長清碑刻》卷中有照片及部分錄文，第 688—689 頁。

馱引地瑟恥二合多（十三行）秩第嚩曓二合嚩嚧二合蘖陛引四十六嚩日嚧二合婆去嚩覩麼麼引四十七設哩嚧四十八薩嚩薩怛嚩二合難引左四十九迦引野跛哩秩第五十薩（十四行）□……□底跛哩秩弟五十一薩嚩怛他引蘖多室左二合銘五十二三去麼濕嚩二合娑演覩五十三薩嚩怛他引蘖跢引五十四三去麼引濕嚩□……□（十五行）□……□瑟恥二合帝五十五沒馱沒馱五十六尾冒引馱野尾冒引馱野五十七三滿哆跛哩秩第五十八薩嚩怛他引蘖多紇哩二合乃夜□……□（十六行）□……□地瑟侘二合曩引地瑟恥二合多□□□摩賀引母涅嚇□□□娑嚩二合賀六十二（十七行）

　　靈巖寺主僧延達直言其事，不說碑文墓誌，不問清濁四聲。延達今遇（十八行）明[①]朝聖代，國富人安，八方無事，四塞休征，余將常住錢壹拾伍貫，造尊勝幢子一尊，意者上報四恩，下為三有。寺主（十九行）者，望□南陽，自□幼年慕道，志樂空門，□當寺五十五載整，主首二十以年，廣張常住，稍勝□……□（二十行）欲似復□……□即常，行離色相，若時不問宛親，為聖事即不避丘軀，拒王法即如履薄冰，若說勤勞事□（二十一行）體言不盡意，後留絕句曰："處世人無弟一切，有相皆言惣是空。盡道蓮花不着水，根莖元在淤泥中。"（二十二行）

　　寺主僧延達，与諸同學法眷、小師門人等，具名如後：（二十三行）

　　新寺主講《上生經》僧延义，尚座僧延珣，講《上生經》《百法論》僧延嵩，大云寺主僧延徽，浴室主僧延朏，勾當大云莊田僧延章。（二十四行）師僧瓊辯，師姪僧守志，小師千佛功德主僧瓊軋，小師勾當山塲僧瓊璉，小師僧普敬，小師講《法華經》僧瓊泛，小師僧瓊希。（二十五行）小師攻舉硯僧瓊環，小師勾當莊典座僧瓊泰，小師僧瓊道，小師知書狀僧瓊政，小師僧瓊璨，小師僧瓊秀，小師僧瓊惠。（二十六行）小師僧瓊聲，師姪僧瓊照，師姪僧瓊讓，師姪僧瓊因，師姪僧瓊演。小師僧瓊深，小師僧瓊智，小師僧瓊鬝，小師僧瓊恩，小師僧瓊德，小師僧瓊普，小師僧瓊言，小師僧瓊信。（二十七行）

　　時大宋雍熙二年（985）歲次乙酉六月甲戌朔三十日癸卯建。攻塑陳瑀書。刊石黃瑩。（二十八行）

---

[①] "明"平出。

2. 故禪師珣公卯塔記（999）

故禪師珣公卯塔記①（一行）

夫日中則昃，月滿乃虧，喻生滅之不停，等輪迴之無定。是知數有蹇□，天無（二行）皂白。一真之境未臻，四大之軀②何息，即有歿而不朽者，其茲謂歟？上人俗（三行）姓張氏，法諱延珣，家自全齊，生於歷下。幼而迥異，長而復英，意捨［浮华，情耽（四行）空］慧③，依靈巖山寺主僧志雅，以為親教，方袍圓頂，禀戒持心。而後遷入④郡城（五行），別居蓮宇，為 佛⑤地之棟樑，作金田之綱紀，緇徒仰德，士庶欽風。轉《法華經》一藏，（六行），誦《維摩經》一千部⑥，課《金剛經》伍万卷。猶是廣伸慶讚，大集人天，勝善尅敷，良緣（七行）是植。享年六十六，非處寢疾而奄終矣。門人瓊因等師資義重，法乳情深，念（八行）訓誨以有成，在孝思之無替。建茲卯塔，使靈骨以有歸；述彼嘉猷，表華門⑦（九行）之不墜。刊此貞珉之石，抑不昧於千齡。旌其咸德之銘，冀揚芳於万祀⑧。（十行）

時大宋咸平貳年（999）歲次己亥九月庚辰朔十八日建。（十一行）

寺主講《上生經》僧延义，□本寺大雲寺主僧延徽，开元□□主僧延□。（十二行）［小师念《法华经》僧□□。］⑨

《八瓊室金石補正續編》卷四十二

靈巖寺禪師珣公塔記

高一尺四寸五分，廣七寸七分，十三行，行二十八至三十一字不

---

① 原塔現在靈巖寺墓塔林，慧崇塔西南側。塔身完好，塔陰記文模糊不清。金榮《泰山志》卷16有錄文，第469頁。陸繼煇《八瓊室金石補正續編》卷42有錄文及介紹，上海古籍出版社2020年版，第3143頁。《泰山石刻》第8卷有照片、錄文及介紹，第2370頁。
② 《八瓊室金石補正續編》作"樞"。
③ 據《定光塔銘》補。《八瓊室金石補正續編》作"意舍浮生，情耽空慧"，《泰山志》僅錄"空慧"二字。
④ 《泰山志》作"住"。
⑤ "佛"前一字平闕。
⑥ 《泰山志》作"卷"。
⑦ 《八瓊室金石補正續編》作"□風"。
⑧ 《泰山志》作"天□"。
⑨ 該行未見，可能为第十三行。

等。字徑三四分，正書，在泰安。

### 3. 寺主瓊環塔幢（1024）【附瓊信塔幢（1037）】

佛頂尊勝陀羅尼真言幢子 并序① （一行）

絻惟真言妙旨，乃佛頂之獨出群經；神咒幽文，寔尊勝之偏超眾教。佛陀秘傳於東土，淨居虔請於西方，風一吹而塵利四生，光一灼而影資三有。大駭尊（二行）勝，難思者哉。 今②有歿故寺主，法諱瓊環者，丘駐曼倩，郡处彭城，俗壽六十四年，僧臘五旬三載。晝燃檀篆，夜柄玉鑪，心鏡淨而日月潛暉，道樹坚而（三行）松筠讓操。比爲常光精宇，永壯靈峯，其柰濁世無緣，真界有託。于是上足重才等，觀鑪中煙滅，覩桉上塵生，欅全體以茶毗，枚舍利而安厝。遂乃同鳩（四行）道眷，共建茲幢，略伸有限之勳，用報无涯之德。但小師重皓，情非動石，智昧投針，耻乏聚螢之能，慚無剪蒲之業，以編實錄，用紀歲月矣。（五行）

时聖宋天聖二年（1024）歲次甲子十月乙卯朔十八日建。吳興郡沈陞刻石。景祐丁丑（1037）岁禹換。（六行）

佛頂尊勝真言啓請（七行）

稽首歸命十方佛，真如藏海甘露門，三賢十聖應真宗，願賜威神加念力。希有惣持秘密教，（八行）能發圓明廣大心，我今隨分略稱揚，迴施法界諸含識。即說呪曰：（九行）

曩謨婆誐嚩諦怛嚩路枳也鉢囉底尾始瑟吒野没馱野婆誐嚩諦怛你也他唵尾戍駄野娑麼三蒲哆嚩婆娑頗囉拏誐底誐賀曩娑（十行）婆嚩秫弟阿鼻詵左縒稜誐哆嚩囉嚩左曩阿蜜㗚多鼻曬罽阿賀囉阿賀囉阿欲散馱羅抳戍馱野戍馱野誐誐曩尾秫弟塢瑟抳洒尾□（十一行）野尾秫弟娑賀娑囉囉溼□茗散祖你諦薩嚩怛他檗哆地瑟吒曩地瑟恥哆母捺嚟嚩囉迦野僧賀哆曩秫弟薩嚩嚩囉拏尾秫弟鉢□（十二行）底顊囀多野阿欲秫弟三麼野地瑟耻諦麼抳

---

① 瓊環塔幢共八面，每面三行。國家圖書館藏編號葉專136。京都人文拓拓片排列順序有錯亂，編號SOU0044A，SOU0044B。《山左金石志》卷16有介紹，第14615頁。陸繼煇《八瓊室金石補正續編》卷41有錄文，未收真言，缺第八面。另收瓊信塔幢。第3112—3114頁。

② "今"前闕一字。

麼抳怛闍哆部哆□□跛哩秋弟尾娑普吒没地秋弟惹野惹野尾惹野尾惹野娑麼囉娑麼囉（十三行）薩嚩没馱地瑟恥哆秋弟嚩嚧嚩矗藥陛嚩囕婆嚩覩麼麼薩嚩薩怛嚩難左迦野尾秋弟薩嚩誐底跛哩秋弟薩嚩怛他藥多三麼湼嚩娑地瑟（十四行）恥帝没□没□冐馱野冐馱野三滿哆跛哩秋弟薩嚩怛他藥多地瑟吒曩地瑟恥哆摩賀母捺嚧娑嚩賀（十五行）

師弟：新寺主講《上生經》僧瓊惠。師弟等：功德主賜紫僧瓊深，僧瓊恩，賜紫僧瓊信。維那僧惠爽，僧惠明，典座僧惠用。講《法花》《上生經》僧惠洪，莊典座僧惠且，僧惠芳，僧惠遠，（十六行）僧惠可，僧惠豐，僧惠凝，僧惠忠，僧惠詮，僧惠筠。塔主僧惠昭，僧惠玭，僧惠典，僧惠休，僧惠海，僧惠琳。賜紫僧惠若，僧惠立，僧惠堅，賜紫僧惠廣，僧惠隙。講《上生經》賜紫僧惠鑒。（十七行）

小師等：重才、重律、重雨，賜紫重淨，重行、重滋、重澄，知庫重振，重念、重依、重月，知山場重象，重緣、重倫、重仙、重受、重教，知客重遂，重□。（十八行）表白重來，重果、重琪、重坦、重告、重吉、重和、重唯。講《因明論》重皓，重量、重歸、重潛、重之、重冝、重洞、重廉、重匀、重閏、重珍、重質、重□、（十九行）重錫、重一、重遐、重枚、重緒、重遵、重固。講《百法論》重就，重周、重景、重爲、重微、重寺、重支、重邑、重勛、重能、重蘊、重居、重晉、重育、（二十行）重詡、重平、重表、重申、重寬、重巨、重休、重榮、重登、重貫、重旭、重祥。講經論傳戒重秘，重京、重造、重洒、重定、重温、重賢、（二十一行）重基、重喆、重幹、重圓、重□、重在、重澤、重端、重啓、重引、重自、重□、重記、重□、重紹。（二十二行）[1]

**瓊信塔幢（1037）**[2]

景德靈巖寺新建尊勝幢子并序

觀夫尊勝陀羅尼者，如來密付，波離秘傳，堪拔苦以生天，可建幢而

---

[1] 第二十二行爲陸繼煇未收塔幢第八面。
[2] 未見原石。陸繼煇《八瓊室金石補正續編》附於瓊環塔幢之後，認爲是靈巖寺塔幢。許明《中國佛教金石文獻·塔銘墓誌部四（宋卷）》同引該書瓊信塔幢錄文，第1319—1320頁。

滅罪，于日奉為歿①故大師俗姓許氏，法諱瓊信，本貫兗州人也。在生之日遺留下衣鉢之資，山門法眷特為豎立幢子一座，用追生界。大師②爰掛緇袍，洎披紫綬，行僻則稽松讓操，心清則謝月澄輝。古殿凌晨供養，而白檀輕裛；寒牎深夜誦持，而紅燭常燃。本望永壯禪林，長光祖寺，倏爾逐逝波而不返，俄然思極樂以長歸。□□□庶望仗此勤修，速悟無生之理。承斯追悼，早拋有漏之因，恐以谷變陵遷，故刊瓊珉以為標記。

時聖宋景祐四禩（1037）歲次丁［丑］仲春月有二十九日建。

佛頂尊勝陁羅尼真言并啓請。（經不錄）

《八瓊室金石補正續編》卷四一

寺主瓊環塔幢

高四尺七寸七分，八面。面廣四寸九分，各三行。序二面，行五十七、五十九字。經三面，行五十三、四、五字。題名二面，行七十餘字，字徑六七分。正書。

靈巖寺大師瓊信塔幢

高四尺五寸，六面。面廣四寸及四寸三四分，各三行。序二面，行五十五至六十字，行書。啟請一面，每行七言四句，亦行書。真言三面，行三十八九字，正書。字均徑七八分。

幢不著書人名，亦無寺僧題名。或幢本八面，而拓工遺其二歟？書法已開米襄陽先路，宋經幢似此佳作不數見也。法師諱瓊信，名見前瓊環幢中。二幢宜在一處，惟前幢據拓工言在易州，此幢標題有"靈巖寺"及"大師""兗州人"云云，拓本紙墨亦似山東一路手法，疑在長清。雖《山左金石志》未載此幢，而《志》有天聖二年（1024）十月所立一幢云，是在長清。其高廣尺寸及所謂前刻序文、次尊勝真言、後列合寺僧眾凡一百二十四人者，除僧眾缺一面，僅見一百九人外，無一不相吻合。意前幢與此皆在長清靈巖寺，拓工誤記為易州耳。

---

① "歿"前平闕兩字。
② "大師"前平闕一字。

4. 三寶詩（1047）

三寶詩并序[①]（一行）

前進士安鳴漸作 朱演刻字（二行）

姑臧子黜官郡城，戀此方所，平眺川岫，刹臨水雲。仰無價之一珠，莫有綠之（三行）三寶，生清淨意，有歸依心。曰今性情，乃就章句，題于粉校用（四行）金田[②]，庶幾此時他時，遊者礼知。余解正空而悟真諦，仗（五行）能仁[③]而有信心者矣。（六行）

佛寶詩（七行）

巍巍千号超三界，高啓仁祠滿世間。衣縷善降金翅鳥，毫光能透鐵圍山。（八行）琅函秘密書賢劫，綵筆精奇畫聖顏。每覿青蓮瞻妙相，願持香火戲□□。（九行）

法寶詩（十行）

重宣了義成真教，龍藏分明在布金。始自□毫□貝葉，終如蠶□□花心。（十一行）鯨鍾響亮飛寒韻，魚梵清冷奏稚音。我為勞生拘利役，每聽香偈想雙林。（十二行）

僧寶詩（十三行）

蓮宮開士通心法，意馬調柔懽悇無。住靜夜潭明月冷，身閑秋螭白□□。（十四行）律中講習知玄理，禪外修行到坦途。能重祖師勤剃染，燈燈傳受出凡□。（十五行）

大宋慶曆七年（1047）丁亥歲五月乙亥朔十三日丁亥建。（十六行）齊州靈巖寺功德主賜紫沙門重淨上石。（十七行）

5. 惠鑒塔幢（1051）

佛頂尊勝陁羅尼真言幢子并序[④]（一行）

詳夫名標尊勝表威力，以至靈恩被上冥，顯慈悲而靍大。淨居虔請於印

---

① 原碑現存靈巖寺天王殿東側。《長清碑刻》卷中有照片並錄文，第489頁。
② "金田"平出。
③ "能仁"平出。
④ 經幢在靈巖寺大雄寶殿前。幢共八面，每面四行。《長清碑刻》卷中有照片及錄文，第502—503頁。

土，波離秘傳於支那（二行）。迢□者罪滅河沙，霑土者福增兼知。今有歿故寺主講經賜紫法諱惠鑒者，丘居歷下，郡處隴西（三行）□□□十四年夏□西□乙載知塵勞，而是□□意煙霞，悟（四行）□□□依四□金地□□□講課辭曰："藏之尊經，禪暇修崇，盖就五花之大殿，□為真經靈跡者（五行）□□道風何明，他界根熟，此方緣盡。"于是上天。門人文滕等知法身義重，慈訓恩深，共聚□（六行）□同□巨薦权威靈之□□時建經幢，寫風雅之先身，別崇影祀，欲將少善以答重恩，奉資（七行）先師[1]，覺□三界。

時大宋皇祐三年（1051）歲次辛卯四月辛巳朔十日庚寅建。□……□書。（八行）

佛頂尊勝陀羅尼启請（九行）

稽首千葉蓮花藏，金剛座上尊勝王。為滅七返傍生難，灌頂惣持妙章可。（十行）八十八億如來傳，願舒金手摩我頂。流通變化濟含靈，故我發心恒讚誦。（十一行）

曩謨婆誐嚩帝怛嚩路枳也鉢囉底尾始瑟吒野沒馱野婆誐嚩帝怛你也他唵尾戌馱野尾戌（十二行）馱野娑麼娑麼三滿多嚩婆娑娑頗囉拏誐底誐賀曩娑嚩娑嚩尾秋第阿鼻詵左覩輸素誐多（十三行）嚩囉嚩左曩阿蜜㗚多鼻曬罽[2]阿賀囉阿賀囉阿庾散馱囉抳戌馱野戌馱野誐誐曩尾秋第鄔（十四行）瑟捉灑尾惹野尾秋第娑賀娑囉喝囉濕茗散祖你帝薩嚩怛他誐多嚩盧羯你娑吒波囉蜜多（十五行）波唎布囉尼薩嚩怛他蘖多纈哩馱野地瑟吒曩地瑟恥多摩賀母捺㗚嚩日囉迦野僧賀多曩（十六行）尾秋第薩嚩嚩囉拏波耶突㗚揭底鉢唎秋第[3]鉢囉底顆轢多野阿欲秋第三麼野地瑟恥帝麼（十七行）顆麼顆摩賀麼顆母顆母顆尾母顆[4]怛闥多部多句知跛哩秋[5]第尾娑普吒沒地秋[6]第惹野惹野

---

[1] "先師"平出。
[2] 今傳《大正藏》佛陀波利版後加"摩賀曼怛囉橘乃"。
[3] "突㗚揭底跛唎秋第"，《大正藏》版作"訥蘖帝跛哩尾秋弟"。
[4] "毋顆毋顆尾毋顆"，《大正藏》版無。
[5] 原碑"林＞秋"。
[6] 原碑"林＞秋"。

(十八行)尾惹野尾惹野娑麼囉娑麼囉①薩嚩沒馱地瑟恥多秫第嚩日□嚩日囉蘖陛嚩日囕娑嚩覩麼麼(十九行)□哩薩怛嚩舍利囕薩嚩薩埵喃難者迦耶跛唎秫第薩嚩誐底跛哩秫第薩嚩怛他蘖多□□(二十行)三麼濕嚩娑演覩薩嚩怛他蘖多三麼濕嚩娑地瑟恥帝沒地野沒地野尾冐駄野尾冐駄野(二十一行)□……□三滿多跛哩秫第薩嚩怛他蘖多纈哩駄野地瑟吒曩地瑟恥多麼賀母捺嚛娑嚩賀(二十二行)②

師兄惠海。師姪等：寺主講經賜紫重浄，重澄、重依、重月，知客重遂，重千、重唯、重之、重閻、重義、重威，講經師重魷(二十五行)，重景、重為、重微、重友、重蘊、重居、重晋、重育、重寬、重登、重京、重乏、重温、重基(二十六行)，知庫重圓、重曇、重啓、重自、重丕、重記、法藏、法謹、法朏、法昌、法揩，講經論法□，法崇，供養主法眞(二十七行)，知庫法貴，法陽、法意、法彧、法嵒、法脩、法同，典座德訥，德琮、德岸、德幽，厨典座德成，德變，鞠苗稅德睦。(二十八行)莊典座德鄉，德瑤、德絢，知客德琛，講《法華經》德穎，堂維那德煥，德神，德呆，講《唯識論》德踊，廣睢、廣春、廣□(二十九行)、廣偲、廣佶、廣悅，書狀廣覺，廣彭、廣珩、廣滿、廣峭、廣各，知山場廣韜，書狀廣助，廣寔(三十行)。

師等：文暻、文契、文密、文慮，講《上生經》文祖，文捧、文及、文朱、文禮、文僅、文裝、文尋(三十一行)。

□……□大□……□(三十二行)。

6. 宋尊勝陁羅尼殘幢③(1052)

□……□佛眾所宣，能滅七返傍生路。(一行)□……□為薄福尠德人，二為短命不長生。(二行)□……□聖應真，願賜威光□念□。(三行)

□……□佛頂尊勝陁羅尼真言曰：(四行)尾戌駄野尾戌駄野娑麼娑麼

---

① 《大正藏》版無第二個"娑麼囉"。
② 第二十三行、二十四行空。
③ 經幢在靈巖寺墓塔林。幢身殘損，僅餘七面。其中一面1—3行，二面4—7行，三面8—11行，四面12—15行，五面16—18行，六面19—22行，七面23行。現存部分《佛頂尊勝陁羅尼經》真言及僧人署名。《長清碑刻(卷下)》有照片及錄文，第796頁。

三滿跢（五行）□……□曩阿蜜㗚□□廚摩賀勞（六行）□……□尾秣弟娑賀娑囉曷囉□（七行）□……□蘖多紇哩乃野地瑟姹曩地瑟恥□（八行）□……□㗚誐底跛哩秣弟鉢囉底顐韈囉跢野阿欲秣（九行）□……□句致跛哩秣弟尾娑普吒沒地秣弟惹野惹野尾惹野尾惹野（十行）□……□嚩日囉蘖囉陛嚩日囑婆嚩覩麼麼舍哩嚩薩囉嚩薩□（十一行）□……□怛他蘖多室者銘三麼濕嚩娑演覩薩羅嚩怛他蘖哆三麼濕（十二行）□……□野冒馱野尾冒馱野尾冒馱野三滿跢跛哩秣弟薩囉嚩怛他蘖多紇（十三行）□……□勝心陁羅尼，曩謨三滿跢沒馱喃，唵施薩嚩賀。（十四行）唵摩尼達哩吽潑吒。（十五行）

　　□……□[賜]紫僧重淨，重澄，功德主重依、重月、重千、重唯。（十六行）□……□重為、重微、重友、重蘊、重居、重育、重寬。（十七行）重啓、重自、重□、法茂□……□。（十八行）□……□庄典座法意，法彧、法嵒、袁□……□德訓、德宗、德□……□（十九行）□……□琛，講《法花經》德頴、德焲、德神、德杲，講《唯識論》德踊。

　　小師等：（二十行）廣覺、廣彭、廣珩、廣滿、廣峭、廣各，知山塲廣韜。（二十一行）□……□文捧、文未、文禪、文僅、文裝、文尋。師孫等。（二十二行）

　　□……□聖宋皇祐四年（1052）歲次壬辰五月乙巳朔十日甲寅建。□□張李書。（二十三行）

7. 靈巖千佛殿記（1061）

靈巖千佛殿記[①]

---

[①] 原碑已毀。國家圖書館拓片編號各地2932-1。京都人文拓編號SOU0091X。額正書，分兩行，每行三字。《山左金石志》卷16有介紹，第14621頁。金榮《泰山志》卷16有錄文，第509—511頁。陸增祥《八瓊室金石補正》卷101有錄文，第1659—1661頁。王榮玉等主編《靈巖寺》有錄文，第101—102頁。《泰山石刻》第8卷有照片、錄文及介紹，第2496頁。韓明祥《長清靈巖寺碑碣墓塔考略》稱，原碑碑側有趙明誠三游靈巖題記："東武趙明誠德甫，東魯李擢德昇、躍時昇，以大觀三年（1109年）九月十三日同來，凡留兩日乃歸。後四年，德父復自歷下將如奉高述此，政和三年（1113）閏六月。丙申（1116）三月四日復述此。德父記。"《博古擷采——紀念濟南市博物館建館五十周年研究文集》，濟南出版社2008年版，第259頁。

齊州靈巖寺千佛殿記（一行）

朝散大夫尚書工部郎中提舉管勾兗州仙源縣景靈宮太極觀公事護軍賜紫金魚袋王逵撰（二行）

京兆府普淨禪院賜紫沙門神俊書并題額（三行）

釋典謂嘗有金人生西方，同名號者踰乎千百萬億，則了性悟空以成道者，非不廣矣。自白馬來東土，建寺院（四行）者幾乎百千萬所，則示形出相以化人者，非不多矣。其間烜①赫中夏、輝映諸藍，得四絕之偉者，則有荆之玉泉、（五行）潤之栖霞、台之國清，泉茲靈巖是也。

按地志，後魏正兗中有僧瀰定者，唱首撥土以興焉。（六行）炎宋②景德歲始　　賜③此額。噫，絕之夥，且有四種義。不越乎高倚青山，俯臨寒泉，茂林脩竹，猷瘱戶牖，（七行）竒花異石，羅列庭檻。或景趣果如是，則爲地望之絕也，豈忝矣。至若黄金塗像，碧瓦凌空，迴廊大殿，瑩然塵外，（八行）層樓峻塔，倬彼霄際。儻締構如是，則爲莊嚴之絕也，不誣矣。又若千里輻湊，羣類子來，珍貨希寶，□向喜捨，（九行）香頂艾臂，男女日至。耐誘掖果如是，則爲供施之絕也，誠韙矣。設若割慈父母，脫躧□孥，貎漸心頓，相本生滅，（十行）表動内寂，洞徹正覺。篤行願果如是，則爲精進之絕也，眞竒矣。矧其尤有泰山峋峋，與天爲隣，生物則洒天下（十一行）之雨，告瑞則吐封中之雲，持陽和啓蟄之柄，膺覆燾司命之神，如　　先帝④泥金檢玉者，七□二□□（十二行）右則有洪河渾渾，厚地偕奔，葱嶺馬頰，雷驚電韢，迥貫銀漢之浪，險經禹鑿之門，遇　本朝⑤□□□清者，（十三行）有上中下源。其前則有鄒魯大國，洙泗鉅防，闡君臣父子之教，闢仁義禮樂之鄉，循之者昌，悖之者亡。其後則（十四行）燕趙二禦，山川四馳，限爾夷狄，壯斯藩籬。自甲胄干戈之息，俾士庶羊馬之肥，歡好爰結，　　恩⑥威永綏，□（十五行）其雄重也，則既如

---

① 應為"烜"。《八瓊室金石補正》稱避宋真宗趙恆嫌。
② "炎宋"平出。
③ "賜"前平闕五字。
④ "先帝"前平闕五字。
⑤ "本朝"前平闕三字。
⑥ "恩"前平闕三字。

此，談其封略，也復如彼。則千佛中處膺大雄氏，不其宜矣。加之野有良田可以封萬戶，□有（十六行）華屋可以蔭萬夫，帑有羨資可以穌萬民，僧有方便可以化萬心，不其盛歟。（十七行）神宗皇帝[①]、　　章聖皇帝[②]悉以御書[③]爲　　錫[④]命焉,（十八行）皇帝[⑤]陛下降以　御[⑥]篆飛白以嗣之。厥後有僧瓊環者，次第以輪奐焉。其如土木之華，繪塑之美，泉石之（十九行）麗，草木之秀，森森然碁布前後，遠者咸以耳聞之，近者咸以目擊之。於千佛之旨，何啻乎形影之外，譬喻其（二十行）邈也，善相萬萬明矣。故略而不述也。僕被　　詔[⑦]司泰寧軍宮觀，下車伊邇，有住持賜紫僧重淨貽書請（二十一行）識，因用直書以塞其顗也。時庚子年（1060）春王三月望日記。（二十二行）

　　嘉祐六年（1061）辛丑歲六月望日，景德靈巖寺住持講經賜紫沙門重淨建立。真定府郭慶、郭庠鐫字。（二十三行）

　　《八瓊室金石補正》卷一百一
　　靈巖寺千佛殿記
　　下截失拓二字，高六尺九寸，廣三尺五寸。廿三行，行四十二字，字徑一寸三分，正書。額失拓，在長清靈巖山。
　　右《靈巖寺千佛殿記》，王逵撰，沙門神俊書。《山左金石志》載之而未見墨本。王逵，署銜稱是"提舉管勾兖州仙源縣景靈宮太極觀公事"。按阮氏太極觀題字跋，引《曲阜縣志》云，景靈宮事惟見元人重修碑文載。曲阜縣城之東北曰壽邱者，相傳為軒轅黃帝所生之地，即《寰宇記》所謂"窮桑"者也。宋既有國，推本世系，遂祖軒轅。大中祥符五年（1012）閏十月，詔曲阜縣更名曰仙源縣，從治于壽邱，祠軒轅曰聖祖。

---

① "神宗皇帝"平出。此處指宋太宗趙匡義。
② "章聖皇帝"前平闕五字。
③ "御書"前平闕五字。
④ "錫"前平闕五字。
⑤ "皇帝"平出。
⑥ "御"前平闕三字。
⑦ "詔"前平闕四字。

又建太極宮，祠其配曰聖祖母。越四年而宮成。歲時，朝獻如太廟儀，學老氏者侍祠而以大臣領之云云。王逵即領其事者也。據阮氏碑，尚有陰刻施主姓氏及元祐、靖康題名。"炟赫"避真宗嫌，名作"炟"，"洎茲"作"泉絲"，"艾"作"芅"，俗誤。"誣"作"詿"，"蘇"作"穌"，異文，書法魯公而少渾厚。

8. 留題靈巖寺（1061）
留題靈巖寺①（一行）
龍圖閣直學士尚書兵部郎中充真定府路都部署兼安撫使知成德軍府事張揆（二行）
再見祇園樹，流光二十年。依然山水（三行）地，況是雪霜天。閣影移寒日，鍾聲出（四行）暝煙。麏官苦奔走，一宿亦前緣。（五行）
嘉祐六年（1061）辛丑歲七月一日，齊州靈巖寺主講經賜紫沙門重淨上石。（六行）京兆府普淨賜紫僧神俊書，真定府郭慶刊字。（七行）

《泰山志》卷十六 金石記二
張揆題靈巖寺詩 正書 在巖②般舟殿
右碑高二尺八寸，廣一尺五寸。詩字徑二寸，前後題銜欵識，字徑五分並正書，端整完好可讀。詩云"再見祇園樹，流光二十年"，以《宋史·張揆傳》證之，當是明道（1032-1033）中知萊州掖縣時到此也。其作此詩是赴成德軍時，過此留題，年已六十七矣。詩作於寒冬，碑刻於七月，則詩為嘉祐六年（1061）以前所作，寺僧撿出進刻之耳。

---

① 原碑今存靈巖寺般舟殿，首行下刻行書"膠東李學詩來"。國家圖書館拓片編號各地2892。馬大相《靈巖志》錄詩文，第54頁。《山左金石志》卷16有錄文及考證，第14621頁。金榮《泰山志》有錄文，第511頁。陸增祥《八瓊室金石補正》有錄文，第1661頁。王榮玉等主編《靈巖寺》有錄文及介紹，第110—111頁。《泰山石刻》第8卷有照片、錄文及介紹，第2347頁。《長清碑刻》卷中有照片及錄文，第646頁。
② 應為"靈巖"，"靈"字脫。

## 9. 祖燈継公大禪師壽塔（1061）

祖燈継公大禪師壽塔[①]

**塔題左側**

　　□……□陁羅尼啓請（一行）

　　□……□蓮華宮，金剛座上尊勝王，為滅七返傍生難，灌頂惣持妙章句。八十八僧□……□（二行）□……□手摩我頂，流通變化濟含靈。故我發心恆讚誦，加句靈驗佛頂尊勝陁羅□……□（三行）

　　□……□誐嚩□……□帝引一怛二合轉古路引枳也二合二鉢囉二合底丁以反尾始瑟吒二合引野三沒馱引野婆誐嚩帝□……□（四行）你也他引去五唵□□尾戍馱野尾戍引馱野六娑麼娑麼三引去滿多去嚩婆去引娑娑頗二合囉拏鼻音誐底（五行）誐賀□□嚩婆嚩尾秋郎律反第阿鼻詵左覩輪□□引素孽多□□囉□……□曩阿蜜㗚（六行）□……□多鼻囉□□阿賀囉阿賀囉阿庾□□散馱囉捉□□戍馱野戍馱野□……□（七行）□……□曩尾秋第□□鄔瑟捉□□灑尾惹野尾秋第□□娑賀娑囉二合喝囉□……□濕茗二合□……□（八行）

**塔題右側**

　　□……□帝卅三麼顙麼顙摩賀麼顙卅□母顙母顙□母顙卅五□……□（一行）□……□引部□多句知跛哩秋第卅六尾娑普二合吒沒地秋第卅七惹野惹野卅八尾惹野（二行）□……□野二合娑麼囉□……□麼□……□沒馱□地瑟耻多秋第卅□□……□（三行）嚩日囉孽陛引四十二嚩日覽引二合娑嚩覩卌三麼麼□薩嚩薩怛嚩二合舍利囕薩嚩薩□喃（四行）難者迦耶跛唎秋第薩嚩誐底跛哩秋第卌六薩嚩怛他去引孽多去引室（五行）銘卌三去麼濕嚩二合娑演覩卌八麼薩嚩怛他去引孽多卌九三麼濕嚩（六行）娑地瑟耻二合帝□□□沒地野二合沒地野五十□尾胃引馱野尾胃引馱野□……□（七行）□……□多跛哩秋第五十薩嚩怛他孽哆緬哩二合馱野引五十□地瑟吒二合曩□……□（八行）耻二合多五十□麼賀引母捺㘑□娑嚩賀五十六引□（九行）

　　佛頂尊勝陁羅尼，八十八殑伽沙俱胝百千□……□共宣說，若有善男

---

[①] 壽塔在靈巖寺墓塔林。共八面，除塔題外，每面四行。塔題一面，一行。大部分刻字殘損，周身刻《佛頂尊勝陁羅尼經》啓請文、真言及建塔記文。國家圖書館拓片編號各地3818。《長清碑刻》卷下有部分錄文，第877頁。

□……□（十行）□當来不受胞胎之身，蓮花化生，若有鬼神聞此陁羅尼，悉發菩提心，離苦解脱。（十一行）佛頂尊勝陁羅尼。（十二行）

寺主兼功德□……□住持示道賜紫沙門重淨□……□（十三行）常念道者紹□於當寺千佛殿，起因用心，特建□佛頂尊勝陁羅尼幢□（十四行）一坐，願道者早證無上菩提，見聞隨喜，四恩三有，俱登覺□歲次辛丑……□（十五行）□……□嘉祐六年（1061）十月日，舉鎮下院主僧重約立。（十六行）

□……□孝義鄉□安村維那頭崔方、妻張氏合家眷屬等，魏有方母傅氏合家眷屬等。長清縣方市戶孔皓、嬭解氏、并妻孫氏，高文妻李氏。（十七行）師兄□……□僧，道丹。（十八行）石匠張榮鐫。（十九行）

10. 送靈巖寺主義公詳公詩刻（1069）[①]

詩送（一行）新[②]靈巖寺主義公上人（二行）

龍圖閣直學士尚書工部侍郎群牧使張揆上（三行）

峩峩日觀出雲層，西麓靈庵寄（四行）佛[③]乘。金地闢人安大眾，（五行）玉京[④]選士得高僧。霜刀斷腕群魔（六行）伏，鈿軸存心奧義增。顧我舊山泉（七行）石美，湔除諸惡賴賢能。（八行）

熙寧二年（1069）己酉歲中元日。（九行）


詩送（十行）勅[⑤]差靈巖寺主大師詳公赴寺（十一行）

朝散大夫守尚書户部侍郎致仕張揆上（十二行）

黃紙除書下九天，岱宗西麓鎮金田。（十三行）鷲峯[⑥]肅肅臻名士，　蘭

---

① 未見原碑。國家圖書館拓片編號各地 4938。京都人文拓編號 SOU0105X。馬大相《靈巖志》有第一首《詩送新靈巖寺主義公上人》錄文，第 54 頁。《山左金石志》卷 16 有錄文及考證，第 14625 頁。金榮《泰山志》有錄文及考證，第 514 頁。陸增祥《八瓊室金石補正》卷 101 有錄文，第 1661—1662 頁。
② "新"平出。
③ "佛"平出。
④ "玉京"平出。
⑤ "勅"平出。
⑥ "鷲峯"平出。

社①熙熙撫眾賢。(十四行)像室光華輝曉日,禪心清淨擢秋蓮。山泉(十五行)自此增高潔,雲集十方結勝緣。(十六行)

熙寧三年(1070)白虎直歲九月十三日。(十七行)

《泰山志》卷十六 金石記二

張揆送靈巖寺主二詩刻 正書 在靈巖山神廟南壁

熙寧二年(1069)三月② 三年(1070)九月

《山左金石志》云:《宋史·張揆傳》,揆舉進士,知益都縣。明道中,知披縣,通判永興軍,為集賢校理。四遷為龍圖閣直學士,知成德軍,入判太常、司農寺,累官戶部侍郎致仕。熙寧七年(1074)卒,年八十。以此記之,則當熙寧二年、三年時,年已七十五六也。第二首送詳公詩,是已致仕時作。第一首送義公詩,尚是居官時作,而工部侍郎羣牧使,則《傳》所不載。熙寧三年(1070)為庚戌歲,以庚為白虎直歲,礽見此碑。《濟南府志》《長清縣志》祇載張揆五律一首,不收此二詩,《仙釋卷》又不為義公、詳公立傳,故事蹟無攷。

11. 勑賜十方靈巖寺碑(1070)

勑賜十方靈巖寺碑③

中書門下牒(一行)

開封府奏、先准中書劄子:京東轉運司奏。據齊州申准開封府牒:據僧永義狀,經府披訴,情願吐退靈巖寺主。勘會齊州靈巖寺在山谷,去州縣遙遠,有僧行一二百人。逐年四方燒香,(二行)送供人施利至多,諸處浮浪聚集,兼本寺莊田不少,全藉有心力僧人住持主管。今訪聞得僧永義只是一

---

① "蘭社"前平闕二字。

② 碑刻作"中元日",為農曆七月十五。應是熙寧二年(1069)七月作。

③ 原碑現存靈巖寺天王殿東側。額正書,分兩行,每行四字。《山左金石志》卷16有考證,第14625頁。《泰山志》卷16有上半截錄文及考證,第516—519頁。王榮玉等《靈巖寺》有錄文及介紹,第104—105頁。《泰山石刻》第8卷有照片、碑陽錄文及介紹,第2463—2464頁。《長清碑刻》卷中有照片及錄文,第474—476頁。胡孝忠《北宋山東〈勑賜十方靈巖寺碑〉研究》有研究,《北京理工大學學報》(社會科學版)2011年第2期。王楊梅《山東靈巖寺宋熙寧三年敕牒碑考釋》亦有研究,《唐宋歷史評論》2022年第9輯。

向修行誠行，經開封府有狀，吐退難為住持山門。本司雖已指揮本州縣，常（三行）切辯認覺察，止絕浮浪之人，不得彼處聚集，去訖。伏乞朝廷下左右街僧司，別選差有德行心力僧一名充寺主，及許令於在京或外處，指摘僧五七人，同共前來充本寺掌事。依十方（四行）寺院住持勾當，所貴同心協力，住得山門，伏候勅旨。奉 聖旨①依奏、劄付開封府，尋劄付左右街僧錄司。

依詳前項中書劄子內 聖旨②指揮施行，仍具寺院法名及三綱主首并（五行）僧司，結罪保朗，申府廻。據左右街僧錄智林等狀申：智林等依前項府劄子內、中書劄子內 聖旨③指揮，同共定到左街定力禪院講《圓覺經》賜紫僧行詳一名，充齊州靈巖寺主，勾（六行）當住持。及取到本院主鑒文，保朗行詳有行止，稍有心力，即目別無過犯，委是德人詣實。結罪文狀：智林等保朗行詳，堪差赴靈巖寺住持，如後異同，甘受重罪，不詞所是。

掌事僧人候（七行）得上命指揮，差本僧訖，却令指摘，別具狀申上。次乞指揮府司，尋出給公據，付僧行詳收執。仰詳前項中書劄子內 聖旨④指揮，許令在京或外處，指摘僧五七人，同共前去充本寺（八行）掌事。依十方寺院住持勾當，具寺院、法名申僧司，令申府，仍立便起發前去，至齊州住持靈巖寺，并劄付左右街僧錄司，亦仰詳此。勒令僧行詳於在京或外處指摘僧五七人，同共前（九行）去充本寺掌事，具寺院、法名申府。便發遣僧行詳等起發前去，往彼住持齊州靈巖寺，至今左右街僧錄司未申到聞。

今據寄住左街定力禪院講《圓覺經》賜紫沙門行詳陳狀："竊以行（十行）詳近蒙僧錄司選定，依准錄降 聖旨⑤指揮，保朗住持齊州靈巖寺。行詳屬以衰老多病，已廢心力，必恐難為住持，尋曾有狀陳免。至今月初二日，准開封府差人，降到公據一道，已（十一行）據僧錄司保朗定差，令指摘掌事僧五七人前去。行詳既承上命敦遣，固亦不敢辭避，輒有誠懇披告，

---

① "聖旨"前平闕二字。
② "聖旨"前平闕二字。
③ "聖旨"前平闕二字。
④ "聖旨"前平闕二字。
⑤ "聖旨"前平闕二字。

乞敷奏者：

一、行詳竊聞，靈巖寺僻在山谷，從眾頗盛，累因住持人不振，遂致廢隳（十二行）綱紀。今既再煩 聖旨①選差，則與州郡差請特異，伏見潤州金山寺，每差住持人，竝從朝廷特降付身宣命，行詳欲乞。據此體例乞賜，敷奏特乞給一'為國焚修傳教住持'宣劄，付身前（十三行）去。所貴有以彈服遠人，廢寺易為興葺，積集功德，上贊 聖祚②。

一、行詳竊聞靈巖寺舊是甲乙住持，昨雖改為十方，緣未曾有十方勅旨。竊見西京龍門山寶應寺、奉先寺，舊亦是甲（十四行）乙住持創，新降勅改為十方，勅語內朗言'院中受業徒弟，並不得作知事勾當。'欲乞據此體例，特降勅牒約束，付身前去住持。

一、行詳竊聞靈巖寺素來寂是凶惡，浮浪聚集，前後[凡]六（十五行）七次住持不得，雖今來許令指摘掌事僧五七人，亦慮難為照顧。行詳欲乞特度隨身童行十人，貴得以為心手照顧，指使焚修，免有踈虞。"府司所據僧行詳狀，陳乞事件，伏候 勅旨③。（十六行）

牒奉（十七行）勅④：行詳依奏，宜差充齊州靈巖寺主，仍在寺徒弟並（十八行）不得差作知事勾當，所乞度行者，不行。牒至，准（十九行）勅⑤，故牒。

熙寧三年（1070）八月日牒。（二十行）右諫議大夫參知政事王石。吏部侍郎參知政事韓假。禮部尚書平章事陳假。左僕射兼門下侍郎平章事假。（二十一行）

**碑陰**

知庫僧法從、善翔，維那僧紹玉，典座僧定聰、明受，（一行）監寺同勾當講《瑜伽論》傳大乘戒沙門智廣（二行），勅補靈巖寺為國焚修傳教住持傳大乘戒賜紫沙門行詳立石。（三行）

將仕郎守長清縣尉向子濛（四行）

---

① "聖旨"前平闕一字。
② "聖祚"前平闕二字。
③ "勅旨"前平闕一字。
④ "勅"平出，草字，占兩格。
⑤ "勅"平出，草字，占兩格。

文林郎守長清縣主簿兼管勾催遣綱運公孫慶（五行）

三班奉職監長清縣塩酒稅権監靈巖寺供利張冀（六行）

右班殿直監齊州明水鎮酒稅権甸臺巡檢公事高獻昌（七行）

觀察推官宣德郎試大理評事常若思（八行）

節度推官承奉郎試大理評事皇甫朝光（九行）

承奉郎試大理評事權觀察支使李彭（十行）

給事郎守大理寺丞知長清縣事兼兵馬監押張次山（十一行）

内殿承制京東西路鄆齊濮濟單兗州廣濟軍駐泊兵馬都監專管勾本路諸軍州賊盜公事騎都尉齊州駐劄王述（十二行）

朝奉郎尚書比部貟外郎通判齊州兼管内河堤勸農事騎都尉賜緋魚袋閻溫仁（十三行）

朝奉郎尚書職方貟外郎知齊州軍州兼管内河堤勸農事輕車都尉賜緋魚袋借紫王居卿（十四行）

提點京東路諸軍州刑獄公事兼本路勸農使朝奉郎尚書職方貟外郎輕車都尉賜緋魚袋孔宗翰（十五行）

提點京東路諸軍州刑獄公事兼本路勸農使朝奉郎尚書司封郎中輕車都尉賜緋魚袋席汝言（十六行）

京東諸軍州水陸轉運使兼本路勸農使太常少卿上柱國賜紫金魚袋孫琳（十七行）

**碑側**

**上部**

裴士傑淞（一行）檄[①]，過山下，因遂一遊。（二行）

熙寧八年（1075）閏月十日。（三行）

觀音道用之行道。謹題。（四行）

宣和改元（1119）四月六日恭礼。（五行）

---

① "檄"平出。

下部

觀音兼登證明，張端子正記。（一行）

宣和改元（1119）四月六日恭礼。（二行）

《泰山志》卷十六 金石記二

敕賜十方靈巖寺牒碑 正書額 正書 在靈巖天王殿神像後，下截埋神座中

熙寧三年（1070）□月

右碑上截高三尺六寸，寬三尺七寸。碑云"開封府奏"，凡十五行，正書，字徑一寸。自"中書門下牒"及"牒奉敕"六行，真、行兼之，字徑三四寸不等。其末官銜二列，字體扁甚，"王"字下有押，少偏。"韓"字下一"假"字，字偏而小。額高二尺，寬一尺三寸五分，字徑五寸，正書。下截為天王像座，掩埋在靈巖寺二門內之左，西向。

《山左金石志》云：兩參政之名，以《宋史·宰輔表》攷之，熙寧二年（1069）二月庚子，王安石自翰林學士工部侍郎兼侍講，除右諫議大夫參知政事。三年（1070）四月己卯，韓絳自樞密副使除兼參知政事。是年十二月，兩公皆同平章事矣。此碑但存"熙寧"二字，攷其立碑當在三年（1070）四月以後十二月以前也。然據碑，韓公是吏部侍郎參知政事，《宰輔表》則韓絳於治平四年（1067）神宗即位之初，自三司使吏部侍郎除樞密副使，是熙寧三年（1070）韓參政祇官樞密副使，而非吏部侍郎矣。碑與《表》異，或史有誤，文宜據碑證之。

12. 留題靈巖寺七言一首兼簡載師長老（1079）

留題靈巖寺七言一首兼簡載師長老[①] 鮮于侁

馬煩箠策車馳轂，終歲塵勞常碌碌。喜聞巖寺並山中，路轉清溪入幽谷。乍行山口疑洞天，窮深一上翻平田。千層臺殿隱林木，四面石壁生雲

---

① 未見原石。顧炎武《求古錄》有錄文，《顧炎武全集》第5冊，上海古籍出版社2012年版，第522頁。馬大相《靈巖志》卷3有正文錄文，第57—58頁。（清）唐仲冕編撰，孟昭水校點集注：《岱覽校點集注》卷26有錄文，泰山出版社2007年版，第734頁。

烟。山僧迎門笑相揖，爲語祖師存往跡。屈指于今八百年，已在西來達摩前。鶴鳴飛止黃金地，錫杖湧起清涼泉。境稱四絕名天下，天台石橋乃其亞。千峯不改歲寒時，一水最憐秋月夜。半生游學頗艱辛，且向空山老此身。也知方丈安禪處，解笑東西南北人。

元豐二年（1079）正月五日，住持傳法賜紫守載立石。

13. 題靈巖寺（1079）

題靈巖寺① 　　眉陽蘇轍（一行）

青山何重重，行盡土囊底。巖高日氣薄，秀色（二行）如新洗。入門塵慮息，盥漱得清泚。升堂見真（三行）人，不覺首自稽。祖師古禪伯，荊棘昔親啓。人（四行）迹尚蕭條，豺狼夜相觝。白鶴導清泉，甘芳勝（五行）醇醴。聲鳴青龍口，光照白石陛。尚可滿畦塍，（六行）豈惟濯蔬米。居僧三百人，飲食安四體。一念（七行）但清涼，四方盡兄弟。何言庇華屋，食苦當如薺。（八行）

轍昔在濟南，以事至太山下，過靈巖寺，為（九行）此詩，寺僧不知也。其後見（十行）轉運使②中山鮮于公於南都，公嘗作此詩，并（十一行）使轍書舊篇以付寺僧。

元豐二年（1079）正月五日題。（十二行）

蘇子由從事於齊日，有題靈巖詩，鮮于子駿後漕（十三行）京東，刊石，頃失之。（十四行）妙空③被　命④而來，寺之敝陋更新，盡目諸公題（十五行）刻櫛比于中門兩壁，恨亡蘇詩也。靖康初（1126），偶得墨（十六行）本於茌平李時陞家，再摸石。空明居士跋。（十七行）

---

① 原碑在靈巖寺般舟殿東側石壁。國家圖書館拓片編號各地 1109。京都人文拓編號 SOU0306X。蘇轍《欒城集》有收錄，《遊太山四首·靈巖寺》，上海古籍出版社 2009 年標點本，第 118 頁。馬大相《靈巖志》卷 3 有詩文，第 56—57 頁。《泰山志》卷 16 存目，第 520 頁。《泰山石刻》第 8 卷有照片、錄文及介紹，第 2352 頁。《長清碑刻》卷中有照片及錄文，第 634 頁。

② "轉運使"平出。

③ "妙空"平出。

④ "命"前平闕兩字。

《泰山志》卷十六 金石記二
蘇子由題靈巖寺詩并跋 正書 在靈巖 今佚
元豐二年（1079）正月


14. 盛陶詩刻（1080）①

陶啓京師之別，忽歲晏（一行）懷思，（二行）道論②何待言悉。遞中得（三行）書，知以眾請（四行），住③靈巖山林之跡一月。振（五行）發既不為（六行）朝廷④勘破，又得（七行）賢太守⑤眼目瞭然，聚徒（八行）三百，竦動一方，甚善善⑥。陶一（九行）官塞上，絕少知識，思與吾（十行）暗叟元康會（十一行）公⑦漢東時，道論終日所不可（十二行）得也。時寒（十三行）自重重⑧。陶啓上（十四行）靈巖⑨長老確公大師。（十五行）奉寄（十六行）靈巖⑩長老大師。（十七行）

東里盛陶上（十八行）

適見隨州住，誰教復在（十九行）齊。君看歷山北，何似善（二十行）光西。確公舊住隨州仙城山善光寺。（第二十一行）傳法仙城後，流名上國（二十二行）高。游方緣漸契，無亦太（二十二行）切切⑪。（二十三行）靈巖⑫山下草，今古幾回（二十四行）春。不有開堂日，焉知卷（二十五行）席人。（二十六行）

元豐三年（1080）十月廿五日（二十七行），高陽郡□書（二十八行）。呂如海□（二十九行），康永新刊（三十行）。

---

① 原碑在靈巖寺方丈院牆體內。國家圖書館拓片編號各地2903。京都人文拓編號SOU0130X。《長清碑刻》卷中有照片及殘缺錄文，第599頁。
② "道論"平出。
③ "住"平出。
④ "朝廷"平出。
⑤ "賢太守"平出。
⑥ 第二個"善"以重文符代。
⑦ "公"平出。
⑧ "自"平出，第二個"重"以重文符代。
⑨ "靈巖"平出。
⑩ "靈巖"平出。
⑪ 第二個"切"以重文符代。
⑫ "靈巖"平出。

《泰山志》卷十六 金石記二

盛陶詩刻 正書 在靈巖御書閣

元豐三年（1080）十月

15. 李公顔金像記（1080）【附方豪游記（1522）】①

治平中，家君判官還自永嘉道（一行）過錢塘，僧惠從來告曰：（二行）"盧舍金像②成矣，欲歸齊之靈巖（三行）而未有託也，願附舟而北。"家君（四行）從之。後十五年，余遊其寺，徘徊（五行）瞻仰，因識其事。（六行）

元豐庚申（1080）孟冬，李公顔才甫題。（七行）

**方豪游記**

大明嘉靖元年（1522）三月五日，刑部員（八行）外郎衢人方豪被（九行）侖③審錄山東刑獄，將之泰安，道經靈（十行）嵓，曰訪鐵袈裟、石龜、甘露、錫杖、雙鶴、黃（十一行）龍諸泉，天門、朗公、蹲獅、臥象、明孔、鷄鳴（十二行）諸峰，宋金元人諸石刻，得啖椿芽、竹筍，（十三行）浴椒柳菝葉湯，宿方丈，夜起賦詩二首。（十四行）偶睹宋碣，虛其太半，若有待者，畧記踪跡，（十五行）俾後之游者知此岩不欠。方思道云。（十六行）首僧悟鑛令刊。（十七行）

《山左金石志》卷十七

李公顔遊靈岩題記

元豐三年（1080）十月刻，正書，石高一尺五寸，廣二尺，在長清縣靈岩寺。

右題"治平中，家君判官還□永嘉道過錢唐，僧惠從來告曰：'盧舍金像成矣，欲歸齊之靈巖而未有託也，願附舟而北。'家君從之。後

---

① 原碑嵌入方丈院外門洞墻壁。國家圖書館拓片編號各地4861、各地150。京都人文拓編號SOU0131X。《山左金石志》卷16有考證，第14631頁。金榮《泰山志》卷16有前七行錄文，第521頁。王榮玉等主編《靈巖寺》有錄文及介紹，第109頁。《泰山石刻》第8卷有照片、錄文及介紹，第2526頁。《長清碑刻》卷中有照片及錄文，第590頁。

② "盧舍金像"平出。

③ "侖"平出，"命"的異體字。

十五年，余□其寺，徘徊瞻仰，因識其事。元豐庚申（1080）孟冬，李公顏才甫題。"凡七行，後有明人方豪題字九行。豪性喜遊覽，所到必有題字，浙中西湖諸山摩崖殆徧，率皆拙劣。此段行書圓勁，頗不類其平日所書，因坿識之。

16. 題靈巖三絕句（1089）【附供僧題記（1055）等】

題靈巖三絕句[①]（一行）

策杖躋攀自在身，暫来還喜脫埃塵。（二行）山泉成韻因穿石，野鳥低飛不避人。（三行）

不向江南把釣竿，白頭三歲寄長安。（四行）此来應為山僧笑，顋領臨泉自照看。（五行）

無那紅塵伴此身，此身不復戀通津。（六行）我来不獨山僧喜，澗水溪雲似故人。（七行）

元祐己巳（1089）五月初五日姚允之師禹。（八行）

**題記一**

僧如真

**題記二**

信女軍淤口開講經論僧寂能，元祐五年（1090）八月十四日。

**題記三**

□……□庚午二月廿九日（一行），□……□頂謁（二行）□……□吳子幾。（三行）

**題記四**

□……□渾銀□爐□合會（一行）□……□王，社頭王延浩，都勾陳旺

---

[①] 詩文刻於靈巖寺地藏殿外殘柱上，另有四則題記。殘柱共八面，三面刻字。詩文一面 1—3 行，二面 4—8 行。《長清碑刻》卷中有照片及錄文，第 628 頁。

□，苗懷景（二行）□……□隆，社司□世隆，會首苗仁政，社人蕭皇贍，□嚴，（三行）□……□丁懷德。

時聖宋至和二禩（1055）孟夏。（四行）

□……□盤次各備，巳時。供僧訖而前邁，故為標□……□（五行）□……□德武社人任慶、周懷義、社長男□柱䓁題。（六行）

17. 蔡安持題詩（1092）【附劉德亨飯僧題記（1157）】[①]

四絕之中處寂先，山圍宮（一行）殿鏁雲煙。當年鶴馭歸（二行）何處，世上猶傳錫杖泉。（三行）

元祐壬申（1092）十月中（四行）澣，睢陽蔡安持（五行）資中題。（六行）

《泰山志》卷十七 金石記三

蔡安持詩刻 行書 在靈巖御書閣

元祐七年（1092）十月

右碑高三尺五寸，廣二尺，詩三行，在右。年月姓名三行，在左。並正行書，徑三寸。年月三行之上空二字，空處有劉德亨正隆題名。案靈巖寺有絕景亭，僧仁欽建。亭有四景，曰"羣峯獻秀"，曰"甘泉漱玉"，曰"松舟挺翠"，曰"巖花啼鳥"，即詩所謂四絕也。魏僧法定開創靈巖，苦乏水。謀於佛圖澄，澄曰："何地無水？"至一處曰："此下有甘泉。"以九環錫杖卓之，得泉。詩"世上猶傳錫杖泉"者是也。

**劉德亨飯僧題記（1157）**[②]

北安劉德亨安禮（一行）攜家之泗水住，飯（二行）僧於此。

---

[①] 原碑在今御書閣下，方丈院外門洞東側牆。國圖拓片編號各2922。京都人文拓編號SOU0169X。顧炎武《求古錄》有錄文，第523頁。馬大相《靈巖志》卷3題作"題錫杖泉二首"，此為其一，第59頁。《山左金石志》卷17有錄文及介紹，第14639頁。金榮《泰山志》卷17有錄文及考證，第526頁。王榮玉等主編《靈巖寺》有錄文及介紹，第110頁。《泰山石刻》第8卷有照片、錄文及介紹，第2523頁。《長清碑刻》卷中有照片及蔡安持詩錄文，第601頁。

[②] 劉德亨題記在碑刻左上角，小字，分四行，行七字。

正隆二年（1157）（三行）三月十有七日書。（四行）

《泰山志》卷十七 金石記三
靈巖寺劉德亨等題名 行書 在蔡安持詩刻後
正隆二年（1157）三月

18. 大丞相文芑公遊靈巖詩（1098）
大丞相文芑公遊靈巖詩①（一行）
　靈巖山勢異，金地景難窮。（二行）塔影遮層漢，鍾聲落半空。（三行）千峰羅雉堞山如城壁之狀，萬仞聳（四行）幨風。飛鶴來清竇有雙鶴泉，刳魚（五行）掛古桐。名曾絫四絕，封合（六行）亞三公在泰山後。勢徹河壖遠，形（七行）差嶽鎮雄。僅聞隣峻極，日（八行）觀伴穹崇。邃洞連蓬島，重（九行）巒鑿梵宮山面有證明功德嵌。望應銷俗（十行）慮，登喜出塵籠。獻（十一行）壽②嵩衡並，分茅海岱同。艮（十二行）方標出震，午位對升中。嵐（十三行）滴晴煙碧，崖鋪夕照紅。巍（十四行）峨齊太華，奇勝敵崆峒。鍊（十五行）句供詩客，摸真怯畫工。
　天（十六行）孫分怪狀，神化結全功。吟（十七行）賞慵廻首，雲泉興愈隆。（十八行）

　　　　前字十八行，行十字，徑一寸二分，正書。（《泰山志》）

　先丞相天聖間嘗留詩寺壁，後主僧刻（十九行）石。逮今歲久，字畫刓缺，因命工再刊于石。（二十行）
　紹聖五年（1098）三月中澣日，姪曾孫、新滑州（二十一行）白馬縣主簿李侃敬書。（二十二行），正監寺講經論沙門□……□（第二十三行）

---

① 原碑在靈巖寺般舟殿。國家圖書館拓片編號各地144。京都人文拓編號SOU0043X。顧炎武《求古錄》有錄文及介紹，第518—519頁。《山左金石志》卷17有錄文及考證，第14641頁。金榮《泰山志》卷17有錄文及考證，第528—529頁。《泰山石刻》第8卷有照片、錄文及介紹，第2351頁。《長清碑刻》卷中有照片及錄文，第630頁。

② "壽"平出。

前字四行[①]，行十五六字，徑七分，正書。(《泰山志》)

《泰山志》卷十七 金石記三
李迪遊靈巖詩刻 正書 在靈巖般舟殿大門壁
紹聖五年（1098）三月

《金石文字記》云："右小石刻在長清靈巖山寺。其山距府九十里，南接泰山，北帶龍洞。《齊乘》以為'疑即《水經》之玉符山'。而《魏書》所云朗公谷者，在其東南。自前代稱為勝境，宋、金、元人題字最多。予至則當兵火之後，縱橫偃踣，委之荊棘瓦礫之中。然猶得唐一，宋、金、元合四十餘，元以後不能悉數。唐刻為天寶十一載（752）《造舍利函記》，文不工，不足錄。而宋刻年月序次，以此為首。案史，李迪謚文定，前後三知兗州，其再任則仁宗天聖中也。"

19. 楞嚴經偈（1102）[②]
一（一行）

覺海性澄圓，圓澄覺（二行）元妙；元明照生所，所立照（三行）性亡。迷妄有虛空，依空（四行）立世界，想澄成國土，知（五行）覺乃眾生。空生大覺中，（六行）如海一漚發，有漏微塵（七行）國，皆依空所生；漚滅空（八行）本無，況復諸三有？歸元（九行）性無二，方便有多門。聖（十行）性無不通，順逆皆方便；（十一行）初心入三昧，遲速不同倫。（十二行）色想結成塵，精了不能（十三行）徹；如何不明徹，於是獲（十四行）圓通？音聲雜語言，但（十五行）伊名句味；一非含一切，云

---

[①] 正文四行，第二十三行為小字落款。
[②] 蔡卞書《楞嚴經偈》分四石，嵌入靈巖寺方丈院外前牆，拱券門洞東側為一、二，西側為三、四。前段偈文出自《楞嚴經》卷6，後段偈文出自《楞嚴經》卷3。國家圖書館拓片編號各地4870。京都人文拓編號SOU0218A，SOU0218B，SOU0218C，SOU0218D。《山左金石志》卷17有考證，第14643頁。金棨《泰山志》卷17有考證，第531頁。陸增祥《八瓊室金石補正》卷101有錄文及考證，第1662—1664頁。王榮玉等主編《靈巖寺》有介紹，第109—110頁。《泰山石刻》第8卷有照片、錄文及介紹，第2518—2522頁。《長清碑刻》卷中有照片及錄文，第602—605頁。

何（十六行）獲圓通？香以合中知，離則（十七行）元無有；不恆①其所覺，云何（十八行）獲圓通？味性非本然，要以（十九行）味時有；其覺不恆②一，云何獲（二十行）圓通？觸以所觸明，無所不（二十一行）明觸；合離性非芝，云何獲（二十二行）圓通？法稱為內塵，憑塵（二十三行）如③有所，能所非徧涉，云何（二十四行）獲圓通？見性雖洞然，明（二十五行）前不明後；四維虧一半，云何（二十六行）獲圓通？鼻息出入通，現（二十七行）前無交氣；支離匪涉（二十八行）入，云何獲圓通？舌非入無（二十九行）端，曰味生覺了；味亡了無（三十行）有，云何獲圓通？身與所觸（三十一行）同，各非圓覺觀；涯量不（三十二行）冥會，云何獲圓通？知根（三十三行）雜亂思，湛了終無見；想（三十四行）念不可說④，云何獲圓通？識（三十五行）見雜三和，詰本稱非相；自（三十六行）體先無定，云何獲圓通？（三十七行）心聞洞十方，生于大囙力；初（三十八行）心不能入，云何獲圓通？鼻（三十九行）息⑤本權機，祇令攝心住；住⑥（四十行）成心所住，云何獲圓通？說（四十一行）法弄音文，開悟先成者。（四十二行）

二（一行）

名句非無漏，云何獲圓通？（二行）持犯但束身，非身無所（三行）束；元非徧一切，云何獲圓（四行）通？神通⑦本宿囙，何関法分別；（五行）念緣非離物，云何獲圓通？（六行）若以地性觀，堅礙非通達；（七行）有為非聖性，云何獲圓（八行）通？若以水性觀，想念非（九行）真實；如如⑧非覺觀，云何獲（十行）圓通？若以火性觀，厭有（十一行）非真離；非初心方便，云何（十二行）獲圓通？若以風性觀，動（十三行）寂非無對；對非無上覺，（十四行）云何獲圓通？若以空性（十五行）觀，昏鈍先

---

① 避真宗（趙恆）諱，原碑最後一筆闕。
② 避真宗諱缺筆。
③ 《大正藏》本作"必"。
④ 《大正藏》本作"脫"。
⑤ 《大正藏》本作"想"。
⑥ 第二個"住"以重文符代。
⑦ "神通"二字於右側後補。
⑧ 第二個"如"以重文符代。

非覺；無覺異（十六行）菩提，云何獲圓通？若以（十七行）識性觀，觀識非常住；存（十八行）心乃虛妄，云何獲圓通？諸（十九行）[行]是無常，念性元生滅；曰（二十行）果今殊感，云何獲圓通？[我]（二十一行）今白世尊：佛出娑婆界，（二十二行）此方真教體，清淨在音（二十三行）聞；欲取三摩提，實以聞中（二十四行）入。離苦得解脫，良哉觀（二十五行）世音，於恆①沙劫中，入微塵（二十六行）佛國，得大自在力，無畏施（二十七行）眾生。妙音觀世音，梵音海（二十八行）潮音，救世悉安寧，出世（二十九行）獲常住。我今啟如來，如觀（三十行）音所說，譬如人靜居，十（三十一行）方俱擊鼓，十處一時聞，此（三十二行）則圓真實。目非觀障外，（三十三行）口鼻亦復然，身以合方知，心（三十四行）念紛無緒；隔垣聽音響，（三十五行）遐邇俱可聞，五根所不齊，（三十六行）是則通真實。音聲性（三十七行）動靜，聞中為有無，無②聲（三十八行）號無聞，非實聞無性；聲（三十九行）無既無滅，聲有亦非生，生（四十行）

三（一行）

滅二圓離，是則常真實。（二行）縱令在夢想，不為不思（三行）無，覺觀出思惟，身心不（四行）能及。今此娑婆國，聲論（五行）得宣明，眾生迷本聞，循（六行）聲故流轉；阿難縱強（七行）記，不免落邪思，豈非隨（八行）所淪，旋流獲無妄。阿難（九行）汝諦聽，我承佛威力，宣（十行）說金剛王，如幻不思議，佛（十一行）母真三昧。汝聞微塵佛，（十二行）一切祕密門，欲漏不先除，（十三行）畜聞成過誤。將聞持（十四行）佛佛，何不自聞聞？聞非（十五行）自然生，曰聲有名字；旋（十六行）聞与聲脫，能脫欲誰（十七行）名？一根既返源，六根成（十八行）解脫。見聞如幻翳，三界（十九行）若空花，聞復翳根除，（二十行）塵消③覺圓淨。淨極光（二十一行）通達，寂照含虛空；却（二十二行）來觀世間，猶如夢中（二十三行）事，摩登伽在夢，誰能（二十四行）留汝形？如世巧幻師，幻作諸（二十五行）男女，雖見諸根動，要以（二十六行）一機抽；息機歸

---

① 避真宗趙恆諱，原碑最後一筆闕。
② 第二個"無"以重文符代。
③ 《大正藏》本作"銷"。

寂然,(二十七行)諸幻成無性。六根亦如是,(二十八行)元依一精明,分成六和(二十九行)合;一處成休復,六用皆不(三十行)成。塵垢應念消①,成圓明(三十一行)净妙,餘塵尚諸學,明極(三十二行)即如來。大眾及阿難,旋(三十三行)汝倒聞機,反聞聞②自性,(三十四行)性成無上道,圓通實如(三十五行)是。此是微塵佛,一路涅(三十六行)槃門,過去諸如來,斯門(三十七行)已成就;現在諸菩薩,今(三十八行)各入圓明,未來脩學人,(三十九行)當依如是法。我亦從中(四十行)證,非唯觀世音。誠如佛(四十一行)世尊,詢我諸方便,以救(四十二行)諸末劫,求出世間人,成就(四十三行)

四(一行)

涅槃心,觀世音為最。自(二行)餘諸方便,皆是佛威神,(三行)即事捨塵勞,非是長(四行)脩學,淺深同說法。頂禮(五行)如來藏,無漏不思議;願(六行)加被未來,於此門無惑,(七行)方便易成就;堪以教阿(八行)難,及末劫沉淪,但以此根(九行)修,圓通超餘者,真實(十行)心如是。(十一行)

元符二年(1099)十二月十三(十二行)日,莆陽蔡卞書,凝(十三行)寒筆凍,殊不能工也。(十四行)

妙湛摠持不動尊,(十五行)首楞嚴王世希有,(十六行)消③我億劫顛倒想,不(十七行)歷僧祇獲法身;願今(十八行)得果成寶王,還度如(十九行)是恆④沙眾,將此深心(二十行)奉塵剎,是則名為(二十一行)報佛恩。伏請世尊(二十二行)為證明,五濁惡世誓(二十三行)先入,如一眾生未成佛,(二十四行)終不於此取泥洹;大雄(二十五行)大力大慈悲,希(二十六行)更審除微細惑,令我(二十七行)蚤登無上覺,於十方(二十八行)界坐道場,舜若(二十九行)多性可消⑤亡,爍迦羅心(三十行)無動轉。(三十一行)

---

① 《大正藏》本作"銷"。
② 第二個"聞"以重文符代。
③ 《大正藏》本作"銷"。
④ 避宋真宗趙恆諱,原碑最後一筆闕。
⑤ 《大正藏》本作"銷"。

建中靖國元年（1101）冬（三十二行）十一月五日，池陽慧日（三十三行）院南軒續此偈。（三十四行）石久奏 □□

崇寧元年（1102）十一［月］鄱陽齊迅施刻于（三十五行）靈巖寺，（三十六行）住持傳法净照大師賜紫仁欽立石。（三十七行）匠人牛誠刊。（三十八行）

《泰山志》卷十七 金石記三

圓通經并楞巖①偈刻 蔡卞行書 在靈巖御書閣壁

右刻偈四石，各高一尺二寸，廣五尺，偈語、題款俱行書。崇寧元年（1102）立石，題名三行，正書。前段之末空處有方豪題刻三行，云"嘉靖元年（1522）三月六日棠陵方豪再觀"。②嗚呼，君子可以人廢書乎？其餘空處又刻觀者姓名。案《宋史·姦臣傳》，蔡卞登熙寧三年（1070）進士，紹聖四年（1097）拜尚書左丞，專託紹述之說，中傷善類。徽宗即位，黜知江寧府，連貶少府少監，分司池州。纔踰歲，起知大名府，徙揚州，召為中太乙宮使，擢知樞密院。此碑前段書於元符二年（1099）十二月，正官尚書左丞、中傷善類之時。後段續於建中靖國元年（1101）十一月，正貶少府少監、分司池州之時。逾年即改元崇寧，至十一月靈巖刻石，而卞已知樞密院矣。碑所書偈於靈巖毫無繫屬，卞於住持仁欽亦毫無因緣，徒以蔡氏兄弟同居宰輔，勢焰烜赫，山僧無識，藉刻此卷以增光寵耳。蔡京所書元祐黨籍碑，百年而後，猶重刻於南荒，彼葢因黨人重也。此碑以藏之名山，垂八百餘年，而點畫完善，豈非因地而重哉？棠陵愛其書，至謂君子不可以人廢書，殊不謂然。

---

① 應為"嚴"。
② 該題記今碑已磨滅。

20. 吳拭詩三首[①]（1106）【附靈巖道場詩（1528）】

余赴治歷下，謹拜香于靈巖道（一行）場。靈巖固東州勝絕處，余聞之（二行）舊矣，然不知與武夷昇真洞天（三行）相若也。余既幸供 佛[②] 飯僧，又（四行）經行宴坐之地，了了然如家山（五行）間。住山仁欽師初不與余接，問（六行）之，蓋鄉人也。囙作三小詩，以誌（七行）其事。（八行）

丹崖翠壑一重重，香火因緣古寺鐘。若有（九行）金龍隨玉簡，武夷溪上幔亭峰。（十行）

一麾邂逅得東秦，憶別家山六度春。何意（十一行）眼看毛竹洞，主人仍是故鄉人。（十二行）

大士分身石罅開，輕煙微雨證明臺。灑然（十三行）一覺鄉關夢，換骨巖高好在哉。（十四行）

崇寧五年（1106）丙戌夏四月（第十五行）甲戌，建安吳拭顧道題。（第十六行）

**附**

靈巖道場[③]（一行）

濟南郡守吳拭（二行）

飛錫道人知幾年，青虯（三行）白兔亦茫然。焚香且上（四行）五花殿，煮茗更臨雙鶴（五行）泉。今日別栽庭下栢，當（六行）時曾種社中蓮。證明佛事（七行）真何事，聊策藤枝結（八行）勝緣。（九行）

題記：明嘉靖戊子（1528）春正月望，浙江布政使司左參政天水胡纘宗、戶部郎中邑人高奎同登。

---

[①] 原碑現存靈巖寺御書閣，有界格。國家圖書館拓片編號各地41。京都人文拓編號SOU0234X。《山左金石志》卷17有錄文及介紹，第14645—14646頁。金榮《泰山志》卷17有錄文，第533—534頁。陸增祥《八瓊室金石補正》卷101有錄文，第1664頁。《泰山石刻》第8卷有照片、錄文及介紹，第2528頁。《長清碑刻》卷中有照片及錄文，第612頁。

[②] "佛"前平闕一字。

[③] 原碑在靈巖寺千佛殿西側通道，嵌入牆壁。正文年代不明，後刻明胡纘宗、高奎題記。《長清碑刻》卷中有照版錄文，第579頁。

《泰山志》卷十七 金石記三

靈巖寺吳拭詩 正書 在御書閣

崇寧五年（1106）

　　右序、詩、年月共十六行，序以十二字為一行，詩以十六字為一行，字徑寸。各界方格，筆法秀勁，鋒穎如新，不經風雨，故略無剝蝕。


21. 游靈巖記（1108）

游靈巖記①（一行）

　　大觀戊子（1108）八月，思既朝見嶽帝，即走靈嵓。禮謁五花殿下，升頂（二行）泉軒，見（三行）欽禪師②，聞大法眼祕密印。食已，至上方拜后土祠，瞻謁（四行）置寺菩薩③，聞青蚳引路、雙虎馱經之異。又至甘露泉、絕景亭，捫（五行）蘿踏雲，上躋證明殿。殿西一峯，高出平地數萬丈，蒼青秀麗，成（六行）樓閣疊起，俊偉所不可狀貌。證明殿前，四瞰巒岫，若龍蟠，若虎（七行）據，若螺結，若屏張。屬雨大晴，飛嵐滴翠，一寺樓殿，若浮於三山（八行）十洲、沖融縹渺之上。信哉，真仙聖之居，神明之境。既下，酌清泉（九行）於錫杖、雙鶴之亭，觀諸巨公詩歌銘疏，慨然想當時之風采。入（十行）夜，　欽公④見過，皓月在庭，山籟林風，聞見夜景，太清境界，換（十一行）人肌骨。思不忍寢，為書此於壁，識我者當察余之告訴於狂志（十二行）也。

　　十三日，河陽郭思淂之記。（十三行）

---

① 原碑在靈巖寺般舟殿。國家圖書館拓片編號各地2858。王榮玉等編《靈巖寺》有錄文，第111頁。《泰山石刻》第8卷有照片、錄文及介紹，第2356頁。《長清碑刻》卷中有照片及錄文，第678頁。
② "欽禪師"平出。
③ "置寺菩薩"平出。
④ "欽公"前平闕二字。

22. 崇興橋記（1108）

崇興橋記①

齊州靈巖崇興橋記（一行）

朝奉郎新差權通判岷州軍州管勾學事兼管內勸農事兼管勾給地牧馬事雲騎尉賜緋魚袋河陽郭思撰（二行）

承議郎知南外都永丞公事專切提舉廣武雄武埽濟南王高篆額（三行）

靈巖勝境，儼聖所居，金石可見。自後魏正光中，法定師復興是寺，迄今已六百年。至（四行）吾宋②熙寧始正名為十方，以容召天下大名德、大長老為住持主。而中間去來化滅，寺主數易，權攝非人。緇旅既來，多失所望，四方（五行）瞻禮，因亦衰減。下逮於山租田課，僧用佛供，寺屋略皆荒落稱是。（六行）今上③嗣位，齊州眾求海內高德，得建州淨照大師仁欽，以聞之（七行）朝④。即有 詔⑤，以仁欽為靈嵓住持主。 欽公⑥至寺之一年，寺境清；二年，學人來；三年，佛法明；四年，天下四方知靈巖有人，而歲時香（八行）火供事，遂再盛。 欽公⑦曰："靈門宗旨，雖以寂滅為究，而象教住世，亦必以莊嚴為助。"於是起獻堂以處供士，建後閣以護禪席，[作頂]（九行）泉軒以燕見善知識，完絕景亭以憩適游觀，再新證明功德殿以快四方禮謁，為供養□。惟是山門大路十六七里，達寺庭正西方，（十行）賓旅所由。而中路有大溪橫道，霪雨暴水，歲費修塞，人甚猒苦。訪之耆舊，皆曰石橋峪。而石橋名峪，名存迹泯。 欽公⑧曰："橋於此，正（十一

---

① 原石立於通靈橋側，今《崇興橋記》為碑陽，王臨"靈巖道場"題字為碑陰。早年碑陰先刻，後人反置。額篆書，橫題。國家圖書館《崇興橋記》拓片編號各地4866，王臨題字拓片編號各地4865。京都人文拓《崇興橋記》編號SOU0237X。《山左金石志》卷17有介紹，第14648—14649頁。金榮《泰山志》卷17有錄文，第535—537頁。王榮玉等主編《靈巖寺》有錄文及介紹，第103頁。《泰山石刻》第8卷有照片、錄文及介紹，第2278—2280頁。《長清碑刻》卷中有照片及錄文，第564—566頁。
② "吾宋"平出。
③ "今上"平出。
④ "朝"平出。
⑤ "詔"前平闕一字。
⑥ "欽公"前平闕一字。
⑦ "欽公"前平闕一字。
⑧ "欽公"前平闕一字。

行）所宜古之名，豈虛得哉？"日者寺務百施，況此橋梁之外。先是 欽公[①]構獻殿，四方信悅布施雲委，今橋以獻殿羨餘支其費。丈尺二，（十二行）訪橋材，即於旁崖良石取足。於是諸檀越樂 公[②]勸化，竟相資助，橋用以給，橋議遂定，庫司所備，二人哺啜而已。于是 欽公[③]曰：（十三行）"國[④]家設道場，廣利益，一以增闡善因，二以資祐 國[⑤]福。方今欽崇（十四行）祖宗[⑥]，以本仁孝。吾知 國[⑦]恩者也。願吾橋成，以崇興為名。"即以大觀改元（1107）十月起役，役至次年九月，橋遂成。橋長六十二尺，闊二十（十五行）五尺，自溪底出溪上，高三十五尺。上施屋五楹，旁闢欄楯，編石架空，如砑如豁。翠嵐之前，綠陰之下，虹蜿虯屈，若竟若挐。童不歲勞，（十六行）客不時病，行不履岵，道不涉迤。以善利濟人，以直路指人，以不謝之功施人，以不朽之事遺人。 欽公[⑧]於勝境結勝緣，如此哉。余被（十七行）恩倅岷南，以是月頂禮 菩薩[⑨]至橋下。 欽公[⑩]一見，謂如平生，聞其一言半偈，即便醒然心眼，開大諦觀。此一日之悟，乃深信 公[⑪]（十八行）長年之益，其能主持名山，明暢大教，固宜屬令書橋成歲月。橋費金錢以緡計者千有奇，石以條段計者千有奇，人匠以工計者九（十九行）千有奇。管勾董役，僧道傳造，作橋在明孔山西，靈光亭北。於嚱，欽公[⑫]指迷說幻，將大悟人於正路，以為大導師，況此一路徑事乎？（二十行）救患拔殃，廣渡人於苦海，以為大法橋，況此一溪澗事乎？《春秌》新一門一廄，聖人必謹書之，以見舉措之當否。此橋利益，安得無辭？（二十一行）於是退而書之，命小子升卿書丹以寄。

---

① "欽公"前平闕一字。
② "公"前平闕一字。
③ "欽公"前平闕一字。
④ "國"平出。
⑤ "國"前平闕一字。
⑥ "祖宗"平出。
⑦ "國"前平闕一字。
⑧ "欽公"前平闕一字。
⑨ "菩薩"前平闕一字。
⑩ "欽公"前平闕一字。
⑪ "公"前平闕一字。
⑫ "欽公"前平闕一字。

大觀二年（1108）歲次戊子九月壬子晦。（二十二行）齊州靈巖禪寺淨照大師住持傳法釋仁欽立石。（二十三行）

**上部**

守本州助教楊若拙①并妻劉氏②同發心,（二十四行）施錢叁拾阡,乞保家眷平安,增延福壽。（二十五行）長清縣焦大夫宅楊氏兒謹施錢伍拾千,充買橋亭上柱一十（二十六行）二根。所求利益,伏為自身與合家眷屬,保慶平安,增延祿壽。（二十七行）

**下部**

監寺賜紫僧道□,副寺僧寶月,維那賜紫僧慧敷,（二十四行）典座僧智恢,庫主僧惠旻,直歲僧道通,（二十五行）首座賜紫僧道舉,知客僧元素,經堂主僧淨泉,（二十六行）侍者僧道巖,開基監造橋僧道傳。（二十七行）監作行者孫道彬,緣化陁頭劉道儲。歷下牛誠、徐儀摸刻。（二十八行）

《泰山志》卷十七 金石記三

靈巖寺崇興橋記 篆額 郭思撰 行書 在靈巖寺外,橋邊

大觀二年（1108）九月

右碑連額高七尺五寸,寬三尺六寸。字二十八行,行五十字,行書,字徑八分。其額題曰"崇興橋記",字徑三寸許。自第二行至十三行,每行之下各缺一字,在靈巖道中橋西、南向,是碑在元豐間刊,王臨飛白書"靈巖道境"四大字③,今翻轉為北面矣。

**碑陰**

靈巖道場④

元豐庚申（1080）尚書兵部郎中直昭文館知軍州事上柱國王臨毫筆

---

① "拙"為小字,刻"若"左下方。
② "氏"為小字,刻"劉"下方。
③ 馬大相《靈巖志》卷2"古跡志·石刻"作"靈巖道場",第24頁。《泰山志》作"靈巖道境"。𡊈為"場"的草字,非"境"。
④ 《山左金石志》卷17有考證,第14631頁。《泰山志》卷16有考證,第522頁。

《泰山志》卷十六 金石記二

靈巖道境四大字 飛白書 王臨書 在崇興橋碑陰

元豐三年（1080）

右四字，飛白書，徑二尺，分二行。其左題云"元豐庚申尚書兵部郎中直昭文館知軍州事上柱國王臨氊筆"，二十五字，為一行。正行書，案飛白書始於蔡邕見堊帚成字。此云"氊筆"，所未詳也。王臨，字大觀，大名成安人，起進士。元豐初，自皇城使擢兵部郎中直昭文館知齊州，因題此字。

23. 五苦之頌（1110）

五苦之頌[1]

［竊觀三界之內，唯有五種苦事，世］人罕知。輒書此頌奉勉，幸希省覺。住靈巖釋仁欽述。（一行）

［生來從四大，假合依六］塵。妄識投胎穀，執情為我身。幾回勞父母，（二行）［恩愛強分親。出沒何時了］，誰知自苦辛。　生苦（三行）

［心欲行千里，區區不到頭］。祇隨聲色轉，怎肯向身憂。面皺眉如雪，（四行）［貪程尚勿休。可憐無智者］，一似戀枝猴。　老苦（五行）

［結託空勞力，追陪枉用心］。一朝牀枕上，苦痛自呻吟。滿目妻兒女，（六行）［空生煩惱深。此時難替代］，惟獨自孤衾。　病苦（七行）

［閉眼從神識，冥靈往那方］。目前如闇室，背後沒星光。縱有堆金玉，（八行）［尋思何處藏。孤然無伴侶］，恐怖自惶惶。　死苦（九行）

［杳杳隨長夜，悽悽實可］傷。平生冤枉事，酬對直須償。唯有修心好，（十行）［前程果自昌。勸君早回］首，免此五般殃。　苦苦（十一行）

［大觀四年（1110）八月朔日］，當寺比丘海補立石，侍者道巖書。（十二行）濟南徐儀刊。（十三行）

---

[1] 碑刻現存靈巖寺天王殿東側。原碑已殘，僅見下半部。國家圖書館拓片編號各地2902。《山左金石志》卷17有介紹，第14649頁。金榮《泰山志》卷17錄全文，據之補，第538—539頁。王榮玉等主編《靈巖寺》有錄文及介紹，第111頁。《泰山石刻》第8卷有照片、錄文及介紹，第2535頁。《長清碑刻》卷中有殘碑照片及錄文，第487頁。

《泰山志》卷十七 金石記三

靈巖寺釋仁欽五苦之頌 正書額 道巖正書 在般舟殿

大觀四年（1110）八月

右碑高四尺二寸，廣二尺。額題"五苦之頌"四字，正書，徑二寸，平列於上。頌共十二行，首行最密，三十三字，總為一行。餘二十五字為一行，正書，徑寸，楷法清挺，完好無一泐筆。頌語述生老病死苦，五者之苦，皆釋氏常談。具大智識者，視之極為庸淺，蓋佛門設教，大率為下愚人苦者多也。"胎殼"之"殼"，即"卵"字，謂胎生卵生也，從"殼"，會意。

24. 太寧夫人韓氏遊靈巖記碑[①]（1111）

太寧夫人韓氏朝拜（一行）東嶽[②]，囬遊靈巖觀音道［場］。四絕之所，崇峯列翠（二行），宛若屏圍，而北主峯［峻］然。五里之聳，而肩有殿（三行），號曰"證明"，謂其如來化跡，祈應如響。於是發精（四行）確志，不懼巇嶮，乘輿而步其上，仰瞻（五行）紺像[③]，欣敬不已。及觀巖麓，木怪石奇，景與世別（六行），眺寓移時，頓忘塵慮。若［非］　　聖[④]力所加（七行），從心之年，焉能至此，於內自省，尤為之幸。仍知（八行）名山勝槩，傳不誣矣。

時政和改元（1111）季春念五日。（九行）

孫男左侍禁曹洙、三班奉職深、右班殿直涇侍行。（十行）

使女意奴孫、倩奴喬、囗……囗奴張、告奴祝、美奴楊、藥奴朱、采奴薛、琛奴張、望奴董從行。（十一行）

洙奉命題紀嵓石。（十二行）

徐儀刊。（十三行）

---

① 原碑在靈巖寺般舟殿。《山左金石志》卷18有考證，第14650頁。金榮《泰山志》卷17有錄文及考證，第540頁。王榮玉等主編《靈巖寺》有錄文及介紹，第110頁。《泰山石刻》第8卷有照片、錄文及介紹，第2348頁。《長清碑刻》卷中有照片及錄文，第647頁。
② "東嶽"平出。
③ "紺像"平出。
④ "聖"前平闕四字。

《泰山志》卷十七 金石記三

韓夫人遊靈巖題記① 正書 在般舟殿

政和元年（1111）三月

右碑高二尺二寸，廣一尺八寸。記十二行，行十八字，徑寸許。正書兼行體。夫人母族韓氏，歸於曹，為曹洙、曹深、曹涇之祖母，封"太寧夫人"。洙兄弟皆官居右階，《宋史》無傳可攷。碑稱"從心之年，焉能至此"，則夫人年已七十矣。使女從行亦得刊於碑末，又金石之一例。一夫人行，而使女從者十人，可謂豪矣。然以高年之人，不懼巇②峻，步上證明，亦足徵其奉佛之誠也。

25. 住靈巖淨照和尚誡小師（1111）

住靈巖淨照和尚誡小師③（一行）

吾來住此，不覺十載，為 國④焚修，稍成次第。今為年老衰邁，精力勞倦，難以（二行）久居。又忽見秋風落葉，意思闌散，孤月寥天，寒嵒蕭索，感懷情動，頓起休心。欲（三行）慕退閑，偷安養拙，不免與諸子別離。古者云：父子雖親，其路各別。自此已往，汝（四行）等諸人，各自努力進修，切莫虛度時光。一剎那間，便是它生異世，慤持行業，慕（五行）道為心，報答四恩三有。出家之子，義聚沙門，但且上和下穆，兄恭弟順。一師之（六行）下，百歲同條，若以逆諍相違，自然不能安處。順吾言者，是吾的子；背吾言者，非（七行）吾弟子。臨行相別，聊書此偈，付汝安懷，各悉委悉。（八行）

物外翛然獲自由，慇懃諸子送佗州。白雲暫駐無方所，明月相隨到處優。巖谷（九行）乍抛終勿思，林泉幽景豈廻眸。吾今此去聊相別，汝且和光混眾流。諦聽諦聽⑤。（十行）

---

① 《山左金石志》作"曹夫人遊靈岩題記"。夫人本姓韓氏，夫家曹姓。
② 原碑作"巇"。
③ 原碑立於天王殿東側。國家圖書館拓片編號各地2893。《山左金石志》卷18有介紹，第14650頁。《泰山志》卷17有錄文及考證，第540—541頁。王榮玉等主編《靈巖寺》有錄文，第101頁。《泰山石刻》第8卷有照片、錄文及介紹，第2539頁。《長清碑刻》卷中有照片及正文錄文，第495頁。
④ "國"前平闕兩字。
⑤ "諦聽諦聽"，後二字以重文符代替。

政和元年（1111）孟秋月十有八日寄。濟郡東禪西軒書付誠小師。（十一行）

海潤 道厚 道如 道祖 道進 道辯 道存 道通 道誠 道美（十二行）道殊 道傳 道宗 道韶 道巖 道隆 道勝 道嚴 道峻 道基（十三行）道超 道軩 道葉 道富 道□ 道濟 道忠 道礭 道儼 道同（十四行）道性 道仲 道侃 道興 道義 道璡 道雅 道然 道莫 道靄（十五行）道真 道悅 道崇 道定 道鴻 道來 道宣 道澄 道臻 道修（十六行）道壽 道光 道德 道緣 道源 道規 道安 道廓 道京 等立石。（十七行）

徐儀刻。（十八行）

《泰山志》卷十七 金石記三

淨照和尚誠小師碑 行書 在靈巖般舟殿

政和元年（1111）七月

右碑高三尺五寸，廣二尺。文十七行，行三十字，正書兼行體。年月後列諸徒五十九人名，皆同立石者，又有"徐儀刻"三字。淨照和尚即仁欽，此碑是久住靈巖，退老濟州之東禪，寄此偈語，以誡其舊住之諸徒也。諸徒中，同道字輩者五十八，獨首一人"海潤"不用"道"字。詩偈中"乍拖"字不可解，據文義當是"乍抛"。① 政和元年（1111），上據大觀二年（1108）建崇興橋作記立碑事，踰四載。然則淨照在寺經營修建者五六年，鉅工甫畢而即退休，不異吾儒之急流勇退者矣。

26. 趙子明謝雨記（1115）②

政和乙未（1115），經春（一行）不雨，百姓咨嗟。（二行）思欲禱于（三行）法芝③聖像，誠心（四行）一啓，甘澤隨降。（五行）遂涓吉辰，詣

---

① 碑文原字確是"抛"。
② 原碑嵌於靈巖寺般舟殿東側牆內。國家圖書館拓片編號各地170。京都人文拓編號SOU0261X。《山左金石志》卷18有介紹，第14654頁。金棨《泰山志》有錄文及考證，第542—543頁。陸繼煇《八瓊室金石補正續編》有錄文並介紹，第3326頁。《泰山石刻》第8卷有照片、錄文及介紹，第2355頁。《長清碑刻》卷中有照片及錄文，第645頁。
③ "法芝"平出。

（六行）靈光致謝，曰（七行）覽諸泉，經日而（八行）還，向子千涓同（九行）至。

縣令趙子明（十行），孟夏廿一日。（十一行）

監寺僧昭戒立石。（十二行）

《泰山志》卷十七 金石記三
趙子明謝雨記 行書 在靈巖般舟殿
政和五年（1115）四月
右碑高二尺，廣三尺許。題記十一行，行六字，行書，徑二寸。法定為靈巖開山之初，寺初患無水，有雙鶴飛鳴，遂得二泉，名曰雙鶴。後一泉塞，一泉尚存，遇旱禱雨，多在于此。

27. 李堯文題記（1116）[①]

山陽李堯文自汶以事（一行）至東武，由奉高祠（二行）嶽[②]，過靈巖，瞻禮（三行）觀音[③]像，登證明龕，（四行）盡得遊覽之勝。

政（五行）和六年（1116）閏正月十九日。（六行）

《山左金石志》卷十八
李堯文遊靈岩題記
政和六年（1116）閏正月刻，行書。石高一尺四寸，廣一尺九寸，在長清縣靈岩寺。

右題"山陽李堯文自汶以事至東武，由奉高祠嶽，過靈巖，瞻禮觀音像，登證明龕，盡得遊覽之勝。政和六年（1116）閏正月十九日。"凡六行，字體大小不等。

---

[①] 未見原碑。國圖拓片編號各地2855。京都人文拓編號SOU0263X。《山左金石志》卷18有介紹，第14654頁。金榮《泰山志》有錄文，第543頁。
[②] "嶽"平出。
[③] "觀音"平出。

28. 留題靈巖寺（1116）

留題靈巖寺①（一行）

東苑 宋少居（二行）

喬木森森結緑陰，翠峯深處（三行）隱禪林。高僧見鶴生泉眼，群（四行）醜聞雞息盜心。春去野花開異（五行）品，曉來山鳥弄新音。勝遊休（六行）便生歸計，到此蓬瀛路好尋。（七行）

政和丙申（1116）夏首初六日，□黨②書。（八行）

□次前韻寄題靈巖（九行）

龕③武節大夫康州刺史直睿思殿④管勾玉清和陽宮劉公度（十行）

十里靈巖翠路陰，當時登陟到雲林。（十一行）佛衣化鐵存真蹟，錫杖流泉慰渴心。山（十二行）擁精藍多勝槩，松含清籟少繁音。歸（十三行）來每厭紅塵擾，夢寐猶能去遠尋。（十四行）

亂道告違之（十五行）無黨永別，甚思渺茫。公度□……□。（十六行）

29. 靈巖觀音道場摩崖（1117）

靈巖觀音道場⑤

[靈]巖山觀音菩薩，昔所化現，天□之□跡，維時四大（一行）□政和歲在丁酉（1117）首春甲午，朝請□□充右文殿修（二行）□□樂張勘，來守濟南，為題峯□著□名，以彰其實。（三行）

《泰山志》卷第十七

張勘靈巖觀音道場題記正書在靈巖功德頂西北崖

---

① 碑在靈巖寺天王殿東側。馬大相《靈巖志》卷3有錄文，第62頁。陸心源《宋詩紀事補遺》卷36有錄文，北京大學圖書館，中國哲學書電子書計劃。《長清碑刻》卷中有照片及部分錄文，第459頁。以上著作將《留題靈巖寺》詩作者錄"宋居卿"，刻字似"宋少居"。
② "黨"前刻印。
③ 陸心源作"入內"。
④ 陸心源誤作"睿心殿"。
⑤ 摩崖在靈巖寺後山山腰。大字榜題，正書，分兩行，每行三字。旁附題註。《山左金石志》卷18有考證，第14655頁。金榮《泰山志》卷17有錄文，第546頁。《泰山石刻》第8卷有照片、錄文及介紹，第2574頁。《長清碑刻》卷中有照片及錄文，第536頁。

政和七年（1117）正月

右摩崖高一丈，廣五尺，前有"靈巖觀音道場"六大字，每字徑三尺餘。後係以記三行，行徑五寸，並正書。

30. 王晙飯僧題記（1118）[①]

王晙被（一行）盲[②]，特許因職事到（二行）濟南營治（三行）亡妣[③]襄事。小祥前八（四行）日，恭詣（五行）靈巖道場[④]，禮（六行）觀世音[⑤]，預設僧供，請（七行）如老陞座。飯畢出山。（八行）

劉林、韓洵、王永、夏（九行）侯不群同行。

政和八（十行）年（1118）六月廿有七日。（十一行）

《泰山志》卷十七 金石記三

王晙靈巖寺飯僧記 行書 在靈巖寺

政和八年（1118）六月

右刻高一尺五寸，廣二尺。記十一行，行八字，行書，徑寸許。玩碑文，似王晙方居母憂，未及小祥，因事起復，道經靈巖，飯僧追亡祈福也。如老者，似即宋齊古《施五百羅漢記》所稱"住持妙空大師淨如"也。

31. 朱濟道偶書呈如公妙空禪師（1123）[⑥]

二年催遣向東（一行）州，見盡東州水（二行）石幽。不把尋常（三

---

① 原碑在靈巖寺御書閣。國家圖書館拓片編號各地158。京都人文拓編號SOU0273X。《山左金石志》卷18有考證，第14656頁。金榮《泰山志》有錄文及考證，第547頁。《泰山石刻》第8卷有照片、錄文及介紹，第2529頁。《長清碑刻》卷中有照片及錄文，第611頁。
② "盲"平出。
③ "亡妣"平出。
④ "靈巖道場"平出。
⑤ "觀世音"平出。
⑥ 原碑在靈巖寺般舟殿。國圖拓片編號各地2933。京都人文拓編號SOU0293X。《山左金石志》卷18有錄文及介紹，第14662頁。金榮《泰山志》卷17有錄文，第551頁。王昶《金石萃編》卷147有錄文及考證，《石刻史料新編》第1輯第03冊，臺北：新文豐出版公司影印本1982年版，第2727—2728頁。《泰山石刻》第8卷有照片、錄文及介紹，第2346頁。《長清碑刻》卷中有照片及錄文，第652頁。

行）費心眼，靈巖消（四行）得少遲留。右一（五行）

東州山水亦堪（六行）遊，及至靈嵒分（七行）外幽。會有定師（八行）能指示，直須行（九行）到寶峯頭。右二（十行）

宣龢五年（1123）二月（十一行）初九日，朱濟道（十二行）偶書呈（十三行）如公①妙空禪師。（十四行）

　　　　□［魏］瀘定禪師乃觀音化身，初居靈嵒（十五行）□□神寶峯，作釋迦石像，良有深旨。（十六行）

《金石萃編》卷一百四十七 宋二十五
朱濟道呈妙空禪師詩
表本，高、廣、行、字皆不計。篆書，在長清縣靈巖寺。

按朱濟道，不詳其何許人。如公妙空禪師者，妙空是賜號，名淨如，住持靈巖寺也。末小字注二行，十九字，亦篆書，記法定禪師事。《長清縣志》云：法定禪師，梵僧也。魏正光初，杖錫來遊方山，見希有如來曾於此成道，遂經營梵宇。有蛇引道，二虎負經，并白兔雙鶴之異，遐邇助工，於是窮崖絕谷化為寶坊，勅賜名靈巖寺。《志》但詳剏建靈巖，而不及法定禪師為觀音化身，此碑可補邑志之闕。

32. 海會塔記（1123）②

有魏正光迄今（一行）聖宋③，綿歷年餘八百，寺號之更遷，（二行）人物之臧否，以致隆窳，不可悉數。（三行）逮夫規式嚝然，緇侶雲委，土木俻（四行）舉，殿閣一新，無如今日。（五行）堂頭④妙空禪師，唱導之閑，獨念當（六行）山從來先亡後化，積骨遺骸。有力（七行）則疊石累塋，星

---

① "如公"平出。
② 海會塔現存靈巖寺墓塔林。國家圖書館拓片編號各地2851。《山左金石志》卷18有介紹，第14662頁。《泰山志》卷17有錄文及考證，第551—552頁。許明《中國佛教金石文獻·塔銘墓誌部五（宋卷）》有錄文，第1552—1553頁。王榮玉等主編《靈巖寺》有錄文及介紹，第112頁。《長清碑刻》卷中有照片及錄文，第747頁。
③ "聖宋"平出。
④ "堂頭"平出。

分隴畝，孤窮者暴（八行）露坑澗，灰燼猿藉，殊無以表叢林（九行）義聚之意。宣和癸卯（1123）寒食，（十行）師①躬率眾饗，祭祖師窣堵之左。忽（十一行）惻然為懷，即日芟草定基，撲作海（十二行）會之塔。庶幾，聚其散殕，以合為一，（十三行）且使後來順寂有歸。於是舉眾驪（十四行）然讚嘆，喜師勇於有為，而作利益（十五行）事。乃僉議醵金，請助其費。六月初（十六行）一，基土為穴，甃穴作壙，壙②分為三：（十七行）中安住持，東安僧徒，西安童行。七（十八行）月十五告成，預令報諭徒眾收斂（十九行）弃擲。二十日，營辦供食，嚴持香燭，（二十行）與闔寺之眾，作種種③佛事，迎而葬（二十一行）之。已往者既獲安其地，後來者亦（二十二行）乃均其利，舉眾靡不相慶，曰："吾儕（二十三行）像教獨善其身，為目前計者，倒指（二十四行）皆是。今（二十五行）堂上④老師作利益事，以垂永久，非（二十六行）願力廣大，悲智圓融，何以能此。"咸（二十七行）請書其歲月。

監寺比丘祖英謹題。（二十八行）

《泰山志》卷十七 金石記三

靈巖寺海會塔 正書 僧祖英 在靈巖寺

宣和五年（1123）七月

右刻石縱一尺五寸，橫三尺許。記文二十八行，行十三字，正書，圓勁似景龍鐘銘。自魏正光元年（520）庚子，至宣和癸卯（1123），實六百四年，而碑云"年餘八百"者，蓋記憶之訛也。海會塔，今南方佛寺謂之普同塔。明孫克宏碑目有"靈巖寺普同塔銘"，疑即此碑。⑤

---

① "師"平出。
② 後一個"壙"以重文符代。
③ 後一個"種"以重文符代。
④ "堂上"平出。
⑤ 《四庫全書存目叢書·史部二七八》收錄孫克宏碑目三卷，《古今石刻碑帖目》二卷及《備考古今石刻碑帖目》一卷，未見"靈巖寺普同塔銘"。

## 33. 施五百羅漢記（1124）

施五百羅漢記[1]　　　承節郎張克卞書（一行）

梵語阿羅漢，此云應受世間妙供養，蓋具六神通，（二行）得八解脫，善超諸有，嚴凈毗尼。真可以受世間之（三行）妙供矣。矧茲五百大阿羅漢者，親受佛戒，荷護法（四行）輪，拔濟未來，不入滅度，誠苦海之津梁，暗塗之燈（五行）炬也。惟應真示化靈跡至多，故貌像莊嚴，崇信愈（六行）眾。濟南，京東大郡也。靈巖巨刹，佛事寂勝，而五百（七行）羅漢之像，未覩其傑，齊古竊有志於是久矣。政和（八行）之初，得官閩中，閩俗伎巧，甲於諸路，而造像之工（九行）尤為精緻。於是隨月所入，留食用外，盡以付工人。（十行）洎乎終，更而五百之像成矣。端嚴妙麗，奇厖古怪，（十一行）顰笑觀聽，俯仰動靜，無一不盡其態。自閩而北，歷（十二行）水陸幾五千里，而後至於齊之靈巖，齊人作禮，歎（十三行）未曾有。噫，豈無因相生信，因信生悟者耶？齊古自（十四行）少游學，及竊祿仕，蹤跡萍梗，幾半天下。投老倦游，（十五行）將欲屏跡閭里，為終焉之計。筇杖芒鞋，一巾一鉢，（十六行）可以日奉香火，澡滌妄緣，普及見聞，同超覺路，此（十七行）予之夙志也。雖然如是，內辨其質，莫非彫木，外覩（十八行）其飾，蓋是明金。然則五百尊者，今在甚處，若也迷（十九行）頭認影，顯是徒勞；苟為捨像，求真却成孤負。離此（二十行）二塗，如何則是不見道，"金鷄解銜一粒粟，供養十（二十一行）方羅漢僧"。

奉議郎賜緋魚袋宋齊古謹施。（二十二行）

宣和六年（1124）中秋，住持妙空大師凈如上石。（二十三行）

《泰山志》卷十七 金石記三

靈巖寺五百羅漢記 張克卞正書 在靈巖寺十王殿[2]

---

[1] 原碑在靈巖寺天王殿東側。國家圖書館拓片編號各地168。京都人文拓編號SOU0298X。《山左金石志》卷18有介紹，第14664頁。金榮《泰山志》卷17有錄文及考證，第557頁。王榮玉等編《靈巖志》有錄文，第107頁。《泰山石刻》第8卷有照片、錄文及介紹，第2469頁。《長清碑刻》卷中有照片及錄文，第462頁。

[2] 今十王殿已毀。

宣和六年（1124）八月

右碑高三尺，寬二尺九寸。字二十三行，行十九字，正書，字徑寸。惟書人姓名極小。在靈巖十王殿大門外，北向。羅漢像為宋齊古所施，碑記亦即所自作。其作宦閩中，自閩塑像至五百尊之多，不遠五千里，水陸津搬，勞費極矣。惜無傳記可攷，不知其作閩何官，里居何處，然必於靈巖供養，想亦家於齊地也。碑云"內辨其質，莫非彫木，外觀其飾，盡是明金"，是言羅漢塑像之制，則木雕而金裝者矣。

34. 王淵訪如師和尚記①（1125）

方渠王淵②幾道（一行）緣職事，訪（二行）如③師和尚，遍觀（三行）靈巖聖跡。當日（四行）迴歷下。

宣和乙（五行）巳（1125）六月十二日書。（六行）

**題記一**

□④林李學詩覽。

**題記二**

明參政胡纘宗⑤、郎中高奎記，驛史蘇恩侍。

**題記三**

明蘇臺小池周，同錢塘珠山李奎、雪湖詹山偕覽。

---

① 原碑在靈巖寺般舟殿，右上角缺。顧炎武《求古錄》有錄文，第524頁。《長清碑刻》卷中有照片及錄文，第658頁。
② 王淵（1077—1129），字幾道，號方渠，甘肅臨洮人。北宋末年抗金將領，後為人構陷而亡。
③ "如"平出。
④ 李學詩（1503—1541），萊州平度人。嘉靖年間任翰林院編修，此處缺字可能為"翰"。
⑤ 胡纘宗（1480—1560），甘肅天水人。嘉靖六年（1527），任山東布政使司左參政，有政聲。題記未載時間，應當在此時。

35. 靈巖寺石柱題記一①（1090、1097、1110、1117、1122）

陽丘夏侯致、弟通同侍（一行），徧親祀岱宗囬，挈家（二行）遊證明功惠、絕景堂，歇（三行）此。元祐庚午（1090）季春望日。（四行）男華國、康國侍行。（五行）

□……□皋夏安遊季點靈巖（一行）□……□男大韶、大幸、大本侍。（二行）時韶聖丁丑（1097）季春既望日題。（三行）

東原龔柏誠，弟彥質、彥承（一行），大觀庚寅（1110）中春晦日同来。（二行）鄭旻施瓦石。

東阿高若虛，携家恭禮（一行）靈巖道場，窮竭之力，遍（二行）覽勝槩。政咊丁酉（1117）三月六日。（三行）

北海王揲、弟掖，謁（一行）岱宗囬，同遊。宣和（二行）壬寅（1122）四月初五日。（三行）

趙景温同苾芻静必（一行），瞻禮祠下。甲辰三月二十四日。（二行）

解鞍小憩古靈巖，四合循環（一行）畫好山。千尺飛樓撐漢外，一聲（二行）清嚮落雲間。寶花雨墮香雲處，（三行）絕景亭髙□照閑。蓮社風流有□（四行）□……□題。

□……□王府近信臣也先不花典書（一行）□……□平智同知（二行）□……□於是乎書。（三行）

天平軍平陰縣翔鸞鄉大封北申二村，頂經社長孫吉、社官張化、社錄

---

① 石柱在靈巖寺地藏殿外草場。共八面，刻九則題記，字跡大小不等。除年代不明題記外，其餘皆為北宋時期刻。《長清碑刻》卷中有照片及部分錄文，第627頁。

張簡、社證侯吉，社舉徐德、礼昌，社司欣思，部轄重青、張記□……□（一行）僧行饒，社舉張則，郎級王辿、趙温，點檢陸才、尹洪、張辛、程吉、范曰、霍旻、郭懷、柴白、呂容、李在中、劉福、侯乂、孫化、齊須、孫□……□（二行），張青、張成、侯從、杜美、李大、張德、劉懷歸、齊吉、王懷主、張懷、馬遂、張父、湯全、盖□、卪辛、王富、張□、劉思、陳德成□……□

36. 靈巖寺石柱題記二[①]（1107、1108、1122、1142）
高穎公實挈家遊此（一行），大觀元年（1107）莫春望日。（二行）

開封郭季恩警捕方山，長清（一行）李勝之、董元康、居中元發游（二行）法之道場，同憩於此。大觀二（三行）年（1108）戊子春季初七日，居中書。（四行）[②]

居中題後廿日（一行），興宗唐輔子沖（二行），再與居中會游（三行）於此。翌日而歸。（四行）

河間李咸致一（一行）、濟南張永元修（二行），宣和四年（1122）四月（三行）初五日同游。（四行）

李堅仲、靳彥弼、田太初（一行）、李仲參、衛懷德、韓清甫（二行），壬戌（1142）仲夏同謁 定光[③]者。

季店張佑明管石柱一條，價錢（一行）拾貫文，所施石柱功德願心（二行），報四恩、資三有，總願成（三行）佛道[④]。（四行）

---

① 石柱在靈巖寺地藏殿外草場。上刻題記七則，字跡大小不等，題刻年代多為北宋，金代一則。《長清碑刻》卷中有照片及錄文，第 626 頁。
② 三、四行中間刻小字"三月五日"。
③ "定光"前平闕一字。
④ "佛道"平出，下沉半字。

鄄城李直和，自齋祀（一行）岱宗，還游此。戊寅三月。（二行）

37. 宋尊勝陁羅尼斷幢[①]

□……□（一行）□……□於此山中汲引蒼生，教諸菩薩。波利所恨生逢八難，不覩聖容，遠涉流沙，故来敬礼[②]，伏乞□……□（二行）"□……□尼經能滅眾生惡業，未知法師頗將此經來不？"僧曰："貧道直来礼謁，不將經来。"老□……□（三行）□……□裁抑悲淚，志心敬礼，舉頭之頃，忽不見老人。其僧驚愕，倍更虔心，繫念傾誠，還廻[③]□……□（四行）□……□内不出。其僧悲泣奏曰："貧道捐軀委命，遠取經来，情望普濟群生□……□"（五行）□……□遂對諸大德共順貞翻譯訖。僧將梵本向[④]五臺山，入山於今不出，今前□……□（六行）□……□師於是口宣梵音，經二七日，句句委授，具足梵音，一無差失。仍更取舊□……□（七行）□……□座澄法師，問其逗留，亦如前說。其翻經僧順貞見在西明寺，此經救□……□（八行）

□……□（九行）□……□三十三天於善法堂會。有一天子名曰善住，與諸大天遊於園觀。又與□……□（十行）□……□生身，即受地獄苦，從地獄出，希得人身，生於貧賤，處於母胎，即無兩□……□（十一行）□……□聞有聲言："善住天子，却後七日，命將欲盡。命終之後，生贍部洲，七返□……□"（十二行）□……□尒時，帝釋須臾入定[⑤]諦觀，即見善住當受七返惡道之身，所謂猪□……□（十三行）□……□住得免斯苦。尒時帝釋即於此日初夜分時，以種種華鬘、塗香□……□（十四行）□……□上說。尒時，如來頂上放種種光，遍滿十方一切世界已。其□……□（十五行）"□……□能迴向善道。天帝，此佛頂尊勝陁羅尼，

---

① 斷幢現在靈巖寺般舟殿，僅存原經幢幢身中斷。幢身刻佛陀波利譯《佛頂尊勝陁羅尼經》序、正文及僧人建幢始末，但是大部分模糊難辨。據文末僧人題名，可知為宋代經幢，大約與般舟殿另一經幢《佛說尊勝陀羅尼真言啓請并序（985）》年代相隔不遠。
② 《大正藏》本作"敬謁"。
③ 《大正藏》本作"迴還"。
④ 《大正藏》本作"遂向"。
⑤ 《大正藏》本"入定"前加"靜住"。

附录 / 251

若有人聞一經於耳，先世□……□"（十六行）□……□尼還得增壽，得身口□，無諸①苦痛，隨其福利，隨處安隱，一切如來□……□（十七行）□……□增益壽命之法。尒時，世尊知帝釋意，心之所念，樂聞□……□（十八行）□……□也二合他□……□尾戌馱野六娑麼娑麼三□……□（十九行）□……□戌馱野□……□（二十行）

□……□善住天子，滿其七日，汝與善住俱来見我□……□（一行）□……□一切願滿，應受一切惡道等苦，即得解脫，住菩提道，增壽無量，甚□……□（二行）□……□往詣佛所，設大供養，以妙天衣及諸瓔珞，供養世尊，遶百千□……□（三行）□……□尒時，大眾聞法歡喜信受奉行。（四行）

□……□因得了有愛之色心智墮識□……□（五行）□……□本生之說，或□誦應誦之□……□（六行）□……□待處而刀山刀□宣時而□……□（七行）□……□有唐大□儀鳳元年（676）波利来遊□……□（八行）□……□日月見聞□……□（九行）□……□（十行）□……□遣忠□□忘□而後□各□之念□……□（十一行）□……□靈之術□□多養性之神□……□所推九轉之功□……□□（十二行）□……□念佛每參□……□礼金僊，究三要以志□□，結六齋而法健□……□（十三行）□……□年七月，命終倏然，驚寤待旦，趁裝盥手，焚香洗心告□……□（十四行）□……□念尊勝陁羅尼真言廿一遍，至今常念更念大悲心中心真言，復念□……□（十五行）□……□（十六行）□……□十九層□□潤屋之珎，匠取名山之石，尅日而□……□時□□功成九□……□（十七行）□……□莫測諸天，遙礼欽成，□慧之功□□親瞻仰著青日之業，可使□……□（十八行）□……□（十九行）□……□頗構勝緣之□製，寶軸之燦爛，塑金相以巍峩□……□（二十行）□……□（二十一行）□……□開六齋，讀誦經典遍數甚多，積年累月，齋僧不能計數□……□（二十二行）□……□會打書□□數及一十一万伍阡貫，馳馬筆墨硯各一副，案□……□（二十三行）□……□次自己雕《地藏

---

① 《大正藏》本作"身無"。

經》板四十四片,會下有造經版一十三片□……□(二十四行)□……□又復粧盖福田院堂,每月三八布施窮子,近及□……□(二十五行)□……□盡靈山大會壁兼盡地藏菩薩本願壁,用資亡妣生界□……□(二十六行)□……□常見佛法僧三寶,持是大乘經典,擁護佛法僧,仍願三灾不染,九□……□(二十七行)□……□俻於當寺出家,速獲戒品,然願雲遊水止,九類四生同霑福善□……□(二十八行)□……□庚辰建。(二十九行)

□……□建造幢子并葬舍利,施主劉璽,妻王氏。同葬舍利施主郭知遠。□……□(三十行)□……□法姪瓊環,法姪瓊泰,法姪念《法華經》瓊因,法姪瓊秀,法姪講《上生經》瓊惠,法姪瓊深□……□(三十一行)□……□法姪惠爽,法姪勾當山場惠明,法姪惠用,法姪典座惠超,法姪莊典座惠□,法姪惠朗,法姪惠□……□。(三十二行)□……□小師瓊綿、惠雲、惠仁、惠文□……□(三十三行)□……□念《法華經》僧懷恭,念《法華經》僧懷司,念《法華經》僧瓊緒,念《法華經》僧守哲,念《法華經》□……□。(三十四行)

38.奉送南禪和尚承詔旨東遷靈巖

奉送(一行)南①禪和尚承(二行)詔②旨東遷靈巖③(三行)

西水陳恬(四行)

萬方刹境一珠輝,稽首(五行)如空無所依。汝浦共瞻(六行)雲獨往,靈巖遥佇(七行)錫東飛。煙霞隱現青(八行)蓮峙,龍象歡呼白拂(九行)揮。多謝(十行)禪④者來訪我,雙林風(十一行)月靜相違。

余時旅寓弥勒。(十二行)

---

① "南"平出。

② "詔"平出。

③ 碑刻在靈巖寺方丈院,年代不詳。國家圖書館拓片編號各地159。《泰山石刻》第8卷有照片、錄文及介紹,第2525頁。《長清碑刻》卷中有照片及錄文,第593頁。陳恬(1058—1131),北宋時人,居河南禹州,號"潩上丈人"。《宋詩紀事》收其詩四首,未見該詩。南禪和尚,未知其詳。靈巖寺改制為十方寺院後,已知由京城敕差住持的僧人有永羲、行詳,"南禪"可能為其中一僧的號,抑或另有他人。

④ "禪"平出。

偽齊

1. □建常住地界公據碑（1131）

□建常住地界公據<sup>①</sup>

濟南府（碑左）使臣上石<sup>②</sup>（碑右）

據十方靈巖禪寺住持傳法妙空大師淨如狀：

為本寺係觀音菩薩道場，祈福之地，先蒙（一行）朝廷③撥賜山場地土，於乾德年立碑該說四至去處。沿［為］地畔廣闊，被人侵占。至天聖二年（1024），本寺申官與四畔人，除侵占過地外，共指山頂及河（二行）中心、官道、古路為界至。紹聖年後，本寺闕人住持，其界至內地土，又被王冲賢等十一户侵冒典賣。至靖康元年（1126），本寺［又］據天聖二年（1024）碑文對照，（三行）王冲賢等妥是冒占本寺地土，具狀。經府縣陳訴，至阜昌二年（1131）三月二十八日，蒙本縣東巡撿，承准（四行）皇④［子］判府國大⑤總大王鈞旨，詣地標，撥王冲賢等冒占本寺山場、地土，並依古碑界至，歸還本寺，交割了當。切見天聖二年（1024）碑文，元在五花殿（五行）西露地安頓，以緣風雨飄壞，即今字畫訛缺。切慮已後無憑［無］據，今□到天聖二年（1024）碑文，乞賜謄錄，出給公據，付本寺別立碑，永鎮寺門照證。（六行）使⑥同尋，將天聖二年（1024）四［月］十五日碑文照證，得靈巖寺先准（七行）朝廷⑦撥賜到山場產業，並有古碑照證，分明緣以去處。遠僻山後，多被鄉民侵占，寺門今將前後古來界至碑文，差主首、耆舊、僧行，莊客、地隣人，（八行）逐一詣四至地界撿踏。除鄉民

---

① 原碑在靈巖寺天王殿東側。碑刻右上角闕。額正書，分四行，每行二字。王晶、劉麗麗《山東長清靈巖寺地界石碑考略》有研究，《東方考古》2015年第12集。《長清碑刻》卷中有照片及錄文，第478—479頁。
② "濟南府"三字字徑頗大，刻於碑左。碑右有"使臣上石"四字，"使"字與"濟南府"大小相當，"臣"極小。
③ "朝廷"平出。
④ "皇"平出。
⑤ "大"前平闕一字。
⑥ "使"平出。
⑦ "朝廷"平出。

已侵欺過地土外，只據即目常住見管地，[並]與地隣等人逐處步量，正乏界至，各有狀在官。立碑下項：（九行）

一從神寶、方山頂分水，直東驀過天門。至朗公山分水，直東北[驀]碁子嶺。從碁子嶺分水，至仙臺大嶺。自仙臺大嶺分水，至燕子山南頭大嶺分（十行）水為界。從大嶺而下，西至大澗中心。從澗中心向西北下水河[中]流，屈曲至石門。自石門屈曲西北，中流至水磨。自水磨中流至駱馳項山，東脚（十一行）下小古道，向西上蛾蜋坂，及至本寺山神堂前。向西北沇小古路，至覆井坡西南東西澗，東頭為界。從澗東頭直西，照澗南石塚為界，一百八十（十二行）五步。石塚去大官道，約一百四十步。從石塚照直北衝小澗頭，從小澗[屈]曲，西北至寺庄南東西澗。從東西澗向西，驀過南北大路，直西至澗南（十三行）崖眉，約一百三十五步。從崖眉分水，西南至大河東崖觜，約三百八十步。從東崖觜驀過大河，照西岸流水小溝頭為界。從小溝屈曲向西南，驀（十四行）侯丘古道，屈曲西南至侯丘正北。沇古溝直西，上小玉山，分水至漚麻坑正北。拽脚上老婆山頂，直北下來至老鴉峪，次下東北至石觜。沇石觜（十五行）下來，至大虱窟，直下至蠸窟。從蠸窟古澗下，至牛心孤堆向東下，沇流大澗中心，至兩差澗頭，約一百六十五步。從兩差澗上北岸，直北至小水（十六行）溝，約三十五步。沇小水溝向東，屈曲約五十五步。正北衝上玉崖，分水為界，約九十七步，至龍虎澗中心為界，從龍虎澗中心向東北，入大河中（十七行）流為界。沇大河中流，至赤崖脚下為界。沇赤崖脚[直]北，至河圈盡頭，迤邐至野狐窟澗口，約二百二十七步。至車輞小溝口為界，從車輞溝口向（十八行）東北，而南北大官路約二百三十步。從官路直□至靳庄南、東西古澗中心為界，約四百五十七步。從古澗東盡頭照東，從北豹峪第三大槐脚（十九行）嶺分水為界，從槐脚大嶺向上至大山頂分水為界，從大山頂迤邐至黃尖，次至神寶方山各分水為界。奉判給須至指揮者。（二十行）

右給公據付十方靈巖禪寺，仰准此收[執]，別立碑文，久遠照會。阜昌二年（1131）四月初七日，給。（二十一行）

知閣僧智深、知客僧道德、知藏僧道璉、首座僧子昭、（二十二行）□□

［僧］子方、維那僧法韶、副寺僧惠光、監寺僧宗日上石。（二十三行）

## 金代

1. 妙空禪師塔銘（1142）

妙空禪師塔銘[①]

濟南府靈巖山第八代勑差住持傳法妙空大師塔銘（一行）

文林郎差充濟南府節度掌書記張巖老撰（二行）

文林郎新授守城陽軍日照縣令夏曾書（三行）

文林郎新差濰州司戶叅軍韓杲篆額（四行）

皇統元年（1141）六月二十八日，管勾濟南府十方靈巖禪寺寺門事傳法妙空大師，奄化於寺之方丈。時室後梨花再發，蓋師示寂之祥（五行）也。後十有五日，門弟子［禮］源等［葬］師於本山之西，而起塔於其左。師之法姪詢公，継師主寺事，以狀請銘於僕。僕[②]家泰山，境與靈巖（六行）接，聞師之道行甚久，因得熟師之容貌，愛師之議論。今又得師行事之狀，乃叙而銘之。靈巖自昔為大禪刹，實觀音建化道場，舉天（七行）［下］勝絕之地，相甲乙者不過二三處，故前［後］主僧，非一時高名大德，時君不輕付畀。政和甲午（1114），住持者闕，守臣有請，命左右街諸禪（八行）舉堪充其任者。時師方住汝州南禪，眾以師名聞之，乃可其請。師奉命而來，過京師賜紫衣，又賜師號曰妙空。及出京，卿相鉅公與（九行）縉素迎送者，肩摩踵接，光顯宗門，為一時美事。既至靈巖，開堂演法，大振玄風，糸徒常不減數百，歷廿八載，迄無間言。可謂超越前（十行）人者也。

師諱净如，俗姓陳氏，福州候官[③]縣人。天姿澹泊，自幼不飲酒茹葷，

---

① 原碑在靈巖寺墓塔林。碑額為蝌蚪篆，分三行，每行二字。國家圖書館拓片編號各地3451。京都人文拓編號SOU0326X。《山左金石志》卷19有考證，第14668頁。金榮《泰山志》卷17有考證，第561頁。（清）張金吾：《金文最》卷55，有部分錄文，《續修四庫全書》集部，江蘇書局重刻，光緒二十一年（1895），第667頁。桂華淳祥《金元代石刻史料集——靈巖寺碑刻》有錄文及考證，第5—8頁。許明《中國佛教金石文獻·塔銘墓誌部五（遼金卷）》有錄文，第1924—1926頁。《長清碑刻》卷下有照片及錄文，第824—825頁。

② 後一個"僕"以重文符代替。

③ 今作"侯官"。

佛教外絕一切嗜好，卓然有出塵志。年十七，師積善寺長（十一行）老[旋]湛落髮爲僧，即受具足戒於州之開元寺，乃糸游諸方，諮詢祕要，求證妙果。至饒州薦福寺，時道英禪師傳道於彼，師冥心索（十二行）隱，英之徒無有出其右者，[密]授薦[福之]印，由是法性益通，深悟微旨。衲子皆謂紹隆玄化，非師其誰。師後竟嗣之。崇寧初至京師，凈（十三行）因佛日禪師[惟]岳，有天下[大名]，王公大人日夕造謁。師爲惟岳侍者，貴人見其語論精深，器識宏遠，多稱賞之。時汝州南禪法席偶（十四行）虛，眾僧仰師名[行]，[禮]請[住持]，[師]□誘進後學，敷暢玄猷，遠近信向。師在南禪十年，寺宇為之一新。在靈巖刱起轉輪藏，修鐘樓、完佛（十五行）殿，經營輪奐，皆出□□，爲眾□[利]□[不憚]勞。人以此多師，然在師皆餘事也。寺有賜田，經界廣袤，歲月遷訛，頗見侵於其鄰。師不與（十六行）之爭，而諭之以[理]，乃盡歸所□田。其度量過人，類皆如此。師名德既著，四方供施者歲時輻湊，惟恐其後。當兵火間，保聚山谷，演法（十七行）如常，盜賊無有犯者，豪右之家，依師得脫者甚眾。師與士大夫對問，必取佛經之合於儒者，詳言之。又能書大字，得顏柳氣質。晚年（十八行）[辟]穀，所食[惟]果實菜茹者十餘年，殊不見其癯瘠。則與釋之攻儒道異矣。非智性圓朙，貫通聖教者，疇克尒哉。故將化之時，神情不（十九行）亂，作頌辭眾云："四大幻形，徒勞□別，緣會而生，緣散而滅，一片虛空，本無□缺。六十九年一夢身，臨行何用切切[①]說。"擲筆而化，此則（二十行）人之所難及也。□□宗門，系出[臨濟]，[初]聞道[於]薦福英禪師，英實開[元]琦道者適子，琦出於江西黃龍老南禪師，師[②]即黃龍之裔孫（二十一行）也。師兩席度弟子百有餘人，[學道者]以斯□[道]者以[師]也。時繼闡宗風，弗墜厥緒者，當不乏人。師之所傳，果有旣乎？銘曰：（二十二行）

　　世弊於文，以□□□，西方聖人，□□□[實]。□[或]蔽蒙，□[③]而弗通，謂空非色，謂色非空。復以一花，庸示奧妙，正法眼藏，付之一

---

① 後一個"切"以重文符代替。
② 後一個"師"以重文符代替。
③ 井黑忍補作"泥"。僅見左側"氵"。

笑。二十（二十三行）七世，爰有達磨，達磨［西］來，於意［云］何。面壁不言，［要］觀至理，一旦西歸，空餘隻履。下逮六祖，衣止其傳，道豈不傳，學者得焉。四方叢林，（二十四行）上士相繼，偉哉如公，得［大］智［慧］。［南禪］靈巖，四眾具瞻，禪不廢律，戒律特嚴。有生必滅，儵然而往，不滅者存，如在其上。無盡之旨，遺頌（二十五行）具陳，見者聞者，以真得真。因葬［有塔］，［豈］資設飾，［因塔］有銘，豈事篆刻。師本無冀，人不能忘，尚有斯文，愈久彌光。（二十六行）

皇統二年（1142）歲次壬戌六月一日住持傳法沙門道詢立石，布衣田初刻。（二十七行）

《泰山志》卷十七　金石記三
靈巖寺妙空禪師塔銘　篆額　正書　在靈巖寺
皇統二年（1142）

右碑僅存半截[①]，凡文二十七行，行存十九字[②]，正書，徑八分。額題"妙空禪師塔銘"六字，皆蝌蚪文，徑五寸，分三行。文內一行云"皇統元年（1141）六月二十八日管勾濟南府十方靈巖"，末行又有"皇統二"，此下並闕。遂定此碑立於皇統二年（1142）。妙空事蹟，不見其全文之可攷者。師諱淨如，俗姓陳氏，福州侯官縣人，其住靈巖未詳何年[③]，但云"諭之以理，乃盡歸所□田"。案明昌六年（1195），周馳撰《靈巖寺田園記》云："寺之田園，實亡宋景德間所賜也。逮天聖初，稍為人侵冒，主寺者不克申理。其後紹聖間，掌事者稍怠，左右遂伺隙而取之。時長老妙空者，雖訟於有司，其地未之能歸也。"據此，則碑所云"諭之以理，乃盡歸田"者非實錄矣。又妙空自號"方山老拙"，嘗有宣和五年（1123）自書真讚，又有《別知事禪眾》詩，皇統三年（1143）合刻碑在寺中。別眾詩云"七年林下冷相依"，則住靈巖七年也。證以《田園記》，其住持在宋紹聖間，至是越五十年矣。

---

① 下半截為土埋。
② 實則五十字。
③ 補全錄文後，可知政和甲午（1114）年始住持。後文推斷妙空"住持在紹聖間"誤。

2. 定光塔銘（1142）

定光塔銘①

濟南府十方靈巖禪寺第九代住持定光禪師塔銘（一行）

濮陽李魯撰 濟南高鯉書 儒林郎行臺大理寺丞韓淬篆額（二行）

皇統壬戌（1142）中秋，定光侍者走書於魯，曰："先師頃自普照来住靈巖道場，鋤懇荒蕪，爰立規矩，不幸席未暖，遽示寂滅。智月忝出門下，荷潤特深，報效蔑聞，弥增惕懼，遂躬率諸門人，營建梵塔。厥（三行）功告成，銘誌未備，共念先師疇昔交契之厚，誰如公者？今輒以昌黎韓淘通仕所叙行狀，請銘於公，能無意乎？"魯始錯愕，顧陋學無以表其高風。既而曰："樂道人之善，聖人之訓也，尚何讓？"

師諱（四行）道詢，俗姓周，揚州天長義城人也。世爲鄉里大姓，產業雄一方，歲入不貲。幼孤，事祖母以孝聞。及長，性豪邁，姿貌魁偉，喜施與，好鷹犬，馳騁田獵，割鮮染輪，不忘旦旦②，鄉人畏愛，以任俠處之。居（五行）無何，臂鷹牽黃，過故人家，見讀方冊，師挺前奪取欲視，故人曰："是豈公所能知？"師氣懾，徐更讀之，乃智望禪師十二時謌也。閱未竟，面熱汗下，嘆曰："報應若此，可柰何？"故人曰："審如是，早自爲計。"（六行）師茫然謝歸，放黜鷹犬游獵之具，杜門，飯脫粟，布衣芒屩，體膚餓悴，而祝髮之念萌芽胷府矣。家人以爲狂，初加訶禁，師志益堅，竟禮本縣興教寺常住院首座僧德安爲師，納戒於本州開元，（七行）實政和改元（1111）之歲也。師在眾持頭陁行，精嚴齋戒，平治心地，其師召謂之曰："懷與安，實敗名，汝器識遠大，未可量也。盍游方以廣學問。"師即詣本州建隆寺，依住持因禪師爲侍者。未幾，參問入（八行）室，頗領玄妙。建隆語師曰："汝將騰趨萬里，詎可於此久淹？當務遍參，以卒遠

---

① 原碑在靈巖寺墓塔林，有"定光之塔"。篆額，橫題。國家圖書館拓片編號各地 4959。京都人文拓編號 SOU0327X。《山左金石志》卷 19 有考證，第 14668 頁。金榮《泰山志》卷 17 有錄文及考證，第 561—567 頁。張金吾《金文最》卷 55 有錄文，第 665—667 頁。桂華淳祥《金元代石刻史料集——靈巖寺碑刻》有錄文及考證，第 8—12 頁。《泰山石刻》第 8 卷有照片、錄文及介紹，第 2423—2424 頁。許明《中國佛教金石文獻·塔銘墓誌部五（遼金卷）》有錄文，第 1926—1929 頁。《長清碑刻》卷中有照片及錄文，第 735—737 頁。

② 第二個"旦"以重文符代之。

业。"师禀命至龜山,見慈禪師坐禪,次聞静板有省,以頌投龜山,深蒙印可。遂入舒州見甘露卓禪師,卓識師根器非(九行)常,謂曰:"法華言禪師為一時邿匠,盍徃謁焉?"師忻然領命,及一見師資道契,駐錫四稔,舉作座元,因為師小参。舉二祖"覓心了不可得"、馬祖"即心是佛"機緣,於是徹證傳心之旨。太湖眞乘寺乏(十行)人,諸禪舉師名德,郡委縣令齎牒勸請。師謝曰:"吾始捨緣,私自為盟,不願住持。矧茲末法,祖道榛棘,宜得吾門龍象,提宗印以振衰墜,庶幾有益,詎可妄欲以此事付田家子,是猶資越人以章(十一行)甫,計亦左矣。"因固辭,令請益堅,師計窮,碎牒投諸地。令駭曰:"斯罪也,奈法何?"眾以師屬志純一,本無慢心,禱令得不白州,聽舉自代者,因得遁去。師以名迹為眾指目,乃歸義城,距祖第數十里,(十二行)得佳泉石處,曰:"冶山構精舍,號定光菴,將終老焉。"鄉里子弟執侍缾錫,願度為弟子者五十餘人。建炎二年(1128),大軍渡淮,尋陷天長,師處倉卒無撓色。太尉薛公異之,入白統軍,迎置軍中,日辦供(十三行)養,且下令曰:"尔等當善護持,勿致失所。"洎旋軍至沂,聽師自便,名士劉郊子機雅聞其名,虛懷接納,一叩真機,之交方外,尋於泗水靈光山,卜築自晦。阜昌六年(1135),濟南普照虛席,府帥劉公擇可(十四行)嗣事者。眾以師應選,乃給帖馳疏敦請。師確守前誓,專使荐来,勢不獲已,以五月十三日到寺。首請惟素禪師為座元,希蹤百丈,一切以清規從事,晨參夕請,鐘鼓一新,其於誨導尤示慈悲,衲(十五行)子仰之為指南。既暇,即徐視殿宇圮毀者,改建完葺,侈不逾舊,儉而中禮,道力所攝,人自樂施。皇統元年(1141),住靈巖妙空净如禪師示寂。府帥都運劉公謂"一時尊宿,德行純備,無如師者",遂親率(十六行)府属寄居士夫、僧正綱維詣寺勸請。師謂"靈巖巨刹,未易遽治",府帥曰:"師負重名,當暫屈一徃,不勞指顧,眾自悦服。"師猶形謙讓,府帥懇請久,乃應命。以九月五日開堂演法,漸欲樹立紀綱,請(十七行)於府曰:"常住撥賜田土,親力播殖,所得僅足飽耕夫,又供僧歲費,無慮三千萬,丐依舊例,原免科役,庶獲飯僧福田,上報　國恩[①],實

---

① "國恩"前平闕二字。

遠久之大利益也。"府可其請，師乃推擇十方勤舊，以充執（十八行）事，喻之曰："世間萬事，欲一一①如法，即無有是處，至於處叢林，掌常住錢穀，要當先自潔已，錙銖不欺。非唯目下明白，抑亦過後得力。"眾化其德，無不盡心。師玄學淵深，勤於接物，初機請益，循循②（十九行）忘倦，於是四方翕然，謂獲宗匠。學者嚮慕道風，踵至籌室，自兵火以來，未之有也。明年春，師至府求退，且曰："昔黃龍心禪師云，馬祖、百丈已前無住持事，道人相求於空閑寂寞之濱，其後雖有（二十行）住持，皆王臣尊禮為人天師。今則不然，掛名官府，遂同編氓，是豈久寓之地耶？"援引至理，詞義切當。府帥喻之曰："非意相干，可以理遣。師當還坐道場，勿恤也。"時又迫近結制，師乃強留，每語眾（二十一行）曰："汝等勉之，吾將逝矣。"因日為眾普說，入室勤劬不替者弥月，眾亦莫測。俄有野蜂集於寢堂，鴉鵲百數，悲鳴下上，識者異焉。夏六月二十三日粥罷，顧謂侍者收鉢，置方丈，即令摣鼓集眾，陞（二十二行）座垂語，詞旨哀切，特異常日。泊下座，示有疾，眾咸怖惕，而師神色恬然，屢欲趺坐，眾悲泣，救藥不克如志。有問疾来者，但目視之，豈非葉落歸根，来時無口，獨振全提之旨者乎？第後學淺涉，未（二十三行）之領也。二十四日，右脇而化，時暑氣炎猛，居六日，如始逝。二十九日，以遺命荼毗，得五色舍利百餘粒。翌日，瘞靈骨於當山後，興塔之右，即其上樹窣堵焉。閱世五十七，坐夏三十二，門弟子百（二十四行）有餘人，傳道於四方，以名著者十餘人，有示眾廣語、游方勘辯、頌古偈贊流通於世。

師先在淮甸嘗膺棋服之賜，及師名禪定。泊北来絕口不言，唯號定光菴主。自臨濟義玄禪師九十二世，系（二十五行）出黃龍慧南，南③出照覺常摠，摠④出廣鑒行瑛，瑛⑤出舒州法華證道禪寺住持永言，言⑥即師嗣法師

---

① 後一個"一"以重文符代。
② 後一個"循"以重文符代。
③ 後一個"南"以重文符代。
④ 後一個"摠"以重文符代。
⑤ 後一個"瑛"以重文符代。
⑥ 後一個"言"以重文符代。

也。師常歎今時傳法紹嗣者，徃徃①開堂有橫費，及居普照，因上堂便為法華和尚拈香，出衣盂（二十六行）飯堂眾，酬法乳而已。性不積財，住靈巖纔十月，所得盡付常住，為供僧用。特喜賓客，一時名卿巨公慕其道行，莫不願為之友，至千里走介問安否。師待人以誠，不視貴賤，高下其心，恤貧周急，（二十七行）動推惻隱，數於道路解衣以遺寒者，噤凍而歸。又好儲諸良藥，拯救患難，見有疾苦，如出諸己。於是感恩懷惠，與其參學問法者相半，所至交口稱譽，出於自然，聞者歡喜，願居門下，奔走清風，（二十八行）唯恐其後。可謂道重一時，名高四遠者矣。趣寂之日，遠邇莫不哀歎。師故人孫力智彥周，聞師示滅，亟走諸山，宿中道，夢師若平生，來告曰："山僧兩來靈巖矣。"即指其藏骨所在，驚寤見室中佛（二十九行）光粲然，移時方滅。既抵寺，僧或告寺有故延珣禪師，塔其銘文，有"意捨浮華，情耽之慧"之語，良符彥周之夢，是知師應跡世間，豈偶然哉。銘曰：（三十行）

飢鷹摩空，得肉乃飽，韓盧待唳，志厲霜草。追飛逐走，聊以自娛，陷心潰腦，衣袖為朱。定光老人，少年如此，勇猛悔悟，是眞佛子。一缾一鉢，誓堅志願，石頭路滑，請益無倦。傳心得妙，為眾所窺，遁（三十一行）跡空谷，人不我遺。兩坐道場，接物利生，事有固然，逃名得名。眾仰其德，罔不自厲，壓以至誠，不嚴而治。優游請退，從吾所好，使君眷厚，竟莫之報。死生常事，戲劇有情，於我何有，擺手便行。蒼山（三十二行）萬仞，靈塔百尺，山低塔高，不竢他日。

淄州崇勝禪院住持嗣法小師慶悟，徂徠山崇慶禪寺住持嗣法小師惟素。（三十三行）

皇統二年（1142）歲次壬戌十月庚申朔初十日己巳，起復昭武大將軍陝西諸路轉運使劉益立石。歷山任升刊。（三十四行）

《泰山志》卷十七　金石記三
靈巖寺定光禪師塔銘　篆額　正書　李魯撰　高鯉書　在靈巖寺

---

① 後一個"徃"以重文符代。

皇統二年（1142）十月

右碑連額高六尺二寸，廣三尺四寸。篆額"定公[①]塔銘"四字，徑五寸，橫列於上。銘文三十四行，行七十三字，正書，徑七分，下截近跌處每行缺二三字。撰文者李魯，書丹者高鯉，二人皆不甚著名，而文體詳贍，書筆遒勁，寺碑銘中不多得也。

《山左金石志》云：篆額者，儒林郎行臺大理寺丞韓淦。案，行臺之制，以別於中臺。天眷三年（1141），移置汴京。皇統二年（1142），定行臺官品皆下中臺。然則此題大理寺丞降於正六品，故書階。儒林郎僅依從七品之下，此皇統新制也。昌黎韓淘通仕敘行狀，淘似與韓淦同弟兄行，則韓淦亦昌黎人也。立石者，起復昭武大將軍陝西諸路轉運使劉益。攷《百官志》"轉運"，陝西有東西路。其分路之始，證以《地里志》。天德二年（1150），京兆府置陝西東路轉運司，平涼府置陝西西路轉運司。此當皇統二年（1142），陝西轉運猶未分東西也，故言諸路以舉之。

3.妙空禪師自題像贊（1143）[②]

拙頌奉別 知事頭首兼（一行）雲堂諸禪眾

住山净如拜呈（二行）

七年林下冷相依，自愧鈆刀利（三行）用微。聚散莫云千里遠，輪天一（四行）月共同暉。（五行）

慈書記寫予真，求讚。謾書（六行）此以塞來意。（七行）

眉不脩疎頭突兀，鼻矗垂兮顴無（八行）骨，長憐百醜兼且訥。慈禪慈禪[③]不我拙，（九行）名兮邈兮水裏月。咄！（十行）

宣和五年（1123）八月初三，方山老拙書。（第十一行）

---

① 應為"光"。

② 原碑在靈巖寺般舟殿。國家圖書館拓片編號葉專210。京都人文拓編號SOU0296X。《山左金石志》卷19有錄文及介紹，第14668—14669頁。金棨《泰山志》卷17有錄文及考證，第567頁。王昶《金石萃編》卷147有錄文，第2728頁。王榮玉等主編《靈巖寺》有錄文及介紹，第110頁。《長清碑刻》卷中有照片及錄文，第648頁。

③ 第二個"慈禪"以重文符代。

妙空老師嗣法薦福英和尚，出於大宗師門下，兩坐道場，僅四十載。（十二行）凡示徒，貴機用，唯棒喝可語言。知客道德獲此二頌，囊之久矣。（十三行）師今示寂，命工摹石，葢傳不朽。皇統三年（1143）中烁日，監寺僧義由謹記。（十四行）

《泰山志》卷十七 金石記三

妙空長老詩讚二首 行書 在靈巖千佛殿

皇統三年（1143）

右碑高二尺，廣一尺八寸。詩讚共十一行，行十三字，行書，徑一寸。跋三行，行書，徑五六分。案妙空長老，名净如，號方山老拙。方山者，即靈巖寺山也。其住靈巖，未詳何年，而自題真讚，則在宣和五年（1123）。至是摹勒上石，距書讚越二十一年矣。跋云"師今示寂"，葢妙空寂於皇統元年（1141），後二年乃刻是讚也。

4. 婺州雙林傅大士十勸并梵相（1146）

婺州雙林傅大士十勸并梵相[①]（一行）

勸君一，識取心王萬事畢，六塵堆裏拾得来，歷劫元来未曾失。（二行）

勸君二，飲酒分明無智慧，君看塗面打耶胡，自謾要作□□□。（三行）

勸君三，作計規財是鬼貧，得来元自輪它便，兩耳過頭換却□。（四行）

勸君四，女色無慚須遠離，改頭換面皆至親，行欲分明開眼□。（五行）

勸君五，人身不惜真成苦，眼前富貴漫崢嶸，黑風吹舡折却艫。（六行）

勸君六，不須苦食眾生肉，若非菩薩化身来，即是前生親眷屬。（七行）

勸君七，萬事不能磨一實，巧語如簧簸弄人，飽餵鐵牛耕汝舌。（八行）

勸君八，始是大癡不當點，牛頭獄卒在汝心，苦根牢固教誰拔。（九行）

勸君九，天堂地獄分明有，莫將酒肉勸僧尼，五百生中無腳手。（十行）

勸君十，生死己事須汲汲，若懷生死下黃泉，請人念佛救不及。（十一行）

---

[①] 未見原石。京都人文拓編號SOU0335X。《山左金石志》卷19有介紹，第14670頁。金榮《泰山志》卷17有考證，第567—568頁。唐樓穎錄《善慧大士錄》收傅大士"十勸"，與該碑記載不同，《卍新續藏》第69冊，第116頁。

皇統歲次丙寅（1146）八月中烋日，濟南府十方靈巖禪寺住持（十二行）嗣祖沙門法雲募工刻石。山門書記僧義由書，（十三行）洛陽雍簡畫，魯人胡寧鐫。（十四行）

《金石志》卷第十七 金石記三
靈巖寺傅大士梵相十勸碑 正書 在般舟殿
皇統六年（1146）八月

右碑高二尺一寸，廣一尺三寸。分上下二層，上層畫傅大士像，下層刻十勸詞。首標題一行，云"婺州雙林傅大士十勸并梵像①"，此後即十勸詞，不具錄。末云"皇統歲次丙寅（1146）八月中秋日，濟南府十方靈巖禪寺住持嗣祖沙門法雲募工刻石。山門書記僧義由書，洛陽雍簡畫，魯人胡寧鐫。"凡十四行，行二十四字，正書兼行體，徑五分。

案碑畫傅大士披袈裟，趺坐胡床，首有冠簪，疑是居士相，不盡是梵相也。左置高几，爐香煙裊，右侍一行童，背似負葫蘆，兩手執物，如簡策。其畫如此。傅大士，名翕，梁時人，居金華義烏縣之雲橫山。金華，即婺州也。十勸詞是其所作。法雲住持靈巖，乃繪其像，書其詞，以勸寺眾。

5.濟南府推任瀛詩呈堂頭雲禪師（1147）
濟南府推任公詩②（一行）
詩呈（二行）堂頭③雲禪師（三行）
瀛上（四行）
放開塵眼頓超几，便覺棲（五行）真悟渤潭。碧障排空千仞（六行）盡，清泉漱頰十分甘。五花（七行）殿裏師因果，百法堂中問（八行）指南。若道為官太拘束，三（九行）年三得到精藍。（十行）

---

① 拓片作"相"。
② 未見原碑。國家圖書館拓片編號各地4943。京都人文拓編號SOU0336X。《山左金石志》卷19有錄文及介紹，第14670—14671頁。金榮《泰山志》卷17有錄文及考證，第568頁。
③ "堂頭"平出。

皇統丁卯（1147）三月二十八日監寺比丘子方上石。（十一行）兗人胡寧刊。（十二行）

《泰山志》卷十七 金石記三
靈巖寺任瀛詩刻 行書 在松風閣
皇統七年（1147）三月

　　右刻詩十行，行書。年月二行，正書。前題"瀛"下闕一字，驗碑亦似"瀛"字，疑刻工有誤筆，因磨去而重刻"瀛"字於上也。其官為濟南府推，稽之《濟南府志·秩官》，竟不列任瀛姓名。


6. 濟南府靈巖寺祖師觀音菩薩託相聖跡序（1147）
濟南府靈巖寺祖師觀音菩薩託相（一行）聖跡序[①]（二行）
　　雲公禪師住持靈巖寺，未越三歲，宗（三行）風大振，嚮風而遠近歸之。一日，謂濟（四行）濱老人陳壽愷曰："夫靈巖大刹，昔自（五行）祖師觀音菩薩託相梵僧曰法之禪（六行）師，於後魏正光元年（520）始建道場。興梵（七行）宮，居天下四絕，境中稱寂，而世鮮知。（八行）其由我祖師其始西來，欲興道場於（九行）茲也。前有二虎負經，青虵引路，捫蘿（十行）策杖，窮絕壁而不可登，乃徘徊於南（十一行）山之巔，面世之久，感日射巔峯成穴（十二行），透紅光於數里。師乃躡光而下，美其（十三行）山林秀蔚，可居千眾，道遇村人，亦異（十四行）人也。顧師而言曰：'師豈有意於茲，患（十五行）其無水耶？'囬指東嚮，不數里間可得（十六行）之矣。師既徐行，則有黃猴顧步，白兔（十七行）前躍，俄驚雙鶴飛鳴，其下涓涓，果得（十八行）二泉。又擊山泐，隨錫杖飛瀑迸涌，遂（十九行）興寺宇，逮今八百餘載。凡祈求應感（二十行）而福生民，莫可勝紀。然為我祖師發（二十一行）揚顯聖跡之狀，蔑聞其人，良可太息（二十二行）。"

---

[①] 原碑在靈巖寺御書閣內。《山左金石志》卷19有介紹，第14671頁。金榮《泰山志》卷17有錄文及考證，第568—569頁。陸增祥《八瓊室金石補正》卷123有錄文，第2017—2018頁。王榮玉等主編《靈巖寺》有錄文及介紹，第111—112頁。《泰山石刻》第8卷有照片、錄文及介紹，第2359頁。《長清碑刻》卷中有照片及錄文，第608頁。

乃命工敬圖其像而刊諸石，庶廣其（二十三行）傳，普勸遐邇，永同供養。

皇統七年（1147）孟（二十四行）秋旦日濟濱老人陳壽愷序并書。（二十五行）住持傳法沙門法雲募工立石。（二十六行）洛陽雍簡畫，魯人胡寧鐫。（二十七行）

《泰山志》卷十七 金石記三
靈巖寺觀音聖跡象並序 正書 在觀音堂
皇統七年（1147）七月

右字二十七行，行十四字。正書，字徑四分。上有法定像，右手持錫，左右各一虎，背有轎，上有雙鶴飛鳴，前有一蛇。樵翁對立，有畚鍤在地，一猿捧果回顧。在觀音堂僧舍西壁，東向。

7. 面壁像記（1147）
面壁像記①（一行）

禪之初祖圜覺老師②，始自天竺來，居嵩高少林道場，蓋面壁者九年。大③祖（二行）禪師斷臂立雪，世舉知之而昧其處。自少林行殿而西，林篁蔭④鬱，千步而（三行）近，度密越阻，群山四臨。前則少室諸峰，嶸嵷連屬；後則五乳崒冗，擁掩如（四行）舉。手內向中峰之下，乃其故處，有泉泠然。始至无水，以杖刺地，隨舉而涌（五行），引而東出，世因號以"錫杖"。而叢榛族棘，荒穢翳塞，兔蹊雉域，虺蠍所舍，樵（六行）牧避焉。

元祐二年（1087），留守藺⑤翼張公求而得之，始徃過焉，使作亭以識其處（七行），除地得趾，層甓宛然。後十有餘年，知登封縣樓君异，復徃過之，謂長老清（八行）江襄棘開道，使有人聲馬跡再至則治矣，盡復其

---

① 原碑在靈巖寺庫房。（宋）陳師道《後山居士文集》卷15有收錄，原文作《面壁菴記》，國家圖書館善本，書號11456。《山左金石志》卷19有考證，第14671頁。金榮《泰山志》卷17有碑刻錄文及介紹，第569—570頁。王榮玉等編《靈巖寺》有錄文及介紹，第112頁。《泰山石刻》第8卷有照片、錄文及介紹，第2358頁。
② 原碑為"圜"，《面壁菴記》作"圓"。禪宗初祖達磨，諡"圓覺"。
③ 原碑為"大"，《面壁菴記》作"六"。禪宗二祖慧可，斷臂立雪。
④ 《面壁菴記》作"陰"。
⑤ 《面壁菴記》作"簡"。

故？對曰："下南山之木，出（九行）西谷之竹，伐薪以陶，率少而役，可立具。其所乏者，財爾。"异請任之。于時，眾（十行）治泰陵休于次，异敬以請。自監司与百局之執事，及群縣之令丞佐尉，下（十一行）逮工賈庶役，不挽而同。於是智者謀，仁者施，壯効其力，工獻其伎，為堂為（十二行）室，圖像陳焉。守衛有次，門廡有列，蓋一朝而具，既月以①成。而林出芝十有（十三行）二本，華各異色，莖如漆飾。甘露雨于泉池，夜有光氣四起，屬天合為大練（十四行），東西數十里。

嗚呼，其興可量也耶？夫道一，而今之教者三,三家之役，相與（十五行）詆訾。蓋世異則教異，教異則說異。盡己之道，則人之道可盡；究其說，則他（十六行）說亦究。其相訾也。固宜三聖之道非異，其傳與不傳也耶？子孔氏之門，顏、（十七行）閔、冉皆无傳，仲弓之後則有荀卿，曾輿之後則有孟車，端木貢②之後則有（十八行）莊休，而荀、孟、莊之後无傳焉。李氏之傳關尹，尹之傳復无聞焉。釋自能仁（十九行），二十八世而③為初祖，祖④之東，六世而⑤為曹溪，曹溪至于⑥今，又十有五世矣。（二十行）而儒、老子之徒，欲與校其源⑦委，誤矣。嗚呼，道之傳蓋始于此，歷歲千百，逮（二十一行）今而興，豈有待於异耶？

建中靖國元年（1101）九月十八日，居士陳師道撰。（二十二行）

大金皇統七年（1147）歲次丁卯十二月晦日，濟南府十方靈巖禪寺住持（二十三行）傳法沙門法雲募工重立石。山門維那僧宗安書，兗人胡寧刊。（二十四行）

《泰山志》卷十七 金石記三
靈巖寺面壁象記 正書 在般舟殿

---

① 《面壁菴記》作"而"。
② 《面壁菴記》作"賜"。
③ 《面壁菴記》無"而"。
④ 第二個"祖"以重文符代。《面壁菴記》缺一"祖"字。《泰山志》誤作"初祖"。
⑤ 《面壁菴記》無"而"。
⑥ 《面壁菴記》無"于"。
⑦ 《面壁菴記》作"原"。

皇統七年（1147）十二月

右字二十四行，行二十八字，正書，字徑五分。上有達摩面壁像，一頭陀合掌其後。在般舟殿內南壁北向。

8. 贈靈巖西堂堅公禪師（1148）

贈靈巖西堂（一行）堅公禪師①（二行）

武安康淵（三行）

縈迴綠水遶春山，蝶（四行）舞鶯啼白晝閑。誰似（五行）西堂知解脫，不教憂（六行）色到朱顏。（七行）

伏覩 甲兄②都運觀察贈 西堂禪師③佳什，（八行）言超物外，奇逸清高。如閑淡煙雲，縈巖映（九行）岫，自生光彩耳。謹命工刊諸琬琰，用久其（十行）傳。

皇統戊辰（1148）歲五月初十日住持僧法雲立石。（十一行）

《泰山志》卷十七 金石記三

靈巖寺康淵詩刻 正書 在靈巖寺

皇統八年（1148）五月

右刻詩七行，行八字，徑一寸。跋四行，徑五分。並正書。《山左金石志》云，康淵詩殊有清致，《中州集》未之收也。其里居武安，是冀州之稱。法雲跋云"伏覩甲兄都運觀察"，則淵固嘗為轉運使。證之寶公塔銘，亦稱"運公淵"，其歷官可見者如此。"甲兄"，未審何義，當以甲乙為行次之稱耳。

---

① 原碑在靈巖寺般舟殿。國家圖書館拓片編號各地154。馬大相《靈巖志》卷3收有詩文，第64頁。《山左金石志》卷19有錄文及考證，第14671頁。金榮《泰山志》卷17有錄文及考證，第571頁。《長清碑刻》卷中有照片及錄文，第655頁。"堅公"平出。
② "甲兄"前平闕一字。
③ "西堂禪師"前平闕一字。

### 9. 寂照禪師塔銘（1149）

寂照禪師塔銘[①]

濟南府靈巖山 省差[②]住持傳法第十代雲禪師塔銘（一行）

雲巢比［丘］正觀撰文（二行）

無聞比丘□□書丹（三行）

括蒼比丘義詔篆額（四行）

師諱法雲，字巨濟，世居泉州同安縣，西林林氏之子，氏族甲于泉南。其祖諱益，宋元豐間，天子知其人，以諫議大夫除任諫垣。師之伯仲齒于□紳者，世（五行）率相継，惟師自［襁］褓中，聞鍾磬聲則合掌抵額。或問以善言，則應對［無］滯，皆與經語［暗］合。［至十］六歲，屢請于父母，欲出家。父母□其志不可□□，捨令從（六行）釋氏教，受業于當縣化度禪院，禮尊宿德新以為師。不喜群［居］，卜庵于院之側，榜其庵曰"［寂］照"，晏坐自如，修習禪芝。德瑢禪師每語人曰："雲□真釋氏之（七行）神駒尓。"左提右挈，朝夕警誨，千里之行，始于此也。後至大倫山[③]梵天禪寺孜禪師會下，孜一見而奇之，遂許入室，叩請甚勤。師一日入室，□外［薦］◇待次（八行）者甚［眾］，不知師出何語，惟聞孜大笑，厲聲曰："子到不疑之地，正要保任。"師掩耳而出，自茲［囊］錐穎露，雲水之士皆願從之游。師後出世而所嗣者，孜也。孜（九行）嗣大相國寺智海禪院清禪師，清嗣雲居祐禪師，祐嗣黃龍［南］禪師。師每與同糸論道，相約曰："雖然佛法只者是，然名山大剎不可不游，□[④]師碩德不可（十行）不訪。"遂率諸道友遍歷祖席，航海而至密州，密人扶老携幼，相迎于途者，無慮數千人，日［加］尊

---

[①] 原碑在靈巖寺墓塔林，有"寂照之塔"。碑篆額，分三行，每行二字。國家圖書館拓片編號各地 3548。京都人文拓編號 SOU0341X。《山左金石志》卷 19 有考證，第 14672 頁。金榮《泰山志》卷 17 有錄文及考證，第 571—573 頁。《金文最》同，第 676 頁。桂華淳祥《金元代石刻史料集——靈巖寺碑刻》有錄文，第 12—15 頁。《泰山石刻》第 8 卷有照片、錄文及介紹，第 2444—2445 頁。許明《中國佛教金石文獻·塔銘墓誌部五（遼金卷）》有錄文，第 1941—1943 頁。《長清碑刻》卷中有照片及錄文，第 723—725 頁。

[②] "省差"前平闕一字。

[③] 今作"大輪山"，在廈門市同安區。

[④] 可能為"宿"，僅上半部可見。

敬，擇幽隱以處之。時兗州普照禪寺住持闕人，兗守謝鑾（十一行）公聞師之名，嚮師之道，請居普照六年，大闢禪關。俾一方之眾知有此道者，師之化也。後［靈］巖虛［席］，（十二行）朝廷① 遴選其人主之，而　謝鑾公②移守濟南，公採摭輿論，以師名申　省③，三請而後從。紹□□□④迩悅慕，當途公卿皆盡外護之力，而（十三行）轉運使⑤康公尤為知遇。凡事之有益于常住者興之，事之有損于常［住］者革之。居四年，而殿宇□□□然以新，忽語其徒曰："世諦之事，陽焰何殊，此□不（十四行）可以久居。"意欲脫然高引，而有事于遠游也。眾雖疑之，而不知其所以然尔。前八月十六日，師密［遣］人詣　府⑥陳狀求退，抵　府⑦門而知事僧追及（十五行）之，遂［止］。越十有四日，告疾。眾召醫治之，師曰："因緣至此，醫者奚用為？"在疾五日，書頌以別眾，［曰］："秋八月兮舡囬波頭，日卓午兮雷興雲塢。橫牽玉象兮何（十六行）有何無，倒騎鐵馬兮何賓何主。撒手清風滿四維，凝眸皓月超千古。"頌畢，焚香端坐，不言不□［不］餌。至閏八月初八日，跏趺而化。觀師之建立無倦，而忽（十七行）有志于退休，未幾而示寂，豈不自知當然者耶？議者惜其未盡所蘊，而天厄其壽，悲夫。立塔于寺之西北隅，祖塔之側。壽年四十有七，僧臘三十一，度弟（十八行）子十有一人，皆質直守道，無聞于時。師有同糸僧祖習，自師出世，輔之翼之，使師之道［行］于世者，習與有力焉。習執師行狀，求銘于雲巢［比］丘正觀，正觀⑧（十九行）蒙師［之］獎激，感習之高義，而不敢辭，乃為［之］銘曰：（二十行）

　　授法溫陵，播道東齊，維茲爰始，引導群迷。宗門聖箭，釋氏神駒，一音演唱，兩易梵居。（二十一行）禪侶輻湊，是則是儀，解粘去縛，為世大

---

① "朝廷"平出。
② "謝鑾公"前平闕二字。
③ "省"前平闕二字。
④ 最後一字可能為"遐"。
⑤ "轉運使"平出。
⑥ "府"前平闕二字。
⑦ "府"前平闕二字。
⑧ 後二字"正觀"，碑文以重文符代替。

醫。嗟乎蘊奧，未盡施為，臨行一句，妙偈四馳。（二十二行）跏趺□滅，拂袖西歸，方山之側，窣堵巍巍。仰懷其德，祗敬其師，式示來者，刻文斯碑。（二十三行）

皇統己巳（1149）五月初一日宣武將軍知山東東路轉運使上輕車都尉京兆縣開國伯食邑七百户康<small>淵</small>立石。（二十四行）刊石鞏在。（二十五行）

**碑陰**

正隆貳年[①]（1157）

《泰山志》卷十七　金石記三

靈巖寺雲禪師塔銘　正書　在靈巖寺

皇統九年（1149）五月

右碑闕下截數字[②]，額題"寂照禪師塔銘"六字，篆書，徑五寸，分三行。文二十四行，行存四十六字[③]，正書，徑八分。案此碑撰書、篆額皆出比邱之手，而結構俱佳，末行結銜"宣武將軍知山東東路轉運使"，此下當是立石姓名，闕不可知。案文中稱"轉運使康公尤為知遇"云云，則所闕者宜為康淵也。

10. 濟南府請寶公開堂疏（1149）

開堂疏[④]

徵事郎濟南府録事夏<small>綽</small>書　山門監寺僧<small>宗安</small>立石　李彥刊字（二行）

濟南府（一行）今請靈巖禪寺（二行）寶公長老[⑤]開堂演法，為（三

---

① 碑陰正中豎刻"正隆貳年"四字。
② 《泰山志》録文時為土掩埋故。
③ 實則五十三字。
④ 原碑在靈巖寺千佛殿東側。額正書，横題。國家圖書館拓片編號各地126。京都人文拓編號SOU0342X。《山左金石志》卷19有考證，第14672—14673頁。金榮《泰山志》卷17有録文及考證，第574頁。王昶《金石萃編》卷154有録文及考證，第2863—2864頁。張金吾《金文最》卷58有録文，第689頁。王榮玉等主編《靈巖寺》有録文及介紹，第109頁。《泰山石刻》第8卷有照片及録文，第2498頁。《長清碑刻》卷中有照片及録文，第619頁。
⑤ "寶公長老"平出。

行）國①焚修，祝延（四行）聖②壽者。（五行）竊以丈室駐錫，便知祖道之興；諸天雨花，喜遇禪林之伯。判殽訛之公案，（六行）舉寂上之因緣。不有能仁，難安勝境。伏惟（七行）寶公③堂頭和尚，早具鍛金之爐鞴，妙傳出世之津梁。枯木寒灰，宴坐於千（八行）峯影裏；騰蛟起鳳，進步於百尺竿頭。茲緣緇素之依歸，有請（九行）省廷④而允可，唱少林之曲調，踞靈巖之道場。信堂堂龍象之姿，赴肅肅人（十行）天之會。白雲堆裏，不妨依舊經行；碧眼胡邊，無惜斬新拈出。永洪（十一行）睿⑤箅，廣震潮音。謹跂。（十二行）

　　皇統九年（1149）八月　日⑥跂（十三行）
　　承事郎濟南府推官權判官李德恭（十四行）
　　府判官闕（十五行）
　　宣威將軍濟南府少尹完顏沒良虎（十六行）
　　安遠大將軍同知濟南尹事南陽縣開國伯食邑七百戶韓為股（十七行）
　　特進行濟南府尹上［柱］國鞏國公完顏篤化叔（十八行）

　　《泰山志》卷十七　金石記三
　　靈巖寺寶公開堂跂 正書 在千佛殿東壁，南向
　　皇統九年（1149）八月

　　右碑連額高五尺二寸，廣二尺八寸。額題"開堂跂"三字，正書，徑五寸，橫列于上。文共十八行，行二十八字，正書，徑寸二分。月日中間有濟南府印，方一寸八分，篆文。案大定十四年（1174）《寶公禪師塔銘》，下截損闕，不能考寶公之上一字為何也。彼碑稱師姓武氏，相州⑦里人，靈巖虛席，府尹韓公為股、運使康公淵保申行省云云，即

---

① "國"平出。
② "聖"平出。
③ "寶公"平出。
④ "省廷"平出。
⑤ "睿"平出。
⑥ "日"前空一字，刻"濟南府印"。
⑦ 應為"磁州"。

此疏所云"有請省廷而允可也"。疏後列銜五人，內判官闕人，推官權判官李德恭、少尹完顏沒良虎、同知尹事韓為股、行府尹完顏篤化叔，而運使康淵不與焉。稽之《濟南府志》，諸人皆不列于秩官，此等金石文字，修志者皆不一搜采，何也？

11. 山東東路轉運司請寶公開堂疏（1149）

開堂疏[①]

山東東路轉運司　　　　　山門監寺僧宗安立石 李彥刊（一行）

今請（二行）靈巖寶公長老[②]，為（三行）國[③]開堂演法，祝延（四行）聖[④]壽者。（五行）右伏昌達磨自天竺而□□□□印□能造黃梅□□□□□要述古［佛］心源，須（六行）□作家手段□［?+易］□……□伏惟（七行）寶公長老[⑤]灑落□□□□見昔条□□□法□萬□……□天下四絕（八行）之一，實聖賢推排□□□人□□□□□□通達□……□於儒教，可謂（九行）光前絕後□□動目□□剎□梵□尚□靈迹，法水□……□峯聳□以回環，（十行）非大士不□□□化□……□人以□……□為菩薩津梁即非（十一行）□入叢□□□□□言語是□……□世之□祝（十二行）□君[⑥]□……□謹疏。（十三行）

　　□……□八月[⑦]（十四行）

　　□……□山□……□司支度判［官］劉師韓（十五行）

　　奉政大夫□山□……□判官驍□□王林（十六行）

　　□……□判官□□□房秀□（十七行）

　　□……□［運］司□……□忠肅（十八行）

---

① 原碑嵌於千佛殿東側石堰內壁。篆額，橫題。山東東路轉運司請寶公長老開堂之疏文，時間不明，僅見"八月"字樣，應係皇統九年（1149）。《長清碑刻》卷中有照片及錄文，第570—571頁。
② "靈巖寶公長老"平出。
③ "國"平出。
④ "聖"平出。
⑤ "寶公長老"平出。
⑥ "□君"平出。
⑦ "月"右下有印，大半損毀，無法辨識。

□……□［轉］運副使上騎□……□縣開□……□魚袋朱渙（十九行）

武義［將］軍同知山東東［路］轉□……□［事］□球（二十行）

經［武］將軍①知山東東路轉運使上輕車都尉京兆□……□［七］伯户康淵（二十一行）

12. 李山登證明殿詩（1156）②

靈巖勝境久在聞聽間，貪緣今幸（一行）一遊，不可無言。謹書二小詩上呈（二行）方丈。（三行）膠西李山。（四行）

風埃奔走竟何堪，解后叢林試一（五行）条。縱目雲崟無盡度，息肩石搨有（六行）餘甘。曹溪演秘　君③應會，岳麓題（七行）詩我謾慙。得到洞天能有幾，人間（八行）留取助清談。（九行）磴石攀羅鳥道分，峯迴寶宇見層（十行）門。倚嵒危構疑無路，襯步濃雲恐（十一行）有根。祖④佛舊傳遺跡在，家風今（十二行）見　宿師⑤存。我馳韜傳聊停轡，燬（十三行）火灰寒不復暾。（十四行）

丙子（1156）三月二十一日登證明殿，謹次（十五行）任丈高韻。（十六行）中順大夫同知使事李山。（十七行）

各上高山努力行，力行⑥不已自然（十八行）成。果能忘得人兼我，何用從旁覓（十九行）證明。　却從方丈求一轉語，不罪不罪⑦。（二十行）

同運中順李公以按廉之職，因遊靈崟，有［呈］（二十一行）堂頭兩詩并和。（二十二行）都運⑧任太中登證明一絕句，遂獲竊觀，披味（二十三行）不已。蓋不特道場勝槩，悉見于辭，如"燬火灰（二十四行）寒、人我

---

① 據皇統己巳年（1149）《寂照禪師塔銘》可知，康淵此時官職"宣武將軍知山東東路轉運使上輕車都尉京兆縣開國伯食邑七百户"。
② 原碑嵌千佛殿東側石堰壁内。國家圖書館拓片編號各地 147。京都人文拓編號 SOU0351X。馬大相《靈巖志》卷3有詩文，第65頁。《長清碑刻》卷中有照片及録文，第560頁。
③ "君"前平闕一字。
④ "祖"前平闕一字。
⑤ "宿師"前平闕一字。
⑥ "力行"二字以重文符代。
⑦ 後面"不罪"二字以重文符代。
⑧ "都運"平出。

兼忘"之句，誠飄飄①然，意遊物外，非（二十五行）高人②清思，何以臻此？謹用刻諸貞珉，傳之永（二十六行）久。

正隆元年（1156）四月十三日，敦信校尉行濟南（二十七行）府長清縣尉飛騎尉焦希祖謹跋。（二十八行）

十方靈巖禪寺住持傳法沙門法琛立石。（二十九行）東平張誠刊，方丈書狀□悟可謹錄。（三十行）

**13. 張汝為游靈巖題記（1156）③**

余素好林泉之清勝，久聞靈巖（一行）名山，迺自昔祖師之道場也。所（二行）慊塵緣衮衮④，未獲游覽，比雖守（三行）官汶上，鄰封咫尺，亦無由一到。（四行）兹因被檄，賞勞徐、宿、邳州，屯守（五行）軍兵，還登（六行）岱宗⑤，故不憚迂遠行役之勞，惠（七行）然而來。周覽上方勝槩，峰巒峭（八行）拔，殿閣壯古，森天喬木，是處流（九行）泉。憩於秀崿絕景之亭，清風時（十行）至，了不知暑。惟聞啼鳥之聲，幽（十一行）邃清奇，迥出囂凡，信四絕之一（十二行）也。頓息塵慮，以適平昔景仰之（十三行）意，惓惓⑥忘歸。憶唐李涉詩有云，（十四行）"因過竹院逢僧話，又得浮生半（十五行）日閑。"正此之謂也。時携家偕遊。（十六行）

正隆丙子（1156）歲仲夏初七日，同知（十七行）東平總尹遼陽張汝為仲宣題。（十八行）十方靈巖禪寺監寺沙門法告立石。（十九行）東平張誠刊。（二十行）

---

① 後一個"飄"以重文符代。
② "高人"平出。
③ 原碑今存靈巖寺般舟殿。國家圖書館拓片編號各地 34。京都人文拓編號 SOU0352X。《山左金石志》卷 19 有考證，第 14674 頁。金榮《泰山志》卷 17 有錄文及考證，第 575—576 頁。《泰山石刻》第 8 卷有照片、錄文及介紹，第 2369 頁。《長清碑刻》卷中有照片及錄文，第 657 頁。
④ 第二個"衮"以重文符代。
⑤ "岱宗"平出。
⑥ 第二個"惓"以重文符代。

《泰山志》卷十七 金石記三

靈巖寺張汝為題記 行書 在般舟殿

正隆元年（1156）五月

右刻記十八行，行十二字，行書，徑一寸。末立石、刊石二行，正書，徑五分。《山左金石志》云，題記者為"同知東平總尹遼陽張汝為"，武虛谷云《金史·張浩傳》"子汝為"，即其人也。浩籍遼陽渤海，故汝為單稱"遼陽"，舉其郡名也。然史未著其官，《中州集》僅稱為河北東路轉運使，未知其先固已為東平總尹矣。《地里志》東平府，以府尹兼總管，今結銜稱總尹者，殆併二官為一名也。

14. 釋迦宗派圖（1156）並塑像施主題名碑（1328）

釋迦宗派圖[①]

**上層**

據《佛本行經》[②]，此賢（一行）劫初建立，已有大（二行）轉輪王，名眾集置，（三行）亦名大眾平章地（四行）主，亦名刹利王。王（五行）有長子名眞實，子（六行）孫相承二十七世，（七行）各有千子，計二萬（八行）七千，皆大轉輪王（九行）。至大須弥王，子孫（十行）相継，至魚王一十（十一行）八世子孫相紹，計（十二行）一十七萬三千二（十三行）百八十四，皆小轉（十四行）輪王。魚王有子名（十五行）眞生，至大茅草王（十六行）三十一世，計一百（十七行）八，皆粟散王。茅草（十八行）王亦名奢夷耆耶，（十九行）亦名瞿曇，年老捨（二十行）位出家，因射滅，滴（二十一行）血入地，生甘蔗二（二十二行）莖。一化生男，一化（二十三行）生女，男再紹位，名（二十四行）甘蔗王。（二十五行）

---

① 原碑立於靈巖寺天王殿東側。碑陽為《釋迦宗派圖》，金正隆元年（1156）刻；碑陰為《塑像施主題名》，元致和元年（1328）刻。今人將碑陽與碑陰反置。國家圖書館拓片編號各地2911、各地2910。《山左金石志》卷19有碑陽考證，第14674-14675頁。金榮《泰山志》卷17有考證，第576頁。《泰山石刻》第8卷有照片及考證，第2466頁。《長清碑刻》卷中有照片及錄文，第469頁。

② 下述內容見（隋）闍那崛多譯《佛本行集經·賢劫王種品第三》，《大正藏》第3冊，第672頁。非《佛本行經》。個別世數及王名與今傳《大正藏》版本不合。

## 中層

```
二十八世計一十七  大須弥小轉輪王  萬三千二百八十四
二十七世計  眾集置大轉輪王  二萬七千王
三十一世  眞生粟散王  計一百八
```

第一妃一子名長壽王
亦名瞿曇氏 茅草王 亦奢夷耆耶
第二妃四子炬面王下

甘蔗王
├ 長壽王
├ 炬面王
├ 金色王
├ 象眾王
└ 別成王

其第二妃四子有大仁德，以上妃妬佞，父令出國，子母眾屬臣民，隨往雪山下建國城。号迦毗羅王，稱別成遠近欽伏不久成大國內豐，富父知憶念故歎曰我子釋迦故有釋迦氏王有子名拘盧

拘盧王二子
瞿拘盧一子

師子頰王四子一女
├ 淨飯王二子
│  ├ 悉達多出家成佛
│  └ 難陁
├ 白飯王二子
│  ├ 難提迦
│  └ 提婆啊迦
├ 斛飯王二子
│  ├ 阿難
│  └ 提婆達多
├ 甘露飯王二子
│  ├ 阿尼盧逗
│  └ 摩訶那摩
└ 女甘露味

釋迦牟尼佛

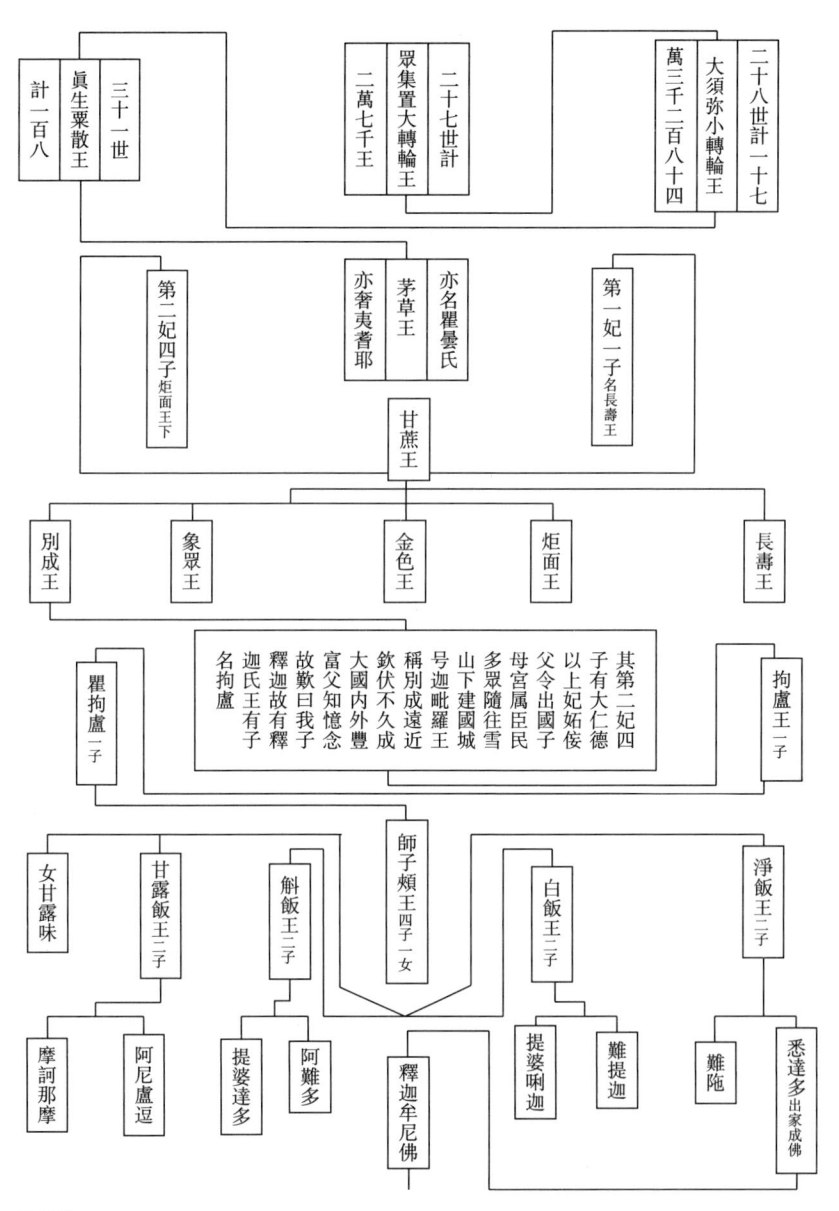

## 下層

### 碑左

西京嵩岳少室山少林禪寺洒掃比丘惠初宣和二年（1120）九月晦編集。（一行）

《本行經》從眾集置大轉輪王，經二十萬五百單三王，方至淨飯王。（二行）據《起世經》，從刹帝利，亦名大平等王[①]，即眾集置王，經二千王至一（三行）大茅草王。從大茅草王，經五十二萬二千六百王，又至一茅王。從茅（四行）王經四十一萬二百三十六王，方至瞿曇氏。瞿曇氏有子名甘蔗（五行）王，從甘蔗王經七萬二千二十二王，方至淨飯王。通計一百二十（六行）萬七千三百六十一，兩經所譯，五印不同。（七行）

**碑右**

世尊已於無數劫、無數世成佛，或為梵王、帝釋、大轉輪王、小轉輪［王］（一行）及粟散王等身。復於無數佛所出家，脩菩薩行，行菩薩道。或云［遇］□（二行）誨幢如來，始發菩提心，超弥勒四十餘劫。或云遇燃燈佛，始蒙授［記］。（三行）自燃燈佛至迦葉佛，皆佛佛授手，皆授記云："汝當來成佛，号釋迦牟（四行）尼。"至護明菩薩上生兜率，下至迦毗。捨金輪王位，出家成道說法，住（五行）世七十九。正法、像法，至于法盡，度無量億眾。法不可窮爾。（六行）

正隆元年（1156）八月旦日，濟南府長清縣十方靈巖禪寺住持傳法沙門法琛立石。（七行）

《泰山志》卷十七　金石記三

靈巖寺釋迦宗派圖　正書　在般舟殿

正隆元年（1156）八月

右碑高三尺六寸，廣一尺八寸五分。額題"釋迦宗派圖"五字，八分書，橫列於上。次總敘宗派，列說於上層。次列宗派世系，始自眾集置大轉輪王，一傳為大須彌小轉輪王，再傳為真生粟散王，三傳為茅草王，四傳為甘蔗王，五傳為別成王，六傳為拘盧王，七傳為瞿拘盧，八傳為師子頗[②]王，九傳為淨飯王，十傳為悉達多，十一傳為釋迦牟尼，世系止於是。下層正中畫牟尼佛象，正立，兩足下各承蓮花，佛左手下垂，右手拊胸，胸有卍字，兩肩佛光，上覆火焰，繞光而上。刻

---

[①] 上層刻文為"平章"。二版本皆存。
[②] 應為"頰"。

畫皆完好。右邊一行云"西京嵩嶽少室山少林禪寺洒埽比邱惠初宣和二年（1120）九月晦編集"，左邊一行云"正隆元年（1156）八月旦日濟南府長清縣十方靈巖禪寺住持傳法沙門法琛立石"。蓋此宗派圖為宋宣和年少林惠初據《本行經》所編集，而靈巖法琛刻以傳世者也。

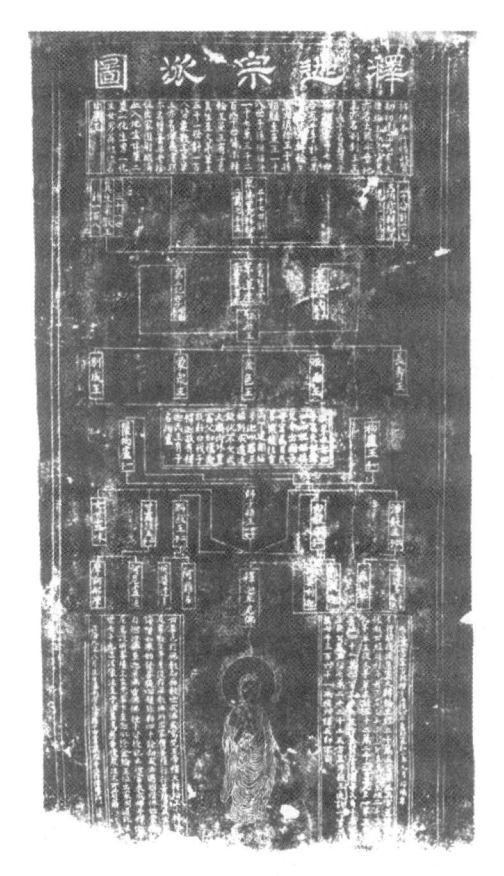

**釋迦宗派圖**

圖片來源：《北京圖書館藏歷代石刻拓本匯編》第 46 冊。

## 碑陰[①]

管[②] 糚塑聖像施主花名如後：（一行）

---

① 《山左金石志》卷 23 有介紹，第 14771 頁。《泰山志》卷 18 有錄文及考證，第 677—678 頁。《泰山石刻》第 8 卷有照片、錄文及介紹，第 2465 頁。《長清碑刻》卷中有照片及錄文，第 468 頁。
② "管"一字抬頭。

管塑當陽釋迦如來施主待詔僧　　子工（二行）
　　全管糚鑾當陽聖像一堂施主提點　智舉（三行）
　　管塑文殊普賢二大士施主提點　　思讓（四行）
　　管週圍糚塑三十二尊羅漢施主院主 思善（五行）
　　管供床鏡面油漆施主　監寺　思川（六行）
　　管背坐糚塑觀音聖像施主副寺　　子貞（七行）
　　管三面大鏡施主　　書記　恒勇（八行）
　大元①致和元年（1328）八月望日。（九行）當②山傳法住持嗣祖沙門智久謹誌。（十行）

　　　　《泰山志》卷十八 金石記四
　　　　靈巖寺塑像題名碑 正書 在般舟殿
　　　　致和元年（1328）八月
　　　　右碑高三尺四寸，廣一尺八寸。題名十行，正書，徑一寸。按碑立於致和元年（1328）八月，是年二月泰定帝始改元致和，七月泰定帝崩，九月壬申文宗即位，改元天歷。碑立於八月望日，故仍稱致和也。寺中塑像居中為釋迦如來，左右為文殊、普賢，又有聖像一堂，不計位數，當在殿之左右列，與如來俱南向，故謂之"當陽"也。羅漢有十六尊者，有十八尊者，此是三十二尊，必左右列，東西相向也。觀音聖像在佛殿之後背坐者，北向也。三面大鏡必是如來、文殊、普賢之佛光。供床即佛前供案也。施主皆寺中僧職，有所謂"待詔僧"者，剏建此碑。聖像一堂，不曰"糚塑"，而曰"糚鑾"，所未詳也。《泰山道里記》云："大雄殿七間，祀觀音、文殊、普賢，此殿即宋之獻堂及山門，本無像設，皆明正德間魯藩所增置也。"今以此碑攷之，則元時已有像設，魯藩特更新而增易之耳。標題"花名"二字，他碑未見。

---

① "大元"二字抬頭。
② "當"一字抬頭。

15. 寶公禪師塔銘（1174）

寶公禪師塔銘①

［濟］南府長［清］縣靈巖十方禪寺第十一代寶公禪師塔銘并序（一行）

相州林慮［縣］仙巖梅軒居士翟炳撰并書（二行）

忠顯校尉真定府醋同監閻崧篆額（三行）

師姓武氏，磁州里人。 師②自童丱，挺立不群，骨相有異。六歲，依里中王氏居舍學儒典。八歲，告父出家，鄉人賈氏為構庵，邀 師③居之。十二歲，復為人講莊老（四行）玄言，人皆敬［畏］。既久，無守株之心。一日，迺約里人朱、賈二友，為方外之遊，二友從之。遊方既久，復還滏陽，結茆於薛氏宅，日夕辦道。會道迎首座，創歇庵於本（五行）州，聞座處［性朴古］，少許親近。 師④往口⑤誠問道，座示禪林古德機語，請益猶同素習，侍瓶錫三載，會有四方之役，座迺遊方， 師⑥弗能從。座別 師⑦曰："據仁者（六行）云，為若白圭飾素，［則］青煙不迷。"［嘗］見［宗匠］，適投 師⑧意。後 師⑨年十九歲，投本州寂照庵，禮祖榮長老劓髮。師⑩法號法寶，榮喜曰："眾角雖多，一麟足矣。"至天（七行）眷三年（1140）試經具戒，榮一日驀問師："［紙］衣［道］者四料揀，話得趣否？"師⑪陳機應荅，速於影響。榮深肯之。已而糸究臨際一宗，頗有淘汰，遂

---

① 原碑在靈巖寺墓塔林，有"寶公禪師之塔"。碑篆額，橫題。國家圖書館拓片編號各地2923。京都人文拓編號SOU0374X。《山左金石志》卷19有考證，第14679—14680頁。金榮《泰山志》卷17有考證，第580頁。張金吾《金文最》卷56有錄文，第672頁。桂華淳祥《金元代石刻史料集——靈巖寺碑刻》有錄文及考證，第15—21頁。許明《中國佛教金石文獻——塔銘墓誌部五（遼金卷）》有錄文，第2024—2025頁。《長清碑刻》卷下有照片及錄文，第793—795頁。
② "師"前平闕一字。
③ "師"前平闕一字。
④ "師"前平闕一字。
⑤ 加藤一寧補作"衷"。
⑥ "師"前平闕一字。
⑦ "師"前平闕一字。
⑧ "師"前平闕一字。
⑨ "師"前平闕一字。
⑩ "師"前平闕一字。
⑪ "師"前平闕一字。

告發之，榮始拒之。 師①（八行）再四懇請，榮問云："子將何之？"師②云："聞青州希［辯］禪師傳洞［下］正［法］眼藏，演唱燕都萬壽禪寺，禪侶雲集，若百川朝於巨海。"榮白："子器也，不謬舉人，宜遄徃。"遂（九行）述長謌送之。 師③至燕，辯一見而奇之，□□④門之龍象也。師迺異待，請［充知］藏。辯一日室中問 師⑤父母未生前事。 師⑥擬訴間，辯喝出，尋不知天地之大也。（十行）恍惚歸堂，頓然大悟。翌日證明，［默］契其［意］，［辯］加以"浡浡然般若光中流出"之句沐 師⑦，俾亡寢餗，禮薦三年，應係洞下宗旨，處□隱奧，俱造淵源。後禮辭猊座，（十一行）辯以法衣、三頌付之，師⑧迺遁跡山東泗［水］靈光。會靈巖虛席，府尹韓公為股、［運］使康公淵保申行省，具踈邀請， 師⑨辭避不［獲］，□受請焉。天德庚午歲（1150），青州（十二行）示寂仰山。太師尚書令南陽郡王張公［浩］，［遣］使賫踈，命 師⑩住持仰山棲隱禪寺，續焰傳芳，靡所不備，然後迺尋舊盟。貞元［三］年（1155）［乙］亥歲，師⑪以榮公垂老，南（十三行）還滏陽。郡人迎 師⑫，遠遠趍風，踵相接野。眾捧 師⑬於均慶［西］寺舊基，完為精廬，權以［宴］處，侍養榮公。時大定壬午歲（1162），南陽郡王［張公］太師素慕 師⑭德，日甚（十四行）一日，遂將己俸三千万，特買大明寺額，并給付符文，行下相［磁］，仰 師⑮住持。師悉以丈室、殿堂、輪藏、廊廡，不逾一紀，締構鼎新，□□□［剎］。至於三處住持，盡皆（十五行）省命，

---

① "師"前平闕一字。
② "師"前平闕一字。
③ "師"前平闕一字。
④ 加藤一寧補作"為禪"。
⑤ "師"前平闕一字。
⑥ "師"前平闕一字。
⑦ "師"前平闕一字。
⑧ "師"前平闕一字。
⑨ "師"前平闕一字。
⑩ "師"前平闕一字。
⑪ "師"前平闕一字。
⑫ "師"前平闕一字。
⑬ "師"前平闕一字。
⑭ "師"前平闕一字。
⑮ "師"前平闕一字。

王侯景慕，衲子雲臻，法徧諸天，名飛四海，師之緣法既成，書頌狀告退，隱於紫山、𥗒峪兩處韜光。未及二載，師[①]一日沐浴更衣，書偈跏趺而寂。大定（十六行）十三年（1173）十月七日也。師[②]俗壽六十，僧臘三十四。師[③]嗣法門人當山［住持］惠才，蔚州人山住持善恒，太原王山住持覺［體］，中都萬壽住持圓俊，中都仰山住（十七行）持性璘，磁州大明住持圓智。潛符密證者，莫知其數。及落髮門人宗明等五十有三，授法名俗弟子宗定以次，不可勝計。焚化之後，分布靈骨於靈巖、大明、𥗒（十八行）峪、紫山四處建塔。於是才公長老遣侍者［廣證］，［持孫］居士實錄求銘於炳。［炳］與禪師[④]為方外之友，積有歲月[⑤]，備知師之行藏，素仰高風。況道友居士賈公善（十九行）長，囑炳為銘，義不可辭，迺作銘曰：（二十行）

有大禪師，為祥為瑞，化外昂昂，不勝［尊］貴。建刹匡眾，道傳性悟，子夜獨明，天曉［不］露。子孫森然，玉立滿前，（二十一行）三關密密，五位玄［玄］。湛然歸真，［示寂滅］相，雪月混融，水天晃漾。分建此塔，聊成其終，法身常住，冨塞虛空。（二十二行）

大金大定十四年（1174）歲次甲午七月朔日，當山住持嗣法［門人］惠才建。（二十三行）

□[⑥]禄［大夫］行濟南府尹柱國金源郡開國公食邑二千戶食［實封］一[⑦]百［戶］完顏卞立石。（二十四行）

□□□上將□□[⑧]軍節度使兼兗州管［內］觀察使駙馬［都尉］上護軍彭城郡開國侯食邑一千戶食實封壹［百戶］□察鼎壽同立石。（二十五行）

鎮國上［將］軍濟南府判［護］軍金源郡開國侯食邑壹阡戶食實封壹百戶完顏摠樕亦同立石。賈順摸刊。（二十六行）

---

① "師"前兩字平闕。
② "師"前平闕一字。
③ "師"前平闕一字。
④ "禪師"前平闕一字。
⑤ 一作"日"，刻字下端模糊。
⑥ 加藤一寧補作"光"。《金史·列傳第四》未見完顏卞擔任碑文中的職務。
⑦ "一"的可能性略大，也可能為"二"。
⑧ 加藤一寧補作"泰寧"。

《泰山志》卷十七 金石記三

靈巖寺寶公禪師塔銘 篆額 正書 在靈巖寺

大定十四年（1174）七月

右碑半截①，額題"寶公禪師塔銘"六字，篆書，徑四寸，橫列於上。文二十六行，行存三十八字②，正書，徑八分。此碑下截為土所沒，僅就現存之字讀之，文不屬也。寶公，但知其俗姓武氏，相③州里人，其出家後命名"寶"。上一字及某甫某號，不得見矣。大雲寺敕牒云"買寺額納錢三百貫文省"，而此碑乃云"將已俸三千萬特買大明寺額"，何以若是之懸殊也？此碑撰文者，相州林慮縣仙巖梅軒居士翟炳，書丹者，忠顯校尉真定府醋同監閻崧。《山左金石志》云：《金史·百官志》，稅醋使司視課多寡，蓋依酒課，不及二萬貫，為院務設都監、同監各一員，此稱醋同監，即是職也。

16. 唐國公主祈嗣施資頌（1175）④

皇女唐國公主并駙馬都尉（一行）鎮國上將軍行大理卿，同入（二行）寺朝礼（第三行）觀音⑤、后土祈嗣，謹施貲金，（四行）命⑥山野陞座推輪。飯僧畢，焚（五行）香作礼，求頌。遂成四韻，錄呈（六行）台座。（七行）

濟南府靈巖方丈惠才悚息上。（八行）

九重纔出動春風，寶馬香（九行）車謁（十行）聖⑦容。祈禱慇懃朝寺嶽，必（十一行）應賢化感兒童。迴途妙達（十二行）長安道，始信無私用不窮。（十三行）永泰悟明成證果，而今消（十四行）息類還同。（十五行）

大定十五年（1175）五月望日監寺僧宗旨立石。（十六行）

---

① 碑刻完整，存靈巖寺墓塔林。碑陽磨泐不清，有裂紋。
② 實則滿行為六十字。
③ 碑刻原文為"磁"。相州與磁州二地相接，一南一北。正文內有"行下相磁"，二者并稱。
④ 原碑位於千佛殿東側石堰內牆壁上方。國家圖書館拓片編號各地2896。京都人文拓編號SOU0376X。《長清碑刻》卷中有照片及錄文，第574頁。
⑤ "觀音"平出。
⑥ "命"平出。
⑦ "聖"平出。

附录 / 285

17. "煙嵐何處鎖禪関" 詩碑① (1178)

入裏屋（一行），教②及蒙惠語錄，并副以松花湯為（二行）貺。感激輒有鄙句奉（三行）謝③，伏惟（四行）咲④覽。 資稽首和南上。（五行）

煙嵐何處鎖禪関，窺管時欣見一班。雖（六行）識往來皆道路，不知咫尺隔江山。水中（七行）現月猶蹉跌，火裏生蓮豈等閑。珎重（八行）松花湯見寄，舌根甜相為君還。（九行）

又寄（十行）

竟日一蔬食，窮年一布衣。孤雲無（十一行）之跡，猶詩故山歸。

大芝十八年（1178）四月二十一日。（十二行）靈巖住持傳法嗣祖沙門惠才上石。（十三行）賈順模刊。（十四行）


18. 山居吟詩（1178）⑤

方山野人因樂道自興，作山居吟，示 諸⑥禅者。當（一行）山監寺、首座，焚香礼求上石，余不能伏筆。（二行）霊嵓方丈惠才書。（三行）

山僧樂道無拘束，破衣壞衲臨溪谷。（四行）或歌或詠任情足，僻愛林泉伴麋鹿。（五行）水泠泠⑦兮寒漱玉，風清清⑧兮動疎竹。閑（六行）身悅唱無生曲，石鼎微煙香馥郁。幽（七行）居免被繁華逐，贏得蕭條興林（八行）麓。大道無涯光溢目，大用無私鬼神（九行）伏。知音與我同相續，免落塵寰受（十行）榮辱。浮生夢覺黃粮熟，何得驅（十一行）驅重名禄。（十二行）

大芝十八年（1178）六月旦日當山監寺僧祖童、首座僧宗元立石。（十三行）

---

① 原碑在靈巖寺般舟殿。《長清碑刻》卷中有照片及錄文，第675頁。
② "教"平出。
③ "謝"平出。
④ "咲"平出。
⑤ 原碑在靈巖寺般舟殿。國家圖書館拓片編號各地4919。馬大相《靈巖志》卷3收有詩文，第66頁。《山左金石志》卷19有錄文及介紹，第14681頁。金榮《泰山志》卷17有錄文及考證，第582—583頁。《長清碑刻》卷中有照片及錄文，第674頁。
⑥ "诸"前平闕一字。
⑦ 第二個"泠"以重文符代。
⑧ 第二個"清"以重文符代。

《泰山志》卷十七 金石記三

靈巖寺方丈惠才詩刻 行書 在靈巖般舟殿大門內西壁

大定十八年（1178）六月

　　右刻詩十二行，行書，徑寸許。末立石一行，正書，徑七分。案大定十四年（1174）《寶公禪師塔銘》，其時建塔者即是當山住持惠才，則才公之住寺，至是已數年矣。作詩刻石，而首座為之焚香禮求，亦足見彼教之敬師如此。惠才字勢學山谷，詩格亦朴勁，《中州集》未採。

19. 宿靈巖寺詩并記（1183）[1]

　　僕於皇統五季（1145）歲次乙丑春，自任城往歷下訪表弟于司戶（一行）叔和，由泰安宿靈嵓，倒指近四十載矣。今備員濟南，於大芝（二行）二十二年（1182）壬寅秋，因捕蝗與（三行）省部[2]委差暨長清丞復宿是藍，因成拙詩三十韻，以紀其歲（四行）月景物云耳。信筆而成，殊愧不工。（五行）中憲大夫充濟南府判官上騎都尉楊野（六行）

　　不到方山寺，于今四十年。形容空老矣，風物尚（七行）依然。十里穿危磴，群峯簇險巘。澗深泉漱玉，林（八行）古樹矣天。階砌封蒼蘚，門闌鏁粉堁。幽奇言莫（九行）盡，工巧畫難傳。突兀五花殿，泓澄雙鶴泉。僧寮（十行）依地勢，丈室極天玄。樓閣相綿亘，齋厨盡潔蠲。（十一行）簷楹煥金碧，戶牖晦雲煙。龜吐源流净，雞鳴盜（十二行）意悛。松杉千古老，花卉四時鮮。峻嶺朝陽透，陰（十三行）崖夏雪堅。虎經猶棧閣，虵路尚蜿蜒。塔影侵遥（十四行）漢，鍾聲徹廣川。園亭隨上下，池沼任方圓。勢遠（十五行）滄溟接，形高岱嶽駢。秋來涼氣蚤，春至暖風先。（十六行）四絕名居首，三齊景最偏。祖師留鐵衲，勝地布（十七行）金錢。便可名兜率，真宜號福田。捕蝗同驛使，策（十八行）馬訪民編。旅店難投跡，靈巖少息肩。上人蒙眷（十九行）戀，信宿得留連。香火朝隨喜，龕燈夜問禪。挺身（二十行）疑出俗，愜意類登仙。擬作歸休計，無何公事牽。（二十一

---

[1] 原碑在靈巖寺般舟殿。國家圖書館拓片編號各地2930。馬大相《靈巖志》卷3收詩文，第66—67頁。《長清碑刻》卷中有照片及錄文，第673頁。

[2] "省部"平出。

行）官程嚴有限，精舍住無緣。詰旦還推枕，歸途復（二十二行）着鞭。何當擺塵累，永結社中蓮。（二十三行）

　　大定癸卯（1183）孟秋上旬三日記。（二十四行）

　　當山住持傳法嗣祖沙門浦滌立石。（二十五行）

20. 滌公開堂疏（1183）【附阮元、黃易題記（1795、1797）】

開堂疏[①]

山門知客僧宗秀、道璘立石 僧義瑄［書］

左平章政事（一行）

今請（二行）滌公[②] 長老[③]住持濟南府十方靈巖禪寺，爲（三行）國[④]焚修，開堂演法，祝嚴[⑤]（四行）聖壽［者］。（五行）

　　□［目］達磨不［西］來，孰能薦祖；盧公既南度，始見分枝。雖無毫髮示人，要在承風［取］（六行）證，例開［法］施，各踞名坊。厥有濟南靈巖佛寺，利洽鄒齊，襟吞兗魯，二百年叢林，浩（七行）浩三千［里］，香火憧憧，飛閣蓮宮，粹容金界，不期偉匠，焉振宏綱。伏惟（八行）滌公[⑥] 長老[⑦]守文三代，接武四禪，應歷下之機緣，續方山之勝蹈。遂使白蓮真蹟，（九行）無根而鬱鬱騰芳；青社餘光，不鏡而綿綿照世。正好髙提祖印，獨步大方，祝（十行）吾皇[⑧]萬載之昌圖，繼古佛一乘之慧壽。謹疏。（十一行）

　　大定二十三年（1183）九月[⑨]日疏。（十二行）

---

① 未見原碑。篆額，橫題。國家圖書館拓片編號各地4857。京都人文拓編號SOU0413X。馬大相《靈巖志》卷3收疏文，第30頁。《山左金石志》卷19有考證，第14688頁。王昶《金石萃編》卷156有錄文及考證，第2886—2887頁。張金吾《金文最》卷58有錄文，第689頁。金榮《泰山志》卷17有錄文及考證，第589—590頁。

② "滌公"平出。

③ "長老"前平闕一字。

④ "國"平出。

⑤ 金榮《泰山志》改爲"延"。

⑥ "滌公"平出。

⑦ "長老"前平闕一字。

⑧ "吾皇"平出。

⑨ "月"下鈐方印，刻"平章政事之印"。

金紫光禄大夫平章政事宗国公蒲［察］通。（十三行）

**阮元、黃易題記（1795、1797）**

乾隆甲寅（1794）仲冬，侍 家嚴[①]至此，（一行）觀諸石刻。乙卯（1795）季春，命段生松（二行）苓手搨以歸。學使詹事阮元題。（三行）

嘉慶二年（1797）正月，錢唐黃易（一行）同江鳳彞、李大峻来遊。[②]（二行）

《泰山志》卷十七 金石記三

靈巖寺滌公開堂疏 正書 在般舟殿前

大定二十三年（1183）九月

右碑連額高六尺二寸，廣三尺。篆額題"開堂疏"三字，徑五寸，橫列於上。文十三行，行三十一字，正書，徑一寸五分。案皇統九年（1149）寶公開堂疏，請者為濟南府尹，此疏獨為左平章政事所請，則其禮愈隆矣。月日中間有平章政事之印，篆文，方二寸五分，他碑所無也。末行署"金紫光祿大夫平章政事蒲察通"，"平章"上不加"左"字，與首行異。《金史·蒲察通傳》，大定十七年（1177），拜尚書右丞，轉左丞，閱三歲，進平章政事，封任國公，與此碑"宗國公"不同，而"平章"上亦無"左"字。《百官志》：尚書省尚書令一員，左丞相、右丞相各一員，平章政事二員，亦不加"左""右"字。武虛谷云，"案《金史·百官志》封號，小國三十內有萊，'舊為宗，以避諱改'。据是則通封'宗國'，其後避睿宗諱，易號任國耳。前題'左平章政事'者，左丞異名也。左丞為宰相之貳，故當時亦云左平章政事也。始請滌公，或在二十三年之前，及疏文立石實為二十三年九月。故前有'左'字，後無'左'字，其官序可案"如此。

---

[①] "家嚴"前平闕一字。
[②] 隸書，分兩行。黃易擅隸，"西泠八家"之一。江鳳彞亦工於隸。李大峻為黃易之婿，易長女黃潤適之。

21. 才公禪師塔銘（1187）

才公禪師塔銘[①]

當山第十七代［才］公禪師塔銘（一行）

朝列大夫同知山東西路轉運使事食邑七百户賜紫金魚袋徐鐸撰（二行）

將仕郎湏城縣簿馮遵道篆額　當山比丘宗旨書丹（三行）

　　大定丙午（1186），靈巖比丘廣方狀其師之行，謂僕曰：先師之道價，推重於人久矣，廣方曩自交午歸宿於師，師不以顓蒙見斥，以長以教，俾至於有（四行）知，皆師之力也。亡何，示寂於東原，門人分其靈骨，塔于方山之陽，以慰其孝思，禮也。廣方念法乳之恩，了無所報，悼痛之際，遂抽單而東之。（五行）至岱宗之麓，逢監寺宗旨，謂廣方曰："先師靈骨有塔，而碑未立，子從先師學最久，其能已乎？"於是錄師之實而求銘焉，願刻諸石，昭示永久。（六行）僕應之曰："師之教大矣，東州人人能言之，不特以文字而後顯也，何以銘爲？"又廣方懇以爲請，辭之不得，因摭其狀而次弟焉。

　　師諱惠才，姓（七行）韓氏，睢陽人也。年甫十歲，適兵荒之難，父母昆季殂謝殆盡，唯餘王母、叔父存焉。十五而志於道，自謂脱於万死之餘，念罔極之恩，非出世（八行）間法無以報，乞身於王母、叔父，欲去家爲釋子者屢矣，皆不能割愛以之許。後王母終堂，叔父憐其意而從之，乃去而之許。館於開元之經（九行）藏院，主僧智昭得之而喜，師獨掃一室，取《上生》《肇論》《法界觀》，晝夜服習而身行之。（十行）皇統[②]壬戌（1142），（十一行）恩賚[③]普度，師乃依昭祝髮，受具戒。一旦，謁昭曰："釋子本以究朙心地，欲遍遊諸方，求其所未至，迺宿昔之願也，敢以此告。"昭嘉嘆，聽其去。時（十二行）開封之法雲和、單父之普照通，洎山東、河朔諸尊宿，悉徃糸之。最後聞磁州大朙師，唱道靈巖，不遠數百里，造其法席，大

---

① 原碑在靈巖寺墓塔林，有"才公禪師之塔"。碑篆額，橫題。國家圖書館拓片編號各地3546。京都人文拓編號SOU0424X。《山左金石志》卷20有介紹，第14692頁。金榮《泰山志》卷17有考證，第591頁。張金吾《金文最》卷56有錄文，第671—672頁。桂華淳祥《金元代石刻史料集——靈巖寺碑刻》有錄文及考證，第21—27頁。許明《中國佛教金石文獻·塔銘墓誌部五（遼金卷）》有錄文，第2087—2090頁。《長清碑刻》卷下有照片及碑陽錄文，第789—791頁。

② "皇統"平出。

③ "恩賚"平出。

明一見，賞其法器，（十三行）日切詔師侍傍，遂服膺不去。大明有仰山之行，從太師張公浩之請也，師亦往侍之。每於問答之際，雖深信此事，而尚未徹悟。忽一日凌晨，（十四行）聞開禪鐘聲，默有所得，悲生悟中，淚下如雨，徑詣丈室，見大明。大明曰："汝若忩遽，有何事？"師曰："意之所得，非言可詮。"大明叩之曰："洞山言'切（十五行）忌從他覓'，又舉馬祖喚作'如如'，已是變也。若之，何不變？"語未畢，師掩耳而出。大明笑曰："汝入吾室矣。"自是玄關秘鑰，無不洞解，默承付屬，罔有（十六行）知者。已而，大明退仰山，師亦遠遊焉，有若涿之範老、獻之欽老、保之明老、鎮府之鍾老，罔不印可。會大明歸隱滏陽，師復詣叅侍。大定之初，（十七行）長興專使請師住持，師聞之，西走熊耳，尋復歸滏陽，以遂其本志。久之，大明記師曰："汝道成菓熟，可為人師，吾之正法，待汝興行，汝其勉之。"（十八行）於是辭大明，而隱於東平之靈泉，得一室於人境之外，行住坐臥，無非道場，閉影不受人事者數秊。相臺節使必欲得師，使者三徃返，屬府（十九行）帥漕使勉之，乃行。囊錐既露，厥問四馳，爲法而來，户外屨滿。纔一年，師倦於陪接，潛遁於西山之白巖，又住潞州之天寧。頃之，拂衣東下，晦跡（二十行）於濟鄆間。明年，住大舟之延慶，[又]明年，住沂州之普照。既而靈巖虛席，敦請益至，師因徃焉，緣益合六年。初師之至也，以寺之重門及御書、羅漢之（二十一行）閣，薦獻之殿，歲壞月隳，瓦毁桷腐，無以風雨。師乃規其廣而易之，即其舊而新之，是功也，談笑而成，其堅緻可支十世。東平興化禪院主僧明超，以衰苶（二十二行）不能住持，懇請者再，遂從其請。居興化四年，師始得微疾，集其徒曰："早暮及辰日，吾行矣。"遂跏趺而逝。翌日，荼毗於東郊，得舍利百餘顆，閱世六十八，僧（二十三行）臘四十七。自洞山既寂之後，再傳而得价，又九傳而得辯。① 而大明承其嫡派，師受大明之密印，即洞山十二世孫也。師六踞大刹，其嗣法東平之興化宗源，（二十四行）中都之萬安浦滁，益都之普照宗如，義州之大明善住，單州之普照道明，大舟之延慶圓明。潛符密證者，莫知其數，落髮小師廣寔而下一十有四人。噫，（二十五行）僕自惟疎謬乖寡於道，何足以知師哉。弟因其所言，書而銘之。銘曰：

---

① 洞山良价后九傳為青州希辯。清水智樹以"价"當為雲居道膺之"膺"。

（二十六行）

　　才公禪師，道茂德純，洞山之孫，嗚呼天乎。曾不憗遺，示寂於東原，學徒烝烝，得法衣是憑，惟法言是聽。大教以成，如水之澄，如月之明，如玄石之堅貞，（二十七行）終古其承。

　　大定二十七年（1187）十一月二十七日，小師比丘廣方立石，監寺比丘宗旨，都監寺比丘廣琛同立石。（二十八行）

　　當山第十九代住持傳法嗣祖沙門法仁勸緣。（二十九行）

**碑陰**

興化和尚弟子法名

　　七把店 秦廣皓 尹廣通 毛廣政 □廣化 王廣悟 崔廣滿 尹廣應 杜廣用 伊廣成 孔廣寔 郭廣應 何廣淨 邵廣琛 程廣殊 張廣琳 翟廣用 王廣材 靜廣庵［霍廣順 北顏□ 牛道□ 程廣□］

　　［馬］廣直 馬廣靈 郝廣□ 席廣朗 韓廣［寔］劉廣超 □廣妙 顏廣存 許廣秀 郭廣溫 滿廣泰 □廣頭 安廣寧 葛廣道 龍灣村 詳廣洲 孫廣明 崔廣蒲 劉廣德 陰河店 張廣進 □□□ □廣明

　　王廣本 荊廣鑒 □廣照 張廣明 □廣□ 杜廣圓 李廣智 張廣中 李廣□ □□□ 胡廣□ □□□ 翟廣端 □廣□ □……□ 張廣超 蘵廣德 李廣示［張廣善 傅廣君 孟元空 馮廣嚴］

　　王廣達 李廣燈 王廣遇 馬廣能 王廣成 蘵廣貴 □……□ 李廣□ 張廣□ □□□ 張□□王道全［尹□果 □廣□］

　　馬廣起 范廣政 鍾廣湛 □□□ 韓廣寂 杜廣善 趙廣□……□ 李廣如 路廣智 盧廣智 □廣信 宗廣淨 尹廣端 苗廣文 劉廣平 周廣種 王廣元 傅道恩 王□鑒

　　馬廣行 □廣□ 王廣志 馮□□ □□和 □廣仲 孫廣敬 陳廣等 李廣湛 衛家庄 張廣達 相廣圓 秦廣隆 王廣認 滿廣省 雷廣敏 孫廣讚 孫廣然 雷廣明 □道進

　　牛廣□ 任廣□ □廣仲 任廣善 □廣演 □廣□ □□□ 張廣寧 劉廣靈 程廣道 李廣端 劉廣泰 呂廣叢 郭廣□ 王廣太 張廣達 孟廣行 張廣善 范廣義 王廣因 李道溫 吳智信 孫廣益

　　廉廣賢 張廣明 劉廣義 牛廣尊 夏廣道 □廣秀 馬［廣］遍 趙廣深 張廣

亨 崔廣進 李□□ □礼□ 王廣□ 翟廣温 滿廣方 蔡廣燈 朱廣净 岳廣智 李道成 王越□ 何□□

《泰山志》卷十七 金石記三

靈巖寺才公禪師塔銘 篆額 正書 在靈巖寺

大定二十七年（1187）十一月

右碑篆額題曰"才公禪師塔銘"六字，徑四寸，橫列於上。文二十九行，行存三十五字[①]，正書，徑八分。此碑下截沒土者半，無從得才公之事蹟。才公之名，碑已不見，以山居吟詩刻證之，乃惠才也。詩刻於大定十八年（1178），其時惠才正居方丈，自號方山野人，至是二十七年（1187）乃示寂於興化矣。才公住靈巖，為第十七代，見此碑首行。碑有云："皇統壬戌（1142）恩賚普度"，"壬戌"為皇統二年，稽之熙宗本紀，不書度僧之事。[②]

22. 王珩、路伯達和琛公超然亭頌（1194）[③]

巡按詣靈嵒名刹禮（一行）佛[④]焚香，憩坐于超然亭，覽（二行）堂頭琛公佳製，謾継（三行）嚴[⑤]韻。（四行）山東路提刑王珩（五行）

鍾山英秀草堂靈，林（六行）下相逢話愈清。聞道（七行）謀身宜勇退，得閑何（八行）必待功成。（九行）

明昌五年（1194）十月十五日，十方靈嵒禪寺住持傳法沙門廣琛立石。（十行）濟南梁宗誠同李堅摸刊。（十一行）

---

① 實為五十三字。
② 清水智樹注引《熙宗本紀》，皇統二年（1142）皇太子濟安誕生，熙宗喜甚，多行恩赦。金奉佛尤謹，普度應是紀念濟安的誕生。三月冊立，十二月薨。
③ 原碑在御書閣下方丈院外門洞內壁，分左、右兩部分。國圖拓片編號各地152-1、各地152-2。京都人文拓編號 SOU0441X。顧炎武《求古錄》有錄文，第524—525頁。《山左金石志》卷20有錄文及考證，第14697—14698頁。王昶《金石萃編》卷157有錄文及考證，第2901—2902頁。金榮《泰山志》卷17有錄文及考證，第594—595頁。《泰山石刻》第8卷有照片、錄文及介紹，第2526頁。《長清碑刻》卷中有照片及錄文，第589頁。
④ "佛"平出。
⑤ "嚴"平出。

琛公堂頭和尚有題（一行）超然亭頌，因次其韻。（二行）冀州節使路伯達（三行）

六合空明現此亭，本（四行）来無垢物華清。客来（五行）便與團欒坐，萬偈何（六行）妨信手成。（七行）

明昌五年（1194）二月十五日十方靈嵓禪寺住持傳法沙門廣琛立石。（八行）濟南梁宗誠同李堅摸刊。（九行）

《泰山志》卷十七 金石記三

靈巖寺王珩、路伯達二詩刻 正書 行書[①] 在御書閣

明昌五年（1194）二月

右刻縱一尺三寸，橫寬二尺八寸。詩二首，分刻左右，四周以花紋界隔之。前詩九行，正書；後詩七行，行書。並徑寸許。廣琛立石一行，正書，徑四分。摸刊一行，正書，徑二分。前後並同。案明昌六年（1195），周馳撰《靈巖寺田園記》云：明昌三年（1192）提刑司援他山例，許民採伐，由是長老廣琛訴於部省。五年（1194），琛復走京師，詣登聞院陳詞，蒙奏斷，用阜昌、天德所給文字為準，盡付舊地云云。據此則琛公自明昌三年以迄六年，皆住持靈巖也。當明昌三年（1192）時，許民採伐之提刑，不知何人。假使即此和詩之王珩，則不應縱民採伐，致琛公有奔告跋涉之苦矣。若王珩是別一提刑，亦當為琛公理其直也。二詩一刻於明昌五年（1194）二月十五日，一為十月十五日，不知琛公走京師又在何月。琛公原倡亦無效矣。路伯達，見《中州集》云：仲顯，字伯達，冀州人。正隆五年（1160）進士，明昌初授武安軍節度使，鄉人榮之。據《金史》本傳，伯達，字仲顯，與《中州集》稱"字伯達"者異。今碑刻為自題，不宜署字，是名伯達無疑。本傳稱改鎮安武，《宋朝事實》：冀州慶曆八年（1048），陞安武軍節度，金蓋依其舊名。而《中州集》作"武安"，倒訛之故也。伯達詩為遺山所採。

---

[①] 兩詩同刻，字體基本相同。均為正書。

23. 靈巖寺田園記（1195）

靈巖寺田園記[①]

十方靈巖禪寺田園記（一行）

鄉貢進士周馳撰（二行）

承務郎守祕書丞兼尚書禮部［員］外郎驍[②]騎尉賜緋魚袋趙渢書（三行）

翰林學士朝散大夫知制誥兼同修　國[③]史護軍馮翊郡開國侯食邑一千户食實封壹佰户賜紫金魚袋党懷英［篆額］（四行）

　　濟南靈巖自法之禪師肇建道場，于今幾千載矣。峯巒奇秀，祠宇雄麗，號"天下四絕"之一。比丘恒二百餘眾，雖四方布施者源源［而來］，（五行）然其衣食之用，出於寺之田園者，盖三之二。其地實亡宋［景］德間所賜也。逮天聖初，稍為人侵冒，主寺者不克申理，但刻石以紀［其當］（六行）時所得頃畝界畔而已。其後紹聖間，掌事者稍怠，左右□□，遂伺隙而［取之］。時長老妙空者，雖訟於有司，其地未之能歸也。至廢［齊時］，（七行）始徵天聖石記，悉歸所侵地。然石記字畫已皆駮缺，寺僧□其［歲］久，愈不可考，因請於所司□令、主首、故老，與夫近鄰，共立界至。［迄今］（八行）阜昌碑石存焉。（九行）聖朝[④]天德間，復有指寺之山欄為東嶽火路地者。既而　省部[⑤]委官驗視，考之阜昌碑文，不得遂其詐，因符移府司，府司迺［印署文］（十行）帖給付焉。大定六年（1166），（十一行）朝廷[⑥]推恩，施天下山澤以賜貧民。由是諸山林舊所固護者，［莫敢為］主，樵者薪之，匠者材焉，兀森鬱叢茂之［處］，皆濯濯如也。惟［靈巖山］（十二

---

① 原碑在靈巖寺天王殿東側。篆額，分三行，每行二字。國家圖書館拓片編號各地131，各地4904。京都人文拓編號SOU0445X。［日］常盤大定《中國文化史跡》卷7收錄碑陰拓本，浙江人民美術出版社2017年版，第10頁。《山左金石志》卷20有考證，第14700頁。金榮《泰山志》卷17有碑陽錄文及考證，第595—597頁。王榮玉等主編《靈巖寺》有錄文及介紹，第105—106頁。桂華淳祥《金元代石刻史料集——靈巖寺碑刻》有錄文及考證，第27—31頁。《泰山石刻》第8卷有照片、碑陽錄文及介紹，第2467頁。《長清碑刻》卷中有照片及錄文，第470—472頁。

② "驍"最後一筆"乚"缺省。

③ "國"前平闕一字。

④ "聖朝"平出。

⑤ "省部"前平闕二字。

⑥ "朝廷"平出。

行)林以其有得地之本末,故獨保完。明昌三年(1192),提刑司援他山例,許民採伐,由是長老廣琛訴於　部<sup>①</sup>於　省<sup>②</sup>,才得地之十[一二也]。(十三行)五年(1194),琛復走(十四行)京師<sup>③</sup>,詣　登聞院<sup>④</sup>陳詞,蒙(十五行)奏<sup>⑤</sup>斷,用阜昌、天德所給文字為準,盡付舊地。　省<sup>⑥</sup>符既下,於是□事僧[悟]寶陳於府,再給公帖矣。將復刻石,以為後人之信,[遂丐文](十六行)於歷下周馳,乃為序其終始之實而書之。

或曰:"世人所以不能脫世網而逃死生者,以其貪愛為病也,如來有藥為之[對]治,止於[一捨](十七行)而已。故深於道者,視[驅]命[猶視]外物,況外物乎?見[眾]生飢餓,雖刲割支體,了[無]靳惜。今琛公以土地之故,至取必[於](十八行)朝廷<sup>⑦</sup>而後已,斯無乃□<sup>⑧</sup>於其教歟?"愚應之曰:"不然。夫刲割支體以啖眾生,則可矣。若刲割眾生支體以啖眾生,豈理[也]哉?抑嘗聞[客有](十九行)捐萬□□□以遣累者,蓋初無難色,及有人託守斗粟,則不敢縱鳥雀耗□[一]龕,何則[自]為為他之理異也。且夫寺之常住所以[贍養](二十行)十方□□□也,渠蓋不得已而[為]眾主持□爾,非所私有[也]。如視其湮沒而弗与保護,因而絕大眾日用之資,乃曰'吾能以捨為[心]',[然](二十一行)則所捨者□誰物耶?知是理,則知琛公之□□違佛教矣。"或者釋然,因併書其言,以告来者,使謹守焉。(二十二行)

明昌六年(1195)十月二十有三日記。(二十三行)

首座僧悟倫,書記僧普遷,知藏僧廣藏,知客僧祖清,知閣僧蘊奧,殿主僧宗堅。(二十四行)監寺僧宗徹,副寺僧廣仲,維那僧悟寶,典座僧正演,直歲僧志巧,庫頭僧覺允。(二十五行)

當山住持傳法嗣祖沙門廣琛立石。(二十六行)

---

① "部"前平闕二字。
② "省"前平闕二字。
③ "京師"平出。
④ "登聞院"前平闕二字。
⑤ "奏"平出。
⑥ "省"前平闕二字。
⑦ "朝廷"平出。
⑧ 據下文"違佛教矣",此處可能為"違"。

**碑陰**

濟南府長清縣靈巖寺明昌五年（1194）上奏斷㱠田園記碑陰界至圖本[①]

**上層**

圖畫四至疆域

**下層**

今具本寺（一行）撥賜[②]田園，驗古碑公據，界至自神寶、方山（二行）之巔，東踰［兖］門[③]，過朗公山，東北升［碁子］嶺，（三行）至大仙臺。曲屈而南，超青尖、越界碑，升燕（四行）子山大嶺。而西下沇大澗中流入［下］水河，（五行）北折過石門水磨，至駱駝［項］山東足下小（六行）古道。西北上蜣螂坂，至山堂則循［小］古路，（七行）過石塚，至覆井坡西南、東西澗之東北，至（八行）小澗。又西北至寺莊南東西澗，遂絕大路。（九行）升崖眉之脊，西南過崖觜，踰□□入小溝，（十行）絕侯丘古道。南上土山，過漚麻坑，升老婆（十一行）山之頂。北□歷老鴟谷[④]、石觜、大蟲窟、蠍窟。（十二行）東過牛心孤堆，沇大澗之流，至兩差［澗］東（十三行）上［岸］，北至小水溝，登土崖。而北下至□龍（十四行）虘澗中流，東北入大河，順流過赤崖之□。（十五行）北盡河圈，過野狐窟，至車輞小溝口，東□（十六行）至大道，□軌而北至靳莊南。東西古澗泝（十七行）流而上，東抵豹谷第三嶺，遂陟其脊，迤邐（十八行）東登大山頂，東上黃尖，復至方山之巔。（十九行）已上諸山皆以分水為界。（二十行）

**碑側**

唵嘛呢巴弥吽

《泰山志》卷十七 金石記三

靈巖寺田園記 周馳撰 趙渢正書 党懷英篆額 在寺二門內

明昌六年（1195）十月

右碑連額高六尺五寸，廣二尺八寸。篆額題"靈巖寺田園記"六

---

① 該圖本可與《□建常住地界公據碑》《靈巖寺執照碑》相互佐證，彼此補校。
② "撥賜"平出。
③ 宋代卞育《游靈巖記》有"東天門"。見馬大相《靈巖志》卷3，第32頁。
④ 《□建常住地界公據碑》作"老鴟峪"。

字，徑四寸，分三行。文二十六行，行五十一字，正書，徑六分。案此碑撰文者周馳，書丹者趙渢，篆額者党懷英，皆一時巨手。周馳，見《中州集》云：字仲才，濟南人，大定中住太學，屢以策論魁天下，私試亦頻中監元。貞祐之兵，濟南陷，不肯降，攜二孫赴井死，鄉人葬之宅後之壽樂堂。遼東人吳子英嘗從仲才學，能記其所著《亞父撞玉斗賦》及他文數篇，今得此《田園記》，又於仲才遺文獲其一矣。趙渢，字文儒，東平人。《金史》傳，渢仕至禮部郎中。党懷英已詳前。趙秉文云：渢之正書體兼顏蘇，党懷英小篆，李陽冰以來鮮有及者，時人以渢配之，號曰"党趙"。碑書"驍"字，右旁"堯"字缺筆，應是避諱。

## 24. 十方靈巖寺記（1196）

十方靈巖寺記[①]

十方靈巖寺記（一行）

翰林學士朝散大夫知　制誥[②]兼同修　國[③]史上護軍馮翊郡開國侯食邑一千戶食實封壹伯戶賜紫金魚袋（二行）

党懷英撰并書篆（三行）

　　名山勝境，天地所以儲靈蓄秀，非福力淺薄者所能棲止，必待儻佛異人建大功德，以為眾生無量福田。泰山為諸嶽之宗，［其］（四行）峯巒拱揖，谿麓回抱，神秀之氣尤鐘於西北。而西北之勝，莫勝於方山。昔人相傳以為希有如來於此成道，今靈巖是其處［也］。（五行）

　　後魏正光初，有梵僧曰瀷㝠，杖錫而至，經營基構，始建道場。㝠之至也，蓋有青蛇前導，兩虎負經，四眾驚異，檀施雲集，於是空（六行）崖絕谷化為寶坊。歷隨至宋，土木丹繪之功，日增月葺，莊嚴為天下之冠。

---

① 原石未見。國家圖書館拓片編號各地 1267。京都人文拓編號 SOU447X。篆額，分三行，每行二字。馬大相《靈巖志》卷 3 收正文，第 34—35 頁。《山左金石志》卷 20 有考證，第 14701 頁。王昶《金石萃編》卷 157 有錄文及考證，第 2904—2906 頁。金棨《泰山志》卷 17 有錄文及考證，第 597—599 頁。桂華淳祥《金元代石刻史料集——靈巖寺碑刻》有錄文及考證，第 31—34 頁。《泰山石刻》第 8 卷有照片、錄文及介紹，第 2495 頁。

② "制誥"前平闕一字。

③ "國"前平闕一字。

四方禮謁，委金帛以祈福者，歲無慮千萬人。佛事［益］（七行）興，而居者益眾，分而為院者凡卅有六。趣嚮既異，遂生分別。主僧永義律行孤介，以接物應務為勞，力辭寺事。時開封僧行［詳］（八行）方以圓覺密理講示後學，眾共推舉，可以住持，更命詳寔來代義，仍改甲乙，以居十方之眾。實熙寧庚戌（1070）歲也。越三年癸［丑］（1073），（九行）仰天元公禪師以雲門之宗始來唱道，自是禪學興行，叢林改觀，是為靈巖初祖。爾後，瀘席或虛，則請名德以主之，而不專［一］（十行）宗，暨今琛公禪師廿代矣。其傳則臨際裔也。師至之日，屬山門魔起，規奪寺田，四垣之外，皆為魔境，大眾不安其居。師為道［力］（十一行）猛，卒以道力摧伏羣魔，山門之舊，一旦還復，眾遂安焉。師以書屬懷英，曰："吾寺之名，著於諸方舊矣。繇希有至於芝公，則不［可］（十二行）計其歲月。繇之至於今，幾七百年，中更衰叔，歷朝刊紀，斷泐磨滅，蕩然無餘。而佛祖之因地，建置之本末，與夫禪律之改［革］，［宗］（十三行）派之承傳，後來者鮮或知之。念無以起信心、鎮魔事，雖然佛瀘堅固，與虛空等，而魔者如浮雲，浮雲彈指變滅，而虛空無有［窮］（十四行）盡，何憂乎魔事？惟是著述銘勒，佛事門中，舊所不廢，子無以有為譙我，幸為我一言。"余報之曰："諾已。"乃敘師之所欲言者，書［以］（十五行）遺之。若夫山川光怪，靈蹟示現，山中老宿皆能指其所而詳之，此不復道也。明昌七年（1196）烁九月十有九日記。（十六行）

　　首座僧卽敏，書記僧普實，知藏僧蘊奧，知客僧宗徹，知閣僧廣仲，殿主僧宗堅。（十七行）監寺僧瀘敘，副寺僧普遷，維那僧悟寶，典座僧普守，直歲僧志巧，庫頭僧覺胤。（十八行）

　　明昌七年（1196）十月十四日當山住持傳瀘嗣祖沙門廣琛立石，歷山賈德摸并［刊］。（十九行）


《泰山志》卷十七　金石記三
　　十方靈巖寺碑　篆額　党懷英撰并八分書　在大殿前，陰有劉德淵詩刻
　　明昌七年（1196）九月
　　碑陰：

遊靈巖留題[①]

天下三巖自古傳，靈巖的是梵王天。羣峯環寺連叢柏，雙鶴盤空湧二泉。此日登臨驚絕景，當年經構仰良緣。停雲為憶寥休子，好伴真游方公禪師社白蓮。

丙辰[②]（1256）冬至日，蓬山劉德淵識。

監寺淨善，維那淨悅，典座正寧，直歲善全，住持清安野叟，提點行實，都綱普謹命工刊。

冠氏帥趙侯，濟河帥劉侯率將佐來游，好問與焉。丙申[③]（1236）三月廿五日題。

右碑連額高七尺五寸，廣三尺二寸。篆額題"十方靈巖寺記"六字，徑五寸，分三行。文十九行，行四十八字，八分書，徑一寸。碑陰劉德淵題詩并立石[④]，僧名共十行，行十一字，正書，間雜古篆，徑二寸。後有元好問題名五行，行書，徑二寸。碑文稱琛公之傳為臨際裔，臨際即臨濟。《齊乘》載，濟陽大定六年（1166）避金主允濟諱，改曰清陽。允濟遇殺復舊，此碑刻於明昌七年（1196），宜遵大定制，為衛紹王諱也。碑陰末題名為元好問手書，勁逸不失古法。丙申為蒙古太宗之七年，于時金亡三年矣。趙侯者，案《遺山集·冠氏趙侯先塋碑》稱，冠氏帥趙侯天錫，字受之，今為東平左副元帥兼分治大名府路、同知兵馬都總管事、宣授將軍十戶者，即此題趙侯也。遺山嘗客冠氏，又與趙侯銘其先人，宜其陪此勝遊耳。

25. 靈巖寺賦[⑤]（1213）【附李學詩題記（1537）】

靈巖勝境，冠于天下，言不誣矣。僕雖（一行）武弁，粗習儒業，暮年糟麴靳莊，挈家（二行）□遊，幸莫大焉。不揆荒蕪，勉課律賦（三行）一

---

① 國家圖書館碑陰拓片編號各地 4964。
② 據《清安禪師方公塔銘》可知方公 1255—1260 年住持靈巖，故此處丙辰年為 1256 年。
③ 元好問（1190—1257），故此處丙申年為 1236 年。
④ 石乃前朝所立，劉德淵僅題詩。
⑤ 原碑在濟南靈巖寺藏殿外西側，嵌入地基。馬大相《靈巖志》有正文錄文，第 46 頁。《長清碑刻》卷中有照片，第 629 頁。

道,姑叙其萬分之一。錄呈（四行）堂①頭 和②尚 明③遠,幸希（五行）采矚。（六行）

　　完顏禎悚息上。（七行）

　　靈巖寺賦④（八行）

　　梵刹雖眾,靈巖可推,啓禪林之久矣,萃海會以興之。（九行）地勝三齊,獨占方山之秀；名馳一絕,果為精舍之竒。（十行）原曰佛法自後漢勃興焉,釋門逮前梁愈闡矣。阿育（十一行）起清涼之業,摩騰立白馬之址。蓋如來聖教之光輝,（十二行）俾歷下招提之華侈。料臨安之天竺,豈可相侔；念荊（十三行）州之玉泉,莫能與比。當其一聖出世,二虎負經,本觀（十四行）音之示現,託羅漢之儀[形]。青蛇尋徑兮前導,白兔囁（十五行）草兮敢停。金玉樓臺壯麗,豈勞於人力？人天境界經（十六行）營,多賴於神靈。於是五花殿聳也,梁棟崢嶸；雙鶴泉（十七行）深也,莓苔蒼翠。塵埃半點之俱絕,香火四時之長置,（十八行）幽鳥樂兮翔鳴,靈芝秀兮竒異。雲霞縹緲,鎖萬仞之（十九行）翠岑；檜栢陰森,隱一廛之金地。且夫山萃絕景,亭依（二十行）秀巖,春色偏媚於林麓,歲寒不彫於松杉。僧居明孔（二十一行）之峯,佳名猶[在]；雞警悟真之盜,異跡非凡。但見踰垣（二十二行）入圃而馴鹿食蔬,抱樹攀藤而驚猿偷菓。任朝暮之（二十三行）岑寂,襟風月之足可。雙清軒外,猗猗脩竹之千竿；默（二十四行）照堂前,灼灼竒花之百朵。既而物我不染,利名頓無。（二十五行）水聲清而漱澗石,山色重而撲肌膚。爇薪者迥出於（二十六行）塵境,丹青者可寫於畫圖。錫杖決流以長盈,良能利（二十七行）物；袈裟化鐵而不朽,果善囮愚。异哉！靈雲了悟於桃（二十八行）禪,惠遠能結於蓮社。念古之伎倆雖已遠矣,觀今之（二十九行）家風復可繼也。且鉢衲足以優游,況琴書樂哉清雅。（二十行）鰣生他日了蠻觸之功名,願陪（二十一行）吾師⑤嘯傲方山之下。（二十二行）

---

① "堂頭"平出。

② "和"前平闕一字。

③ "明"前平闕一字。

④ 下註："以靈巖之地無可比也,為（一行）韻限三百六十字,已上成。（二行）"

⑤ "吾師"平出。

靳莊酒正伯祥完顏公，洒（二十三行）皇①朝功臣□蕭王之曾孫也。一日，（二十四行）清訪林下，訪出靈巖賦詠一篇。其格（二十五行）律而高，其辝典而麗，尋幽討勝，原始（二十六行）要終，褒崇（二十七行）聖②迹，不其偉歟？竊觀當山自元魏開（二十八行）鑿，逮今千餘歲矣，雖士大夫長篇短（二十九行）詠，光彩煥目，蓋如（三十行）完③顏公賦詠曲，盡其理者，無之矣。於（三十一行）是命工刊石，庶久其傳，使夫觀者亦（三十二行）知山僧發揚友善之一端也。峕崇慶（三十三行）癸酉（1213）仲春望日云。（三十四行）

當山住持傳法嗣祖沙門永杲立石（三十五行），化緣副寺僧義□（三十六行），書狀□志源書丹（三十七行）。歷山賈順刊。（三十八行）

**題記**

方泉李學詩（一行）覽。時嘉靖丁酉（1537）二月一日也。（二行）

## 元代

1. 元白話聖旨碑（1267、1295）④

**上層**

長生天⑤底氣力裏（一行），大福廕⑥護助裏（二行）：

皇帝聖旨⑦道與管城子的達剌花赤根底，官人每根底，管軍的官人、軍人每根（三行）底，過往使臣每根底，民户每根底：　省諭⑧的（四行）

---

① "皇"平出。
② "聖"平出。
③ "完"平出。
④ 原碑在靈巖寺天王殿東側，下部闕文。碑首刻"傳燈碑記"，其陽面篆額"傳燈"，陰面篆"碑記"。碑首、碑身系後人拼接而成。王榮玉等編《靈巖寺》有錄文及介紹，第106—107頁。《泰山石刻》第8卷有照片、錄文及介紹，第2471—2472頁。《長清碑刻》卷中有照片及錄文，第482—483頁。舩田善之著，宮海峰譯：《蒙元時期硬譯公牘文體的格式化》有研究，《元史論叢》第11輯，天津古籍出版社2009年版。
⑤ "長生天"三字抬頭。
⑥ "大福廕"三字抬頭。
⑦ "皇帝聖旨"三字抬頭。
⑧ "省諭"前平闕三字。

聖旨①（五行），成吉皇帝②的、合汗皇帝的聖旨裏，和尚每、也立可溫每、先生每、打失蠻每，除稅（六行）糧以外，不揀③大小差發休當者，天④根底告者（七行）、俺⑤每根底祝壽作福與者，這般　聖旨⑥有來。如今依着已前的（八行）聖旨⑦體例裏，和尚每、也立可溫每、先生每、打失蠻每，除稅糧已外，不揀大小差（九行）發休當，（十行）釋迦牟尼⑧的道子不別了，　天⑨根底告者、（十一行）俺⑩每根底祝壽作福與者，這般上頭。

東平路泰安州長清縣靈巖禪寺為頭兒（十二行）的寺院裏有的福長老、廣副寺為頭兒和尚每根底，執把的（十三行）聖旨⑪與了也。這的每寺院裏、房屋裏，使臣每休安下者，不揀是誰倚氣力休住（十四行）坐者，寺院裏休斷公事者，官糧休囤放者。不揀甚麼物色休放者，鋪馬⑫、（十五行）祗應⑬休拿者。種田呵，地粮納者，地粮納呵，本處城子裏納者。做買賣呵，（十六行）稅錢與者。這般推稱着，鼠兒年已前的稅糧休要者。除稅糧以外，但属（十七行）本寺家的田地、水土、竹葦、樹木、園林、水碾磨、解典庫、浴堂、店鋪席等應（十八行）有出產，不揀是誰休奪要者。更有醋麴酤，大小差發休得要者。更（十九行）俺⑭每不曾分撥名姓的，（二十行）聖旨⑮沒也道，投下裏推稱者，和尚根底休索要甚麼者。這和尚每，這般（二十一行）

---

① "聖旨"三字抬頭。
② "成吉皇帝"三字抬頭。
③ 碑文作"揀"，下同。
④ "天"前平闕三字。
⑤ "俺"三字抬頭。
⑥ "聖旨"前平闕三字。
⑦ "聖旨"三字抬頭。
⑧ "釋迦牟尼"三字抬頭。
⑨ "天"前平闕三字。
⑩ "俺"三字抬頭。
⑪ "聖旨"三字抬頭。
⑫ 鋪馬：驛馬，即驛站備用之馬匹。
⑬ 祗應：本為招待、接引之意。一般用為驛站供應過往使臣及其他乘驛人員所需酒食等之專稱。見方齡貴《通制條格校注》，中華書局2001年版，第47頁。
⑭ "俺"三字抬頭。
⑮ "聖旨"三字抬頭。

聖旨[①]有也道，没體例的公事休做者。做呵，不怕那甚麼。（二十二行）

寶（二十三行）

聖旨[②] 兔兒年（1267）[③]八月二十八日必赤里[④]田地裏有的時分寫來。（二十四行）

**下層**

長生天[⑤]氣力裏，（三行）大福廕[⑥]護助裏（四行）：

皇帝聖旨[⑦]，管軍的官人每根底，軍人每□……□（五行）赤官人每根底，來往的使臣□……□（六行）宣諭[⑧]的（七行）聖旨[⑨]，（八行）成吉思[⑩]皇帝的、越闕台皇帝的、薛［禪］□……□（九行）也里可温每、先生每，不揀甚□……□（十行）天[⑪]祝壽者麼道，如今依着在先（十一行）聖旨[⑫]體例裏，不揀甚麼差發休着，告（十二行）天[⑬]祝壽者麼道。

泰安州長清縣靈巖禪［寺］□……□（十三行）桂庵長老根底，執把着行的（十四行）聖旨[⑭]與了也。這的每寺院裏、房舍裏，使□……□（十五行）應休拿者，稅糧休與者，寺裏休□……□（十六行）者，不揀阿誰占了的田地，回與□……□（十七行）園林、碾磨、竹葦、山場、解典庫、浴□……□（十八行）甚麼休要者，更這桂庵長老道□……□（十九行）聖旨[⑮]麼道，無體例勾當休做者。做呵，不□……□（二十行）

---

① "聖旨"三字抬頭。
② "聖旨"三字抬頭。
③ 據《福公禪師塔銘》，廣福住持靈巖寺起訖時間為1260—1269年，此處兔兒年當為1267年。
④ 地名，可能是青海省貴德縣。
⑤ "長生天"三字抬頭。
⑥ "大福廕"三字抬頭。
⑦ "皇帝聖旨"三字抬頭。
⑧ "宣諭"三字抬頭。
⑨ "聖旨"三字抬頭。
⑩ "成吉思"三字抬頭。
⑪ "天"三字抬頭。
⑫ "聖旨"三字抬頭。
⑬ "天"三字抬頭。
⑭ "聖旨"三字抬頭。
⑮ "聖旨"三字抬頭。

聖旨俺①的。 寶（二十一行）
羊兒年（1295）②二月十三日哈黑乂磨□……□③（二十二行）

2. 清安禪師方公塔銘（1282）
清安禪師方公塔銘④
泰安州長清縣十方靈巖禪寺第二十五代方公禪師塔銘（一行）
當山住持傳法嗣祖沙門淨肅述（二行）
本寺庵主永達書（三行）
伏聞仕有名者，必誄其功矣，僧有道者，必銘其行矣。功若立而名自著，行若純而道自彰矣。道也者，靈明而廓徹；名也者，任重而致遠。功（四行）名既顯赫於外，道行必主持於內，內外兼備，表裏俱稱，雖不假於文，為必待錄其實矣。（五行）師⑤諱德方，字仲矩，號清安，京兆德順州人也。姓姚氏，世尋丕祚，有自來矣，況乃先宗姚太師之裔孫也。凤秉所負，賦性非常，雖在孩提中，（六行）不煩保母舉之。成童，工習儒業，不喜葷茹，屢告於父母意欲出家，父母未許之。間天兵南牧，數歲干戈，燎原燔蕩，罹鋒刃者，靡所孑遺。師（七行）僅得免難，喪失怙恃，與同憂者適於關東，伶仃東原。偶聞 龍興汴公⑥子京者，飫聞飽叅，儒釋兼備，懇求披剃，既許之薙髮，訓名德方，巾（八行）瓶累年，始終匪懈。二十

---

① "聖旨俺"三字抬頭。
② 據桂庵覺達兩次住持靈巖寺的時間，可知此處爲1295年。
③ 党寶海認爲準確的名字應爲"哈黑叉磨［敦］"，"乂"字應爲"叉"誤寫。此處爲忽必烈等後世皇帝春獵行帳所在，《馬可波羅行紀》中的"火奇牙兒末敦（Cacciar Modun）"，伯希和作 Caccia Modun，位於廣義的柳林大獵區之內。參見党寶海《"戲出禿打"與"哈黑乂磨"》，《清華元史》第1輯，商務印書館2011年版，第124—140頁。
④ 原碑在靈巖寺墓塔林，有"清安禪師之塔"。碑篆額，分四行，每行二字。國家圖書館拓片編號各地2924。京都人文拓編號GEN0021A，GEN0021B，GEN0022X。《山左金石志》卷21有介紹，第14725頁。金榮《泰山志》卷18有考證，第625頁。桂華淳祥《金元代石刻史料集——靈巖寺碑刻》有錄文及考證，第35—40頁。許明《中國佛教金石文獻·塔銘墓誌部六（元卷）》有碑陽錄文，第2269—2271頁。《長清碑刻》卷下有照片及碑陽錄文，第773—775頁。
⑤ "師"字平出。
⑥ "龍興汴公"前一字平闕。

有三受具，遨遊講肆，尋依陶山 仁公①席下，為室中領袖，叩寂五稔，頗得證入。暨聞 萬松②道風遠播，直抵燕薊（九行）報恩蘭若，造萬松之室，已而命掌記室，依止數載。一日，萬松勘詰法眼，指簾因緣，師猛然如桶底脫去，大悟於言下曰："而今而後，更不疑（十行）天下老和尚舌頭也！"萬松深許之，始蒙印可。明年，本京 都行省劉公③備書疏請師開法，住京西奉先清安禪寺，雖遠方小刹，叢林所宜（十一行）者咸修備之。未朞月，信施雲委，賢士大夫一時景向，故號清安。至戊申（1248），（十二行）宣授④保定路軍民都總管相公張公備禮書疏，請師住束鹿真如禪寺，安眾雖不多，往往皆叩糸者，高人勝士日夕糸覲。迨乙卯（1255），（十三行）宣授⑤東平路軍民都總管相公嚴公敬備書疏，命師主十方靈巖禪寺。未周歲，眾容二千指，陞堂演法，請益小糸，殊無懈倦。日就月將，為（十四行）農為圃，經之營之，不日成之，莊產園林，侵占者復歸之，殿閣、丈室、堂廊所廢者復新之。至中統元年（1260）庚申，相公復請師住鵲里崇孝禪寺，（十五行）公子諸官轉加增敬。 師⑥天資聰敏，賦性敦厚，幼而好學，老而彌篤，汎愛親仁，誨人不倦，凡見後進至於學者，喜及眉宇，盡力推轂，唯恐（十六行）其後也。臨眾唯誠，不以賢愚異其意；與人唯敬，不以怨惡介其懷。嗚呼，若非大根大機入聖人之室者，孰能至於是耶？暮年乞謝事，閑居（十七行）於東府鄒中，卓庵一所，號曰清安，卜終焉計。迨至元十有八年（1281）辛巳八月十有五日，示有微疾，至二十日告寂，壽七十有七，臘三十有五⑦，（十八行）嗣法門人十有四員，落髮門人八十餘員，俗中受法者千餘。茶毗之日，送葬者皆官豪勢要，市戶之家，僧俗弗啻萬餘，悉皆仰慕哀慟，火（十九行）後獲其舍利者，不可勝數。此皆難評之理，不測之緣，信不誣矣。門人正安、正廣、正閑、正連等建塔於靈

---

① "仁公"前一字平闕。
② "萬松"前一字平闕。
③ "都行省劉公"前一字平闕。
④ "宣授"平出。
⑤ "宣授"平出。
⑥ "師"前一字平闕。
⑦ 上文提及清安二十有三受具足戒，七十七歲壽終，此處僧臘當為"五十有五"。

巖祖林，震地堅意，祝予為銘，再三（二十行）懇求，事不獲已，為之銘曰：（二十一行）

潦倒清安，法中龍象，祖道為心，神鋒在掌。應物臨機，莫可攀仰，道化東原，速如影響。（二十二行）制行孤高，仁聲益廣，學贍才豐，同袍宗尚。語直心真，言辭偶儻，底理深明，不可誣調。（二十三行）海量圓成，天機宏敞，任哲使能，尊賢敬長。因緣莫測，施為難倣。五坐道場，叢林標牓，（二十四行）四眾堪依，群生倚仗。所到垂慈，恩波浩蕩，厭世歸真，示疾告往。七十餘年，風清月朗，（二十五行）末後成緣，一時稱賞。（二十六行）

至元十有九年（1282）歲次壬午六月十有五日建。（二十七行）

小師官門正安，提點正廣，書記正閑，監寺正連、正靈、正獒、正平等立石。（二十八行）住持傳法嗣祖沙門淨肅勸緣。（二十九行）岱麓高又玄篆額并刊。（三十行）

**碑陰**

清安老師

嗣法［長］老

燕京奉先新禪師　南京因禪師　關西傳禪師　清亭仁禪師　茌山薄禪師　棣州順禪師

嗣法庵主

無□山臥雲庵主　太原津庵主　東原□庵主　東原□庵主　濱州照庵主　靈嵩新庵主　臨淄□庵主　高唐寬［庵］主　東原進庵主　望雲□庵主

［落］髮小［師］

正安　正固　正山　正潤　正然［正］□　正秦　正延　正齊　正遠

正□　正省　正嚴　正勤　正舁［正］□［正］□　正□　正□　正欽

正□　正□　正□　正堅　正友　正獻　正福　正工［正］鄉［正］□

正□　正廣[①]　正果　正蝸　正□　正泉［正］神［正］先［正］靖　正行

正慈　正良　正靈　正忠　正全［正］□　正時　正平　正仁　正道

---

① "正廣"下嗣法弟子思全、思闇、思明、思定、思渙，碑刻有譜系圖線標識。

正言 正琰 正連① 正徹 正泰 正□ 正□ 正□ 正祥 正通 正容 正完 正居 正自 正中 正在[正]懷 正成 正郎 正定 正開 正□ 正□ 正□ 正□ 正□ 正定 正謙 正願[正]□

法姪

□□禪師 趙□福禪師 崇孝賢禪師 靈巖肅禪師

法孫

思難 思素 思學 思義 智賢 智恩 智超 智昭 智進 智會[智]志 智舉 思全 思闍 思明 思定 思渙 思慶

受戒門人

耿齊 劉宣慰夫人趙正賢 劉正柔 □□ 何正直 李正新 劉正和

山門都管顧凈平

清亭石匠解成

《泰山志》卷十八 金石記四

靈巖寺清安禪師塔銘 篆書額 正書 在靈巖

至元十九年（1282）六月

右碑連額高五尺許，廣三尺。額題"清安禪師方公塔銘"八字，篆書，徑四寸五分，分四行。文三十行，行存四十二字②，下截尚闕數字，無全文可讀。碑有云"天兵南牧，數歲干戈"，當是太祖即位稱帝之十餘年間。丁丑（1217）以來數歲，其時方公初出家，至至元辛巳（1281）示疾，清安距出家五十餘年，銘詞云"七十餘年"者，正謂方公世壽也。戊申（1248），師住束鹿真如寺，是年為定宗即位之三年，師年四十餘，然則住靈巖年幾五十矣。末行云"至元十有九年（1282）歲次壬午六月十"，下闕，此是立碑之年月也。

---

① "正連"下嗣法弟子思慶。
② 實為五十二字。

3. 福公禪師塔銘（1282）

福公禪師塔銘[①]

泰安州長清縣十方靈巖禪寺弟二十六代福公禪師塔銘（一行）

當山住持傳法嗣祖沙門浄肅述（二行）

本寺書記正閑書（三行）

竊聞實際理地，本無生滅；世諦門中，示有去來。生滅者，千變而万化；去來者，左右而逢源。雖然去住自由，也（四行）要行藏出處。

師[②]諱廣福，濮陽趙州人也，姓趙氏。幼歲出家，禮本州龍興寺喦公僧録為師，慇事弥年，忽思（五行）他適，名山巨刹，多所糸訪。後聞 復庵[③]老師主鵲里崇孝禪寺，直往造焉，一見言氣相合，機緣相契，令掌內（六行）庫，後更為侍者，雖隆寒溽暑，無日不糸，叩寂十載，方蒙印可。既罷問之，後辭往靈巖，依棲清安，濤汰叢林，閑（七行）習吟詠。已而命監寺事，一諾不辤，連充數次。迨中統元年（1260）庚申，清安老師[④]移居崇孝，眾就請師開法，住持（八行）靈巖，一居丈室，敬嚴臨眾，以公滅私，於是宗風大振，名重叢林。不數載，殿宇堂廊，煥然一新，四方賢哲，悉皆（九行）稱賞，住持十餘年，度徒百餘眾，亹亹[⑤]嘉聲，播於京師。由是被恩受（十行）旨[⑥]，作傳戒大會，十方信施源源[⑦]而來，泉湧食益，殊禎絶瑞，不可殫紀。暨至元有六年（1269），歲在己巳，東府四禪寺（十一行）見命，師[⑧]忻然而徃，奮師子全威，用衲僧巴鼻，積歲頽風，一時頓革。一居十有

---

① 原碑在靈巖寺墓塔林，有"福公禪師之塔"。碑額正書，分三行，每行二字。國家圖書館拓片編號各地3547。京都人文拓編號GEN0023A，GEN0023B。《山左金石志》卷21有介紹，第14725頁。金榮《泰山志》卷18有考證，第625頁。桂華淳祥《金元代石刻史料集——靈巖寺碑刻》有録文及考證，第41—44頁。《長清碑刻》卷下有照片及録文，第777—780頁。
② "師"前一字平闕。
③ "復庵"前平闕一字。
④ "清安老師"前平闕一字。
⑤ 第二個"亹"以重文符代。
⑥ "旨"平出。
⑦ 第二個"源"以重文符代。
⑧ "師"前一字平闕。

五年①,雖同眾而食,隨眾而役,(十二行)殊無懈倦。 師②禪晏之暇,交結官豪,接談勝仕,内不傷神,外不失人,量事而接物,隨機而度人,終日談笑有(十三行)味,舉止非常。據末法之中,眞一代法施之主也。一日謂徒眾曰:"名山大刹不可久居!"於是就東府中,卓庵一(十四行)所,卜終焉計。及至元十有九年(1282)四月十一日,示有微疾,至二十日告[逝],壽五[十]有五,蠟二[十]有八,門人思純(十五行)等建塔於靈嵩祖林,震地堅欲,命予為銘,知不可辭,為之銘曰:(十六行)

天資純志,秉性非常,龍象標格,叢林紀綱。心明万法,氣壓諸方,聖凡莫測,(十七行)佛祖難量。眞俗並顯,理事雙彰,這邊那畔,左右無傷。不居偏正,豈落存亡,(十八行)通身絕朕,遍界難藏。隨緣赴感,□瑞呈祥,滄溟浮木,苦海舟航。兩居大刹,(十九行)千古聲光,五十餘載,弗露鋒鋩。(二十行)

至元十有九年(1282)歲次壬午十月日建。(二十一行)小師思純、思朗、思雲、思海、思忍、思温、思危、思難、思究、思善、思松、思梅、思素、思敏、思景、思資等立石。(二十二行)住持傳法嗣祖沙門净肅勸緣。(二十三行)清亭石匠蕅珉、李琇刊。(二十四行)

**碑陰**

福公長老

落髮小師

思達 思雲 思度 思開 思善 思□ 思□ 思瑋 思安 思聚 思□ 思念
思純 思會 思奉 思温 思濟 思梅　　思詮 思荣 思恩 思幸 思□
思浩 思後 思□ 思□ 思□ 思正 思敏 思定 思敬 思香 思為 思志
思信 思嘉 思益 思忍 思□ 思□ 思□ 思□ 思本 思象 思俊 思□
思朗 思順 思道 思危 思遠 思□ 思□ 思一 思□ 思□ 思止
思迴 思海 思歸 思□ 思慶 思闻 思通 思賫 思净 思悟 思住 思□
思□ 思□ 思用 思究 思松 思彥 思銀 思堅 思月 思□　　思寧
思貴 思顏 思興 思釋 思祖 思棣 思壽

---

① 自至元六年(1269)至廣福圓寂之年(1282),其居四禪寺不足十五年。
② "師"前一字平闕。

思在 思進 思了 思竟 思□

受戒門人

長清縣陰河郡監田思妙同妻楊思貴 李思安

本寺知事

首座□□,［提］點正廣，監寺正泉,［維那］正□，管顧［淨］平，副寺智［舉］、□恩，典座智孝，直歲智瑞，知客智錦等助緣。

《泰山志》卷十八 金石記四

靈巖寺福公禪師塔銘 正書額 正書 在靈巖

至元十九年（1282）十月

右碑連額高五尺許，廣二尺八寸。額題"福公禪師塔銘"六字，正書，徑四寸，分三行。文二十三行，行存三十五字[①]，正書，徑一寸，下截闕數字，無全文可讀。碑有云"壽五十有五，蠟二十"下有闕文。要之，其出家不滿三十年矣。從至元壬午（1282）上追之，則福公生于金正大戊子（1228），而其住靈巖也，在中統庚申（1260），時年三十三，則距出家龍興寺不過數年。然碑又云"幼歲出家"，是與蠟二十餘不合也。[②] "蠟"當作"臘"，豈當時通用耶？文為沙門淨書[③]撰，末題"至元十有九年（1282）歲次壬午十月日"，是其立碑歲月也。

4. 新公禪師塔銘（1285）【附戒臺寺塔銘（1291）】

新公禪師塔銘[④]

泰安州長清縣十方［大］靈巖禪寺第二十九代新公禪師塔銘并序

---

① 實為四十一字。
② 幼歲出家為沙彌，年長受具戒後始稱比丘，由此算起為僧臘。廣福僧臘二十有八。
③ 應為"淨肅"。
④ 原碑在靈巖寺墓塔林，有篆額"新公禪師塔銘"壽塔。碑篆額，分三行，每行二字。國家圖書館拓片編號各地 2908。京都人文拓編號 GEN0026A，GEN0027X，碑陰 MIN0007B。《山左金石志》卷 21 有考證，第 14730 頁。金榮《泰山志》卷 18 有考證，第 633—634 頁。桂華淳祥《金元代石刻史料集——靈巖寺碑刻》有錄文及考證，第 44—51 頁。許明《中國佛教金石文獻·塔銘墓誌部六（元卷）》有錄文，第 2283—2286 頁。《長清碑刻》卷下有照片及錄文，第 769—772 頁。

進士雷復亨撰（一行）

嘉議大夫山東東西道提刑按察使漆水耶律希逸書丹并篆額（二行）

師諱仝新，字仲益，月泉其號也。姓郭氏，父曰雙明居士，代為燕之奉先神寧太平里人。自垂髫時即有向善心，每僧踵門，必出戶迎，肅合掌問訊，親鄰族黨咸嘉異之。幼習儒書，為功日倍，於（三行）世俗紛華之事，恬不經意。年十二，懇願出家，父母不奪其志，送於安山寺，禮堅公山主為師，侍事缾錫，久而愈恭，凡有力役，莫之或後。不數載間，通大經五部，堅嘗謂人曰："是子作略，其法器（四行）乎？"隨受具足戒，時年廿，有糸謁諸方之志，同輩多沮止之，廼成偈曰："氣宇衝霄大丈夫，流言俗慮豈能拘？手提三尺吹毛劒，直取驪龍頷下珠。"此足以見 師[①]之立志不凡，度越群迷之徑也。（五行）後從天黨嵓公大禪師，入室請益，多所發明，以奔母延氏喪，未盡底蘊。續於清安方公大禪師門下，得徹曹洞之宗旨，遂為首嫡嗣法。癸丑（1253）中，海雲大禪師專疏請 師[②]開堂，住持鞍山慧聚（六行）禪寺。乙卯（1255），便宜府[③]劉公再疏申請之。 師[④]修墜舉廢，局面一新，凡檀越之來至者敬迎之，用度之不給者力辦之，其殿廡垣砌傾摧圮毀者，不逾時而俱完美焉。於是大眾翕然，教風闡播。（七行）至元六年（1269），（八行）國師[⑤]拔合思八法旨，馳疏請師遷住十方靈巖大禪寺，答其勤也。師既至，其所以維持山門，不憚艱苦，送迎賓客，鞠躬盡瘁。至於讓功責己，潛德密行，不可槩舉也。如是者亦有年，適以事忤（九行）于當塗權勢，致有同室操戈之撓，實直在此而曲在彼。 師[⑥]略不與較，但援筆成詩，振錫而去。[雖悲]徒黨攀留切至，望望然莫之顧也。其詩曰："流行坎止本由天，屈指靈巖已四年。人事衰時（十行）宜拂袖，風波深處好迴舡。駑駘入廄誇千里，騏驥牽車贈數鞭。收拾巾缾歸去也，一聲長嘯向雲煙。"可不謂之浮雲富貴優游自得乎？正與賦《歸去

---

① "師"前一字平闕。
② "師"前一字平闕。
③ "便宜府"前一字平闕。
④ "師"前一字平闕。
⑤ "國師"平出。
⑥ "師"前一字平闕。

來》者同趣，又果安知其非東林之靖節耶？（十一行）退居京城，結庵養道，由是 師①之名譽益重，與相往來皆一時賢士大夫。 尚書②張公子有待遇之殊厚。 師③因訪藏教於東南，歷覽江淮山川之勝，咸餘来歸，則琅函滿載、錦軸充囊矣。（十二行）師④寓江南時，靈巖山門提點正廣等，持 總統⑤所并本州諸官書疏，徑往建康府禮請 師⑥復住十方靈巖大禪寺，彰其德也。且不遠數千里而迎一方丈主人，世亦罕見矣。非中悅誠服，其（十三行）誰能若是乎？ 師⑦猶未之遽允也，逮還東平而後受疏，再赴住持，歡聲遠近，晨夕焚修，三時鐘皷，入室小条，學者雲臻。 師⑧證道弗迷，誨人無倦，凡親聲欬，皆隨淺深而有得焉。廿二年（1285）春，（十四行）山東憲府監司耶律公⑨，相門世冑也，高 師⑩學德，訪之禪扉，機話相投，就請於濟南觀音寺結夏。 師⑪以遇合難再，抱疾而往。未幾，左丞相⑫薨于 京⑬，公奔喪。去未經旬，師⑭疾弥篤，然猶（十五行）不廢學徒自新之業。侍者正連問旨"正宗"間，師⑮忽命道友觀音山講主，告之曰："余平生深信因果，此心未嘗少替，幸中年於天黨和尚、泊清安老師處得箇修行快路，阿字法門，也不虛負（十六行）為僧之志。今我甫及七旬，老病相逼，去亦樂矣。"時正連在側泣下，師⑯復曉之曰："人之生死，物之起滅，世常理也，何憂何悅？"遂令執筆代書，頌云："咄憨皮囊，兀底相殃，伎倆

---

① "師"前一字平闕。
② "尚書"前一字平闕。
③ "師"前一字平闕。
④ "師"平出。
⑤ "總統"前一字平闕。
⑥ "師"前一字平闕。
⑦ "師"前一字平闕。
⑧ "師"前一字平闕。
⑨ "山東憲府監司耶律公"平出。指耶律希逸，為元世祖忽必烈宰相耶律鑄之子，耶律楚材之孫。
⑩ "師"前一字平闕。
⑪ "師"前一字平闕。
⑫ "左丞相"前一字平闕。
⑬ "京"前一字平闕。
⑭ "師"前一字平闕。
⑮ "師"前一字平闕。
⑯ "師"前一字平闕。

附 录 / 313

不解，思想全忘。来（十七行）本無從，去亦無方，六鑿空空，四達皇皇。且道遮還有窒礙者麼？"良久云："擺手便行無罣导，雲歸天霽兩茫茫。"語竟，右脅而寂，寔至元二十有二年（1285）五月一日也，僧臘四十五，俗壽六十六。停之（十八行）三日，面容如生，人皆讚歎。本府官與治殯事，舉柩之際，香焚擁户，旛旐蔽塵，結駟千蹄，聚觀如堵。荼毗訖，收靈骨於靈巖、鞍山、祖塋三處建塔，遵遺教也，嗣法者三人，落髮者二百餘人，其継（十九行）志述道、衣缽有傳矣。

抑嘗論之：心之虛靈知覺，一而已矣。儒家則有人心、道心之分，釋宗則有即心、非心之說，此非自扞格也，而實相表裏也。人心者，何妄是已，道心者，何誠是已。即心者，真（二十行）實之義存，非心者，微妙之法寓。去乎妄而歸乎誠，由真實而入微妙，其致一也。□而通之特□乎覺者耳，是覺也。五蘊皆空，六根清净，認得本來面目，但見性體圓明，在聖智而不增，處凡愚（二十一行）而不減，住誼煩而不亂，居禪之而不寂。□愚於 月泉老師①得之矣。 師②自童丱知慕慈風，比長，喜為辭章，達觀方外，勃勃乎遊從之心，有不可遏［者］。□遇宗匠，尋詣閫奧，用能無凝滯於襟（二十二行）懷，無充詘於勢利，視物聚散如泡影之過目前。□焉不加欣感於其間，庸非覺者乎？每臨風對月，感事舒興，形于聲畫，非一而足也。惜乎多散失不傳，其徒可得而記錄者，不過近年所作而（二十三行）已，皆信手拈來，無假采擇。其叙事如"遠公蓮老［池］塘暗，陶令菊殘霜露秋"，其駢麗如"風梧響落敲窻葉，霜菊香浮倚檻花"，其豁暢如"溢浦波光涵曉日，爐峯嵐色湧晴空"，其雅澹如"嵐氣濕衣（二十四行）詩骨爽，泉聲漱石耳根清"，其感慨如"秋雨未收風不乏，一聲邊雁耳根來"，其了悟如"凭欄仰羨秋空闊，一片孤雲自在飛"，律調清新，句意老鍊，率皆此類也。染指一二，庶知鼎臠焉。迄因提點（二十五行）正廣等持 師③行實錄，以請銘于復亨，辭意勤懇，牢讓不獲，敬拜為之銘。銘曰：（二十六行）

---

① "月泉老师"前一字平闕。
② "師"前一字平闕。
③ "師"前一字平闕。

天開　大元<sup>①</sup>，　萬國<sup>②</sup>來臣，（二十七行）聖恩涵濡，風俗還淳，慧日祥光，弘際無垠。維新公師，勇被三衣，掉廣長舌，糸向上機。心印如如，衢燭輝輝，究竟本體，（二十八行）浩乎其歸。覺海慈航，浮游徜徉，超清淨界，離聲塵鄉，四諦俱泯，八風不颺。方山峩峩，濟水泱泱，素塔凌空，相與蒼茫。（二十九行）

至元廿二年（1285）[歲]次乙酉十二月二十六日，當山提點正廣、嗣法正連，小師副寺思教等立石。（三十行）清亭石匠呂彬、茌山張或刊。（三十一行）

**碑陰**

鞍山長老

嗣法庵主

真定府珂庵主　靈嵒寺連庵主　溫州溫庵主

落髮小師

思琳 思珪 思惟 思善 思瑩 思道 思鑒 思淵 思開 思奉 思山 思周 思祕 思聰 思椿 思覺 思添 思性 思嚴 思常

思學 思教 思喜 思定 思松 思潭 思月 思情 思義 思樂 思行 思遷 思諒 思曉 思炳 思演 思理 思體 思固 思默

思坦 思昭 思志 思幽 思□ 思相 思瓚 思藏 思廓 思禎 思輝 思信 思忻 思玉 思敬 思珠 思賢 思栱 思吉 思宣 思章

思貴 思旭 思整 思冀 思畿 思慶 思雲 思萬 思良 思榮 思然 思緣 思琮 思泰 思圓 思禹 思香 思朗 思住 思淨 思忠 思鉗

思瑫 思彬 思芝 思蘭 思苓 思永 思遠 思隆 思殷 思珪 思意 思懃 思寂 思啓 思回 思堯 思舜 思文 思訥 思謙 思會

思今 思古 思能 思嵩 思筠 思宗 思潮 思本 思南 思克 思運 思侃 思興 思就 思成 思孝 思可 思端 思晦 思巒

思普 思韶 思禧 思靄 思濟 思洪 思容 思哲 思徹 思翱 思澤 思冊 思懋 思清 思顯 思欸 思□ 思詮 思海 思瑞

---

① "大元"前二字平闕。
② "萬國"前二字平闕。

思經 思律 思論 思壽

惟荣①

受戒門人

李思忠 趙思孝 鄭思會 王思曉

山門知事

監寺正廣 維那正安 典座智舉 直歲思固 管顧净平

《泰山志》卷十八 金石記四

靈巖寺新公禪師塔銘 雷復亨撰 耶律希逸正書并篆額 在靈巖

至元二十二年（1285）十二月

　　右碑連額高六尺，廣三尺。篆額題"新公禪師塔銘"六字，徑三寸五分，分三行。文三十行，行存六十二字②，正書徑五分，尚闕數字，未全見。撰文者進士雷復亨，書丹篆額者嘉議大夫山東東西道提刑按察使漆水耶律希逸。文云"師諱新仝③，字仲益，月泉其號也。姓郭氏，父曰雙明居士，代為燕之奉先神寧太平里人。"其生平事蹟，不獨禪行精深，即詩法鍊句亦多新穎，元之詩僧如公者，亦無幾家。惟"氣宇衝霄大丈夫"句，頗覺粗豪，蓋其時年少氣盛，詩法、王佛法皆初入門，未免以血氣用事者也。耶律希逸，碑稱"相門世胄也"，左丞相薨于京，公奔喪去，師遂示寂，實至元二十二年（1285）五月一日。按《元史·列傳》，希逸為中書令耶律楚材之孫，左丞相耶律鑄之子，故云"相門世胄"。《傳》載鑄卒於至元二十二年（1285），而不言何月，以此碑證之，知在五月以前也。《傳》稱希逸官淮東宣慰使，蓋是最後所居之官，不載山東東西道提刑按察使者，史文從略也。碑末云"至元二十二年（1285）歲次乙酉十二月二十六日"，是立石歲月。

---

① 思經与惟荣之間有連線，應為師徒。
② 實為七十二字。
③ 應為"仝新"。

## 戒臺寺塔銘（1291）

故月泉新公禪師虛塔[①]

大都鞍山慧聚禪寺月泉新公長老塔銘 并序（一行）

大都萬壽退隱林泉老人從倫撰（二行）

大都奉福禪寺南溪野衲居實書（三行）

佛祖之道，歷劫相承，非獨於今煇赫於世。始自西乾四七，波及東震二三，曹溪之後，派而為五，源遠流長浩浩不絕者，臨濟、曹（四行）洞、雲門者焉。今洞山之下，萬松一枝，布列諸方，廕覆天下，舉世咸謂中興祖道，法海之游龍也。松之法孫，月泉新公長老者，（五行）嗣續門風之一傑也。公[②]名同新，字仲益，號月泉，燕都房山神寧太平里雙明居士郭君次子也，母延氏。兒時喜佛，凡見苾蒭，（六行）必奉迎之。既長，讀書過目成誦，其生知夙稟之質，拔萃出類，皆歎賞焉。年方一紀，偶辭親曰：" 欲事於佛而福九族，其能允乎？"（七行）二親設計欲沮其志，莫之可也。遂詣安山，依堅公山主祝髮，年滿受具。每臨眾執役，採汲炊舂，日加弥謹。侍師供眾之餘，涉獵（八行）雜花。不一二載，通五大經，乃師記曰："此子他日可興吾此山矣。"一日辭師奔燕，投諸講肆，研窮奧義，于懸談中，六相十玄，頗獲（九行）佳趣。屢對同袍訴叅訪之意，雜然剝之，憤悱而書偈曰："氣宇衝霄大丈夫，流言俗慮豈能拘？手提三尺吹毛劍，直取驪龍頷（十行）下珠。" 逕謁清安方禪師，一見心竒之。不數日，懇求入室，方乃問曰："欲行千里，一步為初。寂初一步，汝作麼生行？" 公叉[③]手進前，方（十一行）曰："果是腳跟不點地。" 公拂袖便出，自是師資緣會，機語相投，究妙窮玄，略無虛日。聞磁州大明冨禪師，學該內外，名播諸方，即（十二行）徒步往謁，而親依之於杖拂之下，多所發藥而深肯焉，故淘汰寂久。將成九仞，有

---

[①] 原塔在北京戒臺寺院內。塔幢共八面，第一面上方篆額，分三行，每行三字，下方刻蓮花、對開門等。二面1—4行，三面5—11行，四面12—16行，五面17—23行，六面24—28行，七面29—35行。八面刻弟子法名。國家圖書館拓片編號墓誌3919。張雲濤《北京戒臺寺石刻》有考釋，北京燕山出版社2006年版，第126—136頁。許明《中國佛教金石文獻·塔銘墓誌部六（元卷）》有錄文，第2310—2312頁。

[②] "公" 前平闕一字。

[③] 原碑作 "义"。

一簣之礙，不幸而丁母憂，來燕致祭，恨針（十三行）芥緣差，不盡其善。既還故里，復扣清安，亦猶善財參訪南回，重見文殊之結果也。由是以西祖不傳之傳而悉受之。晦跡（十四行）未久，聲名芳馨。癸丑（1253）春，安山耆宿具疏，堅請開堂演法而住持之，時海雲宗師同伸勸請。是日，林泉亦為引座度衣而已，在（十五行）會權豪仕庶翕然增敬。因茲雲山改色，鍾皷新音，內外雍容，遐迩稱善。未三五載，增修產業，開拓山林，破垣頹屋，無非濟楚。乙（十六行）卯（1255）秋，拂袖他之，（十七行）便宜劉公相國①具疏，同眾復邀住持。至元六年（1269），（十八行）大元帝師②拔合斯八法旨，命主濟南十方靈巖禪寺。公既至，晨香夕燈，陞堂說法，備依古式，雲水依棲，猶母德之厚矣。因蠱忌（十九行）勇退，遮留不可，僉謂賢愚安可並居者也。還安山故刹，甘韜晦焉。每忖如來藏教，未暇遍看，可購求之，令眾普閱，亦山門千古（二十行）之奇事尔。遂訴於（二十一行）皇太子府③詹事院張公尚書子有相公，聞之加歎，欣慰叵量，議往江南而追究之。遂賚良馹及元寶數萬貫文，公渡江親幹，一（二十二行）經寒暑而幸獲焉。所據經營起發，涉險歷艱，不弱白馬之西來矣。靈巖提點正廣，慕公之道，特往江南，命公復住。若非學贍德（二十三行）豐，因緣會遇，何啻千里而同風邪？經之來燕，公之應命，不意老病相仍，抱疾日久。時山東東西道提刑按察使耶律九相訪，以（二十四行）祖道邀往濟南觀音院結夏，擬欲咨詢。未幾疾甚，自忖難痊，呼侍僧略說無常生死之要，令代筆書偈曰："呎憨皮囊，兀底相殃，（二十五行）伎倆不解，思想全忘。來無所從，去亦無方，六鑿空空，四達皇皇。且道這箇還有窒礙也無？"良久云："擺手便行無罣礙，雲歸天際（二十六行）兩茫茫。"至元二十二年（1285）五月初一日也。偈畢，儼然而逝。世壽六十有六，僧臘四十有五。殯殮之際，萬指奉迎，綵轝旛花，蔽空塞（二十七行）路，見聞之者，莫不感慨嗟噓。闍維畢，分靈骨建三塔焉，靈巖、安山、祖塋。嗣其法者二，曰珂、曰連，落髮小師成璞等二百餘員。[憶]（二十八行）公平昔性豪邁，質直無偽，倜儻無拘，道眼

---

① "便宜劉公相國"平出。
② "大元帝師"平出。
③ "皇太子府"平出。

明白，機辯冠眾。尤長於韻語，字清句健，體備意圓。及滑稽辯給，笑談有味，傾座側耳（二十九行）而聽，終日而不厭也。實一代英傑之衲子尒。非林泉叔姪之私而臆評也，拾此緒餘而為銘曰：（三十行）

正法眼藏，涅盤妙心，佛佛授手，自古及今。一華五葉，聯芳不絕，獨許萬松，欺霜傲雪。（三十一行）子子孫孫，各闡玄門，月泉澄湛，影浸乾坤。森羅萬象，是渠形狀，應物無私，固多伎倆。（三十二行）主剌安山，大智閑閑，修完祖剎，人莫能攀。抈安藏教，究圓明覺，其間具備，三無漏學。（三十三行）兩住靈巖，不倦指南，飜然歸去，踏碎澄潭。不忘之壽，幾人能有，用勒燕珉，永傳不朽。（三十四行）

大元至元二十八年（1291）歲次辛卯月癸巳日乙未時庚申，住持山主成璞、成璋、思濟等建。（三十五行）

嗣法小師

豐隆山珂禪師　東原連禪師

法弟同事　落髮小師

成璞　成珣　成璉　成琚　成璋　成玠　思學　思教　思溫　思初　思璘　思琳　思用　思月　思濟

法孫

□性　惟淨　惟通　惟識　惟果

5. 靈嵓固監寺塔銘（1287）

固公監寺之塔[①]

靈嵓固監寺塔銘（一行）

□□仕有名者，必讓其功；僧有德者，必銘其行。（二行）功若立而名自著，行若純而德自彰。功名既顯（三行）□皆□之，雖□假□為必□□其□矣。（四行）□□名思固，濟南鵲山人也。姓□氏，自小不喜（五行）葷茹，願樂出家，□礼到靈巖寺（六行）鞍山長老[②]為師。自三十六，因示微

---

① 塔在靈巖寺墓塔林。塔身刻"固公監寺之塔"及記文。國家圖書館拓片編號墓誌3916。京都人文拓編號GEN0028A，GEN0028B。許明《中國佛教金石文獻·塔銘墓誌部六（元卷）》有錄文，第2292頁。

② "鞍山長老"平出。

疾，奄然臥化。（七行）有小師微謹、微潤，立石於祖墳林矣。（八行）

至元二十四年（1287）二月二十七日立。石匠趙禧、夏興刊。（九行）

6. 信公首座塔記（1289）

信公首座之塔①

信公首座塔記（一行）

竊以照徹離微，造化根源，本無一物，千変万化，去住（二行）自由，徃来無礙。雖然如是，建化門頭，湏要録其實矣。（三行）公諱顯信，濮州人也，姓劉氏。自小天資純志，意樂空（四行）門，父母許之。時遇卋変，兵火难乱，至於燕京大昊天寺（五行），礼瑩公講主為師，剃髮披緇。負勤累年，遊履諸方，糸（六行）訪知識，止錫靈巖。歷當知事，輔弼叢林，精勤忘倦，以（七行）公滅私。及其年高臘長，復請入堂，延食率眾。示有微（八行）疾，天厄其限，圓寂於至元二十五年（1288）七月十一日，壽（九行）至八十，俗壽三十有二，僧臘四十有八。有落髮小師（十行）正泉及法孫等，荼毗送葬，收師靈骨。想師重恩厚德（十一行），義不能捨，命工樹塔，葬於祖墳之右。弟恐歲久無聞（十二行），刻石為記云耳。（十三行）

時至元二十六年（1289）九月望日，門人小師監寺正泉（十四行），法孫行迥、行通、行環、行進、行定、行深（十五行）立石。錦州匠人夏興刊。（十六行）

7. 肅公禪師道行之碑（1293）

肅公禪師道行之碑②

---

① 塔在靈巖寺墓塔林。塔製為鐘形塔，塔身刻"信公首座之塔"並記文。國家圖書館拓片編號墓誌3918。許明《中國佛教金石文獻·塔銘墓誌部六（元卷）》有錄文，第2303頁。《長清碑刻》卷下有錄文，第845頁。

② 原碑在靈巖寺墓塔林，有"肅公壽塔"。碑篆額，橫題。國家圖書館拓片編號各地4863。京都人文拓編號GEN0039A，GEN0039B，GEN0040X。《山左金石志》卷22有介紹，第14738頁。金榮《泰山志》卷18有碑陽錄文及考證，第635—636頁。桂華淳祥《金元代石刻史料集——靈巖寺碑刻》有錄文及考證，第55—60頁。《泰山石刻》第8卷有照片、碑陽錄文及介紹，第2388—2389頁。許明《中國佛教金石文獻·塔銘墓誌部六（元卷）》有錄文，第2320—2322頁。《長清碑刻》卷下有照片及碑陽錄文，第797—799頁。另外，少林寺有《宣授河南西路釋教都提領前少林寺住持肅公師□……□》碑，現存該寺碑林，下截闕。

靈巖足庵肅公禪師道行碑（一行）

大都報恩禪寺傳法住持嗣祖林泉老衲從倫撰并書丹篆額（二行）

青州法祖渡江已來，至朔方、居萬壽，立曹洞一宗。與聖安、竹林，晦堂、佛日而鼎峙焉，故三派淵源，於今愈盛。青州之下（三行）四傳而得萬松①，光映叢林，聲傳四海，天下指為祖道中興。復嗣雪庭裕，裕嗣足庵肅。其餘龍象，碩大光明，表表可紀。（四行）觀肅之學業道德，亦四科十哲之一數尔。

公②名淨肅，号足庵，金臺永平張家里孫氏子。祖居滿城之西，以隴雲耕月（五行）而立其家，經四世而生公。其父見異常童，有出塵之格，携歸唐縣，禮香山明公落髮。給侍之餘，令閱梵文，目擊千言，娓（六行）娓成誦。後聞雲峰亨公，走依座右，日復一日，於槌拂之下，發明大事，雖祕傳密授，不滿初心，深自韜晦，遍參名宿，謁三（七行）陽廣、仰山通、報恩資，皆蒙許可。後雪庭掌天下僧權而主萬壽，才學博贍，道德豐盈，退迩雲臻，慨然輻輳，公亦袖香逕（八行）造其室，一見心奇之，鍼芥之緣，不差毫忽，遂以衣法而併付之。詰旦，捲衣去，依趙好乳峰禪伯稟受外典。未及食新，果（九行）造幽微，復參東山微、九峰信，信命嗣續東山之道，公掉臂弗受，遁燕之萬安，寄傲南窗，閉關却掃，杜絕人跡。當是時，嵩（十行）少闕人，就命開法於萬壽之堂。越明年，（十一行）宣授③河南府僧尼都提領，居九祀，革故鼎新，未嘗少息，剏建方丈二十四楹，古未之有也。當修營之際，輦土般石，必先（十二行）其力，上下悚然，莫不服膺，爭先為之。次主靈巖八載，廣閣大廈，橡梠差脫，人不堪其憂，公為之一新。其餘僧舍增新者，（十三行）百有餘間，自來修營締搆，無出其右。會萬壽虛席，命補其處，一到增修廊廡，翕然稱善。此公居三巨刹，立叢林、弘祖道，（十四行）興福之大槩也。偶四大違和，退居香山壽聖故刹，壽及耳順而歸寂焉。闍維後，收靈骨而歸塔矣。小師智錦，不遠千里（十五行）求銘於予，予以叔姪之義，不辝鄙陋而為銘曰：

---

① "萬松"前平闕一字。
② "公"前平闕一字。
③ "宣授"平出。

（十六行）

曹溪洶湧幾多年，洪波浩渺知無邊。餌雲鈎月咸爭先，龍門一跳勝飛仙。三居大刹光先賢，（十七行）行藏取舍通精研。曇華現瑞非無緣，壺天美景恒非遷。包容萬象攄雲牋，雄雄氣象摩青天。（十八行）遍參名宿機盤旋，縱橫妙用鑽弥堅。涅盤心印寔堪傳，足庵承受忘其年。根深蒂固榮恩田，（十九行）枝枝葉葉鬱茂祈聯綿。（二十行）

至元三十年（1293）歲次癸巳重陽日（二十一行），小師監寺智錦等立石，（二十二行）靈巖傳法住持嗣祖桂庵覺達同立。（二十三行）錦川匠人夏中興刊。（二十四行）

**碑陰**

足庵長老

嗣法小師

少林禪寺永達禪師 黃華禪寺信照禪師 寶應禪寺智全禪師 靈巖禪寺普就禪師

落髮小師

智泉 智資 智祥 智誠 智欽 智宣 智周 智正 智進 智添 智果 智興 智雨 智信 智萬

智賢 智燕 智越 智瑞 智達 智简 智妙 智憨 智恩 智固 智會 智堅 智本 智海 智會

智住 智昭 智相 智瓚 智便 智志 智禄 智通 智好 智宜 智仙 智巧 智微 智詮 智昇 智信

智藏 智林 智延 智壽 智進 智然 智浩 智潭 智戒 智經 智行 智仲 智期 智學 智湛

智教 智用 智友 智運 智郎 智喜 智善 智有 智守 智悟 智永 智問 智潤 智榮 智燦

智在 智固 智曉 智楚 智舉 智靖 智琮 智敞 智順 智月 智柔 智潭 智辨 智性 智良

智春 智敬 智林 智舉 智道 智同 智錦 智準 智文 智能 智濟 智如 智惠 智柔 智然

智願 智永 智應 智英 智孝 智秦 智了 智嚴 智遇 智久 智現 智得 智聚 智潮 智良

法孫

子□ 子昌 子願 子成 子就 子定 子妙 子貴 子辯 子用 子喜 子深 子海 子聖 子超

子雲 子文 子存 子蓋 子義 子江 子明 子涌 子端 子山 子存

受戒門人

魯智祥 伊智善 妻杜智柔 楊智貞 李智賢 伊智平 劉智忠 妻杜智圓 李智明 國智才 李智鋻 妻魯智善 待詔李智明 苑智明 夏智柔

山門知事

首座正安 提點正廣 監寺思教 維那正連 典座思念 直歲思宗 管顧淨平 知客思良

《泰山志》卷十八 金石記四

靈巖寺肅公道行碑 篆額 正書 在靈巖

至元三十年（1293）九月

右碑連額高六尺七寸，廣三尺五寸。篆額題"肅公禪師道行之碑"八字，徑一寸五分，橫列於上。文二十三行，行四十五字，正書，徑九分。按肅公住持靈巖者，僅八載，其後住持萬壽，遂歸寂焉。碑云："闍維後，收靈骨而歸塔。"殆是歸骨於靈巖也。釋氏以身後火化為荼毗，闍維即荼毗，蓋以聲近而有異文耳。

8. 廣公提點壽碑（1294）

廣公提點壽碑[①]

---

[①] 原碑在靈巖寺墓塔林，有"廣公提點壽塔"。碑額正書，分三行，每行二字。國家圖書館拓片編號各地4960。京都人文拓編號GEN0042X。《山左金石志》卷22有考證，第14739—14740頁。金榮《泰山志》卷18有碑陽錄文及考證，第637—638頁。桂華淳祥《金元代石刻史料集——靈巖寺碑刻》有錄文及考證，第60—63頁。《泰山石刻》第8卷有照片、碑陽錄文及介紹，第2456頁。許明《中國佛教金石文獻·塔銘墓誌部六（元卷）》有錄文，第2322—2324頁。《長清碑刻》卷下有照片及碑陽錄文，第818—819頁。

普覺禪師廣公提點壽碑（一行）

將仕佐郎棣州儒學教授南宮左思忠撰（二行）

靈巖傳法住持嗣祖沙門桂菴野衲覺達書丹并題額（三行）

夫達理山禪，通方野衲，或院居受業，或錫挂諸方，扶持法道，法道興行，輔弼叢林，叢林茂盛。經祁寒暑雨，忘重苦大勞，護法不避喪（四行）軀，安僧那知有己？將無作有，補短絕長，一僧之寒，猶己之寒；一僧之餒，猶己之餒，赤心似舊，白頭如新。寺僧獲優足之宜，常住享豐（五行）榮之慶，如斯之德，今誰有乎？僕於普覺大禪師見之矣。

師①姓夏氏，名正廣，字濟川，楊州江都縣人也。年七歲（六行），天②兵南下，國破家亡，身無定在，有輔 國③上將軍樞密副使合坦官人，引至江北之清平，乃師先祖之故鄉，聊為住坐。當時是也④，（七行）見師好善心，慕 佛⑤乘，年十四，送入靈巖投為出家，拜住持 清安⑥老人為師，披剃之後，登壇受具，日徃月來，委當院門，一了百（八行）當，其爲人權變如此。會至元四年（1267）八月二十八日，榮受（九行）宣⑦命，保護院門， 總統⑧諸師知師多能，給付副身，俾爲本寺東西兩架都提點，又賜普覺大禪師之號，語云："量材受職，其在茲乎！"師（十行）嘗自警曰："天下三巖，靈巖為最。寺僧雖有，藏教殊無，其如法眾看念何？其如雲侶撿閱何？"至元二十六年（1289），與住持 寶峰⑨長老并眾（十一行）知事商略曰："道離文字者禪，不離文字者教，奈教自禪來，禪從教入，使失者得而迷者悟。"遂領本寺數人前徃杭州南山普寧寺，印（十二行）經一大藏，渡江而北，龕於靈岩，雖 玄奘⑩重來，只是這箇。師又念曰："哀哀父母，生我劬勞，欲報之德，昊天罔極。"隨挈祖父母、父母（十三行）

---

① "師"前一字平闕。
② "天"平出。
③ "國"前平闕兩字。
④ 《泰山志》以為 "時"與 "是"倒，應作 "當是時也"。
⑤ "佛"前平闕兩字。
⑥ "清安"前平闕一字。
⑦ "宣"平出。
⑧ "總統"前平闕一字。
⑨ "寶峰"前平闕一字。
⑩ "玄奘"前平闕二字。

靈骨抵於泰安之長清，既月乃日，植松楸、立墳隴，重新棺椁，再整衣衾，榮葬於縣之南一鄉、靜默峪，春秋祭祀，以時思之。其爲僧，孝（十四行）親之心於兹可見。度落髮小師伯餘人，其高第一人曰思金等，蒙師之恩，報師之德，建壽塔，立壽碑，不遠千里出示始末，求文於余，（十五行）刻諸貞石，傳無窮之名，播無窮之美。余不愧辭荒筆謬，識短才疎，因而爲銘。其銘曰：（十六行）

靈巖名刹古道場，叢林人物皆諸方，出類拔萃誰非常，阿師頭角獨軒昂。（十七行）聖[1]朝平土攸封疆，慕羶隨蟻歸（十八行）吾皇[2]，靈巖薙髮十歲強，清安門下蘭生香。（十九行）天[3]書一札受十行，院門威護增威光，東西兩架僧主張，有條不紊歸權綱。大師普覺心清涼，（二十行）寒灰枯木爲肝腸，取經一藏從蘇杭，眾心閑靜師心忙，祖先靈骨俱攜將，歸来卜葬南一鄉。（二十一行）功成名遂難掩藏，建碑立塔為昭彰，思金求文來我傍，恨無健筆為發揚。願師壽筭等無量，（二十二行）名與方山同久長。

至元三十一年（1294）仲夏重午日，門人庵主思金等立石。（二十三行）當山傳法住持嗣祖沙門桂菴野衲覺達勸緣。（二十四行）錦川族人石匠夏友、夏明刊。（二十五行）

**碑陰**

落髮小師

思聚 思忠 思泉 思闍 思玉 思[明]思寬 思定 思煥 思江 思詮 思□ 思金 思山 思圓 思滿 思清 思明 思兌 思貴

思妙 思忠 思尚 思資 思仁 思歸 思榮 思南 思院 思秦 思忍 思義 思進 思輝 思琛 思濱 思超 思民 思傳 思旺

思炳 思蓋 思童 思登 思山 思全 思微 思賢 思淵 思玄 思總 思來 思津 思貢 思從 思備 思居 思彩 思連 思果

思香 思遠 思潮 思通 思勝 思道 思百 思千 思萬 思敬 思德 思添 思然 思遇 思達 思愍 思勤 思固 思寧 思杭

---

[1] "聖"平出。
[2] "吾皇"平出。
[3] "天"平出。

思妙 思壽 思孝

法孫

惟玄 惟寬 惟恩 惟緣 惟賨 惟興 惟德 惟端 惟俊 惟鉴

本寺知事

監寺智錦 官門智舉 維那思讓 副寺智恩、思念 典座智運 直歲思川、思志 監修惟卞 園典智志 庄主思詮

首座思教 書記思金 知藏正澄 管勾淨平 知客思月 錢帛思知 殿主思珪 外庫思義 侍者智□、德興、惟演 助緣

《泰山志》卷十八 金石記四

靈巖寺提點廣公壽碑 正書并額 在靈巖

至元三十一年（1294）五月

右碑連額高七尺五寸，廣三尺二寸。額題"廣公提點壽碑"六字，正書，徑四寸，分三行。文二十四行，行五十字，正書，徑九分。按碑不詳廣公世壽幾何，據銘序云"年十歲[①]，天兵南下，國破家亡"，乃指甲午年（1234）金亡之事。其時揚州雖屬宋，而為李全所攻，干戈擾攘，廣公是以身無定在也。今碑立於至元三十一年（1294）甲午歲，是可知廣公壽七十矣。序又云"前往杭州南山普寧寺，印經一大藏"，攷之杭州《西湖志》載："普寧寺在雷峯塔下。"《咸淳臨安志》："周廣順元年（951）建……（宋）大中祥符初改今額。"秦少游龍井題名所云：航湖至普寧，遇道人參寥，策杖並湖而行，出雷峯、度南屏，得支徑上風篁嶺，正其處也。今湖堤遺墟尚存，止見石塔、院宇盡毀云云。而總不詳元代之興廢若何，以此碑證之，則元至元末年尚有藏經版可印，其寺之盛可知矣。然普寧印經事亦僅見此碑，可為武林梵剎增一掌故也。碑云"當時是也"，當作"當是時也"，乃書碑時偶倒互耳。

---

[①] 原碑作"年七歲"，故立碑之年廣公為六十七歲，而非七十歲。

## 9. 達公禪師道行之碑（1301）

達公禪師道行之碑[①]

靈巖禪寺弟三十一代桂菴達公禪師道行之碑（一行）

將仕佐郎廣平路永年縣主簿圓通居士南宮左思忠撰 本寺僧正閑書（二行）

有道山僧，無塵野衲，家風冷淡，活計清貧，紙襖麻衣，芒鞋竹杖，坐則寒灰枯木，行則野鶴孤雲。洒落心田，寬洪眼界，腳跟點地，鼻孔遼天，把住放行，只由自己，收來（三行）縱去，不倩他人。心似桂臺之鏡，明皎皎然；性如走盤之珠，活碌碌地。超今越古，視死如生，傲富貴若浮雲，輕功名如草芥，先覺覺後，自利利他，如斯識量，今誰有乎？（四行）僕於桂菴和尚[②]見之矣。 師[③]諱覺達，字彥通，桂庵其自號也。生為汴梁尉氏縣七里店李氏子，幼而穎悟，長而端嚴，口不茹羶葷，心不思榮貴，每聞誦佛[④]書，輒（五行）諦聽而喜形於色，父母相謂曰："此子終非在家子，為出家兒則可也。"遂許為 佛[⑤]子，年甫十二三，礼龍門山寶應寺 崧巖和尚[⑥]為師，披剃之後，登壇受具，無童行（六行）氣，有老成心，遂於本師告香入室。其師授以本色鉗鎚，似有入路，其聰明有如是乎？ 師[⑦]嘗勸謂曰："男子生古，不遠走高飛、天涯海角条師訪道，終是自家伎倆，不（七行）外尋覓，如管中窺豹，時見一班[⑧]耳。"遂辭 師[⑨]，雲遊講肆，聞南京 溫公[⑩]講主明唯識海義，遂師聽學，一通百了，遂得法師之名，非為妄說。師嘗自警

---

① 原碑在靈巖寺墓塔林。碑篆額，分四行，每行二字。國家圖書館拓片編號各地4952。京都人文拓編號GEN0059A，GEN0060X，碑陰GEN0026B。《山左金石志》卷22有介紹，第14746頁。金榮《泰山志》卷18有碑陽錄文及考證，第641—646頁。桂華淳祥《金元代石刻史料集——靈巖寺碑刻》有碑陽錄文及考證，第64—67頁。《泰山石刻》第8卷有照片、碑陽錄文及介紹，第2438—2439頁。許明《中國佛教金石文獻·塔銘墓誌部六（元卷）》有碑陽錄文，第2348—2350頁。《長清碑刻》卷中有照片及錄文，第814—816頁。

② "桂菴和尚"前平闕一字。
③ "師"前平闕一字。
④ "佛"前一字平闕。
⑤ "佛"前一字平闕。
⑥ "崧巖和尚"前平闕一字。
⑦ "師"前平闕一字。
⑧ 今多作"斑"。
⑨ "師"前平闕一字。
⑩ "溫公"前平闕一字。

曰："道離文字者（八行）禅，不離文字者教，今既學道，可不離文字而入道乎?"羅籠不住，呼喚不廻，遂為復糸。聞　琚山和尚①，名傳天下，聲動人間，始為糸扣。未幾，聞邢州資戒大會，復還洛（九行）陽，問本　師②崧巖曰："赴會之餘，其行藏云何，其依止云何？"崧巖③曰："削髮在洞下之前，成名於曹山之後，他宗異派，不可外尋。"又聞燕京遂後有資戒大會，復庵④（十行）和尚住持萬壽，為曹洞宗師，舍是而他糸，猶之秦而適齊矣，其依止不可勝用也。遂造燕京之萬壽，復庵⑤一見待若故人，遂授以衣鉢掌之。三五年間，求一言半（十一行）句之教。　復庵⑥退離萬壽，隨至齊河之西庵，因緣未至，時節未來，復還燕京糸　林泉⑦大和尚。心清目冷，室奧門深，屏退紅塵，消殘白日，百鍛千煉，刮垢磨光，囊鋒（十二行）露影。林泉⑧付以衣頌，始為罷糸。會至元二十二年（1285），有奉聖州桫谷山龍巖禪寺書疏，礼請出㕥開堂，師於是日開大口談禅，拈寶香祝（十三行）壽⑨，雖　復庵⑩、林泉只是這箇。尔後整頓叢林，寺僧得優足之宜，常住享豐榮之慶，住持四載，師自念曰："急流終勇⑪退，打鬧處抽身，方是衲僧。"遂為退院，復還燕京，（十四行）林泉⑫請住藥師小刹，乃衣鉢所也。粥魚有序，齋皷依時，寒谷生春，爐灰發焰，慨然一曲，唱起還鄉，其省親之心，於茲可見。布衣芒鞋，腰包頂笠，杖挑明月，袖挽清風，（十五行）徑造汴梁之尉氏。乘行之際，憶於齊河之西庵，靈巖諸師聞師到此，請看轉藏經。其留連如此，日來月往，寶峯退院，靈巖虛席，遽疏禮請。師辤讓再三，諸師稽首曰：（十六行）"粥飯因緣，行藏時節，不可逃趆。"師知不獲免，灰心住

---

① "琚山和尚"前平闕一字。
② "師"前平闕一字。
③ "崧巖"前平闕一字。
④ "復庵"前平闕一字。
⑤ "復庵"前平闕一字。
⑥ "復庵"前平闕一字。
⑦ "林泉"前平闕一字。
⑧ "林泉"前平闕一字。
⑨ "壽"一字抬頭。
⑩ "復庵"前平闕一字。
⑪ 原碑似"踴"，"足"殘缺。
⑫ "林泉"平出。

持，慇懃六載，常住事產，無者有之，舊者新之，破者完之，地土窄隘者寬闊之，蘭林斫伐者告（十七行）綸①言護持之。師遂退院，渡河而南至於法王，暫為小隱。有洛京龍潭小刹，古道場也。聞師在此，請為永遠剃度住持。當是時，有香山普門禪寺虛席，乃大悲證果之處，（十八行）大小知事雲集，法侶遽疏禮請，復為住持，與前代住持　海公②禪師，從舊至新，勤無二跡，先聖後聖，其揆則一，其此之謂歟。霊巌舊住落髮小師留有數人，其一人（十九行）曰思巌等，想師道業，念師功行，若不刻銘立石，使後古百千年以来，十數輩之後，幾於無聞，乃持狀出示始末，託興公侍者不遠千里求文于余。況桂菴與思忠有（二十行）死生之契，義不可辞，攄其實以次序之，因而為銘。其銘曰：（二十一行）

桂庵我許為和尚，枯木寒灰無兩樣，脚跟鼻孔高下分，點地遼天不虛誑。半生過教與糸禅，頭角軒昂一龍象，勞神焦似扣禅開，（二十二行）始得禅門了宗匠。林泉泉下立功名，三派宗風獨自唱，開堂出古椵谷山，往往群邪俱掃蕩。歸來都下住藥師，不起狂波與風浪，（二十三行）道人活計一鉢囊，明月長擔在肩上。幡然退為省親行，尉氏汴梁為去向，何期霊巌請住持，三載閱窮經一藏。天涯海角衲僧家，（二十四行）又住香山得名望，大悲要分正手眼，一喝瞎為根本相。楊③名後古是思巌，千里求文遠相訪，師徒烜赫兩生光，耀古騰今長萬丈。（二十五行）

大德五年（1301）三月旦日，小師思捨、思遵、思訓等立石。（二十六行）住持霊巌禅寺月菴長老福海勸縁，錦川匠人夏中呉刊并篆。（二十七行）

**碑陰**

**嗣法門人**

應州寶宮德興禪師　□□丹霞智安禪師　□□□□□禪師　□□□□□□□嵩山法王德慧禪師

**門人小師**

思初　思存　思堅　思高　思德　思因　思□　思□　思信　思文　思□　思□　思□　思

---

① "綸"一字抬頭。
② "海公"前平闕一字。
③ 今多作"揚"。

□思□思用 思□ 思益 思淳 思□

思荣 思茂 思□ 思□ 思□ 思□ 思□ 思□ 思□ 思□ 思□ 思□ 思□ 思禅 思□ 思□ 思饒 思□ 思□

思□ 思□ 思□ 思□ 思□ 思□ 思祐 思□ 思喜 思宣 思知 思圓 思斌 思清 思□ 思高 思行 思彦 思良 思□

思仞 思望 思来 思□ 思□ 思□ 思能 思常 思□ 思潤 思□ 思端 思孝 思敬 思溢 思□ 思□ 思儀 思固 思遷

思□ 思機 思□ 思□ 思□ 思□ 思□ 思□ 思□ 思誠 思同 思整 思悦 思□ 思□ 思□ 思□ 思改 思元 思□

思□ 思助 思□ 思□ 思□ 思□ 思證 思□ 思□ 思□ 思□ 思以 思貴 思省 思幾 思□思□ 思泉 思首 思志

思妙 思淳 思□ 思□ 思因 思信 思□ 思□ 思□ 思□ 思宜 思□ 思印 思□ 思□ 思□思□ 思可 思淵 思庭

思燈 思靜 思□ 思悟 思泉 思源 思□ 思聖 思臻 思遠 思完 思琛 思禄 思空 思遠 思□ 思著 思泰 思妙 思等

思選 思洪 思□ 思奇 思奉 思養 思□ 思□ 思契 思靖 思倚 思節 思晏 思審 思儒 思□ 思音 思除 思靈 思麟

思矩 思相 思□ 思禧 思哲 思□ 思□ 思□ 思□ 思道 思緼 思問

法孫[①]

惟勤 惟廣 惟朗 惟通 惟山 惟清 惟湛 惟□ 惟顯 惟和 惟淵 惟金 惟銀 惟壽 惟□ 惟因 惟良

受戒門人

夏思中 吕思元 馬思湖 齊思義 林思善 戴思富 吴思貴 王思意 李思慶 汪思願 何思妙 李思桂 李思常 楊思福 □思才 田思智 刑思□ 劉思賢 王思端 韓思信 王思德

李思成 温思來 周思敬 □思遇 顧思榮 王思真 翟思敬 劉思燈 尚思英 王思賢 寶思誠 □思□ 張思信 張思禧

---

① "法孫"前刻"周資"二字。

本寺知事

首座福就，藏主正澄，維那智運，錢帛思班，知客思成，殿主思院，庫頭思義，管勾淨平。提點思教、智舉，監寺智錦，官門思讓、副寺思經、智正、思常，典座思整 直歲思来、思道助緣。

《泰山志》卷十八 金石記四

靈巖寺達公道行碑 篆額 左思忠撰 正書 在靈巖

大德五年（1301）三月

右碑連額高七尺二寸，廣三尺二寸。篆額題"達公禪師道行之碑"八字，徑四寸，分四行。文二十七行，行六十三字，正書，徑八分。碑稱達公於至元二十二年（1285）住柩谷山龍巖寺者，四年退住藥師小剎，還鄉省親，憩于齊河西庵。雖不詳年載，大約又數年之事，然後請到靈巖，先看藏經者三載，住持者六載，計其時蓋大德初年矣。碑刻於大德五年（1301），是移住香山後，寺中諸徒思巖等，不忘師之道行而刻此碑。其時達公固無恙也。

10. 靈巖平公管勾勤跡之銘（1306）

靈巖平公管勾勤跡之銘① 本寺書記思圓書（一行）

當山前住持嗣祖沙門桂菴野衲覺達撰（二行）

夫深山裏、钁頭邊經營產業，開拓山門，輔弼叢林，護惜常住，運（三行）先覺覺後之心，行自利利他之行者，其孰能究歟？唯管勾名躰（四行）相稱耳。 公②諱淨平，濟南鄒平縣九湖里馬氏之子，長年十有（五行）九歲，不甘處俗，聞（六行）止菴老人③，道價崢嶸，名振山東，徑造靈巖丈

---

① 原碑在靈巖寺般舟殿西側。國家圖書館拓片編號各地4862。《山左金石志》卷22有介紹，第14750頁。金榮《泰山志》卷18有錄文及考證，第646—647頁。王榮玉等主編《靈巖寺》有錄文，第101頁。桂華淳祥《金元代石刻史料集——靈巖寺碑刻》有錄文及考證，第67—69頁。許明《中國佛教金石文獻·塔銘墓誌部六（元卷）》有錄文，第2368—2369頁。《長清碑刻》卷中有照片及錄文，第671頁。

② "公"前平闕一字。

③ "止菴老人"平出。

室，始為落髮。習經（七行）業之後，受具戒已來，公心貞性古，言無粧飾，所禀天性也。自此（八行）閑暇之際，發上品忠心，施功向前。三門之左，鑿石開路，使車馬（九行）直徹院庭，人皆肅然。更栽接梨柿諸雜果樹伍伯餘株，遶寺諸（十行）處，及梨峪栽竹，壘石墻遮護看守，忠心為最，時有（十一行）鞍山月泉[①]作詩上壽贊云："管勾多年苦用心，栽培松竹出雲青。（十二行）老僧無可為添壽，只指松筠作壽齡。"知人之鑒，良可為證，不可（十三行）掩人之德，以示来者，使後進發見賢思齊之志，不為無益，不負（十四行）平公開山路、壘石牆、栽接之初心焉。余錄公之實跡，信筆而書，（十五行）使後世播無窮之苦行耶。仍惠之以銘，其銘曰：（十六行）

靈巖勤跡厚，施功獨占先，心貞兼志壯，（十七行）德性自天然。何時甞出寺，甚日下平川，（十八行）鑿石開大路，車馬徹庭前。接成梨柿樹，（十九行）栽竹更心堅，梨柿并竹子，年年貨賣錢。（二十行）高仭石墻起，可羡老平禪，行滿功成處，（二十一行）廣種福無邊。止菴門下子，昆仲少齊肩，（二十二行）苦行千年播，佳名萬古傳。（二十三行）

大德十年（1306）三月二十七日，山門監寺思川立石。（二十四行）當山傳法住持嗣祖沙門古岩野衲福就[②]勸緣。清亭方茂興刊。（二十五行）

《泰山志》卷十八　金石記四
靈巖寺平公管勾勤跡記　僧覺達撰　思圓正書　在般舟殿大門內
大德十年（1306）三月

右碑高二尺四寸，廣二尺六寸。文二十五行，行二十四字，正書，徑八分。此碑撰、書人皆出釋氏，銘序俚鄙，而書則嚴整，有顏法。文記寺僧淨平管勾寺事，功行之勤，故題曰"勤跡之銘"。管勾者，僧職也，猶道觀之提點。

---

① "鞍山月泉"乎出。
② 原碑誤，應為"普就"，古岩為其號。另據墓塔林《就公禪師道行之碑》，可知此時住持為古岩普就（1302—1309）。

11. 海公禪師道行之碑（1313）

海公禪師道行之碑①

十方大靈巖禪寺第三十二代普耀月菴海公禪師道行碑并序（一行）

觀物道人懌齋孫榮掌撰（二行）

大靈巖禪寺傳法住持嗣祖桂菴覺達書丹并篆額（三行）

集賢大學士陳榮祿鄰於京城萬壽寺，予由是亦徃來其間。方靈峯禪師退夾山席，棄冗于此。予每見讀洪覺範《林間錄》，其書間引用儒之經史子集，文體彬蔚瀏亮，良鮮儔匹。而靈峯（四行）求虛無，扣寂寞，責有窮音，抑又一覺範出？惜乎不爲陋學所知，及典法萬壽，由《東川銘》予始受知靈峯。皇慶癸丑（1313）夏四月甲子詰旦，靈峯偕比丘數輩，攜普耀法嗣思然至大二年（1309）四月（五行）十二日行實於愚，爲普耀請銘，愚遽曰："《〈東川銘〉序》不通句讀，碌碌之消，幸息于包羞，其可再？"靈峯曰："伯陽父不云乎，'下士聞道大笑之，不笑不足以為道'，果復有韓柳、二蔡、王官麻革輩（六行）出，則當趨走下風，鏡中塵烏能爲明害？"辭不獲已，勉閱理其狀。

師號普耀，諱福海，自稱月庵，翼城楊氏季子，生而異光照室，稚而性好浮圖，里閈寺曰香雲，每戲徃，則累日忘歸，處如己（七行）室，父母二兄忖其志不可奪，至丙午（1246）僅五稔，乃爲童行於香雲。講主成公誦讀不再，略無遺忘。歲戊午（1258），披剃受具戒，罄獲成公平昔之業，有龍象稱，乃納履而西，入安西伯達禪師室，參（八行）究無懈。久之，伯達訝其聰敏，以趙州柏樹子檢量，師機鋒勁捷，辭理明晢，蒙記莂云："他日祖道，必賴此子弘楊②。"常自度云"雖達毗盧界，宜修普賢行"。聞寶應嵩巖禪師與復庵重足一跡，（九行）器量沈雅，禪風大振，存誠敬謁，遂入嵩巖

---

① 原碑在靈巖寺墓塔林，有"海公禪師壽塔"。碑篆額，分四行，每行二字。國家圖書館拓片編號各地 2912。京都人文拓編號 GEN0083X，GEN0084X，碑陰 GEN0153B。《山左金石志》卷 22 有介紹，第 14756 頁。金榮《泰山志》卷 18 有碑陽錄文，第 651—654 頁。桂華淳祥《金元代石刻史料集——靈巖寺碑刻》有錄文及考證，第 69—73 頁。《泰山石刻》第 8 卷有照片、碑陽錄文及介紹，第 2431—2432 頁。許明《中國佛教金石文獻·塔銘墓誌部六（元卷）》有碑陽錄文，第 2414—2416 頁。《長清碑刻》卷中有照片及碑陽錄文，第 728—729、734 頁。

② 應為"揚"。

室。參訪之暇，思留翰墨，重九有"賴有黃花封嶽頂，又添紅葉壯嵩陽"之句。嵩巖聞之云："海維那異日當爲嵩山法主。"至元丙子（1276），聞復庵受大都（十行）萬壽寺疏，遂北上入復庵室。以師雖不若楊歧會，從遊久，見其穎悟特達，即以衣頌付之。及復庵退席，居齊河，以書召之，俾應嵩山法王請，果符嵩巖之兆。至元庚辰（1280）春，開演於法王座，（十一行）綱頹載振、紐絕復維、叢席規矩之餘，臺門、堂殿，一切所須簷宇，無不具者，尚冀瞻盼壯麗，乃鑿西堂墹垣、後崖廣基，以起海會，延十方雲侶，金碧燦爛，奐然一新，實嵩陽之勝跡也。至元（十二行）丙戌（1286）夏，龍門寶應、汝陽香山二疏交至，師去龍門、就香山者，欽（十三行）綸命①也。師自指門登座，至大德丁酉（1297），凡一十二臘，其創者，四圍石、寺基、正門、丈室、二湧②路、水擊来粢之具，厥三所焉。寺處山顛，唯雨水是賴，師以己資傤運給用，十二臘始終如一。殿宇（十四行）僧室弊者補、闕者增，功與法王等，傳誦不息，度苾蒭千餘指。大德戊戌（1298），領疏移席於靈巖禪寺，師至則曰："危哉，巖乎！名非妄得。"遽命邍③師墼鑿廣平，隆殿堂於久替，新丈室三十餘楹，諸（十五行）棟宇無一不備。大德壬寅（1302），以己資飯僧萬起，退席。念率爾受疏，掛錫南陽丹霞山，古跡成燼，府北叢竹，廣袤三頃，常住也。比丘眾野處其中，師傾囊鳩功作塹，深廣成尋，以禦諸畜，創鐘（十六行）魚、竈釜於瓦礫之餘，手足胼胝，不辭勞苦，竹利遂歸日用，諺曰："師之身，餒虎欲得而食之，師亦捨之矣。"大德癸卯（1303），香山比丘眾退思久積，勤舊畢至，泣哭以請，丹霞烏能仇儷哉？師亦弗（十七行）果拒，返錫香山。未及朞，大德甲辰（1304），大都萬壽禪寺具疏懇請，冬十月庚寅登座，當是供費，事見東川碑。大德乙巳（1305），欽蒙（十八行）勑賜④元寶萬五千緡，王公⑤通施亦二萬緡，以之作傤櫃納質，贏羨計焉，東廡等三十餘楹創為西廡，偶駔儈列肆之增，繁文則近俚。至大己酉（1309）春正月戊戌，以疾示寂，荼毗靈骨，自萬（十九

---

① "綸命"平出。
② 今多作"甬"。
③ 古同"原"。
④ "勑賜"平出。
⑤ "王公"前平闕一字。

行）壽始，餘分於靈巖、香山、法王、丹霞者，皆壽塔焉，嗣法者二十餘比丘，度出時輩者三百，壽六十有八，為僧五十一臘。其於無上正等正覺之道，確乎其不可拔，於文殊、普賢、觀音門中，略（二十行）聲色而偏動用，觀始終之際，則可知已。《書》不云乎，"知人則哲，惟帝其難。"而欲刾淺深於滄海，窮涯際於太虛，況視聽之所不曁四空之所，庬昧不生不滅者哉！以是知摩竭提寂滅道場，（二十一行）毗邪離不二法門，形乎彼岸矣。夫彼岸者，名言不可得，隨迎不可見，師豈不得其蘊乎，是其可銘也已。詞曰：（二十二行）

乾乾梵師，乃眷中土，緊西四七，寔為東祖。道本於一，離而乃五，派分世異，昭諜著譜。青州崛起，用彰曹洞，巍乎萬松，當代紀統。爰及乎月，（二十三行）纂復衣頌，大覺冥契，詎乖妙用。五啓玄關，返錫者一，修普賢行，厥功克即。六通洞徹，樞機固必，語極有無，默究愈悉。唯此靈區，敢侔名宇，（二十四行）桁梧上疊，榱桷下頫。高薨嶪嶪，周原膴膴，氣聳泰顛，勢超梁父。憑軒廣陸，極目沃流，離朱至精，莫測迥脩。去彼祇樹，來此少留，其徒僉曰，（二十五行）師寔罕儔，刊銘貞石，永揚厥休。（二十六行）

大元皇慶二年（1313）歲次癸丑八月旦日，小師思軋[①]等同立石。（二十七行）大靈巖禪寺傳法住持嗣祖沙門桂菴覺達勸緣。（二十八行）清亭蘇克珉等刊。（二十九行）

**碑陰**

嗣法門人

丹霞紹懋禪師 天寧思微禪師 法王普省禪師 香山思言禪師 大乘德禪師 熊耳思才禪師 華嚴惟壽禪師 龍泉思然禪師 靰明寶潤禪師 鞍山智藏禪師 南陽德用庵主 平陽顯密庵主 膠西清林庵主 汝州思謙庵主 白茅定聰庵主 輝州定讓庵主 平陽行裕庵主 輔城明金庵主 德州惟興庵主 古燕圓淨居士

**落髮門人**

思軋 思坎 思艮 思震 思巽 思离 思坤 思兊 思金 思木 思水 思火 思土 思

---

① 碑陰記作"思軋"。軋，同"乾"。按此碑落髮門人的起名規則，碑陰"軋"字正。

廣 思文 思戒 思環 思得 思子 思丑

思寅 思卯 思辰 思巳 思午 思未 思申 思酉 思戌 思亥 思甲 思乙 思丙 思丁 思戊 思己 思庚 思辛 思壬 思癸

思角 思亢 思氐 思房 思心 思尾 思箕 思斗 思牛 思蝠 思虛 思危 思室 思壁 思奎 思婁 思胃 思昴 思畢 思觜

思參 思井 思鬼 思柳 思星 思張 思翼 思軫 思壽 思恕 思翰 思脩 思鹿 思甘 思林 思點 思露 思龍 思虎 思鳳

思鵬 思陰 思陽 思風 思雨 思雲 思雷 思電 思霧 思霜 思雪 思月 思虹 思霞 思地 思昇 思光 思蟾 思靄 思霄

思彩 思米 思麪 思麦 思粟 思粳 思稻 思豆 思車 思一 思犢 思仙 思贇

法［孫］

［惟］山 惟良 惟玉 惟壽 惟聰 惟琛 惟勤 惟楊 惟河 惟源 惟聰 惟澄 惟誘 惟通 惟明 惟慶 惟璉

［受］戒門人

劉思瓊 姚思飯

山門知事

首座思教，書記思圓，知藏智正，教讀思亨，錢帛思海，殿主思子，外庫思柳，知客惟香，監修子奇，侍者□□，直歲思酉。提點智舉，提點思宗，監寺思讓，官門思角，維那智運，副寺思班，副寺思宣，典座□□，直歲思□，直［歲］□□，直歲子□助緣。

《泰山志》卷十八 金石記四

靈岩寺海公道行碑 篆額 正書 在靈巖

皇慶二年（1313）八月

右碑連額高八尺，廣三尺二寸。篆額題"海公禪師道行之碑"八字，徑三寸五分，分四行。文二十八行，行七十字，正書，徑一寸。書丹篆額者覺達，筆力頗質勁。

## 12. 靈巖山門五莊之記（1313）

靈巖山門五莊之記①

自元貞年間於塔寶峪口選吉地，剏建（一行）新莊一所，曰北莊也。建佛②殿三間，内（二行）[塑]自在觀音一堂。全伽[藍]堂一所，内塑（三行）關王。全西[瓦]房三間，穿井一眼，遶莊開（四行）荒地數頃有餘，盡在寺家山場界至内。（五行）遂作一偈出示諸人，偈曰："置罷南莊置（六行）北莊，春秋普請好開荒。休辜壯志琛公（七行）老，祖父田園要主張。"獨鶴泉宜開舊地，（八行）曰中莊也。水屋頭開地栽桑，曰東莊也。（九行）覆井坡可蓋新房，曰南莊也。中塢店西（十行）曰西莊也。已上這五莊，只在靈巖產業（十一行）界至内起建，永遠贍濟常住，供給眾僧，（十二行）不爲無益，以示來者，他日百千年後，使（十三行）諸人共知山門外有五莊在。（十四行）

大元皇慶二年（1313）歲次癸丑季冬望日。（十五行）當山傳法住持嗣祖桂菴野衲覺達③記。（十六行）

首座思教，書記思圓，知藏智正，教讀思亨，錢帛思海，（十七行）提點智犖，提點思宗，監寺思讓，前監寺思川，官門思角，（十八行）維那智運，副寺思班，典座子謙，直歲思粟，殿主思子，（十九行）副寺思宣，直歲惟鑒，直歲思酉，直歲子嚴，殿主洪望，（二十行）外庫思柳，知客惟香，東莊主思癸，南莊主惟堅，西莊主惟山，（二十一行）北莊主子吉，中莊主子益，園頭思圖，侍者德慧。（二十二行）山門眾知事同立石。（二十三行）錦川夏中興門人王庭玉刊。（二十四行）

《泰山志》卷十八　金石記四

---

① 原碑在靈巖寺般舟殿西側。碑篆額，橫題。國家圖書館拓片編號各地149。《山左金石志》卷22有介紹，第14757頁。金榮《泰山志》卷18有錄文及考證，第654—655頁。王榮玉等主編《靈巖寺》有錄文，第102頁。桂華淳祥《金元代石刻史料集——靈巖寺碑刻》有錄文及考證，第73—74頁。《泰山石刻》第8卷有照片、錄文及介紹，第2538頁。《長清碑刻》卷中有照片及錄文，第670頁。

② "佛"前平闕一字。

③ 方框印章，框内刻"覺達"印。

靈岩寺山門五莊記 篆額 正書 在御書閣

皇慶二年（1313）十二月

右碑連額高二尺四寸，廣三尺二寸。篆額題"靈巖山門五莊之記"八字，徑二寸五分，橫列于上。文二十四行，行十五字，正書，徑一寸。按寺產久為民占，自大德十一年（1307）提點舉公詣京陳告，悉還本寺。至是相距六年，遂得次第剏建五莊，開荒贍眾矣。碑為桂庵野衲記。"野衲"之下，"記"字之上，刻篆文"覺達"二字名印，又書碑之一例也，不見他碑。

13. 就公禪師道行之碑（1314）【附少林寺碑銘（1318）及請疏（1313）】
就公禪師道行之碑[①]

靈巖禪寺第三十三代古巖就公禪師道行之碑（一行）

靈巖禪寺傳法住持嗣祖沙門桂菴野老覺達撰書丹并篆額（二行）

西乾四七，東［震二］三，莫不名高天下，蓋爲根深蒂固，源遠流長，心心相印，祖祖相傳。故曹洞淵源於今愈盛，青州[②]之下，四傳而得（三行）萬松，建立叢林，光揚 祖道[③]，聲傳四海，天下指為 祖道[④]中興。復嗣［雪庭］裕，裕嗣足菴肅，肅嗣古巖就。觀就之學業道德，［面目］嚴冷，脚跟點地，（四行）鼻孔遼天，諸方敬仰，豈虛言哉。古巖禪師名實相符矣。公諱普就，古巖其晚年自号也，真定在城劉氏子。幼亡其父母，不（五行）食茹葷。長年十有五歲，厭俗境，好慕空門，俓徃封龍山禪房寺，禮讚公山主為師，落髮親炙，博通經業，令登壇受具。聞順德淨土成（六行）禪師，道行超邁，誨人不倦，即徃依棲。次謁林棠寶積雲峯禪伯，躰妙窮玄，南詢之

---

① 原碑在靈巖寺墓塔林，有"就公禪師壽塔"。碑篆額，分四行，每行二字。國家圖書館編號各地2920，各地8639。京都人文拓編號分別為GEN0090A，GEN0181B，GEN0091X。《山左金石志》卷23有介紹，第14758頁。金榮《泰山志》卷18有碑陽錄文及考證，第655—657頁。桂華淳祥《金元代石刻史料集——靈巖寺碑刻》有碑陽錄文及考證，第74—78頁。《泰山石刻》第8卷有照片、碑陽錄文及介紹，第2401頁。許明《中國佛教金石文獻·塔銘墓誌部六（元卷）》有碑陽錄文及塔額，第2427—2429頁。《長清碑刻》卷中有照片及碑陽錄文，第757—759頁。
② "青州"前平闕一字。
③ "祖道"前平闕一字。
④ "祖道"前平闕一字。

興，日益加矣。又聞鵲里崇孝清安老人，將空劫已，(七行)前一□① 大事因緣，為汝日復一日，槌拂之下，發明此事，雖祕傳密授，不滿初心，深自韜光，遍叅名宿。謁靈巖足庵肅，朝□問道，如救(八行)頭然，依棲八載。迨至元十三年(1276)，赴順德、大都兩處登壇受具，蒙(九行)賜② 度牒。及至元十八年(1281)，當是時，萬壽虛席，命足庵住持，公亦不憚驅馳。結絕不了的公案，幸遇本分鉗錘，百鍛千煉，故於金鎖玄關，(十行)無窒礙矣。遂以衣頌而付之，曰："質樸真純有古風，將來足可振吾宗。若逢才器湏傳受，歷代相承繼後蹤。"復還寶積閑居。及至元三(十一行)十年(1293)，詣於靈巖，充座元位。大德六年(1302)，月菴海公退堂，即時本寺具疏請開堂住持。大德丁未(1307)，榮受(十二行)皇太子令旨③，又受(十三行)聖旨④(十四行)護持山門產業，前後一新，蒙總統所賜"妙嚴弘法大禪師"之号。日徃月來，匡持七載，大刹不可久居，退隱靈棲庵守道而已。又受封(十五行)龍山禪房之命，住持二載。皇慶元年(1312)仲冬，復還靈棲菴。此時 祖庭⑤少林闕人，本寺知事持疏，不遠千里而來，謹請接續住持，當可(十六行)續 佛⑥慧命，接物利生，平生足矣。靈巖受業小師數十餘輩，其一人曰子貞等，想師道業，念師□行，若不刻銘立石，使後世百千(十七行)年以來，十數輩之後，幾於無聞。乃持師行狀，出示始末，求文于余。余不愧辭荒筆謬，摭其實而為銘曰：(十八行)

　　達磨面壁，自離西天，全提正令，密付單傳。青州之下，四傳萬松，中興祖道，大振宗風。(十九行)雪庭親孫，足菴嫡嗣，質樸真純，常行二利。大哉古巖，面目嚴冷，接物利生，提綱振領。(二十行)靈巖影裏，幸受(二十一行)皇宣⑦，功成名遂，絕後光先。靈棲蝸舍，不可潛身，禪房莫住，覷少林春。三花樹下，(二十二行)五乳峯前，末後一着，心月孤圓。門資

---

① 喻謙《新續高僧傳》作"叩"。
② "賜"平出。
③ "皇"一字抬頭。
④ "聖"一字抬頭。
⑤ "祖庭"前平闕一字。
⑥ "佛"前平闕二字。
⑦ "皇"一字抬頭。

眾等，不辭勞苦，樹此豐碑，名傳萬古。（二十三行）

大元延祐元年（1314）歲次甲寅九月望日。（二十四行）小師子彬、子謙等同立石。（二十五行）當山傳法住持嗣祖沙門桂菴野老覺達勸緣。（二十六行）清亭蘇克珉等刊。（二十七行）

**碑陰**

嗣法門人

鎮陽華嚴義讓庵主 嵩山少林義珂禪師 晉寧霍州法容禪師 晉寧益縣明心庵主 輝州白茅惠春庵主[①]

嗣法門人

鎮陽華嚴義讓禪師 嵩山少林義珂禪師 晉寧霍州法容禪師 晉寧益縣明心庵主 輝州白茅惠春庵主[②]

落髮小師

子成 子彥 子信 子道 子惠 子荣 子忠 子亨 子貞 子初 子文 子行 子中 子彬 子永 子豐 子勝 子侃 子茂 子継

子臻 子傑 子樞 子淵 子宴 子異 子冲 子由 子□ 子實 子弼 子節 子復 子淳 子哲 子殷 子雅 子林 子妙 子吉

子賀 子恒 子勤 子廉 子信 子銀 子金 子敏 子果 子士 子溫 子清 子景 子規 子修 子松 子筠 子歸 子直 子賜

子幽 子住 子威 子崇 子通 子應 子量 子遂 子習 子貴 子穆 子荷 子仁 子因 子房 子莊 子寧 子朴

子登 子興 子積 子謙 子□ 子□ 子相 子仲 子齊 子機 子紀 子湏 子泉 子敏 子回 子□ 子□ 子□ 子仙

子禄 子燈 子朗 子燕 子京 子嘉 子玉 子竒 子富 子演 子授 子蓋 子彥 子溫 子益 子悅 子原 子純 子性 子威

子雄 子恭 子改 子肇 子聰 子博 子遠 子緣 子清 子厚 子民 子廉 子坦 子益 子嚴 子珪 子山 子先 子由 子千

子延 子宣 子然 子永 子遠 子在 子闇 子何 子忠 子敬 子復 子懷 子柔 子

---

① 以上嗣法門人以小字刻於碑陰左上方，與下述內容基本相同。有塗划痕迹。
② 第二排嗣法門人居中，大字，正書。

願 子善 子工 子浩 子慈 子固 子訓

　子遍 子本 子偉 子共 子真 子奈 子祐 子禄 子固 子琨 子瓊 子道 子誠 子歸 子妙 子圓 子覺 子性 子洪 子普

　子言 子時 子万 子規 子矩 子龍 子琛 子遵 子敦 子期 子齊 子將 子張 子開 子齋 子賓 子來 子材 子秦 子寬

　子至 子治 子元 子顯 子復 子住 子易 子長 子融 子童 子定 子簡

法孫

義實 義行 義能 義得 義軟 義福

受戒門人

李子甫 姚子存 白子福 鄭子昊 鄭子慶 鄭子壽 竇子慶 潘子昌 周子善 鄭子安 侯子安 張子昊 李子玉 蘇子由 張子禄 荊子賢 薛子濟

山門知事

首座思教，書記□□，知藏□……□思亨，錢帛思常，殿主思子，外庫思海，知客惟香，侍者德慧，直歲思□，直歲子吉。提點智舉，提□……□思讓，維那智運，副寺思班，□寺思宣，副寺思角，副寺思粟，典座子恒，直歲□□，直歲義文助緣。

《泰山志》卷十八　金石記四

靈岩寺就公禪師道行碑　篆額　正書　在靈巖

延祐元年（1314）九月

　右碑連額高六尺許，廣三尺二寸。篆額題"就公禪師道行之碑"八字，徑三寸，分四行。文二十七行，行四十六字[①]，正書，徑九分。按此碑紀古巖就公道行，立碑之年，就公現住少林，不為銘塔作也。碑不言就公世壽幾何，計其歷年，當亦六七旬矣。其在靈巖先依足庵肅公八載，後開堂住持者七載，自別靈巖，隱靈棲、住禪房，復還靈棲，繼住少林，相距七載。小師子彬等思其道行，為立此碑。

---

① 實為五十字。《泰山志》錄文碑陽下截缺失。

**少林寺碑銘（1318）及請疏（1313）**

古巖就公禪師道行之碑[①]

少林禪寺第十代妙嚴弘法大禪師古巖就公和尚道行碑銘并序（一行）

宣授佛心寶印大禪師住持萬壽領曹洞宗靈峰拙衲恩慧撰并書丹（二行）

集賢大學士榮祿大夫陳顥篆額（三行）

至理忘言，名相莫能狀其體；靈源絕待，識情無以測其端。包容法界，含裹虛空，蕩蕩巍巍，無得而思議者，其至真之妙理與？（四行）大覺慈尊[②]昔於靈山，而以斯道付囑摩訶迦葉，謂之正法眼藏。由是祖祖相傳，燈燈相續。至于達摩西來，九年面壁，始遇神光。迨至曹谿之後，析為二（五行）宗，青原四傳至洞山，山七傳至芙蓉楷，楷六傳至萬松，其門庭孤峻，回互當頭，深邃幽遠，人罕能造，自非妙智高明，何以臻其要哉？舍我（六行）古巖老師[③]，其孰能洞達於是乎？

有大禪師，法諱普就，自號古巖，天姿質樸，稟賦真純，面目嚴冷，器宇魁雄，生濬陽劉氏之族。夙喪父母，不甘處俗，素厭（七行）茹葷，懷出塵志。其年十五，徑往封龍山禪房寺出家，禮讚公山主為師，薙髮受具，博習經業。至元二年（1265），師十有九，遊履諸方，歷關陝、經汾晉、涉邢洺。宿（八行）聞淨土成禪師名，即往依之，不契。又謁林棠寶積雲峰禪伯，決擇咨詢，禪學日益。未幾，又往東原鵠里崇孝寺訪清安老人，依棲五載，雖蒙付授，不以（九行）得少為足，痛自韜晦，徧參名德。後詣靈巖謁足庵肅公。公，雪庭嫡嗣，萬松親孫，師於席下究道窮玄，孜孜忘倦，足庵以充座元。至元丙子（1276），順德、大都兩（十行）處受具，又蒙　恩賜[④]度牒。至元辛巳（1281），足庵自靈巖移住萬壽，復往依棲。足庵以本分鉗錘，重加鍛鍊，礙膺之物，爆然頓落，已見洞明，於是機鋒穎脫，了（十一行）無凝滯矣。足庵遂付衣法。既蒙印可，復歸寶積閒居。逮至元癸巳（1293），桂菴住靈巖，以師為座元。大德六年（1302），月菴海公退堂，

---

① 原碑在少林寺墓塔林。額篆書，共五行，每行二字。京都人文拓編號 GEN0116X。許明《中國佛教金石文獻‧塔銘墓誌部六（元卷）》有碑陽錄文，第 2463—2465 頁。
② "大覺慈尊"平出。
③ "古巖老師"平出。
④ "恩賜"前平闕一字。

本寺具疏請師開法住持。大德（十二行）丁未歲（1307）欽受（十三行）聖旨[①]、　皇太子恩旨[②]護持山門，　總統[③]所又錫"妙嚴弘法大禪師"[④]號。其間[⑤]焚修香火，提唱宗乘，替更而隆，弊補而完，自謂僧無三宿戀，（十四行）況七年之久，曳杖退去，隱靈棲庵。俄封龍應覺堅請住持，師勉受之。倏經二載，復歸靈棲。至皇慶二年（1313）仲夏，祖庭少林知事不遠千里，齎疏禮請。師至（十五行）祖庭，奉行百丈清規，整頓叢林懿範，接待方來衲子，諄諄不倦。積歲弊風，翕然魯變，玄綱大振，道化日新，闔寺懽忻，諸方景仰。祖師庵創繪二十八祖，（十六行）大殿前樹碑二通，寺之內外創蓋及飜虎房室八十餘間，古少林置莊一所，寺峪開田二頃。師於兩處住持，玄功昭著，至行彰聞，眾常二千指。師之出（十七行）處，大略如此。師性簡重，少緣飾，博識強記，學問精通，進退有節，舉止淡如，有古人之風焉。嗣法者有數人，度小師百餘人，世壽七十有七，僧臘五十有（十八行）八。小師子貞等，以師春秋高邁，道行彌隆，造壽塔，樹豐碑，欲報師慈訓之恩也。一日遠趨萬壽，丐余之文以傳後世，余媿為文，素無所長，再三固讓，懇（十九行）請愈堅，不揆荒斐，直書師平昔之大槩，謹為之銘。銘曰：（二十行）

至理忘言，靈源絕待，含裹虛空，包容法界。在昔靈山，顯此上乘，首傳迦葉，始續心燈。四七已來，法流東土，（二十一行）六代相承，至曹谿祖。青原四世，而有洞山，猇章繼出，盛荊湖間。曹洞門庭，家風綿密，玉線金針，唯師委悉。（二十二行）芙蓉一枝，應讖朔方，青州南來，孕蕊騰芳。傳至萬松，聲喧天下，雪庭承之，日增高價。雪庭嫡嗣，偉矣足庵，（二十三行）紹足庵者，大哉古巖。古巖老師，面目嚴冷，叢林指南，祖庭綱領。融通五位，透徹十玄，三坐道場，兩受（二十四行）恩宣[⑥]。所住名藍，四方雲靄，景行彌高，道風光大。少林末後，果滿因圓，樹碑造塔，萬

---

① "聖旨"平出。
② "皇太子恩旨"前平闕四字。
③ "總統"前平闕二字。
④ "妙嚴弘法大禪師"前平闕二字。
⑤ 原碑"開＞間"。
⑥ "恩宣"平出。

古流傳。（二十五行）

延祐戊午（1318）季夏吉日，小師子榮、子松、子英、子緣等立石。（二十六行）

提點智泉、智資，監寺智蓋、子安，維那思鳳，典座子耀，副寺子敬、子深、子珅，直歲子思、行翰、子祐，殿主子玉。（二十七行）首座善遇，書記子清，藏主智聚，教讀明心，知客子義，錢帛子才，外庫祖嵓，侍者義珂。（二十八行）

宣授大名路都僧錄正宗弘法大師惠慶，山東路泰安州長清縣北黃山石匠張克讓、李克堅、蔴八、小張大刊。（二十九行）

**碑陰**

嗣法門人

洛京龍潭珂禪師 泰安靈嵓容禪師 洛京天慶讓禪師 晉寧心庵主 白茅春庵主

落髮小師

子滿 子成 子信 子道 子彥 子定 子惠 子榮 子中 子亨 子利 子貞 子初 子文 子行 子忠 子彬 子永 子昌 子豐 子昇 子勝 子心 子侃 子茂 子継 子臻 子傑 子樞 子晏

子由 子夏 子恭 子敬 子異 子冲 子智 子實 子輔 子弼 子節 子復 子純 子哲 子雅 子林 子妙 子吉 子賀 子負 子恒 子勤 子信 子銀 子金 子民 子果 子士 子者 子紹

子溫 子清 子淨 子景 子規 子康 子修 子松 子筠 子梅 子嘉 子歸 子淵 子阜 子直 子賜 子幽 子著 子巍 子崇 子應 子量 子遂 子習 子桂 子則 子穆 子荷 子質 子仁

子因 子房 子莊 子懷 子寧 子朴 子登 子興 子積 子謙 子鳴 子觀 子尚 子英 子相 子存 子重 子濟 子機 子紀 子滇 子從 子全 子敏 子增 子顏 子回 子童 子殷 子仙

子祿 子燈 子朗 子燕 子京 子佳 子玉 子奇 子富 子演 子受 子蓋 子彥 子溫 子益 子悅 子圓 子淳 子奉 子性 子威 子雄 子功 子改 子肇 子塼 子遠 子緣 子牧 子清

子厚 子廉 子坦 子嚴 子珪 子思 子常 子珊 子保 子順 子千 子緣 子宣 子然 子隨 子永 子遠 子在 子容 子何 子闇 子忠 子平 子敬 子復 子懷 子柔 子善 子願 子訓

子輔 子工 子益 子慈 子固 子通 子本 子偉 子浩 子整 子齊 子共 子貴 子淨 子原 子真 子來 子寬 子俱 子竒 子定

法孫

覺幸 覺寔 覺能

受戒門人

李子甫 張子興 李子玉 蘓子由 張子祿 白子福 鄭子慶 鄭子昊 鄭子壽 竇子賀 姚子存 潘子昌 周子善 鄭子安 侯子歡

請疏①

上

大都三禪會（一行）：

勸請（二行）古巖就公②大禪師住持河南府（三行）嵩山祖庭③大少林禪寺，為（四行）國④焚修，祝延（五行）皇⑤帝聖壽萬歲者。（六行）

世尊⑥拈花，妙心傳於迦葉；達磨面壁，宗（七行）旨付於神光。六葉敷榮，千花嫵媚，枝分（八行）派列，代不乏人。伏惟（九行）古巖就公⑦大禪師，雪庭⑧親孫，足庵首（十行）嗣，建心慕遠，清節不群，扣寂寞以窮音，（十一行）求虛無而責有。論禪道，神欽鬼伏；具戒（十二行）德，玉潔冰清。既　榮祿⑨以吹噓，求（十三行）仁師⑩之肯諾，念叢林之

---

① 原碑存少林寺碑林。額正書，橫題。京都人文拓編號 GEN0113X。
② "古岩就公" 平出。
③ "嵩山祖庭" 平出。
④ "國" 平出。
⑤ "皇" 三字抬頭。
⑥ "世尊" 平出。
⑦ "古岩就公" 平出。
⑧ "雪庭" 前平闕一字。
⑨ "榮祿" 前平闕一字。
⑩ "仁師" 平出。

凋弊，須作者之（十四行）扶持。五乳峰前，重新（十五行）祖①令，單傳堂下，再振宗風，用荷法心，展（十六行）為人手。穩乘　象駕②，莫辭千里之勞；（十七行）高踞　猊摩③，仰④祝（十八行）萬⑤年之壽。謹疏。（十九行）

  皇慶二年（1313）月 日 疏（二十行）

  大萬壽寺住持靈峰思慧 ◇（二十一行）

  大聖安寺住持雲溪信喜 ◇（二十二行）

  大慶壽寺嗣祖西雲 ◇（二十三行）

  集賢大學士榮禄大夫陳顥 ◇（二十四行）

中

  河南府路總管府（一行）：

  勸請（二行）古巖就公⑥長老住持嵩山（三行）祖庭⑦大少林禪寺，為（四行）國⑧焚修，祝延（五行）皇⑨帝聖壽無疆者。（六行）

  嵩山少林禪苑，達磨師祖道場，（七行）分五派之淵源，命十成之宗匠。我（八行）古巖就公長老，即其人也。胷懷（九行）灑落，肯代規樞，人事諧和，叢林（十行）標表，累選人於派下，竟揀月於（十一行）天心。涇清渭濁必區分，珉表粹（十二行）中須賞鑒。伏望單傳堂下，續西（十三行）來不盡之心燈；立雪庭前，祝（十四行）北⑩闕無疆之聖壽。謹疏。（十五行）

  皇慶二年（1313）月 日 疏（十六行）

  承務郎河南府路總管府推官 李（十七行）

  府 判 闕（十八行）

---

① "祖"平出。
② "象駕"前平闕兩字。
③ "猊摩"前平闕一字。
④ "仰"前空一字。
⑤ "萬"一字抬頭。
⑥ "古岩就公"平出。
⑦ "祖庭"平出。
⑧ "國"平出。
⑨ "皇"三字抬頭。
⑩ "北"一字抬頭。

奉議大夫同知河南府路總管府事 耶律◇（十九行）

通議大夫河南府路總管兼本路諸軍奧魯總管管內勸農事 郭◇（二十行）

太中大夫河南府路總管府達魯花赤兼本路諸軍奧魯管內勸農事◇◇（二十一行）

下

登封縣（一行）：

勸請（二行）就公①長老住持少林禪寺，為（三行）國②焚修，祝延（四行）聖③壽無疆者。（五行）

伏旦（六行）帝④王天下，得賢聖而國界安寧；法（七行）播寰中，藉大僧而（八行）佛⑤門昌盛。恭⑥惟（九行）就公⑦長老，形同槁木，性比秋蟾，（十行）得足庵一勺之甘，接方来之英彦，（十一行）續少室千燈之焰，燭長夜之昏衢。（十二行）旣飄香於天塹之南，宜駐錫於（十三行）大江之北，慭後輩學人竚望，嗟（十四行）祖庭猊座久虛，請拈象藏名香，（十五行）仰祝（十六行）大⑧元聖壽。謹疏。（十七行）

皇慶二年（1313）月 日 疏（十八行）

縣　尉　闕（十九行）

將仕郎河南府路登封縣主簿 趙◇（二十行）

忠翊校尉登封縣尹兼管本縣諸軍奧魯勸農事 周◇（二十一行）

保義副尉登封縣達魯花赤兼管本縣諸軍奧魯勸農事 脫歡◇（二十二行）

延祐五年（1318）六月吉日，監寺子安立石。泰安州長清黃山石匠張克讓、李克堅、蘇八、小張大刊。（二十三行）

---

① "就公"平出。
② "國"平出。
③ "聖"三字抬頭。
④ "帝"一字抬頭。
⑤ "佛"平出。
⑥ "恭"前空兩字。
⑦ "就公"平出。
⑧ "大"一字抬頭。

14. 舉公提點壽塔（1314）及塔銘（1336）

唵麼抳鉢訥銘二合吽

舉公提點壽塔①

諸路釋教都總統所照得：泰安州靈巖禪寺監寺（一行）僧智舉，勝心廣運，院務繁興，容眾尊賢，上和下睦，（二行）具斯美德，宜贈佳名，可曰"圓明廣照大師"。（三行）南陽香山住持桂菴野衲，爲靈巖舉公監寺（四行）荷負叢林、領略常住，積有年矣。乃　足庵②門（五行）資，既稱智舉，可字彦高，遂作俚語，以爲贈之。（六行）

頭角崢嶸接九臯，襟懷灑落絕纖毫，扶持大刹寧（七行）辭倦，輔翼叢林不憚勞。心固厚，志堅牢，（八行）足庵③門下最英豪，而今戰退姦邪輩，不負（九行）靈巖舉彦高④。（十行）

大元延祐元年（1314）季秋望日，小師子津等同立石。（十一行）

**塔陰**

**上層**

山偈奉示（一行）

彦高監寺以代別後（二行），起居之問（三行），灑落襟懷，甚快哉。提（四行）綱振領上燕臺，公心（五行）一片無私徇，佇聽（六行）春雷震地來。（七行）

靈巖住持桂菴書。（八行）

至大四年（1311）仲冬日寄。（九行）

**下層**

落髮小師

----

① 靈巖寺墓塔林現存"舉公提點壽塔"。塔身刻桂菴所作"俚語"及"山偈"等。國家圖書館拓片編號各地3821。京都人文拓號GEN0079A，GEN0079B。塔額正書，分三行，每行二字。《山左金石志》卷23有介紹，第14758頁。金榮《泰山志》卷18有壽塔錄文，第658頁。桂華淳祥《金元代石刻史料集——靈巖寺碑刻》有壽塔錄文，第79—81頁。《泰山石刻》第8卷有照片、塔陽錄文及介紹，第2405頁。許明《中國佛教金石文獻·塔銘墓誌部六（元卷）》有錄文，第2429頁。《長清碑刻》卷中有照片及壽塔錄文，第753頁。
② "足庵"前平闕一字。
③ "足庵"平出。
④ "靈巖舉彦高"平出。

子津 子淵 子聰 子祥 子瑞 子詔 子揮 子敞 子忠 子親
子端 子昌 子清 子通 子全 子慶 子果 子壽 子金 子玉
子住 子貴 子恭 子信 子成 子庸 子奭 子禧 子從 子源
子可 子慶 子□ 子福 子成 子衷 子良 子喜 子德
子圓

受戒門人

李子遇 周子蓮 李子貴 李子春 趙子曰

錦川王德溫刊

**塔左**

法孫

覺深 覺亮 覺初 覺愛 覺淵

《泰山志》卷十八 金石記四

靈巖寺舉公壽塔碑 正書額 正書 在靈巖

延祐元年（1314）九月

右碑連額高三尺六寸，廣一尺六寸。額題"舉公提點壽塔"六字，正書，徑二寸許，分三行。文十一行，行十九字，正書，徑一寸。按此碑乃靈巖寺提點舉公自造壽塔，立石塔前，碑額之上刻呪語，曰"唵麼抳鉢訥銘吽"七字，以護持之。前刻都總統加號語，後刻桂庵贈字彥高，贊頌語而以"鷓鴣天"詞一闋綴於末。

舉公提點塔銘[①]

圓明廣照大師舉公提點勤績塔銘（一行）

前住持傳法沙門古淵述（二行）

---

① 原碑現存靈巖寺墓塔林。國家圖書館拓片編號各地 3455。京都人文拓編號 GEN0173A，GEN0173B，GEN0174X。額正書，分三行，每行二字。《山左金石志》卷 24 有介紹，第 14781 頁。金榮《泰山志》卷 18 有考證，第 684 頁。桂華淳祥《金元代石刻史料集——靈巖寺碑刻》有錄文，第 98—101 頁。《泰山石刻》第 8 卷有照片、碑陽錄文及介紹，第 2407 頁。許明《中國佛教金石文獻・塔銘墓誌部六（元卷）》有錄文，第 2550—2551 頁。《長清碑刻》卷中有照片及碑陽錄文，第 752 頁。

當代住持嗣祖沙門定巖書（三行）

公諱智舉，字彥高，姓胡氏，晉太平人。蚤喪父母，秉性英拔，卓犖不群。幼喜釋氏，周遊寺院，年甫十四，禮足（四行）庵和尚為落髮師，侍錫巾瓶，習肄經書。一日辭師遊學，研尋教典，窮幽探賾，慨然曰："法離文字，久聞教外（五行）別傳之旨，盍從事也。"遂參月庵海公，不憚寒暑，意融心會，一旦穎悟，而又切瑳數稔。迺發足，南禮落伽觀（六行）音，名山巨剎，無不參謁。後還靈巖，首充典座，次充官門，後充監寺、提點。修葺堂殿，糙塑聖像，規運錢粮，開（七行）張店鋪，興解典庫、莊院六所，隨處殿宇、聖像一新。大德丁未（1307），詣（八行）朝廷①陳告，欽賫（九行）聖旨②，還民占僧田回付本寺，又奉（十行）皇太子③令旨、（十一行）帝師④法旨護持山門。時（十二行）諸路釋教都總統所⑤佳其德業，敬賜"圓明廣照大師"之號。延祐初，恭往臺山禮文殊，於光中覩種種瑞像。（十三行）又鑿門首石崖，疊大踊路。至治壬戌（1322），建水陸大會三晝夜，僧齋半萬緡，施數千。天曆改元（1328），忽染微疾，請職（十四行）事僧并門人子津、子揮等，分付衣盂、莊宅、菜園等与常住門人，各与衣物，一一始畢，跏趺冥目而逝。其年（十五行）十一月二十五日也，報齡六十有九，僧臘五十有五。越三日，闔川僧俗盡禮茶毗于祖塋之西。落髮門人（十六行）子津、子揮、子聰、子敞等三十餘人，俗受戒門徒四人，奉靈骨歸祖林，瘞於塔矣。公平生道行勤績，不可無（十七行）聞于後，子揮等求銘於余，余再三固辭，然重其忠孝之道，業當駑鈍，以報其誠。乃為銘曰：（十八行）

雪庭孫兮足庵子，器宇恢宏獨如此，周遊講肆造玄微，徧扣禪關明妙旨。（十九行）叢林輔弼久有年，塑佛飯僧種福田，殿堂香積并廊廡，次第一一揔新鮮。（二十行）解庫油房增店鋪，起莊六所皆成序，欽賫（二十一行）丹詔⑥回山中，民占僧田付本主。幡然發意禮清涼，文殊隊仗光中遇，歸來祖

---

① "朝廷"三字抬頭。
② "聖旨"四字抬頭。
③ "皇太子"三字抬頭。
④ "帝師"三字抬頭。
⑤ "諸路釋教都總統所"平出。
⑥ "丹詔"四字抬頭。

刹愈精勤,（二十二行）鑿石疊溝修踊路。傾囊啓建冥陽會,拔濟有情離苦趣,功成行滿便迴途,（二十三行）凡有衣貲明分付。語畢跏趺倏忽歸,報齡六十九終數,小師慕德樹堅珉,（二十四行）萬載洋洋流美譽。（二十五行）

至元二年（1336）歲次丙子孟夏望日,子津、子揮等立石。（二十六行）

**碑陰**

落髮小師

子津 子淵 子聰 子祥 子瑞 子詔 子揮 子敞 子忠 子親 子端 子昌 子清 子通 子全 子果 子壽 子金 子慶 子玉

子住 子貴 子恭 子信 子誠 子庸 子興 子禧 子從 子源 子可 子慶 子恩 子福 子成 子中 子喜 子衷 子玉 子良

子德 子元 子得

法孫

覺深 覺亮 覺初 覺煙 覺愛 覺圓 覺齊 覺沖 覺尚 覺用 覺從 覺嵩 覺通 覺興 覺信 覺海 覺憨 覺遷 覺改 覺妙

受戒門人

李子遇 趙子因 周子蓮 李子春 李子銀 劉子安


《泰山志》卷十八 金石記四

靈巖寺提點舉公塔銘 正書額 正書 在靈巖

後至元二年（1336）四月

右碑下截闕失①,上截存者,連額高三尺三寸,廣二尺四寸,額題"舉公提點塔銘"六字,正書,徑三寸,分三行。文二十六行,行存二十五字②,正書,徑七分。標題云"圓明廣照大師舉公提點勤績塔銘","前住持傳法沙門古淵撰③","當代住持嗣祖沙門靈④巖書"。文云"公諱

---

① 今完好無缺。
② 滿行四十字。
③ 應為"述"。
④ 應為"定"。

智舉，字彥高，姓胡氏，晉太平人。蚤喪父母，秉性英拔"，落髮"習肄經書"，"遂參月庵海公，不憚寒暑，意融心會"，"名山巨刹，無不参謁"。"後還靈巖，首充典座，次充官門，後充監寺"，□張店鋪，興解典庫、莊院六所，隨處殿宇、聖像一新。大德丁未（1307），詣朝廷陳告，欽賁聖旨，還民占僧田回付本寺，又奉皇太子令旨、帝師法旨護持山門。時諸路釋教都總統所佳其德業，敬賜"圓明廣照大師"號。"報齡六十有九，僧臘五十有五"，"子津、子揮、子聰、子敬等三十餘人，俗受戒門徒四人，奉靈骨歸祖□"，"至元二年（1336）歲次丙子孟夏望"。文之可見者如此。

15. 泰安州申準執照之碑（1315、1318、1330）

泰安州申准執照之碑[①]

皇帝聖[②]旨裏，

泰安州長清縣承奉（一行）

泰安使州指揮來申：據靈巖禪寺僧人陳思讓當官告稱，累累被前煽煉人等，於本寺山場內搔擾不安，誠恐已後引惹事端，告乞施行。得此。縣司參（二行）詳，如蒙出榜禁治，誠爲便益，申乞照詳事。得此。

照得先據靈巖禪寺僧人陳思讓狀告：本寺即係與（三行）國[③]家祝延祈福大禪寺，經今千有餘年，全憑本寺地土山場、四至內諸樹，修理殿宇房廊，養贍僧家，已有累降（四行）聖旨[④]事意、四至碑文爲驗。皇慶元年（1312）三月初二日，本寺欽受（五行）御寶[⑤]（六行）聖旨[⑥]。節該：

---

① 未見原碑，據拓片錄文。額正書，分三行，每行三字。國家圖書館所藏拓片編號各地2915、各地166。京都人文拓碑陽編號GEN0107X、GEN0108X，碑陰編號GEN0151X、GEN0152X。《山左金石志》卷23有介紹，第14759頁。金榮《泰山志》卷18有碑陽錄文及考證，第660—662頁。桂華淳祥《金元代石刻史料集——靈巖寺碑刻》有碑陽錄文及考證，第81—87頁。人文拓編號GEN0108X名"靈巖寺聖旨碑附碑側"，碑側為八思巴文六字大明咒。《泰山志》稱題"宣賜靈巖聖旨之碑"的碑頭，今存靈巖寺五花殿東側。
② "皇帝聖"三字抬頭。
③ "國"一字抬頭。
④ "聖旨"三字抬頭。
⑤ "御寶"一字抬頭。
⑥ "聖旨"三字抬頭。

"泰安州長清縣有的靈巖禪寺爲頭，寺裏住持的桂庵長老，提點、監寺爲頭的和尚每根底，執把着行的（七行）聖旨①與了也。這的每寺院裏、房舍裏，使臣休安下者，鋪馬、祇應休拿者，商稅、地稅休與者，寺院裏休斷人者，官粮休頓放者。不揀是誰，占着的田地，交囬付與（八行）者。但属寺家的，并下院田地、水土、菌林、碾磨、竹子、山場、解典庫、浴房、店鋪，不揀甚麼他的、揀的是誰，休侵奪要者。這和尚每道有（九行）聖旨②麼道，無躰例勾當休做者。欽此。"除欽遵外，於延祐二年（1315）三月初一日，有長清縣費到文字壹帋，令本寺僧人前去中塢店聽讀（十行）聖旨③。思讓與本寺長老、大小人等前到本店，有　内史府④差來官李忠顯等，向思讓言道："俺費擎（十一行）御寶⑤（十二行）聖旨⑥前來開讀訖。"除欽遵外，其本官對思讓等言道："爲您這寺九曲峪内有銀鐵洞冶，起立銀鐵冶便要吐退，准伏文狀。"思讓囬道："元奉（十三行）聖旨⑦，交您無違礙。地内這九曲峪是俺寺家四至地内，贍寺常住。山場地土，自來爲主，不曾有人侵奪。"

道罷，本官前去長清縣，令本縣官司行發信牌，將思讓（十四行）等勾擾不安告乞施行。得此，爲恐不實，行據本縣申照得，除外遵依移牒。本縣主簿扎木赤進義，不妨本職親詣靈巖寺九曲峪，照勘踏覷前項銀鐵（十五行）洞冶，是否本寺山場四至内地土，明白保結。牒來。去後囬。准牒。

該俻奉泰安州指揮，爲靈巖寺陳思讓告地土請，不妨本職親詣九曲峪，踏覷前項銀（十六行）鐵洞冶，不見是否山場四至内地土。爲此，喚到剡底⑧保見役社長魯進，狀結："年七十三歲，係本保生長人氏。自記事以來，知得靈巖寺山場，東至仙臺（十七行）嶺，南至青尖山，并大峪分水河，曲

---

① "聖旨"三字抬頭。
② "聖旨"三字抬頭。
③ "聖旨"三字抬頭。
④ "内史府"前平闕二字。
⑤ "御寶"一字抬頭。
⑥ "聖旨"三字抬頭。
⑦ "聖旨"三字抬頭。
⑧ 今名萬德，即長清靈巖寺所在地。

屈爲界，西至老婆山，北至方山碁子嶺。目今九曲峪興煽銀洞冶，委是靈巖寺山場四至内地土，外別不知其餘事（十八行）因。如官司已後，躰究得銀洞冶却不係本寺山場四至内地土，進情願甘當誑官罪犯無詞。"得此，又喚到聶提領，轉委頭目段昌狀稱，即與魯進詞理（十九行）相同。文狀在官，却行前到靈巖寺，抄錄到明昌五年（1194）鎸鑿碑陰界至，照勘得亦與魯進所責無異。及喚到本寺監寺陳思讓，彩畫到四至圖本，粘連保（二十行）結牒來，請照驗事，准此。縣司今將彩畫到四至圖本，抄錄到碑陰界至，保結申乞照驗事。得此，申奉到（二十一行）中書兵部[1]，仰已經俻関（二十二行）内史府[2]照勘，依例施行，奉此。行下本縣，依上施行去訖。今據見申使州除外，合下仰照驗。欽依累降（二十三行）聖旨[3]事意，依上禁治施行，奉此。除外，合行出給執照，付靈巖寺収執，欽依施行。湏至出給者。（二十四行）

　　執照。右付靈巖禪寺収執，准此。（二十五行）
　　延祐貳年（1315）玖月[4]日。（二十六行）
　　碑陰[5]
　　**上層**
　　皇帝聖[6]旨裏，
　　泰安州長清縣據陳思讓狀告，近爲侯得山狀告靈（一行）巖寺僧人角副寺等，強行擔訖穀伍佰叁拾束，及將伊家（二行）祖業地壹拾伍畝，當欄不令施功，蒙本縣門下勾追得。除（三行）事故外，將思讓勾追對問得，"所爭地土並不是侯得山祖（四行）業，□委係本寺常住地土。已前年分侯得山丈人王元與（五行）本寺爲客佃，種分□奴子粒在後，本人與魯得山等將上（六行）項地土昏賴，告□□蒙官司歸結間，王元自知理短，吐退（七

---

[1] "中書兵部"平出。
[2] "内史府"平出。
[3] "聖旨"三字抬頭。
[4] "月"後鈐一枚方印。
[5] 《山左金石志》卷23有介紹，第14773頁。
[6] "皇帝聖"三字抬頭。

行）本寺依舊爲主。見有退地甘結①。王元身死，伊婿侯得山佃（八行）種，每年納與本寺租課，子粒不曾有闕。"蒙本縣憑准，元斷（九行）文卷欽依（十行）聖旨②、（十一行）令旨③，將見爭地壹拾伍畝，斷令靈巖寺依舊爲主，備申（十二行）泰安使州④，准擬了當。今來思讓若不陳告，誠恐已後本縣（十三行）司吏人等交換，致將元行文卷去失不存，無憑可照，告給（十四行）執照事。得此，照卷相同，今給執照，付本寺收執。已後照用（十五行）施行，合行出給者。（十六行）

　　右付靈巖寺僧人陳思讓等收執。准此。（十七行）

　　執照（十八行）

　　延祐伍年（1318）二月⑤　日◇◇（十九行）

**中層**

　　皇帝⑥聖旨裏，

　　泰安州據東□□□□⑦寬（一行）狀呈，依上從實供報到□□□□⑧係（二行）官空閑宅地一所，其地東［北二至］靈（三行）巖寺解庫，西南二至官街［呈］□□□⑨（四行）事。得此，行據官壕瓀李瑞等□□□⑩（五行）依從實，打量得上項係官地土，□□⑪（六行）尺打量得南北長肆拾尺，東西闊□⑫（七行）拾伍尺，此地壹分單陸厘。其地［東北］（八行）二至靈巖寺解庫，西南二至官□□⑬（九行）直價錢中統鈔壹拾定，招認到買主（十行）隣人靈巖寺僧貞提點，就令買主賣（十一行）價隨呈，前去呈乞照驗事。得此，使州（十二行）除外，合行出給者。（十三行）

---

① 甘結：交給官府的一種畫押字據。多爲保證某事，聲明不爾則甘願受罰。
② "聖旨"三字抬頭。
③ "令旨"一字抬頭。
④ "泰安使州"平出。
⑤ "月"後鈐一方印。
⑥ "皇帝"二字抬頭。
⑦ 按第三層，此處當作"北隅社長刘"五字。
⑧ 按第三層，爲"本隅見有"。
⑨ 按第三層，爲"乞照驗"。
⑩ 按第三層，爲"狀呈遵"。
⑪ 按第三層，爲"用官"。
⑫ 據第三層，爲"貳"。
⑬ 按第三層，爲"街可"。

右付靈巖（印）貞提點収執，准此。（十四行）

執照　　　押押（十五行）

至順元年（1330）十一月（印）日（十六行）

**下層**

皇帝<sup>①</sup>聖旨裏，

泰安州奉符縣據（一行）東北隅社長刘寬狀呈，依（二行）上從實供報到，本隅見有（三行）係官空閑地一所，其地東（四行）北二至靈巖寺解庫，西南（五行）[二]至官街，呈乞照驗事。得（六行）此，行據官壕壤李瑞等狀（七行）呈，遵依從實，打量得上項（第八行）係官地土，用□<sup>②</sup>尺打量得（九行）南北長四十尺，東西闊二（十行）□□□五寸，計地一分單（十一行）□□□地東北二至靈巖（十二行）□□□<sup>③</sup>，西南二至官街，可（十三行）□□<sup>④</sup>錢中統鈔壹拾定，召（十四行）認到買主隣人靈巖寺僧（十五行）貞提點，就令買主賣價随（十六行）呈，前去呈乞照驗事。得此，（十七行）除將地價撿驗無偽、申覆（十八行）使州収管外，合下仰照驗。（十九行）即令買主貞提點永遠爲（二十行）主，所有執照合行出給者。（二十一行）

右付靈巖寺貞提點（二十二行）収執，准此。（二十三行）

執照（二十四行）

至順元年（1330）十二月（印）日押（二十五行）

《泰山志》卷十八　金石記四

靈岩寺執照碑并陰　篆額　正書　在大殿西

延祐二年（1315）九月

右碑連額高八尺，廣二尺八寸。篆額題"宣賜靈巖聖旨之碑"八

---

① "皇帝"二字抬頭。

② 據字形推測可能爲"官"。官尺是指經官方頒布施行，一般作爲度量衡的使用標準。李浈《官尺·營造尺·鄉尺——古代營造實踐中用尺制度再探》，認爲元官尺約34—35.6cm，比其他朝代略大。《建築師》2014年第5期。

③ 可補作"寺解庫"。

④ 可補作"直價"。

字①，徑三寸，分二行。文二十六行，行六十字。內惟"延祐年月日"字扁，闊一寸五分。餘俱方，徑七分。月日中間方印一顆，方一寸八分，蒙古篆文。此行直下有二押。

　　碑陰刻字三層：第一層，延祐五年（1318）三月；第二層，至順元年（1330）十一月；第三層，至順元年（1330）十二月。碑內所列四至山名，惟"方山"今見《長清縣志》，餘若仙臺嶺、青尖山、老婆山、碁子嶺、九曲峪等名，皆不存矣。《志》載"市集"條下有剡底店集，即習所稱剡底保也。碑陰額題"泰安州申准執照之碑"九字，正書，徑三寸，橫列於上。下分三層：上層刻延祐五年（1318）三月執照，十九行，行二十二字，正書，徑八分；中層刻至順元年（1330）十一月執照，十五行②，行十四字，正書，徑六分；下層刻至順元年十二月執照，二十五行，行十字，正書，徑七分。俱有印押。

　　碑側刻蒙古文一行，七字，長二尺許，廣八寸。延祐五年（1318）者，寺產為侯得山占據，告狀斷回，因給執照。至順元年（1330），寺僧貞提點買得官地，官給二照：一為泰安州所給，一為奉符縣，遂合刻於碑陰。大指如此，文不具錄。當時買官地，須由社長陳請，官壕壙打量，然後繳價給照。元制於此可見。以一分六釐地，而價直中統鈔十定，則地價亦不廉矣。今南方人口語，謂物之不真為"假鈔"，此碑有云"地價檢驗無偽"，可知"假鈔"之語昉於元。時長清與奉符俱屬泰安州，此碑延祐五年（1318）執照為長清縣所給，至順元年（1330）執照為奉符縣所給，殆寺產界連二縣之間也。壻稱妻父為丈人，見於裴松之《三國志注》，而流俗或未盛行。此碑云"侯得山丈人王元"，則是當時通行之稱矣。

---

① 篆額題字刻於執照碑碑頭之陽。舩田善之認為現存拓片將碑陰題額置於碑陽，"或許是采拓或收藏過程中發生了錯簡"。國家圖書館、京都大學人文科學研究所所藏拓片均是如此，未知其詳。舩田善之：《〈靈巖寺執照碑〉碑陽所刻公牘的價值》，《元史論叢》第十輯，中國廣播電視出版社 2005 年版，第 421 頁。

② 實為十六行。

16. 靈巖長明燈記（1319）

靈巖長明燈記[①]（一行）

佛氏之教，慈愍為第一義。群生汩於利慾，若涉昏衢，悵然莫知攸適。乃發慧照，為開導之，使不失其本真。（二行）故其學以明心爲本，心之虛靈，引類取喻，莫燈爲切，爰置諸左右，恒目在之。玄相警發爲進業之資，非專（三行）破一室之暗爲也。（四行）知院[②]承旨開府，公讀書樂善，雅慕釋教，出金私橐，京[③]輔名藍，給膏火之費者非一。靈巖，海內巨刹，且在（五行）封域中頃，置龕于猊座之下，蘭炷一燃，抹漆之區，爛若白晝。二曜明晦無常，而寸熖自若，金像尊居，毛髮（六行）可數，使人不敢起惰慢之念。學者仰瞻默省，久久不息，繆妄塵蔽，日克月消，靈臺炯然，表裏若一。于以續（七行）夫向上千萬燈之傳，迪昏啓昧，指南迷塗，弘闡法教，輝燿之遠，施及無窮，豈一方一時而止哉。（八行）

公[④]之事佛，爲衲子計也，周矣。　公[⑤]之事（九行）君[⑥]，爲天下計者，抑又從可推已。惟　公[⑦]之先，三世並受王爵，身[⑧]出貴冑，糸貳外省，入筦樞機，主盟詞苑。（十行）兩宮顧遇隆厚，內相[⑨]地親職重，炳吾忠赤，了吾智炬，旁觀遐矚，凡政令之可否，利害之興除，巖穴之士，（十一行）或晦而未彰，閭閻之情，或鬱而未達。　顔[⑩]承咫尺之際，條陳枚舉，贊弼　億載之業[⑪]，將見光華炬赫，充溢（十二行）大千，子孫蕃昌，安享世祿，帶礪山河之封，與　國[⑫]無窮。是燈之功，不益煒且大乎？敢以為獻。

---

① 原碑在靈巖寺般舟殿。國家圖書館拓片編號各地2888。《長清碑刻》卷中有照片並錄文，第679頁。
② "知院"平出。
③ "京"前平闕一字。
④ "公"平出。
⑤ "公"前平闕二字。
⑥ "君"平出。
⑦ "公"前平闕一字。
⑧ "身"前空一字。
⑨ "內相"前平闕一字。
⑩ "顔"前闕一字。
⑪ "億載之業"前闕一字。
⑫ "國"前平闕一字。

翰林直學士（十三行）朝列大夫知 制誥①同修國史李之紹記。

延祐六年（1319）五月 日，翰林承旨差來官昭信校尉、管領隨路（十四行）納綿稻田斡脫等戶總管同知事高塔海，山門監寺僧智舉立石。清亭李克堅刊。（十五行）

17. 勸請容公住持疏（1322）

泰［安］州勸請疏②

山門監寺思川立石 石匠李克堅刊（一行）

今請③（二行）容公長老④住持十方大靈巖禪寺，為（三行）國⑤焚修，祝延（四行）皇⑥帝聖壽萬安者。（五行）

聞靈巖禪寺，古佛叢林，闕箇住山人，誰為弘道者？伏惟（六行）容公長老⑦，襟懷灑落，氣象軒昂，得處孤高，來源正當，古巖親嗣，（七行）子敬⑧嫡孫。三玄戈甲忒知心，五位槍旗偏伏手。由是（八行）泰安州⑨勸請，崇拈一瓣之真香，容長老承當主張千年之常住，（九行）方山改憔悴之色，鶴泉動和雅之音，傳少林無盡之心燈，祝（十行）聖主萬⑩年之睿算。謹疏。（十一行）

至治二年（1322）印十月 日疏。（十二行）

都目（十三行）提控案牘 單 押（十四行）

泰安州判官（十五行）承務郎同知泰安州事王 押（十六行）

朝列大夫泰安州知州兼管本州諸軍奧魯勸農事陳 押（十七行）

---

① "制誥"前平闕一字。
② 原碑在靈巖寺辟支塔東側。國家圖書館拓片編號各地2883。《山左金石志》卷23有介紹，第14768頁。金榮《泰山志》卷18存目，第676頁。桂華淳祥《金元代石刻史料集——靈巖寺碑刻》有考證及錄文，第87—89頁。《長清碑刻》卷中有照片及錄文，第710頁。
③ "今請"一字下沉。
④ "容公長老"平出。
⑤ "國"一字抬頭。
⑥ "皇"三字抬頭。
⑦ "容公長老"平出。
⑧ "子敬"不明。法容為古巖弟子，古巖嗣法足庵淨肅。故法容當為淨肅嫡孫。
⑨ "泰安州"平出。
⑩ "聖主萬"三字抬頭。

泰安州達魯花赤兼管本州（十八行）

《山左金石志》卷二十三
　　靈岩寺請容公長老住持疏碑
　　至治二年（1322）十月立，正書。碑高三尺二寸，廣二尺一寸。在長清縣靈岩寺。
　　右碑文十七行①，字徑一寸二分。

18. 運公首座長生供記（1325）
運公首座長生供記②
石匠李克堅刊（一行）
　　普益群生，廣興利濟，欲結菩提之果，當（二行）修般若之因。六度三檀，以施為首，十身（三行）四智，皆由斯焉。於建化門得大自在三（四行）昧者，惟我 運③公首座，而復誰歟？不惟（五行）光揚方嶺一宗，亦乃榮顯足庵一派。莫（六行）誘後進，筵僧供（七行）佛④，可謂慕先賢，會古通今。能以惠施千（八行）銀，豈無聲傳萬古？仍罄箱竭篋：
　　奉施（九行）寶鈔壹阡貫，重修五花殿週迴堦砌石（十行）。
　　奉施寶鈔貳阡伍伯貫，刱置千佛殿，雕（十一行）木供床，明金繪糚，永為莊嚴妙具。（十二行）
　　奉施寶鈔貳阡貫，用酬觀音道場開山（十三行）祖師，永為常住。
　　奉施寶鈔伍伯貫，供（十四行）佛齋僧，鳩斯勝善，報（十五行）四恩⑤盡證無生，資三有同成正覺，餘希（十六行）永刼不亡，永壽後世。
　　泰定二年（1325）歲次乙（十七行）丑歲己丑月十五辛卯吉日。（十八行）當山住持古淵野衲智久謹誌。（十九行）
　　提點智舉、提點思讓、監寺思川（二十行），官門思巒、維那義文、典

---

① 原碑十八行。
② 原碑在靈巖寺天王殿東側。《長清碑刻》卷中有照片及錄文，第488頁。
③ "運"前平闕一字。
④ "佛"平出。
⑤ "四恩"平出。

座子揮（二十一行）、藏主思海、副寺子坦、直歲義道（二十二行），知客妙酬、錢帛子恒、侍者子英。（二十三行）

19. 捨財記（1326）
捨財記①
壽公禪師捨財重建般舟殿記
書記恒勇書（一行）

佛法自漢孝明帝西域迎至洛陽，楚王英獨先好之。及其盛（二行）也，靈巖乃晉法定禪師東遊選方山。咸康年（335-342），成帝興之初也。（三行）至後魏正光元年（520）建殿，經今千餘載，光明廣大，徧照十方，有（四行）大利益綿綿者歟。無奈年深歲久，殿宇既漏日風穿，可憐日（五行）往月來，聖賢盡灰身雨倒。幸有大施主本寺僧（六行）壽公禪師②特運虔誠，施中統寶鈔叁阡緡，用助大殿緣事。又（七行）施寶鈔壹阡伍伯緡，重修西三門，可謂昔時勝跡，今日重興。（八行）三十[二]尊鎮山羅漢，光生一千餘歲，祝（九行）壽③大堂具備，承斯妙善。願（十行）皇④基茂盛，共享堯舜之年；施主興隆，俱獲人天之福。餘希見賢思（十一行）齊者。

旹大元泰定三年（1326）歲次丙寅三月吉日記。（十二行）山門監寺思川上石。（十三行）當山住持傳法嗣祖沙門古淵野衲智久勸緣。石匠李克堅刊。（十四行）

《泰山志》卷十八 金石記四
靈巖寺壽公施財修寺記 正書 在靈巖寺，前半嵌寺壁，僅露後半碑

---

① 未見原碑。國家圖書館編號各地 148。京都人文拓編號 GEN0134X。《山左金石志》卷 23 有介紹，第 14770 頁。金榮《泰山志》卷 18 有部分錄文及考證，第 676—677 頁。桂華淳祥《金元代石刻史料集——靈巖寺碑刻》有錄文及考證，第 89—91 頁。《泰山石刻》第 8 卷有照片、錄文及介紹，第 2357 頁。
② "壽公禪師"平出。
③ "壽"兩字抬頭。
④ "皇"兩字抬頭。

泰定三年（1326）三月

右碑高二尺四寸，廣袛一尺。存字十行，行二十五字，字正書，徑八分。按此碑僅露左半幅，其右半嵌于寺壁，不能椎搨，無全文可錄。壽公以寺僧而施財修建，數幾半萬，雖不知其道行若何，要其不私己財，破除慳吝，非庸僧可及矣。當時住持智久既勸壽公施財修寺，又有舉公施財買產，先後不數年間之事。而智久皆爲之立石，表其勳績，則智久之振興常住可見矣。

20. 何約、張鵬霄靈巖寺詩（1328）[①]

天下名藍稱四絕，方山雄與（一行）岱宗連。古淵[②]堂上憑欄處，（二行）似在棲巖太華邊。（三行）

泰定五年（1328）正月下旬日，（四行）中憲大夫[③]前山東東西道（五行）肅政廉訪副使河東何約（六行）留題。 承直郎[④]前江東等（七行）道肅政廉訪司經歷張鵬（八行）霄同來留題。（九行）

靈巖古佛刹，雄映泰山巔。環（十行）抱嵐光裏，沉涵月照邊。禪房（十一行）森木蔭，梵宇象星聯。一到絕（十二行）塵俗，幽棲信有緣。（十三行）

當山住持沙門古淵、（十四行）提點思讜、監寺思川同立石。（十五行）書記恆勇書。（十六行）李克堅刊。（十七行）

《泰山志》卷十八 金石記四

靈岩寺何約、張鵬霄詩刻 正書 在般舟殿

泰定五年（1328）正月

右碑高一尺六寸，廣三尺三寸。詩共十七行，行十一字。正書，徑一寸。

---

① 未見原碑。國圖拓片編號各地2931。《山左金石志》卷23有錄文及介紹，第14771頁。金榮《泰山志》卷18有錄文，第677頁。
② "古淵"前平闕一字。
③ "中憲大夫"平出。
④ "承直郎"前平闕一字。

## 21. 舉公提點懃績施財記（1329）

舉公提點懃績施財記①

清亭李克堅刊（一行）

聞隆替有數，賢鄙在人，中興上祖叢林，全賴出倫釋子。恭惟（二行）舉公②提點者，祝髮於足菴門下，施功於方嶺會中。散一襟之和氣，與（三行）物為春；澄千頃之洪波，於人無間。三欽（四行）皇恩③特旨，驚外道以魂飛；一奉（五行）潛④邸綸言，斥邪宗而膽喪。既得田薗，周偹諸處，建立莊嚴，博飯種田，栽（六行）桑接菓，刱葺眞堂、方丈，重修香積庫司，前殿觀音塑糚，後堂大像糚（七行）塑，施為立落，動止非常。受（八行）帝⑤師法旨護持，奉（九行）緫所⑥公文加號。由是悟六塵無我，知五蘊是空，布施齋僧，看經禮懺。（十行）謹以典買到四項地土，計中統鈔柒阡兩，施常住永遠為主。（十一行）開坐如後：（十二行）

一、姚家前典到活業，南北畛帶桑地壹段，約十五畝，該鈔貳（十三行）阡壹伯肆拾兩；（十四行）

一、買到莊西王馬駒帶桑菜薗壹所，鈔壹阡壹伯伍拾兩；（十五行）

一、買吉二帶桑菜薗壹所，鈔貳阡貳伯兩；（十六行）

一、買劉三帶桑菜薗壹所，鈔陸伯兩。（十七行）

用報四恩，永資三有。餘希（十八行）法輪⑦恒轉，祖道興隆，歲稔時豐，遠安邇肅。

峕天曆二年（1329）歲次己巳正（十九行）月下旬吉日，當山住持古淵野衲智久記。（二十行）

---

① 原碑嵌於千佛殿東側石堰內壁。国家图书馆拓片編號各地 127。京都人文拓編號 GEN0142X。《山左金石志》卷 23 有介紹，第 14772 頁。金榮《泰山志》卷 18 有錄文及考證，第 678-679 頁。王榮玉等主編《靈巖寺》有錄文，第 102 頁。桂華淳祥《金元代石刻史料集——靈巖寺碑刻》有錄文及考證，第 91—93 頁。《泰山石刻》第 8 卷有照片、錄文及介紹，第 2506 頁。《長清碑刻》卷中有照片及錄文，第 561 頁。

② "舉公"平出。

③ "皇恩"二字抬頭。

④ "潛"一字抬頭。

⑤ "帝"一字抬頭。

⑥ "緫所"平出。

⑦ "法輪"平出。

提點思讓，監寺思川，提點子貞，官門覺文，維那子廉，副寺妙酬，典座覺亮，直歲惟勝。（二十一行）首座思泉，書記恒勇，教讀思亨，藏主思岑，知客覺道，錢帛思檀，外庫惟緣，殿主思虔（二十二行）上石。

《泰山志》卷十八 金石記四

靈岩寺舉公提點勲績施財記 正書 在靈巖

天曆二年（1329）正月

右碑高三尺六寸，廣二尺四寸，文二十二行，行二十七字，正書，徑九分。按此碑乃靈巖寺提點智舉施鈔買地充寺產，而住持智久爲之撰記刻石也。中統鈔七千兩買地四所，中統鈔每兩不知比今所直幾何，而以其典姚家前活業一段，計之地約十五畝，該鈔二千一百四十兩，是每畝價直百四十兩有奇矣。以今之南北地價較之，大約中產每畝十餘金，是中統鈔祇值今十之一耳，然尚是活業，若買到者，又不知增值幾何也。此雖無關掌故，然亦玫古者所宜知耳。

22. 讓公提點壽塔之銘（1330）

讓公提點壽塔之銘[①]

大靈巖禪寺輔成堂謙之提點讓公壽塔道行碑（一行）

當山住持傳法嗣祖沙門古淵智久述并勸緣（二行）

輔成堂謙之提點，諱思讓，（三行）大司徒[②] 萬山 佳號[③] "淨德洪智大師"。姓陳氏，金陵人，幼喪父母，十五歲禮寶峯順（四行）公得度，志氣不凡。學經過講，遍歷諸刹，竊自謂以記問之學非出世法。初謁寶峯，（五行）次謁月菴海，後謁桂菴和尚，因問已事未明，乞和尚指示。桂菴良久於斯有省。[遂]（六行）遊四方，禮觀音、文殊聖跡，迴居靈巖。首充知客，次充典座，後充維那，又充監寺，日（七行）用分明，全無私徇，每行孝

---

[①] 原碑在靈巖寺墓塔林，有"讓公提點壽塔"。國家圖書館塔身拓片編號各地3471。碑額正書，分四行，每行二字。《長清碑刻》卷中有照片並錄文，第762—764頁。

[②] "大司徒"平出。

[③] "佳號"前平闕一字。

悌，事有忠長。又充官門提點，破魔除黨，樹立豐碑。又充（八行）提點，恢弘山門，常看藏經，一日誦至"劫燒終訖，乾坤洞然，須弥巨海，都爲灰颺"，隨（九行）捨囊貲五千貫，施常住永遠齋僧。咦，輔弼靈巖三十餘稔，寒暑未嘗以勤苦爲病，（十行）遍誦三乘聖言，刱粧六趣賢像，累累飯僧。謙之識見宏遠，綜練庶事，自學講而習（十一行）禪，輔叢林而荷眾，端身以正物，勞己以利人，而人莫不高其風、服其心也。師①惟（十二行）明壘師壽塔，謁余求銘。余再三不敢，恐鄙陋差訛，爲識者誚笑，故不敢下筆。然重（十三行）忠孝鄭重之意，業當努鈍，以報其誠，庚午（1330）之秋，請銘偈曰：（十四行）

傑出釋門陳老禪，司徒佳號譽聯綿。學窮内外皆明徹，（十五行）德重功高有正權。誦徧三乘經律論，刱粧六趣人天□。（十六行）幼年學講心無歇，壯歲參玄志可憐。竭篋罄箱塑聖像，（十七行）傾囷倒廩飯僧貟。破魔除黨行中道，贏得豐碑樹寺前。（十八行）輔弼靈巖三十稔，囊貲喜捨五千錢。無私無徇平生事，（十九行）有始有終豈頗偏。左右何羈融理智，縱橫達變不唐捐。（二十行）惟明建塔祈師績，自利利他天下傳。

本寺書記恒勇書丹。（二十一行）

旹至順元年（1330）七月日小師惟崇、惟寧、惟壽等立石，清亭李克堅刊。（二十二行）

**碑陰**

**上層**

昭②文館大學士榮禄大夫萬山（一行）司徒，據泰安州靈巖禪寺提（二行）點思讓，提持宗社，綱紀叢林，（三行）心如皓月照無私，志比蒼松（四行）堅有節。共揚美德，宜尚芳名，（五行）可號（六行）"净德洪智大師"③。契（七行）諸佛④眞心，祈 法輪⑤永轉。（八行）

付净德洪智大師。（九行）

---

① "師"前一字平闕。
② "昭"一字抬頭。
③ "净德洪智大師"平出。
④ "諸佛"平出。
⑤ "法輪"前平闕一字。

**下層**

落髮小師

惟建 惟資 惟明 惟崇 惟寧 惟壽 惟浄 惟變 惟聰 惟慶

惟可 惟俊 惟住 惟元 惟成 惟寬 惟浩 惟濟 惟德 惟孝

受戒門人

張惟眞 鄧惟憐 魯惟寧

23. 勇公書記壽塔（1330）

勇公書記壽塔[①]

勇公書記壽塔記（一行）

公諱恆勇，俗姓關氏，薊州漁陽人。蚤（二行）喪父母，年十七禮白崖山張山主爲（三行）師，志氣不凡，耵講糸玄，徧歷叢席。學（四行）問年深，厭京事冗，詣山東靈巖掌書（五行）記事。寫經布施，修葺三門，捨財齋僧，（六行）不憚勞苦。一日，小師顯住壘師壽塔，（七行）謁余，余以偈曰："軒昂氣象□禪和，宗（八行）說兼通德業多。修葺山門□捨施，佳（九行）名亘古播崑阿。"

旹大元至順元年（1330）重（十行）陽後三日，當山住持古淵久吉祥勸緣（十一行）記。山門提點讓謙之，山門監寺川（十二行）巨原，官門提點貞吉甫，官門監寺（十三行）文才甫，維那廉忠甫等助緣。（十四行）

小師顯住、顯恩立石，石匠李克堅。（十五行）

24. 泉公首座壽塔（1331）

泉公首座壽塔[②]

---

[①] 壽塔現存靈巖寺墓塔林。"勇公書記壽塔"塔身刻記文，額正書，分三行。側面分刻"龜""鶴"二字，正書，空心體。國家圖書館拓片編號各4955。許明《中國佛教金石文獻·塔銘墓誌部六（元卷）》有錄文，第2519—2520頁。《長清碑刻》卷中有照片並錄文，第738—739頁。

[②] 原塔現存靈巖寺墓塔林，方形塔，四面刻文。塔額正書，橫題。國家圖書館拓片編號各地3820。《山左金石志》卷23有介紹，第14773頁。金棨《泰山志》卷18有塔陽錄文，第680頁。《泰山石刻》第8卷有照片、塔陽錄文及介紹，第2404頁。許明《中國佛教金石文獻·塔銘墓誌部六（元卷）》有塔陽錄文，第2525—2526頁。《長清碑刻》卷中有照片及錄文，第748—749頁。

大①靈巖禪寺泉公首座懃績記

書記海［昌書］（一行）

首座子周（二行），昭②文館大學士榮禄大夫萬山司徒佳號（三行）"慈濟大禪師"③，諱思泉，姓何氏，象元人。早喪父母，年十六歲，禮（四行）寶峯順和尚④爲師，志氣不凡，習學經業，隨問隨答，大愜師意。四方叅（五行）禮，首謁燕京報恩 林泉老師⑤，燒香數載。又往萬壽 東川總統⑥室（六行）內，依棲二載。機緣不契，別行一路，博通醫書，大都上都，依經作法，捨（七行）施妙藥，盤桓數拾稔。厭京事冗，直詣山東靈巖，充首座耿。遍山栽樹，（八行）到處施功，廣種杏桃，初修菌蕈，不［悋囊］貲，依元施藥。小師惟德、惟河（九行）等壘壽塔，請銘偈曰：（十行）

頭角崢嶸慈濟泉，報恩萬壽［曾］叅玄。爲思方嶺宜修道，（十一行）直造靈巖結善緣。栽菌蕈，种福田，四方設藥施無偏。（十二行）而今壽塔小師壘，延永谷城劫石堅。

旹大元至順二年（1331）歲（十三行）次辛未季夏上旬吉日，當山住持沙門智久記。李克堅刊。（十四行）

**塔陰**

昭⑦文館大學士榮禄大夫萬山司（一行）徒，據泰安州靈巖禪寺藥主僧（二行）思泉，觀藥主思泉之妙智，得長（三行）者流水之眞方，憑一眾悲心願（四行）心，療眾生身病心病，有斯妙譽，（五行）給以芳稱。可號（六行）"慈濟大師"⑧，運慈濟心，普（七行）資萬有。（八行）

付慈濟大師。（九行）

延祐五年（1318）月㊞日。（九行）

---

① "大"一字抬頭。
② "昭"一字抬頭。
③ "慈濟大禪師"平出。
④ "寶峯順和尚"平出。
⑤ "林泉老師"前平闕一字。
⑥ "東川總統"前平闕一字。
⑦ "昭"一字抬頭。
⑧ "慈濟大師"平出。

落髮小師

惟平 惟德 惟河 惟成 惟勝 惟福

《泰山志》卷十八 金石記四

靈岩寺泉公首座壽塔銘 正書額 正書 在靈巖

至順二年（1331）六月

右碑連額高三尺四寸，廣二尺。額題"泉公首座壽塔"六字，正書，徑二寸五分，橫列於上。文十四行，行二十六字，正書，徑一寸。按碑稱思泉首座，號"慈濟大禪師"，為萬山司徒所佳號，"佳"即"加"也。元僧加號，或請於朝廷，或出於國師，而此乃出於達官，是又一例也。

25. 亨公首座壽塔（1331）

亨公首座壽塔①

大② 靈巖禪寺亨公首座道行憨績壽塔記

小師惟通、惟中等立（一行）

首座諱思亨，姓趙，愛凌人。蚤喪父母，容貌魁偉，意氣豪邁，周遊僧寺。年（二行）十六歲，禮 寶峯順公③ 和尚為師，受具披度。後擔④ 簦負笈，游學講肆，博（三行）通諸經，又以其餘力兼讀儒典《廣韻》，悅大藏經。（四行）諸⑤ 路釋教都總統所讚，道高貌古，德厚人欽，明三藏而

---

① 原塔現存靈巖寺墓塔林，方形塔，四面刻文。塔陽為"亨公首座道行憨績壽塔記"，額正書，橫題。其餘三面分刻"大佛頂尊勝陀羅尼神呪"，按順時針繞塔分別標記塔一、塔二、塔三。國家圖書館存塔陽拓片編號各地 3500。京都人文拓本四面拓片，編號 GEN0154A、GEN0154B、GEN0154C、GEN0154D、GEN0155X、GEN262A、GEN262B、GEN262C。《山左金石志》卷 23 有介紹，第 14774 頁。金榮《泰山志》卷 18 有塔陽錄文及考證，第 680—681 頁。桂華淳祥《金元代石刻史料集——靈巖寺碑刻》有塔陽錄文，第 93—94 頁。許明《中國佛教金石文獻·塔銘墓誌部六（元卷）》有塔陽錄文，第 2528—2529 頁。《泰山石刻》第 8 卷有照片、塔陽錄文及介紹，第 2420 頁。《長清碑刻》卷中有照片及塔陽、塔一、塔二錄文，第 744—746 頁。
② "大"一字抬頭。
③ "寶峯順公"前一字平闕。
④ 原碑作"檐"。
⑤ "諸"一字抬頭。

徹底窮源，講五經（五行）而精通要妙，佳號"圓明慈覺大師"。又（六行）昭①文館大學士榮祿大夫佳號"明宗廣教大師"，遍遊諸大禪會。首造燕京（七行）萬壽，充教讀，僧眾美愛，觀音院請為宗師。立功立事通玄關，結識檀越（八行），成美成仁，從長捨短，僧俗敬仰。厭都事冗，詣山東大靈巖寺充教讀。又（九行）充首座，扶宗立法，樹正摧邪。塑佛齋僧，糚嚴花菓等事，無不捨施。年高（十行）施陪堂鈔壹阡貫，又全管僧堂捨鈔肆拾餘錠，移壽塔布施鈔肆拾錠，（十一行）與常住作長生供，通前施鈔伍阡貫。種種捨施，垂裕後昆，見賢思齊，不（十二行）可無言，以俚語"鷓鴣天"：（十三行）

氣象軒昂忠政多，輕財重事無如他，僧堂全管數千貫，（十四行）移塔捨錢念百過。無縫罅，妙禪和，佳聲浩浩占高科。（十五行）旌明行業人稱讚，延永芥城拂刼波。（十六行）

旹大元至順二年（1331）歲次辛未孟秋，當山住持古淵野衲<small>智久</small>記。（十七行）

**塔一**

大佛頂尊勝陀羅尼神呪（一行）

曩謨婆誐嚩帝怛賴路枳野鉢囉底尾始（二行）瑟吒野没馱野薄伽伐帝怛你也他唵尾（三行）戍馱野尾戍馱野娑麼娑麼三滿多嚩婆娑（四行）娑頗囉拏誐帝誐賀曩娑嚩嚩尾秣第（五行）阿鼻詵左覩輸麽素誐多嚩囉左曩阿密（六行）㗚多鼻曬劉摩訶曼怛囉波乃阿賀囉阿（七行）賀囉阿庚散陀羅尼戍（八行）馱野戍馱野娑婆（八行）羯麽尾尾奴佛麽拏誐誐曩尾秣第烏瑟（九行）尼囉尾惹野尾秣第娑賀娑囉喝囉濕銘（十行）散祖你帝薩嚩怛他蘖多嚩嚧羯顙薩吒（十一行）

**塔二**

**上層**

波羅蜜多波利布囉抳薩嚩怛他蘖多紇（十二行）哩馱野地瑟姹曩地瑟耻多摩賀母捺[嚩]（十三行）嚩日囉迦野僧贺多曩尾秣第薩嚩嚩

---

① "昭"一字抬頭。

囉（十四行）拏跛耶突嘌羯底跛利秫第鉢囉底顐韈（十五行）嘌多野阿欲秫第三摩野地瑟恥帝摩顐（十六行）摩顐摩賀摩顐母顐母顐尾母顐麼帝麼（十七行）帝麼麼帝摩訶摩帝素麼［帝］怛闥多部多（十八行）俱胘跛唎秫睇尾娑普吒没嚀秫睇惹野（十九行）惹野尾惹野尾惹野娑麼囉娑麼囉薩嚩（二十行）没馱地瑟耻多秫睇嚩日𡃤嚩日囉蘖陛（二十一行）嚩日囕婆嚩都麼麼薩嚩薩怛嚩舍利囕（二十二行）薩嚩［薩］埵喃難者迦耶跛唎尾秫睇薩嚩（二十三行）誐底跛利秫睇薩嚩怛他蘖多室者銘三（二十四行）

**下層**

落髮小師

惟堅 惟通 惟中 惟成 惟朗 惟賛 惟存 惟聰 惟明 惟慶 惟喜 惟祥

法孫

妙願 妙選

清亭李三山、蘇八刊

**塔三**

摩濕嚩娑演覩薩嚩怛他蘖多三摩濕嚩（二十五行）娑地瑟耻帝没嚀野没嚀野尾冒馱野尾（二十六行）冒馱野三滿哆跛唎秫睇薩嚩怛他蘖多（二十七行）迄利馱野地瑟姹曩地瑟耻多摩賀母捺（二十八行）𡃤娑嚩訶（二十九行）

此陀羅尼八十萬億如來同共宣說，若有（三十行）善男子善女人口誦耳聞，將來不受胞胎（三十一行）之身，蓮華化生，若有鬼神聞此陀羅尼，悉（三十二行）發菩提心，離苦解脫。（三十三行）南無娑婆教主，我今一心歸命禮。（三十四行）三賢十聖應真宗，願賜威神加念力。（三十五行）希有惣持秘密教，迴施法界諸含識。（三十六行）

《泰山志》卷十八 金石記四

靈岩寺亨公壽塔記 正書額 正書 在靈巖

至順二年（1331）七月

右碑連額高三尺六寸，廣一尺八寸。額題“亨公首座壽塔”六字，正書，徑二寸五分，横列於上。文十七行，行二十八字，正書，徑七分。按碑稱思亨博通諸經，閱大藏而又援儒典以取重，及言其讀儒書，亦不過講五經，讀《廣韻》而已。"悅大藏經"似即"閱大藏經"，別字也。"粃嚴花菓"，"施陪堂鈔"，"作長生供"，皆近世佛門通俗語，而刱見此碑。以"鷓鴣天"調爲銘詞，別是一例，至其調之不諧，又不足較也。序末云"以俚語'鷓鴣天'"，此下文氣未足，蓋撰記者爲住僧智久，不諳文體者也。

26. 慧公禪師碑銘（1331）

慧公禪師碑銘[①]

靈巖禪寺第三十四代慧公禪師壽碑塔銘（一行）

嵩山法王禪寺西堂無菴長老覺亮撰（二行）

當山住持傳法嗣祖古淵長老智久勸緣　書記恒勇書（三行）

師諱智慧，道號涌泉，袁州人，出於大姓李氏，宿有善緣。既長，年十六，恥爲世俗之所埋沒，遂决志出（四行）家，禮泰安州長清方山靈巖禪寺住持　足菴肅公[②]長老爲師，落髮受具，爲大比丘。於是隨眾習學（五行）五大部經，告香請益，禪宗奧典，雜勘公案，其間微省。　足菴[③]退席。至元二十年（1283），復請安山月泉和尚（六行）住持，師巾瓶三載，隨眾絫學。二十二年（1285），值月泉圓寂。於二十三年（1286）遂請　寶峯順公[④]長老接續住持，（七行）師亦乃隨眾絫叩。一日，室中過三祖大師《信心銘》，至"言語道斷，非去來今"處，豁然穎脫，遂成一偈曰：（八行）"言詞盡淨絕機關，凡聖情忘造者難。木馬穿雲消息斷，依前綠水對青山。"寶峯忻然稱賞，遂印爲明（九行）道之偈，遂以衣頌付之，令續佛慧命，永傳不朽。乃

---

[①] 原碑在靈巖寺墓塔林，有"慧公禪師壽塔"，塔身刻"颶""鶴""齊"三字。碑額正書，空心體，分三行，每行二字。國家圖書館拓片編號各地2895。京都人文拓編號GEN0153A，GEN0090B，GEN161X。《山左金石志》卷23有介紹，第14774頁。金榮《泰山志》卷18有碑陽錄文及考證，第681—684頁。桂華淳祥《金元代石刻史料集——靈巖寺碑刻》有錄文，第95—98頁。《泰山石刻》第8卷有照片、碑陽錄文及介紹，第2426頁。許明《中國佛教金石文獻·塔銘墓誌部六（元卷）》有錄文，第2529—2531頁。《長清碑刻》卷中有照片並碑陽錄文，第740、742—743頁。

[②] "足菴肅公"前平闕一字。

[③] "足菴"前平闕一字。

[④] "寶峯順公"前平闕一字。

爲清安嫡孫，寶峰之子。既然大事了畢，奮然興志，（十行）淘汰諸方，名師宿德，無不叅叩，皆蒙許可。師秉性聰敏，博覽群書，所以人皆稱賞。由是一日，有昭子（十一行）明具疏，敬請開堂，出世住持濟寧路泗水安山禪院，爲國焚修，祝延（十二行）聖[①]壽。至大元年（1308），嚴侯七衙公子具書疏，敦請住持鵠里崇孝禪寺。數載，值靈巖桂菴退席，衆知事具書（十三行）疏，敦請接踵住持靈巖禪寺。數載，師厭住持事煩，名山大刹不可久居，遂退居雲臺養道，爲終身之（十四行）計。未幾，至順元年（1330），有肥城縣空杏禪寺宗主賢公具疏，敦請住持本寺。師凡據五處名藍，皆有勤績（十五行）可觀。享壽七十餘年，僧臘五十有五，尚健無恙，於是有小師住持東平普濟惟昌菴主，狀師實行，以（十六行）禮乞求壽碑塔銘，用傳百年之後，不朽之計，辭不獲已。老拙然不敏，嘉其孝道之心，謹依來狀，乃爲（十七行）壽碑塔銘。銘曰：（十八行）

開法安山，名出塵寰，高提祖印，大振禪關。次主崇孝，嚴侯祖林，（十九行）七衙公子，禮無不欽。遷住靈巖，與迷指南，咸歸正道，令悟玄談。（二十行）退居雲臺，山境奇哉，四海禪侶，嚮化而來。老歸空杏，賢宰願心，（二十一行）鼎新革故，永作禪林。小師惟昌，碑塔報恩，揚名後世，千載常存。（二十二行）

旹大元至順二年（1331）歲次辛未孟冬上旬有五日，小師惟聞、惟俊、惟巧等立石。清亭李克堅刊。（二十三行）

提點思讓，監寺思川，提點子貞，官門覺文，維那子廉，副寺子揮，典座子時，直歲惟端。（二十四行）首座思亨，書記恒勇，藏主思泉，教讀思岑，知客思䔩，錢帛惟山，修造思柳，侍者子英（二十五行）等助緣。

**碑陰**

嗣法門人

福建思海庵主 清亭子清庵主 錦川子聰庵主 平水普濟庵主 東原廣禪師 東原惟達居士

落髪小師

惟定 惟寧 惟聚 惟望 惟興 惟得 惟昌 惟旺 惟聞 惟思 惟信 惟行 惟果 惟

---

[①] "聖"一字抬頭。

政 惟俊 惟應 惟巧 惟端 惟忠 惟益

惟住 惟故 惟殷 惟雨 惟榮 惟龍 惟勝 惟仲 惟進 惟潤 惟契 惟琮 惟聰 惟德 惟明 惟福 惟田 惟院 惟米 惟麵

惟山 惟喜 惟安 惟實 惟通 惟從 惟成 惟湧 惟用 惟堃

法孫

妙得 妙金 妙遇 妙覺 妙喜 妙清


《泰山志》卷十八 金石記四

靈巖寺慧公禪師壽塔銘 正書額 正書 在靈巖

至順二年（1331）十月

右碑連額高三尺六寸，廣三尺二寸。額題"慧公禪師碑銘"六字，正書，徑三寸五分，黑文凸起，分三行。文二十五行，行三十九字，正書，徑七分。按碑文為嵩山僧覺亮撰，慧公，袁州人，其投靈巖寺禮足庵肅公落髮，時年僅十六。肅公之住靈巖，在至元二十年（1283）以前，則慧公之生年當在世祖嗣位之初，其時袁州尚屬宋疆，不知慧公以十六歲之弱齡，何能間關數千里、徑得入靈巖也？要必有攜挈之因緣，碑未能詳及耳。嚴侯七衙公子者，不知何許人，必是世家閥閱之子孫，觀其寺名"崇孝"，而銘詞內又稱為"嚴侯祖林"，則是建香火院於嚴氏之祖塋，額題"崇孝"而請慧公住持也，其嚴氏之孝必有可紀者。碑乃不詳而徒誇張其稱曰"七衙公子"，以為慧公榮，庸僧涉筆為文不知體要類如此。

27. 張淑寄贈讓公詩碑（1333）[①]

鄙語寄贈（一行）讓公[②]長老大禪師，方丈之下，羙（二行）別後之一

---

[①] 原碑嵌於御書閣西側院牆壁上。國圖編號各地 161-1，各地 2928-1。京都人文拓編號 GEN0163X。馬大相《靈巖志》卷 3 有錄文，題作"寄讓公長老"，第 73 頁。《山左金石志》卷 24 有錄文及介紹，第 14798—14799 頁。金榮《泰山志》存目，第 684 頁。《泰山石刻》第 8 卷有照片、錄文及介紹，第 2529 頁。《長清碑刻》卷中有照片並錄文，第 615 頁。

[②] "讓公"平出。

粲。（三行）

　　崢嶸樓閣翼飛騫，勝槩傳誇（四行）眾口喧。泉味溢甘溲[①]鶴瑞，山（五行）形呈秀二龍蜿。（六行）上方[②]境界埃塵遠，絕景亭臺（七行）竹樹蕃。鐵作袈裟深有義，後（八行）人于此要淵源。（九行）

　　處約張淑拜手書。（十行）

　　至順癸酉（1333）仲春末旬七日。（十一行）當山住持傳法嗣祖沙門義讓。（十二行）提點思川、監寺子貞立。（十三行）

　　絕頂松風灑醉顏，潘輿鶴髮（十四行）［憶］平安。十年留得題名在，淚（十五行）濕秋雲不忍看。　復游于寺。（十六行）

　　至元廿四年（1287）冬至二日文昌堕淚書。（十七行）予愛是詩故錄於此，息庵上石。（十八行）


　　　　《泰山志》卷十八 金石記四
　　　　　靈岩寺張淑詩刻 正書 在御書閣
　　　　　　至順癸酉（1333）仲冬[③]

28. 無為法容禪師塔銘（1338）

無為容公禪師塔銘[④]

弟三十五代無為容公禪師道行之碑（一行）

靈巖禪寺傳法住持嗣祖沙門［定］嵩野衲德慧撰 書記福廣書篆（二行）

兩儀未判而萬彙不有者空，四大未［和］而一真□二者性，且性與空

---

① "雙"的異體字。馬大相《靈巖志》作"雙"。
② "上方"平出。
③ 應為"仲春"，《泰山志》誤。
④ 原碑在靈巖寺墓塔林，有"容公禪師壽塔"。碑篆額，分四行，每行二字。國家圖書館拓片編號为地2889，京都人文拓編號 GEN0181A, GEN0182X。《山左金石志》卷24有介紹，第14782頁。《泰山志》卷18有考證，第685—686頁。桂華淳祥編《金元代石刻史料集——靈巖寺碑刻集》有錄文及考證，第101—107頁。許明《中國佛教金石文獻·塔銘墓誌部六（元卷）》有錄文，第2561—2564頁。《長清碑刻》卷中有照片並錄文，第765—768頁。

本一，而未嘗有二之殊。若是者，非天地玄黃而能覆，日月照臨而能（三行）明，王公尊大而能下，富貴崇高而能屈乎？既天［地日］月、王公富貴皆不能獲其得者，畢竟其誰乎？由是論之，而得之者，莫過（四行）吾①佛大雄吉尊，於靈山會上，末後拈起，未免迦葉之［笑］，□乃真傳之始也。至於西乾授手，東震符心，而未始有殊。迄今天下，萬古之吉，五派（五行）歧分，滔滔然而無處不有。清源下一十一吉之外，雖祖於燈錄之多，不過（六行）吾祖②萬松，兩國之師。得其傳者，天下孫枝而最盛矣，以至天都之萬壽、河南之嵩少、及茲泰山方嶠之靈巖，是皆洞雲之长也。餘雖名山（七行）大川，法胤浩繁，而安可枚舉？我宗 古巖大和尚③，嗣之門人儔傑雖拔，惟無為公道業之傳，清而尤苦，立志以來，孤高眾望，甚不雷同其（八行）他。

公晉寧路霍州桑氏子，生而異，幼不與童戲，凡所見僧，便會作掌而問訊之。父母知異，宿種有善，而嘗嘆曰："此童之長也，必不得其子（九行）矣。"齡始十四，果不樂俗，自誓出家，即投鄉之霍東靳壁村雲峯禪院，禮英公戒師為雉④度之師，十六受沙彌十戒□將日往月來，決有江（十行）湖之志。一旦飛錫而邀遊五臺，金色光中瞻禮（十一行）文⑤殊菩薩。當時聞臺北西京大普恩寺，起□圓戒大會，即往造之，受以具足。其後聞齊魯衣冠之國，多聖賢之風，慨［然］□錫而趨屆山東，歷（十二行）諸講肆，即於麟府濟寧金山洞巾餅無及大和尚，敬叅六載餘，一言之下而發露有省。是時，東魯共響，師之道價之［高］，杜公僧錄聆即躬，（十三行）命師於麟府撿以大藏。二載後，適嵩山大法王禪寺告香，侍叅損庵大和尚。以至香山汾溪、少室還元，師皆徧叅，而非止一處。時歲三十（十四行）而立，即請本師 古巖大和尚⑥主之少林，依棲六禩，淘汰之餘，而深獲其趣，師肯許，即

---

① "吾"一字抬頭。
② "吾祖"平出。
③ "古巖大和尚"前平闕一字。
④ 《泰山志》認為當作"雉"。
⑤ "文"一字抬頭。
⑥ "古巖大和尚"前平闕一字。

嗣之以衣頌，罷囗①矣。越明年，開堂始授洛陽天慶（十五行）之請，迺出昔之囗也。厥後於不惑之年，始受方山靈巖之命。主之未幾，翻然切有思親之恩，即歸奉事囗堂之終，可［謂］喪盡其禮而祭盡（十六行）其誠矣。後復河南，又應天慶之疏，主之三囗而退，却於陝州閱藏三載。後至元丁丑（1337），裕州維摩禪寺請主之，即今囗②尸而傳道。於戲，天下（十七行）之徒，入吾聖門之學者，未［嘗不以］九仞之疲，而虧之於一簣之功，是皆自拒而絕弃矣，斯非中夫正鵠之正歟。而又安得如我無為大和（十八行）尚，自幼而壯、壯而至於老，至囗囗歲而廢於止，如昔元行於一步之初，以及今程於万里之終，可謂廣求宗匠，而徧履門風。《語》云："苗而不（十九行）秀有矣夫，秀而不實有矣夫。"詎哉，言也。若公之志，修進於法器之勇，又非于葛藟、于堯脆尫而陷於夫乎，如論之以志，大人可為我輩鳥③（二十行）能耳耶？公桑姓，法容諱，無為囗号也。然居名剎之剩，而徒亦剩矣。是時，小師覺初憶師命脈，恐久失傳，曰賴監寺貞公和尚，儼賫師狀而（二十一行）丐文於我。我告曰："師主名剎之多，德業綿遠，乃天下之法將也，非我孤陋不述，而筆舌能盡焉。"如是數四，謝不獲免，故以來狀之實而次（二十二行）弟之。苟不能辭，方以涊忍之詞而污之金石。然雖如是，却弗湮囗道行之誠。故前取以空性之說，以為傳授本末，俾將後人識有龜鏡而（二十三行）錄之端。故為之銘曰：（二十四行）

大哉性空，與天同軌，當體常空，混蝸一理。放囗④合囗，卷分寸囗，失之曰塵，得謂之髓。天地日月，尚莫能比，（二十五行）王公富貴，而安可使。惟我（二十六行）昔尊⑤，靈山拈起，迦葉一笑，洞徹玄旨。以至萬昔，燈錄多紀，祖祖相傳，又過如此。我宗古巖，度無為子，（二十七行）真得其傳，讚不虛美。幼自出家，親莫能累，廣求宗匠，門風徧履。一器法成，四溟聞喜，信於豚魚，化及千里。（二十八行）天慶開堂，靈巖來止，望剎多經，非惟一矣。今樹之碑，紀以終始，萬古年間，聞之云耳。

---

① 加藤一寧補作"參"。
② 加藤一寧作"現"。
③ 原碑作"鳥"，恐"烏"字誤寫。
④ 可能為"六"。人文拓錄作"一"。
⑤ "昔"一字抬頭。

（二十九行）

峕至元戊寅（1338）月寓季春姑朔日，小師覺初、覺增等立石。清亭石匠張克讓、蘇亨、蘇子由等鐫。（三十行）

山門知事：首座思岑，書記福廣，知藏維智，教讀惠□，知客惟聰，侍者惟和，錢帛子洪，殿主子延，庫主子蝸。（三十一行）提點子揮，提點子□，監寺子貞，官門子□，維那慶□，副寺子敞，副寺覺文，典座子時，直歲子秦。（三十二行）

西牛莊院主惟□、院主思周，西莊院主思矞，曠同院主子吉，大峪觀音院院主思柳，北莊院主妙政，神宝寺院主惟香。

碑陰

落髮小師

覺初 覺暹 覺顏 覺折 覺良 覺顯 覺忻 覺悅 覺正 覺楫（一行）
竟韞 竟備 竟祚 竟睿 竟增 竟昇 竟浩 竟彌 竟輔 竟近（二行）
竟選 竟賑 竟祺 竟淵 竟富 竟偉 竟仁 竟彰 竟寂 竟秘（三行）
竟密 竟堯 竟舜 竟臻 竟進 竟倣 竟習 竟喆 竟霈 竟瞻（四行）
竟恭 竟敬 竟妙 竟道（五行）

《泰山志》卷十八 金石記四

靈巖寺容公禪師塔銘 篆額 正書 在靈巖

後至元四年（1338）三月

右碑連額高六尺許，廣三尺二寸。篆額題"無為容公禪師塔銘"八字，徑四寸，分四行。文三十二行，行存四十五字[①]，正書，徑九分。下截闕失，讀無全文。按碑立於至元戊寅，元代有兩至元，皆有戊寅。據文云"後至元丁丑（1337）"，則戊寅為順帝至元四年（1338）無疑。且容公住持在至治二年（1322），有勸請疏文石刻，且知事諸人又皆為至正二年（1342）龍藏殿碑中所有，皆可證也。其云"季春姑朔日"，甚不可解，或是姑洗之省文。文稱容公主名剎之多，謂為天下之法將，未免措

---

① 實則五十二字。

辭近於夸大。"薙度"作"雉度","共嚮"作"共響",則書碑之誤也。

29. 揮公提點塔記（1338）

揮公提點塔記[①]

通宗英德大師輔成堂提點揮公碑記并序

書記 廣野雲书并篆（一行）

　　且夫朝廷之綱，一匡而四海清者，必自大臣治。叢林之規，壹正而六和安者，必自大僧主。然（二行）則非朝綱而莫能齊其國，非叢規而無由治其眾。若言之以治眾安僧，發招提之興者，天下（三行）名藍雖眾，莫逾我宗靈巖，知事豪邁，多能於治，始自（四行）元[②]皇開創以來，我寺山場屢經民侵於採，眾曾不安，累及官擾甚。先輩舉公提點知靈巖時，壹（五行）正于心，志不剡勇，即趨（六行）京師[③]，干 省部[④]，親（七行）聖[⑤]上，三授璽書，來安靈巖眾。自時靈巖經界潤而山場定，民靜止而官事息，到今山門一新而（八行）豐者，非公龍象之傑，莫能如斯。公剎小師揮公提點，尤能如是，而綱紀叢林之整。

　　師齊河人，（九行）諱子揮，姓范氏，號通宗英德大師。童喜出家，而日訴雙親之許，親不從而望竢於老之將至。（十行）期不果定，父母皆亡，師時十有八歲，俗不可奪，恪懷昔誓之誠，而遽適靈巖，薙求師度，而要（十一行）遂生平之志。師知宿根深蒂，即隨從之，以善決而不違其剎，故與之師矣。師謂誰？舉公提點（十二行）彥高也，然得其度而出塵之志亦遂矣。後來，法器既成，福緣將就，首充香積、典座，即出過講，（十三行）壹臘而歸。又充中、南二莊院主，及修各寺莊產，而又剏搆觀音、伽藍

---

① 原碑在靈巖寺墓塔林，有"揮公提點壽塔"。碑篆額，橫題。國家圖書館拓片編號各地2890，京都人文拓 GEN0183A，GEN0183B，GEN0184X。《山左金石志》卷 24 有介紹，第 14782 頁。《泰山志》卷 18 有考證，第 686 頁。桂華淳祥編《金元代石刻史料集——靈巖寺碑刻集》有錄文及考證，第 107—109 頁。許明《中國佛教金石文獻‧塔銘墓誌部六（元卷）》有錄文，第 2564—2565 頁。《長清碑刻》卷中有照片並錄文，第 760—761 頁。
② "元"一字抬頭。
③ "京師"平出。
④ "省部"前一字平闕。
⑤ "聖"一字抬頭。

壹堂，以至官門、監寺、倉（十四行）主、錢帛、鋪庫。二主副寺，院門、提點、官門等無不充者。至元丁丑（1337），請退官門提點，而改充當山（十五行）監寺，逾秊而退。上充輔成堂提點，首紀叢林之綱，實海眾之望也。是年，割財柒佰伍拾緡，而（十六行）朱油五花大殿，周圍戶牖，炳然壹新，茲非大僧之作而安可如是？時小師竟初來，以炷香而（十七行）告文於我，欲銘以壽塔之記，固圖庶見於將來，不湮師行。我知來意之誠，禮主於孝，故不可（十八行）辭，輒應之以諾，蓋與之為，且師之行，性沉厚而溫善，有觸於犯，忍而無校，凡所作為，端莊其（十九行）事，細不泛常。自披剃以來，普充名剎知事，公心常住，而舍己從人，斯可謂大僧之儀，至也。若（二十行）論之以人才之正，在國必治，在家必齊，在僧必行。我引此說而實次序，故陋以述而為之記。（二十一行）

當代住持嗣祖沙門定巖撰。（二十二行）

至元戊寅（1338）仲夏月朔寘生立石，小師覺深、覺初，清亭石匠張克讓、蘇子由。（二十三行）

**碑陰**

落髮小師

覺深 覺初 覺淵 覺源 覺齊 覺沖 覺從 覺通 覺高 覺安（一行）
覺海 覺遷 覺琮 覺成 覺妙 覺俊 覺善 覺緣 覺貴 覺玉（二行）
覺俊 覺道 覺神 覺山 覺望 覺應 覺來 覺財 覺祐 覺讚（三行）
覺筠 覺閏 覺□ 覺順 覺恭 覺痊 覺尚 覺道（四行）

《泰山志》卷十八 金石記四

靈巖寺揮公塔記 篆額 正書 在靈巖

後至元四年（1338）五月

右碑祇見上半截，連額高二尺三寸，廣二尺四寸。篆額題"揮公提點塔記"六字，徑三寸，橫列於上。文二十三行，行存十八九字，正書，徑八分。碑首行云"通宗英德大師輔成堂提點揮公碑記"，末云"至元戊寅仲夏月朔"，餘皆讀無全文，戊寅為順帝后至元四年（1338）。至正元年（1341）龍藏殿記碑陰，子揮施鈔二千四百兩，其時僧職為監寺，此碑則職提點也。

30. 大元泰山靈巖禪寺龍藏殿記（1341）

大元泰山靈巖禪寺龍藏殿記[①]

大元泰山靈巖禪寺剏建龍藏之記（一行）

正奉大夫侍御史燕南河北道肅政廉訪使張起巖譔并篆額（二行）

中奉大夫嶺北等處行中書省叅知政事張蒙古台書（三行）

天下佛宇以巖名者，則泰山靈巖為之冠。以其境屬中土，占岱宗右腋，面勢環抱，當秀絕處，前乎此未有識其勝槩。以據有者，殆天造地設神靈（四行）珍藏，以待夫雄尊崇大者處之，然後為稱也耶。盖巖之巔，東如列屏，如窣堵波，獻奇駢秀，矗乎雲表，北如連城，截然展拓，高出千仞，俯臨真境，（五行）若嚮若護。東巖南引而左拱，與北巖子午相直，其上有穴洞明，望之若月。元魏正光間，法定禪師駐錫于此，睹其形勝，兀坐獨處，德風所扇，慧照（六行）所加，靈怪斂避，虎獸馴伏。復有泉涌于寶，泓而為池，土俗目其神異，為構丈室，延居其中，演教授徒，是為開山初祖。歷隋暨唐，殿堂齋寮，日新以（七行）盛。宋太平興國、天禧、景德，徧以其號錫寓内寺院，故寺嘗號景德。寺之千佛殿、五花殿，構于其時，石刻具在，迄今廣宇周廊，遺制尚存。（八行）

皇元[②]崇奉釋教，視前代為有加，泰安分土王邸，於是寺外護尊禮尤切注意。至元二十四年（1287）丁亥，第三十代住持寶峰順禪師以為，名山大刹，（九行）大眾雲集，受學之人，必資講誦。我佛之教，其言傳於世者為經，歷代高識發揚翼成者，曰律、曰論、曰疏，增衍廣大，至五千餘卷。今板本在江浙、在（十行）閩，於是專普覺大師提點廣往購。至杭，則普寧寺已具經、律、論完本，遂購而航，致之浮江、絕淮、踰河，抵郡之陰河鎮。

---

[①] 原碑在靈巖寺辟支塔側院落内。碑篆額，分三行，每行四字。國家圖書館存碑陽拓片，編號各地 2886。京都人文拓編號 GEN0008X。《山左金石志》卷 24 有介紹，第 14785 頁。金榮《泰山志》卷 18 有碑陽錄文及考證，第 686—688 頁。桂華淳祥編《金元代石刻史料集——靈巖寺碑刻集》有錄文及考證，第 110—113 頁。《長清碑刻》卷中有照片及碑陽錄文，第 708—709 頁。

[②] "皇元"平出。

以二十六年（1289）三月十八日具（十一行）法事，作禮迎致，權置寺之五花殿。後四十五年，當至元後元乙亥（1335），息庵讓禪師圖建外三門，方具材厖役，俄受少林之請，佛智明悟通理大禪師（十二行）之巖慧公嗣主法席，乃相舊輪藏之基，規模故在也，謂宜起廢，庶琅函寶笈，貯閣有所。諮於廣智大師提點川、明德大師監寺貞等，度為藏殿（十三行）三楹，輟三門材為之。寺之耆德法屬聞是語已，欣然出衣盂資，以助以倡，鄰郡濟南達宦善士之樂施者相繼也。經始於至元後二年（1336）冬十月，（十四行）畢工于六年（1340）夏四月，宏敞虛靜，位置崇整，扁其額曰"龍藏"。中為龕帳，以庥像設，以覆藏函，供張器皿，殿所宜有，種種備具，金碧絢爛，薌燈芬灼，裝（十五行）嚴佛界，觀者起敬。總其所用，為楮泉二萬三千餘緡。師偕提點貞、監寺揮等來請記於余。余惟大雄氏之教，肇自東漢，流傳震旦，其為言說，普（十六行）令[①]一切世間，識原達本，發無上妙心，如良藥療眾疾，如慈航濟苦海，如慧燭破幽暗，以之開迷惑顛倒，以之釋貪著愛欲。人之求其法者，舍是經（十七行）何以哉？知有是經而不能讀，讀而不能思，思而不能從，是與未嘗見聞者無以異也。夫采藥療疾，取米救飢，而藥與米究竟有盡。惟是經也，取而（十八行）讀誦，思惟其義，開發覺悟，深造自得，利己利人，普蒙福惠。於是經也，復無所損，義益明暢，如清淨水，洗滌塵垢，水亦還潔，如大寶月，照徹昏闇，（十九行）月自明朗。然則來學者舍此弗究，可乎？師張姓，世為保之完州人，居州之南檀山，年八歲禮古唐甘露禪院詮公為師，得法於靈巖桂庵達禪師。（二十行）至元後丙子（1336）得錫今號，是為住山四十代師云。至正元年（1341）二月望日記。（二十一行）

　　山門提點子貞，提點子廉，監寺子揮，監寺子洪，修造思柳，維那惟智，副寺思蕭，典座子時，副寺子秦、子可、惟寬、覺喜、淨心，直歲子路、覺昌、覺宗、覺千。（二十二行）耆宿首座思讓，首座子英，書記思岑，藏主思周，知客子金，倉主子敵，錢帛子慶，庫主覺初，浴主思洪，外庫覺增，侍者戒信，殿主子延等。（二十三行）

---

[①] 今＞令，《泰山志》《金元代石刻史料集——靈巖寺碑刻》皆作"令"。

十方靈巖禪寺住持傳法嗣祖沙門佛智明悟通理大禪師定巖野衲德慧立石。（二十四行）石工張克讓、蘇亨刊。（二十五行）

**碑陰**

施鈔花名

住持定巖貳伯兩　前住持息庵貳伯五拾兩　首座思讓壹千五拾兩　提點子貞壹仟陸伯伍拾兩　提點子廉貳伯兩　監寺子揮貳仟肆伯兩　監寺子洪柒伯兩　書記思岑貳拾伍兩　監寺思柳貳伯兩　藏主思周伍拾兩　維那惠才貳拾伍兩　庫主子宗伍伯兩　倉主子敞柒伯伍拾兩（一排）

庵主慶潤拾伍兩　教讀惟洪壹拾兩　典座子金五拾兩　副寺思靄貳伯兩　宦門□文三拾兩　院主子荣□①拾兩　侍者子津□②伯兩　倉主子坦肆伯兩　院主子泉三拾兩　院主覺山貳伯兩　院主覺道五拾兩　副寺妙酬壹伯兩　殿主子緣貳拾五兩（二排）

院主思祐貳伯五拾兩　副寺惟香三拾兩　侍者惟和壹拾兩　副寺子端壹拾兩　知［客］子全壹拾兩　院主子現貳拾五兩　殿主洪就壹拾兩　鑄瀉子矩五拾兩　庫主覺初壹伯兩　外庫覺增貳拾五兩　院主妙政八拾兩　丁泉院主惟津五拾兩（三排）

濟南路施主

了然居士八伯伍拾兩　李士榮貳伯五拾兩（一排）

□然居士壹伯兩　吳彥達五伯兩（二排）

孟居士壹伯兩（三排）

太中大夫山東東路都轉運使普顏估米兒施鈔壹伯伍拾兩

下院

泗水湧泉寺住持無雲智昭　錦川聖佛寺住持閑雲思整　德州李博寨福聖院住持嚴泉慶潤　錦川湧泉寺住持松谷行偉　濟南洛津報恩院住持思強　屋山雲禪院住持惟達

本縣

故山塔兒寺　下峪廣濟院　龍□大聖院　馬山法華庵　寺濼大雲禪寺　大峪

---

① 可能為"三"或"五"。
② 可能為"三"或"五"。

華嚴寺

　　米家店正覺寺　龍居寺　白塔寺　石佛寺　嘉勝寺　賈家莊觀音院　鵲里靈棲庵

　　濟南古舜坊崇福觀音院　文殊院　洛津文殊院　濟河南門觀音院　奉符縣黃山雲臺寺山費縣魯簿正覺院

　　曠同吉祥寺　由昊龍泉寺

　　至正改元（1341）歲次辛巳十月望日立。

《泰山志》卷十八　金石記四

靈岩寺剏建龍藏殿記并陰

篆額　張起岩撰　張蒙古台正書　在藏經殿

至正元年（1341）二月

　　右碑連額高八尺五寸，廣三尺五寸。篆額題"大元泰山靈巖禪寺龍藏殿記"十二字，徑三寸，分三行。文二十四行，行五十五字，正書，徑九分。碑陰刻施鈔人名二十六行，正書，徑八分。按杭州普寧寺印經一大藏，系世祖至元二十六年（1289）事，詳見《廣公提點壽碑》，至是順帝至元元年（1335）始建龍藏殿，蓋越四十七年矣。[①]《泰山道里記》云，靈巖寺般舟殿西為辟支塔，又西偏為藏經殿，有元張起巖剏建龍藏碑，即指此也。乾隆十四年（1749），殿燬於火，但云殿燬而不言經之存亡，殆是經之散佚久矣。碑文為張起巖撰，起巖之官中臺侍御史轉燕南廉訪使，史不詳其何年，以此碑證之，則至正元年（1341）猶居此官也。碑文刻於至正元年（1341）二月，而碑陰在是年十月，蓋刻文在畢工之初，碑陰則俟施鈔之數已定而後刻也。碑陰列諸寺職，有所謂鑄瀉者，不知所職何事，識以俟攷。

---

① 碑文原文作"四十五年"。

附　录 / 383

31. 大元國師法旨碑（1341）

大元國師法旨①

皇帝聖旨②裏（一行），管着兒咸藏③（二行）大元國師法旨④裏：

軍官每根底、軍人（三行）每根底、斷事官每根底、來往（四行）使臣每根底、管城子達魯花（五行）赤官人每根底、本地面官人（六行）每根底、來往収撿和尚俗人（七行）百姓每根底，省諭的（八行）法旨⑤：泰安州長清縣大靈巖寺住（九行）坐的僧人定巖長老，端與（第十行）上位，祝⑥延聖壽。依躰例裏，住坐者在（十一行）前。但属寺家的田地、水土、園（十二行）林、碾磑、店鋪、解典庫、浴堂、人（十三行）口、頭疋等物，不揀是誰，休倚（十四行）氣力奪要者，休謾昧欺付者，（十五行）休推是故取問要東西者。交（十六行）他安穩住坐者，執把行的（十七行）法旨⑦與了也。見了（十八行）法旨⑧，別了呵，依着（十九行）聖旨躰⑨例裏，恁不怕那是麽。這的每（二十行）有（二十一行）法旨⑩麽道，無躰例的勾當休做者。（二十二行）

蛇兒年三月二十三日，（二十三行）高良河大（二十四行）護國⑪仁王寺裏有時分寫來。（二十五行）

《泰山志》卷十八　金石記四

靈岩寺國師法旨碑 上截梵字 下層正書 在千佛殿

---

① 原碑在靈巖寺天王殿東側。篆額，分三行，每行二字。碑刻上部刻藏文，下刻轉譯元白話。國家圖書館拓片編號各地 124。京都人文拓編號 GEN0065X。《山左金石志》卷 24 有考證，第 14781 頁。《泰山志》卷 18 有錄文及考證，第 684—685 頁。王榮玉等主編《靈巖寺》有錄文及介紹，第 106 頁。《長清碑刻》卷中有照片並錄文，第 473 頁。據考證，該碑立於至正元年（1341）。見馬叢叢《大元國師法旨碑年代補證》，《世界宗教研究》2019 年第 3 期。
② "皇帝聖"三字抬頭。
③ "管着"二字抬頭。
④ "大元國"三字抬頭。
⑤ "法旨"二字抬頭。
⑥ "上位祝"三字抬頭。
⑦ "法旨"二字抬頭。
⑧ "法旨"二字抬頭。
⑨ "聖旨躰"三字抬頭。
⑩ "法旨"二字抬頭。
⑪ "護國"平出。

無年號

右碑高四尺四寸，廣二尺三寸。碑分上下二層：上層刻西僧梵書，凡十二列，橫讀，字如鈎絲下垂；下層刻法旨二十五行，行十四字，正書，徑六分，即上層西僧書，而以漢文譯之。按《泰山道里記》稱，靈巖寺千佛殿前後壁勒宋、元、明碑，有元蛇兒年國師法旨碑，蒙古字，今驗此碑，是西僧梵書，云蒙古字者，非也。碑云"大靈巖寺住坐的僧人定巖長老"，據提點貞公塔銘是定巖撰，其碑立於至正元年（1341），則定巖之住持靈巖，自屬至正元年（1341）以前之事。又舉公提點塔銘亦定巖書，已稱當代住持，其碑立於後至元二年（1336），則是時定巖已住持矣。文稱舉公于大德丁未（1307）詣朝廷陳告，欽貴聖旨，還民占僧田回付本寺，又奉皇太子令旨、帝師法旨護持山門云云，似即此碑所刻之聖旨、法旨也。但大德丁未非蛇年，或陳告在大德丁未，賚領法旨又在巳年；又或國師法旨舊文是蛇年所發，當舉公陳告時，國師即取已前法旨寫付之。皆未可知。今無可附麗，因即系於舉公塔銘之後附存之。

32. 息菴禪師道行碑記（1341）【附少林寺道行碑（1341）】

息菴禪師道行碑記[①]

靈巖禪寺第三十九代息庵讓公禪師道行之碑（一行）

日本國山陰道但州正法禪寺住持沙門邵元撰并書（二行）

中奉大夫前管領大開元一宗諸路都宗攝圓照普門光顯大禪師益吉祥篆額（三行）

大萬松兩國師下有［雪庭］總統，三吉而繼其燈者，息庵也。師真之

---

① 原碑現存靈巖寺墓塔林東部，有"讓公禪師之塔"。碑篆額，分四行，每行二字。國家圖書館拓片編號各地 4901。京都人文拓號 GEN0198A、GEN0198B、GEN0199X、GEN0200X。《山左金石志》卷 24 有考證，第 14786 頁。金棨《泰山志》卷 18 有碑陽錄文及考證，第 688—691 頁。王榮玉等主編《靈巖寺》有碑陽錄文及介紹，第 112—113 頁。桂華淳祥編《金元代石刻史料集——靈巖寺碑刻集》有錄文及考證，第 113—118 頁。許明《中國佛教金石文獻·塔銘墓誌部六（元卷）》有碑陽錄文，第 2588—2590 頁。《長清碑刻》卷下有照片並碑陽錄文，第 826—827 頁。梁容若《元代在華日僧所撰碑》有研究，《中日文化交流史論》，商務印書館 1985 年版，第 192—195 頁。

人，諱義讓，姓李氏。生而穎異，志氣不群；卯歲禮本府華嚴寺相（四行）闍黎為師，薙落受具［之後］，徧於講肆，聽習華嚴而深造毘盧［藏］海。厥後遂周由燕趙之間，遍參宗匠。末後徃風龍山，扣古巖宗師（五行）之室，古巖一見，甚稱［賞之］；未幾，老師應靈巖之舉，師乃侍徃。皇慶中，古巖赴少林之請，師又遂[①]之；巾侍數載，晨昏糸請，機緣相契，（六行）乃密付衣頌，［使續洞上宗風，且令掌］書記。後游南陽，領紀綱於香嚴，司記室於香山；又歸嵩陽，首眾於法王。至治年間，開堂於洛（七行）之天慶，次遷［熊耳之空相，住泰山］之靈巖。凡所住之處，皆革故鼎新，百廢俱舉。至元丙子（1336）秋，適嵩之少林虛席，本山知事賫疏迓（八行）請，匡率五［載，玄風大振，聲名藉甚］，李徒雲臻。師傳道揚化之餘，以莊嚴法社為心，故□丹青粧鑾殿宇，祖剎為之改觀；加之寺內（九行）廊廡、倉庫，［并莊］園［水磨］，所［有房］宇，悉皆修整。倉廩之畜，十陪[②]於常，苟非宿殖之力，焉有如此盛者歟。庚辰（1340）之夏，邁疾彌留，乃命門（十行）人曰，斯［疾不］可起也，［吾徃］必矣，急須營塔。至五月十二日，窣堵畢功；其日，師召知事門人等，付于[③]後事，遂索筆書偈訖，右脇而（十一行）逝。偈曰：［来］時本靜，去［亦圓周］，虛作舞，任意乃優游。至十四日闍維，門人分靈骨重塔於靈巖。世壽五十七，僧臘三十六；門弟子百（十二行）有餘人，嗣法者一十三人。［其秋］七月，糸學小師勝安携師行实，不遠千里来乞文於我。而我廼日本之產，又非陳良去楚而北悅（十三行）周孔之道也，然不獲厥中華之魯。奈公再三，辭不得已而諾之，以應平实於說，他日有荊舒而我之以膺者，予如何哉。雖文不美，（十四行）蓋口耳也，亦不甚難，而須次弟之实。且息庵師乃大宗匠，而道價超倫之人也，以至□自脫俗，師相公後，錫飛寰海，孛歷名山，以（十五行）之續達［磨］□後之燈，以之契吾祖不傳之旨。正偏兼帶兮惟自縱橫，黑白未分也許誰得妙。由是論之，師平昔梳風鏤月，斲玉淘（十六行）金，乃其續［餘耳］，何奇特焉。師平日貴乎灑落為道，而自在不拘，凡游戲三

---

① 原碑為"遂"，少林碑作"隨"，當為抄寫中產生的訛字。
② 少林寺碑有將"陪"改為"倍"的痕跡，靈巖寺碑無。
③ 靈巖寺碑較少林寺碑多出"於"字。

昧，而縱放取捨，隨流穩當；雖不拘於文字，而亦不惰於（十七行）偏枯，然所居之處，存亡進退而不乖於其時，又非得失而動於其心也。自我 萬松①大宗師去後，天下禪林而道風鼓舞，二嚴獲（十八行）者惟師也。於是師之生世，幼而至於壯，壯而至於老，皆道豐時盛，而得遂其志。以至嫡嗣古巖大和尚，而天下禪老，誰能出於其（十九行）右乎。主於靈巖，天下名刹，誰聞而不仰於其風欤；終於少林，天下宗風，誰敢不偃於其學歟。今分塔於茲靈巖，可謂至矣廣矣，而（二十行）甲終焉之計矣。吁，雖我拙而弗敢作之文，故盥滌焚香稽首，輟染短翰繫之銘。銘曰：

　　新豐一曲，迴絕追尋，格外玄旨，（二十一行）罕逢知音。雪庭間出，續焰少林，五乳峯下，鳳翔龍吟。遞代相継，以心傳心，惟息庵師，耀古騰今。吹無孔笛，（二十二行）彈沒絃琴，妙旨囬互，暗度金針。四尸望刹，接物隨宜，舉唱［宗旨］，不落［今］時。末後一着，不勞佇思，踏翻大海，（二十三行）趯倒須弥。劫石可碎，泰華可夷，師道師德，万世不衰。（二十四行）

　　至正元年（1341）仲冬之新復日，小師覺宗、覺際、竟迁、竟彰、竟猷、竟棟等立石。（二十五行）清亭石匠張克讓等鑴。（二十六行）

**碑陰**

嗣法門人

晉寧才庵主 晉寧澤庵主 舜都偉禪師 淨［明］心庵主 萬安安庵主 舜［都］宗庵主 少林定庵主 晉寧霑庵主 晉寧銑庵主 洛京昇庵主 少林春庵主 廣平實庵主

落髮小師

覺得 覺道 覺善 覺圓 覺通 覺悟 覺真 覺明 覺妙 覺理 覺性 覺智 覺等 覺先 覺宗 覺談 覺玄 覺繹

覺聖 覺□ 覺□ 覺泉 覺深 覺隱 覺棟 覺梁 覺材 覺傑 覺世 覺樞 覺機 覺志 覺溥 覺□ 覺清 覺訪

覺信 覺能 覺超 覺憋 覺際 覺高 覺彰 覺忠 覺正 覺誠 覺吾 覺儕 覺靈 覺

---

① "萬松"前一字平闕。

嵩 覺千 覺載 覺越 覺神

　　覺嵩 覺瑞 覺鹿 覺祥 覺麟 覺會 覺其 覺中 覺稽 覺古 覺永 覺興 覺隆 覺博 覺化 覺雄 覺音 覺宣

　　覺闡 覺震 覺猷 覺崇 覺賢 覺良 覺復 覺本 覺盡 覺歸 覺元 覺光 覺顯 覺禪 覺門 覺有 覺秘 覺傳

　　覺珍 覺重 覺雲 覺山 覺諸 覺碩 覺士 覺酬 覺侔 覺杞 覺梓 覺□ 覺□ 覺延 覺如 覺來 覺恩 覺重 覺普

　　法孫

　　了漸 了溫 了□

　　受戒徒第

　　濟南路了然居士□□ 濟南路唯心居士□鄭 濟南路寶寶娘子覺信

　　山門知事

　　首座子英，書記思岑，藏主思周，倉主子敞，知客□□，錢帛子慶，庫主覺初，外庫覺增，殿主子緣，侍者惟元，浴主思洪。提點子貞，提點子廉，監寺子揮，官門子洪，維那惟智，副寺思蠶、覺喜，副寺子秦、子可，副寺惟寬、淨心，典座子時，直歲子路、覺昌、覺宗、覺千助緣。

《泰山志》卷十八 金石記四

靈岩寺讓公禪師道行碑 篆額 日本僧印元[①] 撰行書 在靈巖

至正元年（1341）十一月

　　右碑連額高六尺，廣二尺四寸。篆額題"息庵禪師道行碑記"八字，徑二寸，分四行。文二十六行，行四十九字，行書，徑八分，文為日本僧印元撰書。中奉大夫圓照普門光顯大禪師益吉祥篆額。中奉大夫乃文散官，從二品階，僧職之有官階者，僅見此碑。日本在宋時屢以僧來通貢，元世祖至元間嘗遣使持國書往，諷其來朝，不應，加之以兵，喪師而還。成宗大德三年（1299），遣僧寧一山者，加妙慈宏濟大師，附商舶往使日本，而日本人竟不至。史傳所紀止此，則是終元

---

① 應為"邵元"，下同。

之世，未嘗有日本僧來也。①自大德三年（1299）至至正元年（1341），越四十三年矣。此印元僧或自慕中華釋教之盛，附舶訪道而來，非奉國王使命也。然既駐錫中土，自必上聞于朝，史何以不書其事，蓋無關國典之重，不登於記載，則後之作史者無從攷稽矣。印元之住山陰道但州正法禪寺，自係日本之舊刹，其在中國不知住何刹宇，文不自敍其所住之處，但云小師勝安不遠千里乞文，大約不出大都燕京諸處也。海夷方外，不必論文字之工拙，然大致亦與中土相同，書亦流動有法。仲冬新復日者，冬至日也，用字亦不多見。

**少林寺道行碑（1341）**

息菴禪師道行之碑②

河南府路登封縣嵩山祖庭大少林禪寺弟十五代住持息庵禪師行實之碑（一行）

日本國山陰道但州正法禪寺住持沙門邵元撰 轉經比丘藏主法然書丹（二行）

中奉大夫前管領大開元一宗諸路都宗攝圓照普門光顯大禪師益吉祥篆額（三行）

曹洞玄旨，調高和寡，續其斷絃者，投子也。青州正派，源遠流長，揚其頹波者，雪庭也。扶豎　祖庭③之凋零，重整宗綱之將墜，故為其兒（四行）孫者，皆箕裘之業相繼，跳竈之器自全。雪庭三世有息庵老人者，迺真定人也，諱義讓，姓李氏，生而穎異，志氣不群。卯歲礼本府華嚴（五行）寺相闍梨為師，簁落受具之後，投於講肆，聽習華嚴。遂周由燕趙之間，遍參宗匠。末後徃封龍山，扣古巖之室。古巖一見，甚稱賞之。未（六行）幾，古岩應靈巖之舉，師乃侍徃。皇慶中，古巖赴少林之請，師又隨之。巾侍數載，晨昏参請，機緣相契，乃密付衣頌，使續洞上宗風，且令

---

① 今僧傳多有記載元代日僧來華。
② 原碑現存少林寺碑林，有"息庵讓公大禪師壽塔"。人文拓編號 GEN0193X，碑陰 MIN0357X。碑額篆書，分四行，每行兩字。許明《中國金石文獻‧塔銘墓誌部（元卷）》有錄文，第 2575—2578 頁。
③ "祖庭"前平闕一字。

（七行）掌書記。後遊南陽，領紀綱于香嚴；司記室於香山；又歸嵩陽，首眾于法王。至治二年（1322），開堂於洛陽之天慶，次遷熊耳之空相，住泰山之（八行）靈巖。凡所住之處，革故鼎新，百廢俱舉。至元丙子（1336）①之秋，適嵩之少林虛席，本山知事齎疏迎請，住持五載，玄風大振，聲名藉甚，學徒雲（九行）臻。師傳道揚化之餘，以莊嚴法社為心，故鳩丹青粧鑾殿宇，祖刹為之改觀。加之寺內廊廡、倉庫，并莊園、水磨，所有房宇，悉皆修整，倉（十行）廩之畜，十倍②於常。苟非宿殖之力，焉有如此盛者歟？庚辰（1340）之夏，邁疾彌留，乃命門人曰，斯疾不可起也，吾徂必矣，急須營塔。至五月［十］（十一行）二日，塔頗畢功。其日，師召知事、門人等，付于後事。遂索筆書偈訖，右脇而逝。偈曰：来時本靜，去亦圓周，虛空作舞，任意優遊。至十四日（十二行）闍維，門人分靈骨重塔于靈巖，世壽五十七，僧臘三十六；門第③子百有餘人，嗣法者一十二人。其秋七月，糸學小師勝安攜師行實，不（十三行）遠千里，来淮之寶林，敬禮泣告前開元宗攝損庵老師，曰少林住持於五月十二日順世，荼毗訖，大小知事令勝安特来求乞文刻于（十四行）石，伏望和尚慈悲。老師曰，自愧實負霜橙，已在年邁，去此不遠，有日本國古源上人，豁達之士，汝可徃哀愍求之於文。於是，安遂依老（十五行）師指揮，過余索記。且曰，公在先師會下久矣，實知師者也，作文以光揚其道，非唯不忘舊日道義，抑亦不虛宗攝老師誘引之意也。余（十六行）復命曰：文字之學，非我所知，矧少林老師道德，與嵩少爭高，巍巍乎，吾無以間。然又跋涉千里，意在明珠，而得魚目歸，可乎？撫己缺然，（十七行）固辞不可，不得已而焚香稽首，輟染短翰，繫之以銘。銘曰：

新豐一曲，迥絕追尋，格外玄旨，罕逢知音。雪庭間出，（十八行）續焰少林，五乳峯下，鳳翔龍吟。遞代相継，以心傳心，惟息庵師，耀古騰今。吹無孔笛，彈没絃琴，（十九行）妙叶囬互，暗度金針。四尸望刹，接

---

① 據《大元泰山靈巖禪寺龍藏殿記》《慧公禪師道行之碑》《圓明廣照大師舉公提點勤績塔銘》，息庵於後至元元年（1335）受少林之請，遷住少林。此處丙子年（1336）秋移住少林一說，與前相左。
② 有從"陪"改"倍"的痕跡。
③ 一般作"弟"。

物隨宜，舉唱宗旨，不落今時。末後一著，不勞佇思，踏翻大海，（二十行）趯倒須弥。劫石可碎，太華可夷，師道師德，万世不衰。

至正元年（1341）三月吉日。監寺子羲，小師覺道、覺談等立石。（二十一行）

提點智盖、智俊、子敬、子安，監寺子羲、子勝，維那了霑，典座子祐，副寺子朗、子整、子淨、覺訓、子音、覺酹、直歲子因、覺□、子吉、覺真、福斌。（二十二行）首座義聰，藏主法然，知客覺恭，教讀智春，錢帛智寶，倉主行密，外庫覺碩，庄主義瓊，侍者子定、德銑、禧明。（二十三行）

宣授祖庭大少林禅寺住持嗣祖傳法沙門無為法容。監寺藏山、覺雲刊。（二十四行）

**碑陰**

息庵禪師宗派之圖

嗣法

晉寧才庵主 晉寧澤庵主 空杏偉禪師 净明心庵主 萬安安庵主 舜都宗庵主 少林定庵主 晉寧霑庵主 晉寧銑庵主 洛京舜庵主 少林春庵主 廣平寶庵主 济南府了然居士刘 济南府唯心居士鄭 济南府寶寶[①] 娘子覺信

落髮小師

覺德 覺道 覺善 覺圓 覺通 覺悟 覺真 覺明 覺妙 覺理 覺性 覺智 覺等 覺先 覺宗 覺談 覺玄 覺繹 覺聖 覺義 覺林 覺泉 覺深 覺隱 覺棟

覺梁 覺材 覺傑 覺世 覺樞 覺機 覺志 覺溥 覺該 覺清 覺訪 覺信 覺能 覺超 覺憝 覺粹 覺高 覺彰 覺忠 覺正 覺誠 覺吾 覺僑 覺靈 覺嵓

覺千 覺載 覺越 覺神 覺嵩 覺瑞 覺鹿 覺祥 覺麟 覺會 覺其 覺中 覺稽 覺古 覺永 覺呉 覺隆 覺博 覔化 覺雄 覺音 覺宣 覺闈 覺震 覺猷

覺崇 覺賢 覺良 覺浚 覺本 覺盡 覺歸 覺元 覺光 覺顯 覺禪 覺門 覺有 覺秘 覺傳 覺琢 覺重 覺雲 覺价 覺諸 覺碩 覺士 覺酹 覺倖 覺杞

覺梓 覺惣 覺悛 覺延 覺如 覺来 覺恩 覺重

---

[①] 第二個"寶"以重文符代替。

附

遊少林寺一首[①]（一行）

中原翠積雨花天，春度籃輿景自（二行）偏。寶塔起當雙室合，貝珠高並五峰（三行）懸。護持有代松陰古，空色無名[②]石影（四行）傳。我欲皈依離障海，爾時衣鉢已茫（五行）然。（六行）

萬曆甲申（1584）春日西蜀内江王三錫漫識。（七行）

33. 明德大師貞公塔銘（1341）

明德大師貞公塔銘[③]

明德大師輔成堂提點貞吉祥碑記（一行）

十方大靈巖寺傳法住持嗣祖沙門定巖撰（二行）

前靈巖禪寺記室福廣野雲書并篆（三行）

公博陵茌山小寨[④]土俗郭姓大族之家，明德號，吉甫之字也。當時古巖大和尚主茲方丈，而始與之薙，訓之以諱，（四行）曰子貞也。受具足後，氣志出倫，而雖有其肩輩者，皆弗敢尚。蓋福德深厚，人物匪常，而其難兄難弟也，宜矣。公勤（五行）績此山，壯志于今，蓋自有年矣。此非《漸》於山上有木，而鴻盤於衎，安能便獲高大之昇歟？如公昔修漸福，以及今（六行）成高大之器，是皆苦功多在前矣。且昔肇充本藍直歲、副寺，後舉志方遊名處，而福緣甚果，期然天都閣錫萬壽（七行）寺，用充典座，香飯海眾。于時，慶壽住持大司空北溪長老[⑤]，聞公誠有為作，而遂索公入慶壽居，命充典座，知香積（八行）事，又充武清◇[⑥]莊監寺、故安州稻莊提點。

---

① 王三錫《遊少林寺一首》刻於碑陰左下方，草書，豎列，共七行。
② 葉封等纂《少林寺志》誤作"存"。見《四庫未收書輯刊》第 9 輯第 6 册，北京出版社 1997 年影印版，第 773 頁。
③ 原碑在靈巖寺墓塔林，有"貞公監寺壽塔"。碑篆額，分四行，每行二字。國家圖書館編號各地 3454。京都人文拓編號 GEN0196A, GEN0196B, GEN0197X。《山左金石志》卷 24 有介紹，第 14786 頁。金榮《泰山志》卷 18 有考證，第 691—692 頁。桂華淳祥《金元代石刻史料集——靈巖寺碑刻集》有錄文及考證，第 118—122 頁。《長清碑刻》卷中有照片及錄文，第 716—718 頁。
④ 金榮《泰山志》作"茌山十寨"。
⑤ 禪宗臨濟宗北溪長老，特授榮祿大夫、大司空，領臨濟宗事。
⑥ 疑為"黃"。武清黃莊，今屬天津。加藤一寧錄作"責"。

是時，北溪知公氣志傑，不下於眾，以大司空銀印号公為明德大師。後（九行）復萬壽，充先典座，福作弥深。至順庚午（1330），歸本山靈巖，屢充大知事。迄至于今，提點、監寺亦復充矣。元統改元（1333），磬割（十行）己財積，創壞觀音兩堂，以嚴千佛、般舟二殿。次及祖塋，更石像而改塑法定大祖師一龕及侍者二。以至經藏殿（十一行）中，塑毘盧遮那佛一尊，并侍兩佾者全。然又去寺六七里，道側起祠，塑衛法山神一堂。後至元□□[1]，創構本山龍（十二行）祠一堂，內塑五龍王眾。越明季春，全金粧聖僧樓一座。方完，而大發良心於五華殿，內粧黃金、暖帳，燦然一輝，而（十三行）又累年普散義貲飯僧。若是者，北幽燕、東齊魯、南嵩洛、西秦刑，雖名刹多，而主其事者輪公。然現作緣（十四行）事，畧而陳之，而淵未來，洪為善心，而安可形容哉？如公之賢，每捐私帑，莊嚴本山大刹，輪奐一新，可謂歷年久而（十五行）公事多，隆寺興而捨財剩。如是，則不辜先師古巖大和尚嚴教震驚，而公虢虢心服，以威遵而不怠，故福業得超（十六行）於人上。近年，順德路大開元宗攝所損庵大和尚，以師号公為慈明廣德大師。厥又古齊中順大夫、濟南路達魯（十七行）花赤薛徹都相公，以父師尊公為師禮，非福業宏大，而安可累攝大人歸而敬之？至元午[2]寅（1338），福膺僉授（十八行）大元[3]帝師玉印法旨一道，乃法王之宣、衛身之寶也。如無福者，疇能爾乎？暇日丐文來及於我，固鐫金石，以壽塔銘，（十九行）欲於終年瘞，而將來廣見始末而不泯。予雖孤陋，寡述而不作，粗引是說。姑且為之銘曰：（二十行）

公師古巖兮道風威震，外墻其肩兮門庭萬仞，壯志披剃兮授具稟彝，終成巨器兮漸而歸進，位莅大（二十一行）僧兮福慧兩嚴，屢充監寺兮道必忠信。僧齋□□[4]兮磬割囊資，佛尊累塑兮捨財不悋。綱紀名山兮有（二十二行）始有終，公心常住兮無私無恂。人品間出兮天賦英資，法王宣授兮帝師[5]

---

[1] 此處空兩格，石碑未刊。
[2] 疑為"戊"字誤寫。
[3] "大"一字抬頭。
[4] 此處空兩字未刊。
[5] "帝師"前平闕一字。

玉印，治家有序兮克儉克［勤］①，（二十三行）飯僧無虧兮絕飢絕饉。今碑壽塔兮玉石金鐫，千古堅名兮磨而不磷。（二十四行）

至正元年（1341）仲冬月新復之日，小師覚山、覚喜、寛昌、寛才、寛尚等立石。（二十五行）清亭石匠張克讓鐫。（二十六行）

**碑陰**

落髮小師

覺山 覺喜 覺昌 覺尚 覺才［覺］□②［覺］□ 覺温 覺禩

覺福 覺開 覺寅 覺奇 覺從 覺定 覺元 覺江

覺明 覺寧 覺泰 覺潤 覺［志］覺平 覺清 覺富

覺仔 覺□ 覺隨 覺號 覺慶 覺住 覺瑞 覺來

覺宣 覺壽 覺寶 覺顏 覺［海］覺歷 覺保 覺能

覺祥 覺讚 覺禄 覺誠 覺□ 覺中 覺貴 覺松

覺觀 覺德 覺隨 覺湛 覺香 覺願 覺通 覺檀

覺澤

俗徒弟

謝覺秀 劉覺連 伊覺旺 孫覺梅

山門知事

首座子英，書記思岑，知藏思周，知［客］□□，倉主子敵，錢帛子慶，庫主覺初，殿主子緣，外庫覺增。提點子廉，監寺子□，官門子洪，維那惟智，副寺思靄、覺喜，副寺子秦、子可，副寺惟寬、淨心，典座子時，直歲子禄、覺宗、覺昌、覺迁助緣。

《泰山志》卷十八 金石記四

靈岩寺提點貞公塔銘 篆額 行書 在靈巖

至正元年（1341）十一月

右碑連額高五尺許，廣二尺四寸。篆額題"明德大師貞公塔銘"

---

① 此處刻石原文當缺一字，以"勤"字補，葉韻。
② 有"女"字清晰，不确定是单独成字，还是由"女"构成的其他字，如"安"。

八字，徑二寸，分四行。文二十五行，行存三十七字①，行書，徑七分。下截闕失，讀無全文。首題"明德大師輔成堂提點貞吉祥碑記"，"十方大靈巖寺傳法住持嗣祖沙門定巖撰"，"前靈巖禪寺記室福廣野雲書"。文云"公博陵茌山十寨，土俗郭姓大族之家，明德號，吉甫之字也"，末云"至正元年仲冬月新復之日，小師覺山、覺善②、覺昌、覺才、覺尚等立石"。按，此碑與讓公道行碑同為至正元年（1341）仲冬新復日所立，彼碑為日本沙門印元③書，此碑為福廣野雲書，兩碑筆蹟如出一手。且貞公與讓公同為古巖就公付法受具之弟子，立石之小師又皆覺字同輩，兩碑文氣又頗相同，疑皆兩公之小師彼此商略而為之。然則彼碑之稱印元撰書者，或皆託名也。文云"近年順德路大開元宗攝所損庵大和尚"，似即讓公碑篆額之"中奉大夫前管領大開元一宗諸□④都宗攝圓照普門光顯大禪師益吉祥"也。益吉祥，署階"中奉大夫"，此碑稱"北溪長老"為"大司空"，又云"以大司空銀印號公"，豈當時僧制有官有階有印耶？損庵稱"益吉祥"，此碑標題稱"貞吉祥"，子貞其名也，吉甫其字也，云"貞吉祥"者何居？恐與益公之"吉祥"，又屬釋氏之佳號矣。

34. 大靈巖寺及碑陰記（1344）

大靈巖寺⑤

奉直大夫山東東西道肅政廉訪副使<sub>文書訥</sub>雙泉書（右側）

至正四年（1344）四月十有九日立（左側）

---

① 實則四十三字。
② 應為"喜"。
③ 應為"邵元"，下同。
④ 應為"路"。
⑤ 原碑在靈巖寺門前廣場。"大靈巖寺"四字正書，豎題。國家圖書館拓片編號各地4902。拓片附篆額"宣賜靈巖聖旨之碑"，疑錯簡。馬大相《靈巖志》卷3有碑陰錄文，第35頁。《山左金石志》卷24有介紹，第14788頁。《泰山志》卷18有考證，第694頁。《泰山石刻》第8卷有照片、錄文及介紹，第2283—2285頁。《長清碑刻》卷中有照片並錄文，第451—453頁。

**碑陰**

書大靈巖寺碑陰記（一行）

大中大夫山東東路都轉運塩使僧家奴撰（二行）

奉訓大夫陝西諸道行御史臺監察御史□□□而書（三行）

資善大夫江南諸道行御史臺中丞王昇篆（四行）

長清治之東南餘二舍許，鎮曰中塢。又東入山峪，有大刹曰靈巖，寔山東一大壯觀也。山川峻秀，殿宇雄傑，碑述已詳。（五行）而有大闕者，紀寺之名未有一書者焉。今山東憲副雙泉公，至正三年（1343）夏，分道益都讞獄，路次其中，迤邐周覽，徐與長（六行）老定嵓言曰："名寺之揭，猶有所遺，求時名公能書者，以書之敬請。"長老合掌而言曰："非小弟之幸，佛教之大幸也。"於是（七行）日留於心，為事倥偬，弗暇及焉。秋，復按支郡邑，寔所隸欲酬前日之語。地僻又乏能書者，試自為之。操筆一揮，深中其（八行）規而骨力老健，雖古之善名家者，未知誰先後也。或謂自古迄今，殆幾千百年，名卿鉅儒遊憩於斯，詩文題［于壁石］之（九行）間，曷可殫數？而於此略不加省，豈將有所待而然耶？又謂公素未曾書，援筆而成，豈啓人之聰明者在於是耶？不然，若（十行）以一念之誠，有所感於彼，而彼亦［以］誠應，有以陰相之耶？是未可知。蓋天以一理賦於人，而憲副（十一行）父御史中丞、夏國襄愍楊公[①]，一心（十二行）王室[②]，勳載［史］冊，□如□星，天之報施於其子，又非他人比。故金粹王良，薀積厥躬，久而發輝，超□□前人，亦其有所［自矣］。（十三行）余與公舊，義不容辭，撼其實而書之。公西夏世家，名文書訥，字國賢，雙泉自號。憲史□州□文，□獻□卿□□叚秉昭純（十四行）禮，濮州謝簡居敬寔從□公。是年冬十有一□吉日也。（十五行）

至正癸未（1343）十二月日。提點子揮、監寺子貞、官門子洪、維那子廉、知客惟□。（十六行）當山傳法嗣祖［沙］門定巖野衲德慧同立石。（十七行）

---

① "父御史中丞、夏國襄愍楊公"平出。
② "王室"平出。

碑側①

文舉施雨②（一行）

明進士丹泉楊祐③同登（二行）

式舉蔣瑜④（三行）

　　《泰山志》卷十八　金石記四

　　靈岩山大靈岩寺四題字　正書額　文書訥正書　在寺門戲臺上

　　至正四年（1344）四月

　　右碑高七尺，廣二尺二寸。中幅題"大靈巖寺"四字，正書，徑一尺七寸。右題銜名一行，云"奉直大夫山東東西道肅政廉訪副史文書訥雙泉書"，左題年月一行，云"至正四年（1344）四月十有九日立"並正書，徑一寸。按文書訥，史志皆不詳其人⑤，筆法整嚴，神采秀勁，可以想見其為人。

## 35. 慧公禪師道行之碑（1351）

慧公禪師道行之碑⑥

皇元泰安州十方靈巖禪寺第四十代住持佛智明悟通理大禪師定巖慧公道行之碑（一行）

大都大竹林寺前住持英悟正印宗慧大禪師雪澗法禎撰（二行）

余嘗讀秦漢史，知東齊自田氏後而為佳麗地。復聞有佛寺曰靈岩，勝槩秀偉，魁冠東南，欲一至而未諧。至元丙子（1336），偶簡貟竹林，今靈巖方山璧公、休堂賛公實聯珠並孕，俱為名（三行）比丘，一主方壽⑦、一主奉

---

① 隸書，分三行。不題年月。
② 施雨，江蘇常熟人，嘉靖十一年（1532）進士。
③ 楊祐，浙江錢塘人，明嘉靖八年（1529）進士出身。《千頃堂書目》記有《興國集》二卷……一作《丹泉集》。
④ 蔣瑜，字純卿，浙江東陽人，嘉靖五年（1526）丙戌進士。
⑤ 參見周峰：《元代西夏遺民楊朵兒只父子事跡考述》，《民族研究》2014年第3期。
⑥ 原碑在靈巖寺墓塔林，有"慧公禪師壽塔"。碑額正書，空心體，分四行，每行二字。《山左金石志》卷24有介紹，第14792頁。《泰山志》卷18有考證，第696—697頁。《長清碑刻》卷下有照片並錄文，第808—810頁。
⑦ 據《方山璧公禪師壽碑》，應為"万壽"。

福，學問既同，皃復相類，都人乍觀，莫能分別之。二公皆與余善，或聚而款言，無所不至。休堂雅號，則已知其然矣。仍詰方山所從，則曰"靈巖，吾受經地，有山（四行）而形甚方，不忘父母之邦，是以取焉"。因盛稱靈嵒山水之奇，招提之嚴，且出圖相示。不數年，又聞有道人曰之巖，曇華彼方，而山之價益髙，雖不獲往遊，而杖屨之興，實形夢寐。至（五行）正戊子（1348），方山以大因緣畫錦靈巖，而与九十歲北堂密迩，泉石煙雲，既為之改觀矣。明年春來朝　京師①，過余話舊，抵掌而論敎門人物，劇談古今成敗事，意氣軒昂，慷［慨］不復類（六行）往年人。余因駭之，豈名山大川溢其精粹英靈而益乎人哉？居二日，復踵門，以前方丈定巖公道行碑為請，且曰："師与某爲法昆仲，學行兼美，三主大方，令年將縱，心胷中瀑落無（七行）物，方於靈岩西偏杜門却掃，如鳴腔人御風騎氣，而与造物者遊，山門已与之作壽塔矣。敢乞公文，壯其行色，使之眉年如趙州可乎？"余老而健忘，筆力衰退，實非十年前人，然友（八行）于方山、休堂有素，休堂迁化，余泣而銘其塔矣。方山方大根獨茂，且多定巖之可人也，不得辝。按：

師諱德慧，號定嵒，張氏，保定完州人。家世務本於農，高曾已下，皆鄉人稱善，父母（九行）尤賢淑著聞，有子三，師其季也。母娠而叶吉，知非塵中人，方蓐即許以事佛。居襁褓，迥免親懷，果不類常兒，雖聚之少小中，不喜嬉戲。始八歲，二親惟前言之不可食也，使之出家，（十行）依古唐甘露院詮公薙染。課習經業，與夫洒掃應對，服勞僧役，皆勤策倍人，每轉讀必扃戶，謝絕交遊，暇則獨坐跏趺，緘默終日，儕輩戲以"長老"稱。年方志學，已熟五大部，記諸祖（十一行）機語。具戒已，聞　京師②善知識居多，遂造聖安，觀光將周，呈③適紅螺，命住持即侍，以往發軔叅叩。尋聞玉峯安公主報恩，手段異諸方，遽還請益。峯器之，俾為侍者，甞贈以詩，有"松（十二行）柏傲雪霜"之句。峯既逝，靈峯尸萬壽，師復造焉，以日計時，為益亦夥。雲溪居聖安，師欲究三句之歸，移錫而叅。未幾，

---

① "京師"前一字平闕。
② "京師"前一字平闕。
③ 原碑作"星"，可能是"星"的異體字。

雲溪退居真定，師憩跡洪濟，職掌記室。皇慶改元（1312），桂菴達公再（十三行）主靈巖，師諗其道風，欣然赴之，數語中機緣相契，亦俾為侍者，凡三載蒙證，據付以衣頌。菴退靈巖，師復疑諸方之禪有五味也。時順德開元損菴，橫桉太阿，直犯其鋒，菴亦可之。（十四行）居無何，南造少林，過法王謁龍嵩，既見，甚相得，固留居之，令首眾焉。至治三年（1323），釣臺文殊虛席，孤巖以師應命，師邪揄曰："我何人哉，入此保社耶？"一夕遁去，眾追及之，復辭讓數四，（十五行）不得已受其請。寺故弊廢，復官事榛梗，師彌縫補苴，內外妥寧，鼎建僧房，修石橋，路之迂者直之，隅之闕者疊之，栽植樹株，整復田園，四載中丰為盛刹。泰之丙寅（1326），法王請師住持，（十六行）拒之不可，既視纂一新，厥今以荷擔①大法為己任，傳佛心印之餘，則轉閱藏教，非大故不跬步於庭。法王舊無井，所用賴之山泉，泉距寺稍遠，冬月或凝而不流，必於園昇水以供，（十七行）路由冰雪或致顛仆，役者苦之。師相地廚後，將事穿鑿，執事者以地多頑石不可，師曰："姑試為之"。方五六尺，得泉二脈，遂甃之，搆亭於上，剡木引水入釜，一眾便焉。復于曲河店置（十八行）油房，一寺無百里沽買之勞，亦便焉。甲戌（1334）春，退處東龍潭。少林聞之，迎師於西堂度夏，已而還法王之招隱。至元改元（1335），靈巖丈室空，致疏邀師，確辟不能，將指門會（十九行）御②香至山，遂因以臨眾。既至，席凡百，以公帥下，每以名實，未嘗為謙，刱龍藏一，僧寮三十餘，修演法堂，整御書閣，新龍王堂於黃龍池。闕者完之，弊者新之，內本既乎而聲華益振。（二十行）庚辰（1340），　太皇太后③賜旨護持。至正乙酉（1345），欽受④（二十一行）聖旨⑤，　國師法旨⑥。住持一紀餘，雖恬靜居多，亦應物叢脞。迺嘆曰："吾出家本以生死事大，今拖犁拽耙，與俗人能置家者無異，是可為究竟邪？況大易欲進退得正，老氏以名遂（二十二行）宜退，吾以孤陋寡聞，由業所絆，

---

① 原碑作"檐"。
② "御"平出。
③ "太皇太后"前平闕二字。
④ "欽受"下刻雜書"周資"二字。
⑤ "聖旨"平出。
⑥ "國師法旨"前平闕二字。

忝數十年為粥飯頭，可以螳螂而不虞黃雀耶？"遂賦《式微》，今住持方山為理置西偏，俾安老焉。年六十六矣，既得解優悠自適，陶然嗒然，唯一死為（二十三行）欠，可謂自得日新。噫，佛之法微矣，真善知識如丹鳳音，吾不得而聞之矣。道學持重者，復十喪八九，後學雖欲趣求而無所歸仰，惡魔徒黨，日益炎炎，嵌空剜虛，聾瞽無識，至以褚（二十四行）淵、馮道為榮，甘為晏御，而不知耻焉，欲叢林之光能乎否耶？嘗試論之，吾宗如大廈高堂，棟梁蠹蝕，內空而無幾矣，匪朝伊夕，必將傾壓，丹堊檼栝無益也，雖然眾角而獲一麟，亦（二十五行）足為明世之祥，《傳》曰："不有君子，其能國乎？"師其歎歲之梁穀哉。銘曰：蛟蟠于淵，不於映澄，鵬搏于溟，抑風是騰。木春而榮，水冬而凌，俟秋出陰，雖微亦興，用行舍藏，淑人孔能。（二十六行）進退以正，明德之馨，矧有道人，以道是憑，或隱或顯，須与道應。止以坎遇，逝以流乘，跖富之名，顏夭之稱，為事物累，宜以理勝。惟定岩師，桂菴嫡傳，三主大方，聲華靄然，年其（二十七行）暮矣，萬機休罷。優哉悠哉，白雲之下，月何曾冷，日何曾熱，知物不遷，故如是說。山之高兮，水之清兮，師眉壽兮，斯文在兮。小師惟宓、惟潤、惟嚴等立石。（二十八行）

大元至正十一年（1351）歲次辛卯十月十五日，當山傳法住持佛性圓通妙應大禪師方山野衲思璧書丹、題額并勸緣。清亭張仲謙、張惟敬刊字。（二十九行）

**碑陰**

定巖長老[①]

嗣法門人

長清四禪法志禪師 釣臺彌陀智湛禪師 錦川龍泉慶潤禪師 安山涌泉惟智禪師 灵岩禪［寺］惟元庵主

落髮小師

惟英 惟福 惟斌 惟德 惟恭 惟宓 惟林 惟潤 惟周 惟成 惟景 惟［音］惟果 惟實 惟弘

---

① 碑陰額正書，空心體，橫題。京都人文拓編號 GEN0059B。

惟無 惟侃 惟亨 惟寧 惟潔 惟博 惟濬 惟璿 惟政 惟嚴 惟本 惟净 惟賢 惟顯 惟得

惟通 惟瓊 惟澄 惟珙 惟玉 惟律 惟永 惟悟 惟利 惟定 惟虞 惟彝 惟恒 惟元 惟心

惟琪 惟靈 惟暢

西序首座惟贇，書記惟仲，藏主思麟，知客覺德，教讀妙忠，殿主子緣，倉主子融，錢帛覺善，外庫子口，監修惟珎，浴主子泰，侍者覺口，園頭子產。東序提點子廉，提點思靄，監［寺］子揮，官門子壽，維那惟潤，副寺子慶、正成、覺初、子路，典座惟季，庫主覺喜，直歲惟福，鐵庫惟峇，侍者覺禄助緣。

《泰山志》卷十八 金石記四

靈岩寺慧公道行碑 正書額 正書 在靈巖

至正十一年（1351）十月

右碑連額高六尺許，廣二尺八寸。額題"慧公禪師道行之碑"八字，正書，徑三寸，黑文凸起，分四行。文二十九行，行有六十字[①]，下趺缺失，讀之不全，正書，徑八分。首題"皇元泰安州十方靈岩禪寺第四十代住持佛智明悟通理大禪師定巖慧公道行之碑"，"大都大竹林寺前住持英悟正印宗慧大禪師雪澗法禎撰"。末云"大元至正十一年（1351）歲次辛卯十月十五日，當山傳法住持佛性圓通妙應大禪師方山野衲思璧書丹、題額并勸緣"。按碑文紀慧公之道行，而歷敘其所至之功業，於炫爛之中得平淡之旨。如曰"吾出家本以生死事大，今拖犁拽耙，与俗人能置家者無異，是可為究竟耶[②]"，此語非見道有得者不能言也。住山而謂之"視篆"，與後世居官攝印者同稱，豈當時住持亦有印信相授受耶？"主報恩手段異諸方"，"手段"二字剏見此碑。

---

① 實為六十八字。
② 原碑作"邪"。

36. 張士明題靈巖寺詩（1355）[1]

至正癸巳（1353）三月吉日，夢遊（一行）山寺。是歲七月到任，九月（二行）勸農至此，恍然如夢中所（三行）見。因賦鄙語，錄呈（四行）靈巖方丈[2]。（五行）前進士紫金山張士明題。（六行）

清亭忝民牧，倏尔兩月餘。（七行）懇惻理辭訟，倉皇行簡書。（八行）深秋勸農事，東馳岱宗途。（九行）有山忽北轉，宛然梵王居。（十行）雲蘿隔煙樹，經閣參浮圖。（十一行）林巒類拱抱，澗壑如交趨。（十二行）松風振巖谷，石泉溜庖廚。（十三行）峭壁龍蛇窟，懸崖虎豹區。（十四行）野猿啼町疃，海鶴舞庭除。（十五行）僧閑看貝葉，客至剪新蔬。（十六行）勝景躋壽域，禪房列周廬。（十七行）山前迴首望，一夢恍相符。（十八行）

至正十五年（1355）正旦。（十九行）當山住持嗣祖沙門靈泉野衲謹書立石。（二十行）

《泰山志》卷十八 金石記四

張士明題靈岩寺詩 正書 在靈岩山神廟

至正十五年（1355）正月

右刻詩二十行，行十字，正書，徑八分。

37. 靈巖寺傅亨詩刻（1355、1356）[3]

至正乙未（1355）秋九月，因公赴（一行）山東游靈巖禪寺。（二行）

秋晚登臨上岱宗，扶筇来此謁（三行）崆峒。閑雲送雨過深洞，老鶴將（四行）雛度遠空。白石清泉心未了，黄（五行）花紅葉思無窮。携書歸隱

---

[1] 未見原石。國家圖書館拓片編號各地 163。京都人文拓編號 GEN0240X。《山左金石志》卷 24 有錄文及介紹，第 14799 頁。金榮《泰山志》卷 18 有錄文，第 697—698 頁。馬大相《靈巖志》卷 3 收詩文，題作"游靈巖應夢"，第 73 頁。

[2] "靈巖方丈"平出。

[3] 原碑在靈巖寺天王殿東側。國家圖書館拓片編號各地 1929-2，各地 2879。顧炎武《求古錄》有錄文，第 525—526 頁。馬大相《靈巖志》卷 3 收詩文，題作"靈巖方丈與僧話舊三首"，第 74 頁。《山左金石志》卷 24 有錄文及介紹，第 14799 頁。金榮《泰山志》卷 18 有錄文，第 698—699 頁。顧炎武《求古錄》有錄文。《長清碑刻》卷中有照片並錄文，第 493 頁。

知何（六行）日，坐想青山入夢中。（七行）

　　靈巖山房尋同年長清縣（八行）尹張君德昭不遇。（九行）

　　慈恩塔上題名後，京國分携十（十行）四年。夢想故人詩句裏，坐看黃（十一行）菊酒杯邊。停雲藹藹①秋容澹，落（十二行）葉瀟瀟②客恨偏。獨倚禪房重搔（十三行）首，又鞭歸騎過前川。（十四行）

　　丙申（1356）春三月，海嶽降（十五行）御③香囬，重游靈巖次趙明叔（十六行）詩韻。（十七行）

　　石徑穿雲雨意涼，乘輧重過老（十八行）僧房。門前古柏凝新翠，巖畔幽（十九行）花散異香。鶴舞雙泉春水渌，龍（二十行）歸深洞暮山蒼。禪心久矣無拘（二十一行）礙，笑我狂游去遠方。（二十二行）

　　前進士應奉翰林文字（二十三行）承事郎同知　制誥④兼（二十四行）國史院編修官傅亨題。（二十五行）時弟益、男文炳侍行云。（二十六行）

　　《泰山志》卷十八　金石記四
　　靈巖寺傅亨詩刻　正書　在靈巖
　　至正十五年（1355）九月　十六年（1356）三月
　　右刻詩二十六行，行十二字，正書，徑六分。

### 38.戶部尚書熊公題靈巖禪寺詩⑤（1364）

**上層**

戶部尚書熊公題靈巖禪寺詩

奉題靈巖禪寺詩并序頌（一行）

　　載平生志在山林，味甘澹泊，其於世利紛諠，初無意焉。每遇佳境，雖兵塵倥偬中，必游覽觴詠，示不忘也。至正廿四年（1364）（二行）春二月

---

① 第二個"藹"以重文符代替。
② 第二個"瀟"以重文符代替。
③ "御"一字抬頭。
④ "制誥"前平闕一字。
⑤ 原碑在靈巖寺辟支塔下院內。左側缺，刻文分上下層。額隸書，分四行，每行三字。《長清碑刻》卷中有照片及錄文，第706—707頁。

廿七日，載忝任地官，偕主事郭柔，奉（三行）總①兵官、太尉、中書平章知院詹事擴廓鉄穆迩公便宜之命，因念山東軍民利病，委載巡歷整□。至于泰安之長清，道（四行）經　靈②巖禅寺，歷覽寶刹浮圖之盛，峯巒竹樹之竒，旛幢□繞，樓閣參差，梵語過半天雲，曇花擁□佛座。泉名雙鶴，殿（五行）峙五花，觸目勝槩，莫可形容。雖盡筆之巧，不能模寫工緻□。又宿方丈默照［堂］，與　晋③溪禅師炷香，□膝清話，再□使（六行）人頓忘塵慮，心快意豁。為賦唐律二章并贊。　晋④溪頌一篇，因以遺之，列為他山叢林中一公案云耳。是月廿九日手（七行）書，戶部尚書雪庄野人河南熊載倚衡謹題。（八行）

　　四壁蒼崖一徑通，五花寶殿萬山中。周旋　東⑤嶽靈巖寺，彷彿西方（九行）兜率宮。松栢滿山森翡翠，峯巒排闥□玲瓏。晋溪若悟曹溪水，便可從（十行）容話色空。右一（十一行）

　　雞鳴山下霊巖寺，卓錫甘泉有本源。□□香中摩詰病，風旛影裏（十二行）梵⑥王尊。菩提有路超三界，心境無言究六根。笑我材非舊坡老，愧無玉（十三行）帶鎮山門。右二（十四行）

　　贊晋溪禅師頌（十五行）

　　本是活潑潑地，誰言寂滅虛無。若悟這箇□理，大□都省工夫。（十六行）

　　随行令史徐恕、劉克禮、邊彬，奏差祈鼎、師保、議事官馬福永、何□□，□……□随侍者張元、馬迩、千珥。（十七行）

　　　□……□直郎僉山東東西道□……□郭喦謹識。（十八行）

　　　□……□嗣祖沙門□……□山門提點子賓、監寺惟喜立石。（十九行）

---

① "總"平出。
② "靈"前平闕一字。
③ "晋"前平闕一字。
④ "晋"前平闕一字。
⑤ "東"前平闕一字。
⑥ "梵"平出。

**下層**

余承（一行）命<sup>①</sup>上□城，道徑靈巖寺（二行）晉<sup>②</sup>溪禪師，歷覽山川之勝，樓觀之□（三行），慨然有感于懷。因閱友人戶部尚書（四行）雪莊熊公佳製，用成□□□紀歲月（五行）云耳，□發（六行）晉<sup>③</sup>溪□人一粲。時至正甲［辰］（1364）暮春廿（七行）有六日□書，左司都事毛士隆識。（八行）

石徑崎嶇路杳然，靈巖僊迹幾（九行）千年。華黼寶座通瑤闕，雲護僧（十行）房接洞天。山鳥喚人驚午夢，林（十一行）鳩呼雨散茶烟。自慚無計尋丘（十二行）壑，願抱□書老石泉。（十三行）

右乙（十四行）

我來投宿靈巖寺，雲臥僧房石（十五行）徑間。百折蒼龍連岱嶽，數聲幽（十六行）鳥度玄關。有時道士崎□出，經（十七行）歲僊人跨鶴還。欲問上人借真（十八行）境，愧無尊酒一開顏。（十九行）

右二（二十行）

39. 靈巖寺元代墓塔集匯<sup>④</sup>（1315、1322、1323、1341、1349、1350）

運公維那壽塔<sup>⑤</sup>

大元延祐二年（1315）歲次乙卯八月中秋日，小師子明立石。

**塔陰**

落髮小師子諒、子明、子海、子山、子澤、子温、子越、子德、子貴、子訓、子勝。

錦川王德温刊。

---

① "命"平出。
② "晉"平出。
③ "晉"平出。
④ 本篇共收錄靈巖墓塔林十四座元代墓塔，刻字較少，不宜單列。
⑤ 方形塔，塔陽上方刻六字大明咒"唵麼抳鉢訥銘二合吽"，中部刻"運公維那壽塔"，正書，分兩行，每行三字。國家圖書館拓片編號各地 3469，各地 8664。《長清碑刻》卷下有錄文，第 863 頁。

宗公提點壽塔①

大元延祐二年（1315）歲次乙卯八月中秋日，小師惟興、惟喜同立石。

**塔陰**

落髮小師惟興、惟喜、惟勝、惟德、惟定、惟旺、惟成。

錦川王德溫刊。

教公首座壽塔②

大元延祐二年（1315）歲次乙卯八月中秋日，小師惟松、法孫妙湛同立石。

**塔陰**

落髮小師惟仙、惟津、惟果、惟增、惟山、惟海、惟雲、惟松、惟興、惟妙、惟卞、惟忠、惟道、惟清，惟超、惟善、惟檀、惟孝、惟慶、惟讚、惟定、惟賽、惟後、惟齊、惟淳。

錦川王德溫刊。

添公副寺之塔③

大元至治二年（1322）十一月上旬旦日，姪男王二、小師惟超同立石。清亭蘇克珉、李三山刊。

善公山主壽塔④

大元至治三年（1323）正月上元日，眾知事人等立石。

---

① 方形塔，塔陽上方刻六字大明咒"唵麼抳鉢訥銘二合吽"，中部刻"宗公提點壽塔"，正書，分兩行，每行三字。國家圖書館拓片編號各地3819。《長清碑刻》卷下有碑陽錄文，第864頁。
② 方形塔，塔陽上方刻六字大明咒"唵麼抳鉢訥銘二合吽"，中部刻"教公首座壽塔"，正書，分兩行，每行三字。國家圖書館拓片編號各地3472。《長清碑刻》卷下有錄文，第863頁。
③ 方形塔，塔陽上方刻六字大明咒"唵麼抳鉢訥銘二合吽"，中部刻"添公副寺之塔"，正書，分兩行，每行三字。國家圖書館拓片編號各地3452，各地3453。《長清碑刻》卷下有錄文，第861頁。
④ 方形塔，塔陽上方刻六字大明咒"唵麼抳鉢訥銘二合吽"，中部刻"善公山主壽塔"，正書，分兩行，每行三字。國家圖書館拓片編號各地3466。《長清碑刻》卷下有錄文，第864頁。

**塔陰**

清亭蘇元、蘇七刊。

**聚公院主壽塔**[1]

大元泰定□年後正月二十日，小師惟通立石。

**洪公提點之塔**[2]

至正元年（1341）四月上旬日，小師覺奈等立石。

**塔陰**

落髮小師覺奈、覺春、覺量、覺海、覺改、覺慶，覺志、覺景、覺存、覺元、覺聚、覺柔。

**坦公副寺之塔**[3]

**塔陰**

至正元年（1341）前五（一行）月二十六日（二行），助[4]財施主奉（三行）佛[5]女善人杜氏（四行）。

小師覺如、覺言、覺先立石。（五行）

**津公禪師之塔**[6]

至正九年（1349）四月上旬日，小師覺信等立石。

**塔陰**

落髮小師覺□、覺信、覺住。

---

[1] 方形塔，塔陽上方刻六字大明咒"唵麼抳鉢訥銘二合吽"，中部刻"聚公院主壽塔"，正書，分兩行，每行三字。國家圖書館拓片編號各地3467。《長清碑刻》卷下有錄文，第865頁。

[2] 方形塔，塔陽上方刻悉曇體六字大明咒，中部刻"洪公提點之塔"，正書，分兩行，每行三字。國家圖書館拓片編號各地3473。《長清碑刻》卷下有錄文，第862頁。

[3] 鐘形塔，塔身正面刻"坦公副寺之塔"，正書，分兩行，每行三字。塔側刻"唵"悉曇體種子字。《長清碑刻》卷下有錄文，第869頁。

[4] "助"平出。

[5] "佛"平出。

[6] 方形塔，塔陽上方刻悉曇體六字大明咒，中部刻"津公禪者之塔"，正書，分兩行，每行三字。國家圖書館拓片編號各地3470。《長清碑刻》卷下有錄文，第838頁。

靄公提點壽塔[①]

十方靈巖禪寺惟能、惟德建。

大元至正九年（1349）十月吉日，小師惟玉、惟晉等立石。

**塔左**

若人欲了知，三世一切佛。

**塔右**

應觀法界性，一切由心造。

**塔陰**

門人惟玉、惟璨、惟勤、惟德，惟晉、惟呉、惟能。法孫妙濱、妙富、妙錦、妙貴。

敞公倉主壽塔[②] 十方灵岩禪寺。

大元至正十年（1350）八月日，小師覺用等建。

**塔陰**

落髮小師覺尚、覺亮、覺用、覺源、覺善，覺淨、覺捨、覺問、覺訓、覺勤，覺倉、覺鮮、覺德、覺嚴、覺□，覺道。法孫了勝。

俗徒弟張覺瑞、周覺僧、李覺祥。

知藏思周壽塔[③]

---

① 方形塔，塔陽上方刻蘭札體六字大明咒，中部刻"靄公提點壽塔"，正書，分兩行，每行三字。國家圖書館拓片編號墓誌3934。許明《中國佛教金石文獻·塔銘墓誌部六（元卷）》有錄文，第2656頁。《長清碑刻》卷下有錄文，第838頁。

② 方形塔，塔陽上方刻蘭札體六字大明咒，中部刻"敞公倉主壽塔"，空心體，分兩行，每行三字。塔身東西兩側各刻"夫生趣死"、"此滅為樂"。國家圖書館拓片編號各地5259。《長清碑刻》卷下有錄文，第838頁。

③ 鐘形塔，塔身正面刻"知藏思周壽塔"，正書，分兩行，每行三字。塔陰刻"唵"悉曇體種子字。據《大元泰山靈巖禪寺龍藏殿記》碑，思周在至正元年（1341）擔任藏主，因此該塔可能是元末所立。《長清碑刻》卷下有錄文，第862頁。

川公監寺壽塔①

龜、鶴、齊。


久公禪師壽塔②

## 明代

1. 方山璧公禪師壽碑（1372）

方山璧公禪師壽碑③

曹洞宗方山休堂聯傳道行碑銘有序（一行）

前京東夾山靈峰禪寺住持傳法嗣祖沙門桂巖洪證撰（二行）

前京北大壽元忠國寺住持傳法嗣祖沙門普門無礙大禪師晦巖禧明篆額（三行）

二大士生泰安州長清縣長城里宋氏，其家清白，母趙氏有淑德，嘗遇異人，相曰："是媼必生貴子。"覃於越（四行）歲，誕生二子，洒符其言。成童，偕投靈巖寺祝髮。長拜桂菴達公，訓名思璧，自號方山；次拜教公首座，訓[名]（五行）惟贊，自號休堂。璧者，既冠而受具，已而發足靈巖，觀光上國，參報恩無為大老，遂蒙印可。復抵龍沙華嚴（六行）禪寺，時住持筠軒，名動叢[林]，待師以殊禮，請為座元。尋住湯山禪寺，謝事思歸，迴錫京師，奉 旨④開堂，住（七行）香河之定祥。都城奉福，建自元魏，寔[京]之甲刹，遇災，聞⑤奏命師住持，大興營造。未數歲，輪奐鼎新，兼住（八

---

① 鐘形塔，塔身正面刻"川公監寺壽塔"，正書，分三行，每行二字。其餘三側分刻"龜"、"鶴"、"齊"三大字，空心體。塔無年月，據大德十年（1306）《靈巖寺下院聖旨碑》，監寺思川狀告不法僧俗於靈巖寺下院神寶寺置立炭窰、斫伐樹木。思川應是元代僧人，故列於此。《長清碑刻》卷下有介紹，第852頁。

② 鐘形塔，塔身正面刻"久公禪師壽塔"，正書，分三行，每行二字。塔陰刻繪觀音菩薩坐像。古淵智久於1326—1331年前後住持靈巖寺，該塔應為元代建立。《長清碑刻》卷下有介紹，第856頁。

③ 原碑在靈巖寺墓塔林，有壽塔"璧禪師塔"。碑篆額，分四行，每行二字。國圖拓片編號各地2921。京都人文拓號MIN0006X、MIN0007A、GEN0233X。金榮《泰山志》卷18存目，第701頁。許明《中國佛教金石文獻·塔銘墓誌部七（明卷上）》有碑陽錄文，第2760—2761頁。《長清碑刻》卷下有照片並碑陽錄文，第801—803頁。

④ "旨"前一字平闕。

⑤ "聞"前一字平闕。

行）檀州金燈。復請住靈嵓受業寺。未幾，嵩山法王虛席，師補其處。致兵亂，迴京師，復住奉福，遂終焉。壽六十（九行）有三，蠟四十有三，葬於祖塋。

師至孝，在京師與母相隔千里，其四時衣物、飲食，絡繹於路。後住本山，親奉（十行）母終，其於生事死祭，遵行如礼。予惟有元崇重釋教，天下名山大刹，鱗次櫛比，大吳法施，凡啓宮會，師必（十一行）与其法筵，釋之英聲龍象，無有出其右者。由是王公大人、内府宦官，願執弟子礼者，填咽其門，寔一代之（十二行）法主也。次曰惟賛者，俱猷世塵，同寺薙落。由靈巖遊京師時，靈峰主曹洞一宗事，師親灸最久，廼蒙印可。（十三行）出世住香河之定祥，遷南城奉福，遂継萬壽宗師，於至正間示滅。初師主萬壽也，其寺古僧疎，廊廡堂殿，（十四行）傍風上雨，梁棟不楷，頒賜膏腴，瓜分權勢。師經營三歲間，其田者復、弊者新、廢者舉，學徒屨滿雲集，歷代（十五行）住持幹辦權略，弗如也。其為人聰明雄辯，探賾宗門之玄妙，在諸僧之列，若霽月升空，眾星隱耀，寔有鷄（十六行）鶴之異。又雅愛士大夫，有支許之風焉。二大師體兒相若，時人莫能上下之，故目之為合璧。又於動靜威（十七行）儀，行事始終，亾不相若也。嗚呼，異哉！其秉父母之遺體，同胞而生，得佛祖之心傳，同蒙印可。觀光上國，同（十八行）遇王侯之見知，住持禪林之列刹，同有莫大之洪緣。非願力深重，何其相侔若是者哉？必億刼億生之曰，（十九行）非一朝一夕之故。乃為聯傳於碗磝，永傳之不朽也。銘曰：（二十行）

二雄並駕，同驅齊馳，釋天烏兔，昏曉聯飛。溫潤合璧，耀德爭輝。難兄難弟，揭世何稀。未髯[①]取緇，了迷悟歸。（二十一行）精研孔老，王侯是依。不言而化，不猛而威。銘非可頌，仰之巍巍。（二十二行）

師昔謝事，主寺者感師勳德，樹立塔碑，擬文諸石，師謙德止之。不期兵亂，曰循迨今已廿有三季，門人惟裔等慨然發心，專成厥事。請桂嵩師文，謂師与（二十三行）休堂同生同志，有大曰緣，作大宗匠，誠世之希

---

① 朋星推測爲"髯"，見微信公衆號"山泉湖河"《靈巖寺〈方山璧公禪師壽碑〉識讀》，2023年6月4日。

有，故於師傅而有聯傳之作。俾洒掃前京城南奉福禪寺雲◇①惟泉後敘并寫。（二十四行）

時大明洪武五季（1372）歲舍壬子秋自恣日，門人庵主子緣、庵主覺才，惟仙、惟長、惟裔等同畢立。（二十五行）

當代住持廣智成就弘辯大禪師傳瀘襲祖沙門晉谿慧才同在寺東西眾知事勸緣。（二十六行）

**碑陰**

方山禪師

山［門］□序　　□……□人李止篆額 本寺書［記］□□書碑陰②

嗣法門人

少林□□庵主 □山覺才庵主 保安吳國妙壽禪［師］古燕奉福文□禪師 昌平龍泉崇討禪師 檀州金灯惟良庵主 武清觀音海全庵主 真定大會妙宜庵主 居庸湯峪惟通庵主 大都報恩尼桂□□主 大都報恩尼思圓□［主］古燕報恩尼惟詮□主 古燕報恩尼寒空座主泰安惟中安閑居士

落髮小師

惟可 惟修 惟□ 惟□［惟］□ 惟関 惟福 惟錦 惟□ 惟巧 惟暹 惟儒 惟圓 惟豐 惟年 惟荣 惟宇 惟昇 惟遵 惟衣 惟聖 惟制

惟春 惟夏 惟秋 惟冬 惟□ 惟義 惟礼 惟智 惟胤［惟］□曇［惟］商 惟［種］惟生 惟異 惟苗 惟蕃 惟茂 惟處 惟□ 惟色 惟桉 惟宸

惟京 惟舉 惟童 惟旻 惟艾 惟平 惟興 惟美 惟長 惟遠 惟□ 惟□ 惟能 惟□ 惟□［惟］□［惟］□ 惟谷

助緣□字

□庵圓福 □講主妙関 □□□庵妙文 □□真德 雲山居士閏覺真 □雲劉濟川 吳有賢 王德中 趙吳 韓清 韓德□ 韓士中 周覺明 劉覺海 焦□□……□ 張妙信 李妙進 張妙成 安妙道 高妙湛

姪男 宋惟□ 同室 齊惟孝

西序首座惟□，書記惟□，□……□教讀妙中，知客覺德，倉主□□，

---

① 可能為"石"。
② "陰"右上有一"刊"字，餘則不見，或已毀。

殿主安□、覺□，錢帛覺善，外庫□□，浴□子泰，真堂子□，莊［主］覺山、覺□，園頭子彥，侍者□□。東序提［點］子廉，提點思□，□□子揮，官門□……□竟初、惟環、子炬、子路，典座惟□，監修惟□，直歲惟□、□棟、惟嚴、惟□、竟□、竟廣等，鐵庫惟㝫，庫主竟□、竟□，侍者竟□、惟□、惟閑等同助緣。

大元至正十一［年］（1351）□□［辛］卯十一月上旬吉日建立。①

《泰山志》卷十八 金石記四
靈巖寺方山休堂聯傳道行碑 篆額 正書 在靈巖
洪武五年（1372）秋

---

① 碑陰與碑陽相差二十一年，刻碑陰時方山禪師仍為靈巖寺住持。參見《慧公禪師道行之碑》。

# 参考文献

（按人名拼音字母顺序先后排列）

## 一　原始资料

### （一）图版

1. 《北京图书馆藏中国历代石刻拓本汇编》，中州古籍出版社1989年版。
2. [日]常盘大定：《中国文化史迹》，浙江人民美术出版社2017年版。
3. 黄永武主编：《敦煌宝藏》，台北：新文丰出版公司1986年版。
4. 任继愈主编：《国家图书馆藏敦煌遗书》，北京图书馆出版社2006年版。
5. 袁明英主编：《泰山石刻》，中华书局2007年版。
6. 张昭森主编：《长清碑刻》，济南出版社2020年版。

### （二）历代古籍

1. （清）毕沅、阮元：《山左金石志》，《石刻史料新编》第1辑第19册，台北：新文丰出版公司1982年影印本。
2. （清）别庵性统：《续灯正统》，《卍新续藏》第84册。
3. （唐）不空译：《金刚顶瑜伽三十七尊礼》，《大正藏》第18册。
4. （唐）不空译：《金刚顶瑜伽最胜秘密成佛随求即得神变加持成就陀罗尼仪轨》，《大正藏》第20册。
5. （清）超永：《五灯全书》，《卍新续藏》第82册。
6. （宋）陈师道：《后山居士文集》，国家图书馆善本，书号11456。
7. （宋）道原：《景德传灯录》，《大正藏》第51册。

8.（唐）道宣：《集神州三宝感通录》，《大正藏》第 52 册。

9.（唐）道宣：《广弘明集》，《大正藏》第 52 册。

10.（元）德辉重编：《敕修百丈清规》，《大正藏》第 48 册。

11.（清）董诰等编：《全唐文》，上海古籍出版社 2018 年版。

12.（宋）法应集，（元）普会续集：《禅宗颂古联珠通集》，《卍新续藏》第 65 册。

13.（唐）佛陀多罗译：《大方广圆觉修多罗了义经》，《大正藏》第 17 册。

14.（北魏）慧觉等译：《贤愚经·须达起精舍品》，《大正藏》第 4 册。

15.（宋）惠洪：《禅林僧宝传》，《卍新续藏》第 79 册。

16.（宋）惠泉：《黄龙慧南禅师语录》，《大正藏》第 47 册。

17.（后秦）鸠摩罗什译：《维摩诘所说经》，《大正藏》第 14 册。

18.（明）居顶：《续传灯录》卷十五，《大正藏》第 51 册。

19.（元）觉岸：《释氏稽古略》，《大正藏》第 49 册。

20.（宋）克勤：《佛果圆悟禅师碧岩录》，《大正藏》第 48 册。

21.（明）隆琦隐元：《黄檗山寺志》，《中国佛寺史志汇刊》第 3 辑第 4 册，台北：丹青图书公司 1985 年影印本。

22.（宋）李壁：《王荆公诗注》，文渊阁四库全书电子版，上海人民出版社、迪志文化出版有限公司 1999 年版。

23.（北魏）郦道元：《水经注》，文渊阁四库全书电子版，上海人民出版社、迪志文化出版有限公司 1999 年版。

24.（元）林泉从伦：《林泉老人评唱投子青和尚颂古空谷集》，《卍新续藏》第 67 册。

25.（后晋）刘昫等：《旧唐书》，国学备要电子版，北京国学时代文化传播有限公司。

26.（清）陆继辉：《八琼室金石补正续编》，《续修四库全书》第 900 册，上海古籍出版社 2002 年版。

27.（清）陆心源：《宋诗纪事补遗》，北京大学图书馆，中国哲学书电子书计划。

28.（清）陆心源：《唐文续拾》，天津图书馆藏，中华古籍资源库。

29.（清）陆增祥：《八琼室金石补正》，上海古籍出版社2020年版。

30.（明）明河：《补续高僧传》，《卍新续藏》第77册。

31.（元）念常：《佛祖历代通载》，《大正藏》第49册。

32.（清）聂先：《续指月录》，《卍新续藏》第84册。

33.（宋）普济：《五灯会元》，《卍新续藏》第80册。

34.（元魏）菩提流支译：《佛说佛名经》，《大正藏》第14册。

35.（清）戚朝卿等纂修：《邢台县志》，成文出版社1969年版。

36.（隋）阇那崛多：《佛本行集经》，《大正藏》第3册。

37.（唐）神清：《北山录》，《大正藏》第52册。

38.（清）孙星衍、邢澍：《寰宇访碑录》，《石刻史料新编》第1辑第26

39.（元）脱脱等：《宋史》《金史》，国学备要电子版，北京国学时代文化传播有限公司。

40.（清）王昶：《金石萃编》，《石刻史料新编》第1辑第3册，台北：新文丰出版公司1982年影印本。

41.（唐）王维：《王右丞集笺注》，文渊阁四库全书电子版，上海人民出版社、迪志文化出版有限公司1999年版。

42.王泽溥：《林县志》，民国二十一年（1932）刻本。

43.（宋）惟白：《建中靖国续灯录》，《卍新续藏》第78册。

44.（唐）玄觉：《禅宗永嘉集》，《大正藏》第48册。

45.[日]玄契编：《抚州曹山本寂禅师语录》，《大正藏》第47册。

46.（清）叶封等纂：《少林寺志》，《四库未收书辑刊》第9辑第6册，北京出版社1997年版。

47.（明）佚名：《神僧传》，《大正藏》第50册。

48.喻谦：《新续高僧传》，《大藏经补编》第27册。

49.（金）元好问：《中州集》，文渊阁四库全书电子版，上海人民出版社、迪志文化出版有限公司1999年版。

50.（清）岳之岭：《长清县志》，雍正五年（1727）刻本。

51.（宋）赞宁：《宋高僧传》，《大正藏》第50册。

52.（唐）湛然：《法华玄义释签》，《大正藏》第33册。

53.（清）张金吾:《金文最》,《续修四库全书》集部第 1654 册,上海古籍出版社 2002 年影印本。

54.（清）张仲炘:《湖北金石志》,《石刻史料丛编》第 1 辑第 16 册,台北:新文丰出版公司 1982 年影印本。

55.（清）智楷:《正名录》,《大藏经补编》第 24 册。

56.（宋）志磐:《佛祖统纪》,《大正藏》第 49 册。

### （三）整理文献

1.（唐）道宣:《续高僧传》,中华书局 2014 年标点本。

2.方龄贵校注:《通制条格校注》,中华书局 2001 年版。

3.（唐）封演著,赵贞信校注:《封氏闻见记校注》,中华书局 2012 年标点本。

4.（清）顾炎武:《求古录》,《顾炎武全集》第 5 册,上海古籍出版社 2012 年标点本。

5.［日］桂华淳祥主编:《金元代石刻史料集——灵岩寺碑刻》,《大谷大学真宗综合研究所研究纪要》23 号,大谷大学真宗综合研究所,2006 年。

6.（清）何绍基:《东洲草堂诗集》,上海古籍出版社 2012 年标点本。

7.介永强:《隋唐僧尼碑志塔铭集录》,上海古籍出版社 2022 年版。

8.（清）金棨:《泰山志》,山东人民出版社 2019 年标点本、影印本。

9.（梁）慧皎撰,汤用彤校注:《高僧传》,中华书局 1992 年标点本。

10.（清）马大相:《灵岩志》,山东人民出版社 2019 年标点本、影印本。

11.（清）聂鈫:《泰山道里记》,《泰山文献集成》第 9 卷,泰山出版社 2005 年标点本。

12.（宋）苏辙:《栾城集》,上海古籍出版社 2009 年标点本。

13.（清）唐仲冕编撰,孟昭水校点集注:《岱览校点集注》,泰山出版社 2007 年版,第 734 页。

14.许明编著:《中国佛教金石文献·塔铭墓志部》,上海书店出版社 2018 年版。

15.（唐）义净著,王邦维校注:《南海寄归内法传校注》,中华书局 2000 年版。

16.（元）于钦撰，刘敦愿、宋百川、刘伯勤校释：《齐乘校释》，中华书局2012年版。

## 二 研究著作

### （一）专著

1. 蔡美彪：《元代白话碑集录》，科学出版社1955年版。
2. 方广锠：《道安评传》，昆仑出版社2004年版。
3. 方广锠、李际宁、黄霞：《中国国家图书馆藏敦煌遗书总目录·馆藏目录卷》，中国人民大学出版社2015年版。
4. 冯承钧：《元代白话碑》，山西人民出版社2014年版。
5. 郭章衡：《灵岩寺游览》，山东人民出版社1985年版。
6. 侯冲：《中国佛教仪式研究——以斋供仪式为中心》，上海古籍出版社2018年版。
7. 《海内第一名塑》，济南出版社1991年版。
8. 李庶生主编：《灵岩胜境》，山东友谊出版社1992年版。
9. 李小荣：《敦煌密教文献论稿》，人民文学出版社2003年版。
10. [日]镰田茂雄：《中国佛教通史》第一卷，关世谦译，高雄：佛光文化事业有限公司2010年版。
11. 马继业：《灵岩寺史略》，山东人民出版社2014年版。
12. 毛忠贤：《中国曹洞宗通史》，江西人民出版社2006年版。
13. 丘光明编著：《中国历代度量衡考》，科学出版社1992年版。
14. 任宜敏：《中国佛教史（元代）》，人民出版社2005年版。
15. 《灵岩寺——千年古刹》，山东人民出版社1985年版。
16. 汤用彤：《汉魏两晋南北朝佛教史》，北京大学出版社1997年版。
17. 王荣玉、卞允斗、王长锐、王晶主编：《灵岩寺》，文物出版社1999年版。
18. 王泽妍编著：《灵岩寺》，吉林文史出版社2009年版。
19. 杨曾文：《宋元禅宗史》，中国社会科学出版社2006年版。
20. 叶德荣：《宗统与法统——以嵩山少林寺为中心》，广东人民出版社2010

年版。
21. 张云涛:《北京戒台寺石刻》,北京燕山出版社 2006 年版。
22. 赵维东、王悦玉、冯增木主编:《美术教育家——张鹤云》,山东画报出版社 1998 年版。
23. 郑岩、刘善沂编著:《山东佛教史迹——神通寺、龙虎塔与小龙虎塔》,台北:法鼓文化 2007 年版。
24. 郑岩:《铁袈裟:艺术史中的毁灭与重生》,生活·读书·新知三联书店 2023 年版。

**(二)论文**

1. [日]常盘大定:《日本僧邵元の撰文せる嵩山少林寺の碑》,《东洋学报》第十七卷,1928 年。
2. 陈高华:《大蒙古国时期的东平严氏》,《元史论丛》第 6 辑,中国社会科学出版社 1997 年版。
3. 陈高华:《论元代的称谓习俗》,《浙江学刊》2000 年第 5 期。
4. 陈高华:《再说元大都的皇家佛寺》,《清华元史》第 3 辑,商务印书馆 2015 年版。
5. 陈怀宇:《唐代石灯名义考》,《唐宋历史评论》2015 年第 1 辑。
6. [日]舩田善之:《〈灵岩寺执照碑〉碑阳所刻公牍的价值》,《元史论丛》第 10 辑,中国广播电视出版社 2005 年版。
7. [日]舩田善之:《蒙元时期硬译公牍文体的格式化》,宫海峰译,《元史论丛》第 11 辑,天津古籍出版社 2009 年版。
8. 崔耕:《登封少林寺发现铸有日僧邵元题名的铁钟》,《文物》1980 年第 5 期。
9. 党宝海:《"戏出秃打"与"哈黑义磨"》,《清华元史》第 1 辑,商务印书馆 2011 年版。
10. 韩明祥:《长清灵岩寺碑碣墓塔考略》,《博古撷采——纪念济南市博物馆建馆五十周年研究文集》,济南出版社 2008 年版。
11. 侯冲:《禅门的"开堂"——以其仪式程序为中心》,《汉传佛教、宗教仪式与经典文献之研究：侯冲自选集》，台北：博扬文化2016年版。

12. 侯冲：《中国宗教仪式文献中的斋意类文献——以佛教为核心》，《世界宗教文化》2019年第5期。

13. 胡孝忠：《北宋前期京外敕差住持制度研究》，《宗教学研究》2010年第4期。

14. 胡孝忠：《北宋山东〈敕赐十方灵岩寺碑〉研究》，《北京理工大学学报》（社会科学版）2011年第2期。

15. 李辉、冯国栋：《曹洞宗史上阙失的一环——以金朝石刻史料为中心的探讨》，《佛学研究》2008年。

16. 李裕民：《宋太宗曾尊称神宗考》，《晋阳学刊》1997年第4期。

17. 李浈：《官尺·营造尺·乡尺——古代营造实践中用尺制度再探》，《建筑师》2014年第05期。

18. 梁容若：《元代日僧在华所撰碑》，《中日文化交流史论》，商务印书馆1985年版。

19. 刘兰芬：《灵岩寺石刻及其所反映的历史》，硕士学位论文，曲阜师范大学，2018年。

20. 刘晓：《万松行秀新考——以〈万松舍利塔铭〉为中心》，《中国史研究》2009年第1期。

21. 亓鹤童：《李邕〈灵岩寺碑〉研究》，硕士学位论文，山东工艺美术学院，2022年。

22. 任宜敏：《明代洞宗法脉传承考》，《浙江学刊》2007年第2期。

23. 司聃：《"功成必不在我"——方广锠教授访谈录》，《文艺研究》2019年第5期。

24. 谭景玉、韩红梅：《宋元时期泰山灵岩寺佛教发展情况初探》，《山东农业大学学报（社会科学版）》2010年第1期。

25. 王春彦、仝晰纲：《清康熙〈灵岩志〉误收杜甫〈题赞公房〉考》，《济南大学学报》（社会科学版）2021年第2期。

26. 王春彦：《唐"开元碑"考》，《泰山学院学报》2022年第1期。

27. 王晶、刘丽丽：《山东长清灵岩寺地界石碑考略》，《东方考古》第12集，2015年。

28. 王杨梅:《山东灵岩寺宋熙宁三年敕牒碑考释》,《唐宋历史评论》2021 年第 9 辑。
29. 王尧:《山东长清大灵岩寺大元国师法旨碑考释》,《文物》1981 年第 11 期。
30. 温玉成:《李邕"灵岩寺颂碑"研究》,《中国佛教与考古》,宗教文化出版社 2009 年版。
31. 杨阳、王晶:《唐〈灵岩寺碑颂并序〉碑考》,《泰山学院学报》2021 年第 3 期。
32. [日]永井政之:《曹洞禅者と泰山霊厳寺》,《印度学佛教学研究》第二十五卷第一号,日本印度学佛教学会,昭和 51 年(1976)。
33. 曾昭喜:《长清灵岩寺四十罗汉像与五百罗汉像关联性新证》,《济南职业学院学报》2015 年第 2 期。
34. 张柏寒:《杨瓒造塔研究》,硕士学位论文,中央美术学院,2017 年。
35. [日]中村淳:《クビライ時代初期における華北仏教界——曹洞宗教団とチベット仏僧パクパとの関係を中心にして》,《駒沢史学》第 54 号,1999 年。
36. [日]中村淳:《山東霊厳寺大元国師法旨碑》,《駒沢史学》第 64 号,2005 年。
37. 周峰:《元代西夏遗民杨朵儿只父子事迹考述》,《民族研究》2014 年第 3 期。
38. 周清澍:《论少林福裕和佛道之争》,《清华元史》第 1 辑,商务印书馆 2011 年版。
39. 祖生利:《元代白话碑文研究》,博士学位论文,中国社会科学院研究生院,2000 年。

# 后　记

　　2011年，我考入上海师范大学哲学学院，开始接触佛教文献方向的研究。侯冲教授作为我的硕士生导师，其严谨的治学风范、精益求精的治学态度，是我学习的榜样。我的毕业论文《妙果寺志》，初次尝试研究佛教寺院。2014年，我升入山东大学哲学与社会发展学院犹太教与跨宗教研究中心，在陈坚教授的指导下继续攻读博士学位，陈坚教授交友广泛，为我研究山东佛教提供了广阔的平台。山东灵岩寺史的研究就是在此基础之上展开的。

　　本书是博士论文的修改稿。原文《山东灵岩寺史研究——以相关碑刻释读为中心》，在整理重点碑文的基础上，对灵岩寺自建立起、至民国前，做了整体的脉络梳理。本书抽取其中5—14世纪的研究内容，对明清时期灵岩寺的发展进行切割。理由有以下几点：首先，明代灵岩寺的佛教发展开始明显转折。第41代住持思璧是本书收录的最后一名住持，思璧是元代的僧人，直至二十余年后的明初才为其作记文。碑文称元末久经兵乱，寺院遭到不小的毁坏。此后有明确代际传承的便是第51代、57代，整体连贯性不足。明代中期灵岩寺重开山，更加剧了这种断裂。再次，灵岩寺在明代、尤其是重开山之后，整体碑刻质量呈现下滑迹象。从数量上来看，明代灵岩寺碑刻数目远远超过了历代总和，其中香社碑、诗文碑、墓碑、斋供碑占了绝大多数。故有必要对明代灵岩寺的发展，尤其是它与社会面的交往情况，做一个单独的系统研究。鉴于明清碑刻数量庞大，目前在研究层面的深度、广度尚有欠缺，暂将其搁置，有待日后继续充实、深入挖掘以成文。

　　此外，本书在原论文的基础上，做了章节调整与内容完善。首先，增添了5—14世纪之间碑刻录文的数量，并纳入正文内容进行分析。加深了与传世典籍的融合研究，使灵岩寺的发展过程更加清晰。其次，随着学界同仁对灵岩寺的研究关注越来越多，本书还吸收了近两年最新的研究成果。许多新资料的发现以及结论的得出，也得益于这些新成果。

在论文写作以及入职山东社会科学院当代宗教研究所工作期间，我受到了诸多师友的帮助和领导的关怀。侯冲、陈坚、李海涛、傅有德、谢文郁、李建欣、张志刚、杨维中、张进、周广荣、郭武等，在论文和书稿的修改过程中提供了宝贵意见，对我的工作、生活和学习给予了极大帮助，在此也对以上专家表示诚挚的感谢！在本书出版的过程中，受到山东社会科学院出版资助，山东大灵岩寺寺院、住持弘恩法师给予了大力支持，中国社会科学出版社韩国茹编辑对整体书稿提出了修改意见，谨致谢！

马丛丛

2023 年 4 月 24 日